本书得到贵州师范大学马克思主义理论学科建设经费资助出版

本书是贵州师范大学研究生"课程思政"建设项目"马克思主义原著选读"的阶段性成果

贵州师范大学马克思主义理论学科建设丛书

马克思恩格斯列宁
哲学著作选读

Selected Readings of Marx, Engels and Lenin's
Philosophical Works

余满晖 等 / 著

社会科学文献出版社
SOCIAL SCIENCES ACADEMIC PRESS (CHINA)

自　序

近年来，贵州师范大学为进一步推进学校的马克思主义理论学科建设，特别安排经费资助一批学术著作出版。本人与诸位同人积累了若干理论成果，有幸得到了相关经费资助得以出版与读者见面。

真正的哲学是时代精神的精华。中国特色社会主义进入新时代，面对世界百年未有之大变局，国内社会思想观念和价值取向日趋活跃、主流和非主流思想并存的新形势，要巩固马克思主义在意识形态领域的指导地位，迫切需要哲学社会科学更好地发挥作用。与此相联系，本书从马克思、恩格斯和列宁的哲学经典著作中，精心选择了部分内容，分别有针对性地阐明了它们的写作背景、主要内容，在此基础上紧密结合相关经典著作所关涉的问题域，在延伸阅读部分有侧重地阐述了这些哲学著作的文本定位、相关论争、学术价值以及当代研究状况等系列学理问题，以抛砖引玉，在致力于给读者提供思想借鉴的同时，也期望能积极推动为党和人民述学立论、建言献策的工作。

本书中引用的马克思、恩格斯的著作引自《马克思恩格斯全集》第1卷1995年版、《马克思恩格斯文集》第1卷和第4卷2009年版，列宁的著作引自《列宁全集》第18卷2017年版。这些经典著作均为人民出版社出版的最新版本，引用的体例为原文（含注释），力求保持原貌。

当然，马克思、恩格斯和列宁的哲学经典著作不仅量多体大，内容更是博大精深，本书所引用部分肯定难窥全貌，其相关内容的导读也难免有诸多不妥，敬请各位专家、学者予以批评指正。

余满晖

2023年6月20日

目 录

第一章 《德谟克利特的自然哲学和伊壁鸠鲁的自然哲学的差别》导读 ……… 1
  一 写作背景 ……… 1
  二 内容简介 ……… 2
  三 延伸阅读 ……… 23
  四 问题拓展 ……… 31

第二章 《1844年经济学哲学手稿》导读 ……… 42
  一 写作背景 ……… 42
  二 内容简介 ……… 43
  三 延伸阅读 ……… 52
  四 问题拓展 ……… 67

第三章 《德意志意识形态》导读 ……… 76
  一 写作背景 ……… 76
  二 内容简介 ……… 77
  三 延伸阅读 ……… 120
  四 问题拓展 ……… 175

第四章 《路德维希·费尔巴哈和德国古典哲学的终结》导读 ……… 188
  一 写作背景 ……… 188
  二 内容简介 ……… 189

三　延伸阅读 …………………………………………… 229
四　问题拓展 …………………………………………… 242

第五章　《唯物主义和经验批判主义》导读 ……………… 251
一　写作背景 …………………………………………… 251
二　内容简介 …………………………………………… 254
三　延伸阅读 …………………………………………… 290
四　问题拓展 …………………………………………… 295

参考文献 ………………………………………………………… 299

后　记 …………………………………………………………… 302

第一章 《德谟克利特的自然哲学和伊壁鸠鲁的自然哲学的差别》导读

一 写作背景

从16世纪开始，欧洲先进国家通过资本积累使以手工技术和雇佣工人分工为基础的手工业快速发展起来，生产技术革新的同时也带来了生产效益的提高。18世纪60年代，以英国为代表的欧洲国家开始进行第一次工业革命，以机器代替手工业的时代由此拉开了序幕。在马克思《德谟克利特的自然哲学和伊壁鸠鲁的自然哲学的差别》（以下称《博士论文》）完成的19世纪，德国等新型资本主义国家开始在全国范围内实行变革，逐步形成了工厂制度，机械化的工厂生产让资本主义经济高涨。由此，资本主义国家逐步实行社会转型，走向了世界舞台。正如马克思所说，"资产阶级在它的不到一百年的阶级统治中所创造的生产力，比过去一切世代创造的全部生产力还要多，还要大"①。

工业革命的进一步拓展深化在让资本主义的市场和规模迅速发展扩大的同时，也改变了社会阶级和阶层的关系结构。在资本主义这个巨大的工厂和工业社会里，极少数占有生产资料的资本主义剥削者和越来越多的无产者始终存在阶级利益上的对立和斗争。其中，主要借助拿破仑征服战争打败封建主义的德国资产阶级先天不足：一方面，垂涎法国资产阶级革命的成果，向往民族统一，发展资本主义经济，在一定程度上表现出反封建

---

① 《马克思恩格斯文集》第2卷，人民出版社，2009，第36页。

的革命性；另一方面，又对人民革命极其恐惧，因而只是企图走依靠封建制度的改良道路，具有与封建势力相互勾结的妥协性。与德国先天不足的资产阶级不同，社会的两极分化和工人的悲惨生活等长期持续的不平等状况不断促使德国工人觉醒，他们一方面"捣毁机器，烧毁工厂，力图恢复已经失去的中世纪工人的地位"①；另一方面也在朝着有组织的方向发展。例如，1834年德国工人阶级最早的组织之一流亡者同盟就从流亡者联盟中分化出来。从此，德国无产阶级开始作为独立的政治力量登上历史舞台。

德国社会发展呈现出的这些特点，让马克思看到了人的主体作用，为其在《博士论文》中论述人与自然、社会的关系和之后论述无产阶级解放及全人类的解放奠定了重要的经济基础与阶级基础。

此外，在工业革命兴起时期，"由于科学技术被广泛应用在日常生产中，让人的实践活动（首先是物质生产活动）在深度和广度两个方面取得突破性的进展，达到前所未有的水平，而作为历史主体的人在认识世界和改造世界中的能动作用与以往相比更加突出和深远，得到空前充分的发挥"②。例如，细胞学说的创立让人们把生物有机体的单元结构看作构成细胞的主要元素；生物进化论的发现让人们知道人类在自然的基础上一步步进化才成为文明的高等生物，推翻了神创造人类的观点；能量守恒定律科学地解释了自然界物质的运动和转化规律，对人类的发展具有划时代的意义。在化学领域，维勒在1828年制成了尿素这种有机物，对当时那种认为无机物和有机物不能合成的思想进行了批判，用事实证明无机物和有机物之间具有重要联系，进一步论证了世界万物是相互联系的整体。这些都为马克思在《博士论文》中论证人、自然和社会三者间的关系奠定了坚实的自然科学基础。

二　内容简介

马克思的《博士论文》写于1840年下半年至1841年3月底，本章主

---

① 《马克思恩格斯文集》第2卷，人民出版社，2009，第39页。
② 黄楠森、庄福龄、林利主编《马克思主义哲学史》（修订本），北京出版社，2005，第6页。

要论及《博士论文》的第二部分。

（一）原子的运动形式

伊壁鸠鲁认为原子在虚空中有**三种**运动。一种运动是**直线式的下落**；另一种运动起因于原子**偏离直线**；第三种运动是由于**许多原子的互相排斥**而引起的。承认第一种和第三种运动是德谟克利特和伊壁鸠鲁共同的；可是，**原子脱离**直线**而偏斜**却把伊壁鸠鲁同德谟克利特区别开来了。

对于这种偏斜运动，很多人都加以嘲笑。**西塞罗**一接触到这个论题，尤其有说不完的意见。例如，他曾说过这样一段话："伊壁鸠鲁断言，原子由于自己的重量而作直线式的下落；照他的意见，这是物体的自然运动。后来，他又忽然想到，如果一切原子都从上往下坠落，那么一个原子就始终不会和另一个原子相碰。于是他就求助于谎言。他说，原子有一点点偏斜，但这是完全不可能的。据说由此就产生了原子之间的复合、结合和凝聚，结果就形成了世界、世界的一切部分和世界所包含的一切东西。且不说这一切都是幼稚的虚构，伊壁鸠鲁甚至没有达到他所要达到的目的。"在西塞罗《论神之本性》一书的第1卷中，我们看到他的另一种说法："由于伊壁鸠鲁懂得，如果原子由于它们本身的重量而下落，那么我们对什么都无能为力，因为原子的运动是被规定了的、是必然的，于是，他臆造出了一个逃避必然性的办法，这种办法是德谟克利特所没有想到的。伊壁鸠鲁说，虽然原子由于它们的重量和重力从上往下坠落，但还是有一点点偏斜。作出这种论断比不能为自己所主张的东西进行辩护还不光彩。"

皮埃尔·培尔也同样地判断说：

> 在他〈即伊壁鸠鲁〉之前，人们只承认原子有由重力和排斥所引起的运动。伊壁鸠鲁设想，原子甚至在虚空中便稍微有点偏离直线，他说，因此便有了自由……必须附带指出，这并不是使他臆造出这个偏斜运动的唯一动机；偏斜运动还被他用来解释原子的碰撞，因为他当然看到，如果假定一切原子都以同一速度从上而下作直线运动，那就永远无法解释原子碰撞的可能性，这样一来，世界就不可能产生，

所以，原子必然偏离直线。

这些论断究竟确实到什么程度，我暂且放下不提。但是，任何人一眼就可以看出，现代的一位伊壁鸠鲁批评者**绍巴赫**却错误地理解了西塞罗，因为他说：

> 一切原子由于重力，即根据物理的原因，平行地往下落，但是由于互相排斥而获得了另一种运动，按西塞罗的说法（《论神之本性》第1卷第25页），这就是由偶然原因，而且是向来就起作用的偶然原因产生的一种倾斜的运动。

第一，在前面引证的那一段话里，西塞罗并未把排斥看作是倾斜方向的根据，相反，却认为倾斜方向是排斥的根据。第二，他并没有说到偶然原因，相反，他指责伊壁鸠鲁没有提到任何原因；可见，同时把排斥和偶然原因都看作是倾斜方向的根据，这本身就是自相矛盾的。所以，他说的至多只是排斥的偶然原因，而不是倾斜方向的偶然原因。

此外，在西塞罗和培尔的论断中，有一个极其显著的特点必须立即指出。这就是，他们给伊壁鸠鲁加上一些彼此互相排斥的动机：似乎伊壁鸠鲁承认原子的偏斜，有时是为了说明排斥，有时是为了说明自由。但是，如果原子没有偏斜就**不会**互相碰撞，那么用偏斜来论证自由就是多余的，因为正如我们在**卢克莱修**那里所看到的那样，只有在原子的互相碰撞是决定论的和强制的时候，才开始有自由这个对立面。如果原子**没有**偏斜就互相碰撞，那么用偏斜来论证排斥就是多余的。我认为这种矛盾之所以产生，是由于像西塞罗和培尔那样，把原子偏离直线的原因理解得太表面化和太无内在联系了。一般说来，在所有古代人中，卢克莱修是唯一理解了伊壁鸠鲁的物理学的人，在他那里我们可以看到一种较为深刻的阐述。

现在我们来考察一下偏斜本身。

正如点在线中被扬弃一样，每一个下落的物体也在它所划出的直线中被扬弃。这与它所特有的质完全没有关系。一个苹果落下时所划出的垂直线和一块铁落下时所划出的一样。因此，每一个物体，就它处在下落运动中来看，不外是一个运动着的点，并且是一个没有独立性的点，一个在某种定在中——即在它自己所划出的直线中——丧失了个别性的点。所以，亚里士多德对毕达哥拉斯派正确地指出："你们说，线的运动构成面，点的运动构成线，那么单子的运动也会构成线了。"因此，从这种看法出发得出的结论是，无论就单子或原子来说，因为它们处在不断的运动中，所以，它们两者都不存在，而是消失在直线中；因为只要我们把原子仅仅看成是沿直线下落的东西，那么原子的坚实性就还根本没有出现。首先，如果把虚空想象为空间的虚空，那么，**原子就是抽象空间的直接否定**，因而也就是**一个空间的点**。那个与空间的外在性相对立、维持自己于自身之中的坚实性即强度，只有通过这样一种原则才能达到，这种原则是否定空间的整个范围的，而这种原则在现实自然界中就是时间。此外，如果连这一点也不赞同的话，那么，既然原子的运动构成一条直线，原子就纯粹是由空间来规定的了，它就会被赋予一个相对的定在，而它的存在就是纯粹物质性的存在。但是我们已经看到，原子概念中所包含的一个环节便是纯粹的形式，即对一切相对性的否定，对与另一定在的任何关系的否定。同时我们曾指出，伊壁鸠鲁把两个环节客观化了，它们虽然是互相矛盾的，但是两者都包含在原子概念中。

在这种情况下，伊壁鸠鲁如何能实现原子的纯粹形式规定，即如何能实现把每一个被另一个定在所规定的定在都加以否定的纯粹个别性概念呢？

由于伊壁鸠鲁是在直接存在的范围内进行活动，所以一切规定都是直接的。因此，对立的规定就被当作直接现实性而互相对立起来。

但是，同原子相对立的**相对的存在**，即**原子应该给予否定的定在**，就**是直线**。这一运动的直接否定是**另一种运动**，因此，即使从空间的角度来看，也是**脱离直线的偏斜**。

原子是纯粹独立的物体，或者不如说是被设想为像天体那样的有绝对独立性的物体。所以，它们也像天体一样，不是按直线而是按斜线运动。**下落运动是非独立性的运动**。

因此，伊壁鸠鲁以原子的直线运动表述了原子的物质性，又以脱离直线的偏斜实现了原子的形式规定，而这些对立的规定又被看成是直接对立的运动。

所以，**卢克莱修**正确地断言，偏斜打破了"命运的束缚"，并且正如他立即把这个思想运用于意识那样，关于原子也可以这样说，偏斜正是它胸中能进行斗争和对抗的某种东西。

但是，西塞罗指责伊壁鸠鲁说："他甚至没有达到他编造这一理论所要达到的目的；因为如果一切原子都作偏斜运动，那么原子就永远不会结合；或者一些原子作偏斜运动，而另一些原子则作直线运动。这就等于我们必须事先给原子指出一定的位置，即哪些原子作直线运动，哪些原子作偏斜运动。"

这种指责是有道理的，因为原子概念中所包含的两个环节被看成是直接不同的运动，因而也就必须属于不同的个体，——这是不合逻辑的说法，但它也合乎逻辑，因为原子的范围是直接性。[①]

在《博士论文》中，马克思指出，无论是德谟克利特还是伊壁鸠鲁都认为世界由原子和虚空构成，真实的世界是原子在虚空中运动所生成的，虚空作为原子运动的场所而存在。那么原子运动究竟是怎样发生的？对此，德谟克利特提出原子存在直线下落和相互排斥两种运动形式，而伊壁鸠鲁则在继承德谟克利特的基础上作出了修改，添加了原子的第三种运动形式，即原子偏离直线的运动。

1. 必然性的原子直线运动

原子直线运动不仅是德谟克利特和伊壁鸠鲁两位哲学家解释原子运动形式的共同部分，而且是青年马克思阐述和解释伊壁鸠鲁原子论的第一个环节和关键步骤。

在《博士论文》中，马克思写道："伊壁鸠鲁认为原子在虚空中有三种运动。一种运动是直线式的下落。"[②] 而"从直观上来看，点的连缀成线，线中点消失不见了，用哲学语言来解释，即点被线扬弃了"[③]。也就是说，在空间维度内，无数物体下落的轨迹呈现出一条直线，在这条直线上的每一个点都失去了独立性，物体在此时呈现的点仅仅表现在几何空间

[①] 《马克思恩格斯全集》第1卷，人民出版社，1995，第30—34页。
[②] 《马克思恩格斯全集》第1卷，人民出版社，1995，第30页。
[③] 聂锦芳：《滥觞与勃兴——马克思思想起源探究》，中国人民大学出版社，2017，第391页。

上，与物理的坚实性无关，也表明此时物体在直线中被扬弃了。也就是说，在物体直线下落的过程中，我们仅仅关注物体下落所形成的直线，而没有关注下落的物体是什么、有什么质。此时原子不存在个体性和差异性，就如一个苹果和一块铁同时下落一样，虽然物体不同，但此刻两个物体所划出的垂直线由于物理的原因是无本质差别的。此外，马克思认为，"既然原子的运动构成一条直线，原子就纯粹是由空间来规定的了，它就会被赋予一个相对的定在，而它的存在就是纯粹物质性的存在"①。也就是说，在马克思看来，原子直线下落意味着原子是纯粹的质料，此时的"定在"是某物，而原子是某物的真相、前提和条件。因此，如果一个物体直线下落，那么它在下落的过程中就会被看作一个"定在"而不是物体本身，并且它不表征物体的独立性和个体性。原子也一样，在不断地运动变化中其独立性和个体性都不存在了，在直线中消失了。此时的原子直线运动表现为直接性和肯定性。

2. 脱离定在的原子偏斜运动

马克思在《博士论文》中表示，原子偏斜运动是伊壁鸠鲁独创的内容，也是德谟克利特和伊壁鸠鲁根本分歧的重要标志，故他高度赞同伊壁鸠鲁原子偏斜运动所代表的自由意志，认为原子偏斜运动给德谟克利特所描述的僵硬的自然界注入了生机和活力，恢复了人的能动性和自由。

伊壁鸠鲁对原子偏斜运动作出设定：如果原子由于自身的重量一直以相同的速度作直线运动，遵循从上往下坠落的规则，平行的直线是永远不会相交的，因而原子间是相互平行无法触碰的，难以形成旋涡产生新的物质世界。此时世界就应该是一种被预先规定的必然性，这与丰富多样的现实世界不符。因此，伊壁鸠鲁认为原子运动中还存在偏斜运动。西塞罗等人嘲讽和责难伊壁鸠鲁关于原子偏斜运动的观点，他们认为原子的偏斜运动是在谎言下的"幼稚的虚构"和"拙劣的幻想"，完全没有实现的可能，并且他们赞同德谟克利特的观点，认为在虚空中，较大的原子在下落时碰撞到了较小的原子，这种运动构成了世界的基础。伽利略关于物质质量大小不同但下落速度相同的论述，否定了这种观点的正确性。据此，马

---

① 《马克思恩格斯全集》第1卷，人民出版社，1995，第33页。

克思指出，西塞罗等人对于伊壁鸠鲁原子偏斜运动的曲解和误会存在两方面的原因：一方面，他们把原子偏斜运动看作对必然性的遁藏，把原子偏斜运动的原因看得太表面化和无内在联系；另一方面，西塞罗等人从物理学的领域来理解原子的偏斜运动，忽略了原子运动作为一种实体，它的运动形式不仅与地球的引力和自身的重力有关，还会受到各种各样的外力的影响，在外力的作用下，原子的运动轨迹从上往下降落时会发生偏斜，由此形成形形色色的自然事物和自然现象。故马克思认为，如果按照西塞罗等人的观点，偏离直线就是为了解释原子的碰撞，没有偏斜原子就不会碰撞，原子就会被规定偏斜，这里所说的便不是自由，而是自由的反面，如果真是这样，偏斜便不是为了解释和说明自由，而是会让原子的偏斜回归到决定论的必然性中去，自由便不再存在。事实上，偏斜的最终目的正是摆脱和挣开这种决定论说明自由。

在此基础上，马克思再次对伊壁鸠鲁的原子偏斜运动作出肯定性说明，认为原子偏斜运动是自然界和世界形成的首要因素。为了证明此观点，马克思还在《博士论文》中进一步引证卢克莱修"如果原子不是经常发生偏斜，就不会有原子的冲击，原子的碰撞，因而世界永远也不会创造出来"①的论述，对伊壁鸠鲁的原子偏斜运动作出解释，提出"同原子相对立的相对的存在，即原子应该给予否定的定在，就是直线。这一运动的直接否定是另一种运动，因此，即使从空间的角度来看，也是脱离直线的偏斜"②。也就是说，马克思认为在空间的规定中，原子偏斜运动可以通过否定原子直线下落而得到，但原子运动必须在其所包含的特性和关键环节存在的条件下才能进行，故当这些特性和关键环节相对立时，原子偏斜运动就开始形成。与此同时，马克思又写道："我们已经看到，原子概念中所包含的一个环节便是纯粹的形式，即对一切相对性的否定，对与另一定在的任何关系的否定。"③换言之，马克思认为原子概念的实现除了纯粹物质性存在之外，还包含纯粹形式的环节，这种纯粹形式是对必然性和既定关系的否定。所以，马克思认为伊壁鸠鲁的成就在于：他把原子概

---

① 《马克思恩格斯全集》第 1 卷，人民出版社，1995，第 36 页。
② 《马克思恩格斯全集》第 1 卷，人民出版社，1995，第 33 页。
③ 《马克思恩格斯全集》第 1 卷，人民出版社，1995，第 33 页。

念的质料和非质料两个环节呈现出来，虽然它们之间相互矛盾，但它们表述同一原子的两个方面。与此相联系，在马克思看来，如果以原子的直线下落表述原子的直接性、空间规定性和外在制约性，那么原子偏斜运动则表示了原子的独立性、观念性和个体性。这样一来，原子在自我规定和运动中具有了改变原子世界的整个内部结构的功能和作用，让原子在能动性的指导下存在排斥力，打破了必然性的摆布，让众多原子的冲击成为可能。由此可知，马克思肯定了伊壁鸠鲁的自然哲学的价值，并把它看作在德谟克利特自然哲学基础上改造的成果，而偏斜运动对直线下落的否定可以让原子拥有斥力，获得"定在中的自由"；阐明了在青年马克思的视域中，在充斥原子偏斜运动的自然界，人可以通过自我意识获得自身的规定性和自然的现实关系；肯定了人在自然中拥有否定性和能动性，为人在"自然"中获得自由提供了可能。

3. 相互冲击的原子排斥运动

若原子只存在偏斜运动，那么原子的运动仅停滞在形式上，此时只作为一种没有意义的抽象个别性概念而存在，于是，原子的第三种运动形式——排斥运动被伊壁鸠鲁引出。也就是说，当原子发生偏斜后，不仅让它的运动方向和轨迹都发生了改变，个体性得以显现，而且还引起了原子同其他原子间关系的变革和更新升级。相应地，由于不同原子的个体性不同，其各自在偏斜运动中的角度、轨迹和方向等也会发生偏移，必然会在空间中出现交叉、结合、碰撞的情况，形成不同的关系，这就为原子运动增添了一种新形式，即排斥运动。

马克思在《博士论文》中将批判德谟克利特的原子排斥运动作为考察原子运动的起手，写道："德谟克利特把那对于伊壁鸠鲁来说是原子概念的实现的东西，变成一种强制的运动，一种盲目必然性的行为。在上面我们已经看到，他把由原子的互相排斥和碰撞所产生的旋涡看作是必然性的实体。可见，他在排斥中只注意到物质方面，即分裂、变化，而没有注意到观念方面。"① 在此基础上，马克思认为德谟克利特只看到了原子纯粹质料的方面，没有看到其纯粹形式的规定，没能深入原子的内部结构。而

---

① 《马克思恩格斯全集》第1卷，人民出版社，1995，第37—38页。

对伊壁鸠鲁的排斥运动，马克思作了这样的解释："在排斥中，原子概念实现了……表现在直线下落中的原子的物质性和表现在偏斜中的原子的形式规定，都综合地结合起来了。"① 显而易见，在这里，青年马克思借用了黑格尔的术语，把伊壁鸠鲁的排斥概念看作直线下落和偏斜运动的综合，表现出原子与其他原子间的相互关系，察觉到排斥运动最大的哲学价值便是让自为意识得到凸显。因此，他提出"排斥是自我意识的最初形式"②，因为只有在排斥中，原子运动的性质才能发生变化，原子的概念性的形式规定和作为其对立面的物质也在现实中得以衔接，让原子—自然—人这个体系逐步形成，重塑了整个原子世界的内部结构，让原子的观念和形式被体现出来，同一原子的内部矛盾也得以显现和解决，继而让原子概念也得以实现。

综上所述，原子在其整个生命过程中经历了三个连续的环节：原子的直线下落表示肯定性的环节，原子的偏斜运动表示否定性的环节，而原子的排斥运动表示否定之否定的环节。也就是说，马克思在这里为了说明原子运动形式运用了黑格尔的辩证法结构去理解这三个环节，通过黑格尔唯心主义辩证法"正—反—合"理念运动的三个阶段呈现和理解原子运动的整个过程。

（二）原子"质"的规定性

说原子具有特性，那是同原子概念相矛盾的；因为正如伊壁鸠鲁所说，任何特性都是变化的，而原子却是不变的。尽管如此，认为原子具有特性，仍然是**必然的结论**。因为被感性空间分离开来的互相排斥的众多原子**彼此之间，它们与自己的纯本质**必定是**直接不同的**，就是说，它们必定具有**质**。

因此，在下面的叙述中，我完全不考虑**施奈德**和**纽伦贝格尔**的说法："伊壁鸠鲁不认为原子具有质，第欧根尼·拉尔修书中给希罗多德的信第44节和第54节是以后加进去的。"如果事情真是这样的话，那么怎样才

---

① 《马克思恩格斯全集》第1卷，人民出版社，1995，第37页。
② 《马克思恩格斯全集》第1卷，人民出版社，1995，第37页。

第一章 《德谟克利特的自然哲学和伊壁鸠鲁的自然哲学的差别》导读 | 11

能驳倒卢克莱修、普卢塔克以及所有谈到伊壁鸠鲁的著作家的证据呢？而且，第欧根尼·拉尔修提到原子的质的地方，并不只是两节，而是有十节之多，即第 42、43、44、54、55、56、57、58、59 和 61 节。这些批评家所提出的理由，说"他们不知道如何把原子的质和它的概念结合起来"，是很肤浅的。**斯宾诺莎**说，无知不是论据①。如果每个人都把古代人著作中他所不理解的地方删去，我们很快就会得到一张白板！

由于有了质，原子就获得同它的概念相矛盾的存在，就被设定为**外化了的、与它自己的本质不同的定在**。这个矛盾正是伊壁鸠鲁的主要兴趣所在。因此，在他设定原子有某种特性并由此得出原子的物质本性的结论时，他同时也设定了一些对立的规定，这些规定又在这种特性本身的范围内把它否定了，并且反过来又肯定了原子概念。**因此，他把所有特性都规定成相互矛盾的。**相反，德谟克利特无论在哪里都没有从原子本身来考察特性，也没有把包含在这些特性中的概念和存在之间的矛盾客观化。实际上，德谟克利特的整个兴趣在于，从质同应该由质构成的具体本性的关系来说明质。在他看来，质仅仅是用来说明表现出来的多样性的假设。因此，原子概念同质没有丝毫关系。

为了证明我们的论断，首先必须弄明白在这里显得相互矛盾的材料来源。

《论哲学家的见解》一书中说："**伊壁鸠鲁**断言，原子具有三种特性：体积、形状、重力。德谟克利特只承认有两种：体积和形状；伊壁鸠鲁加上了第三种，即重力。"在**欧塞比乌斯**的《福音之准备》里，这段话逐字逐句重复了一遍。

这一段话为**西姆普利齐乌斯和斐洛波努斯**的证据所证实，据他们说，德谟克利特只认为原子有体积和形状的差别。**亚里士多德**的看法正相反，在他的《论产生和消灭》一书第 1 卷里，他认为德谟克利特的原子具有不同的重量。在另一个地方（《天论》第 1 卷里），**亚里士多德**又使德谟克利特是否认为原子具有重力这一问题成为悬案，因为他说："如果一切物体都有重力，那么就没有一个物体会是绝对轻的；但是，如果一切物体都

---

① 参看斯宾诺莎《伦理学》第 1 部分第 36 命题附录。——编者注

是轻的，那么就没有一个物体会是重的。"**李特尔**在他的《古代哲学史》里，以亚里士多德的权威为依据，否定了普卢塔克、欧塞比乌斯、斯托贝的论述；他对西姆普利齐乌斯和斐洛波努斯的证据未予考虑。

我们来看一看，这几个地方是不是真有那么严重的矛盾。在上面的引文里，亚里士多德并没有专门谈到原子的质。相反，在《形而上学》第7卷里说道："德谟克利特认为原子有三种差别。因为作为基础的物体按质料来说是同样的东西，但是物体或者因外形不同而有形状的差别，或者因转向不同而有位置的差别，或者因相互接触不同而有次序的差别。"从这一段话里，至少可以立刻得出一个结论。① 重力没有作为德谟克利特的原子的一个特性被提到。那分裂了的、彼此在虚空中分散开的物质微粒必定具有特殊的形式，而这些特殊的形式是根据对空间的考察完全外在地得到的。这一结论从亚里士多德的下面一段话中看得更明白："留基伯和他的同事德谟克利特说，充实和虚空都是元素……这二者作为物质，就是一切存在物的根据。有些人认为，有一个唯一的基本实体，其他事物是从这种实体的变化中产生的，同时还把稀薄和稠密看作是一切质的原则，同这些人一样，留基伯和德谟克利特也同样教导说，原子的差别是其他事物的原因，因为作为基础的存在只是由于外形、相互接触和转向不同而有所差别……例如，**A** 在形状上与 **N** 有差别，**AN** 在次序上与 **NA** 有差别，**Z** 在位置上与 **N** 有差别。"②

1. 原子作为存在的矛盾

一方面，伊壁鸠鲁认为，就其本质或概念来说，原子被看作不变的实体；另一方面，从原子的直接存在来看，外在的相互排斥的每个原子由于其特殊的质又是不断发生变化的，这也就形成了不变的原子概念和变化的原子存在之间的矛盾。马克思认同伊壁鸠鲁的观点，提出"被感性空间分离开来的互相排斥的众多原子彼此之间，它们与自己的纯本质必定是直接不同的，就是说，它们必定具有质"③。也就是说，马克思通过进一步剖

---

① 接着马克思删掉了下面这句话："德谟克利特没有提出原子的质同它的概念之间的矛盾。"——编者注
② 《马克思恩格斯全集》第1卷，人民出版社，1995，第39—41页。
③ 《马克思恩格斯全集》第1卷，人民出版社，1995，第39页。

析伊壁鸠鲁的原子论,认为原子处于各不相同的空间是导致原子存在质的差别的关键因素,这样一来,原子有了质就得以同自己的概念区分开。接下来,伊壁鸠鲁考察了原子的内部运动,提出原子具有体积、形状和重力三种特性,这些特性结合在一起,能够把某一原子和他物相区分,成为衡量原子本身的重要指标。而德谟克利特则与此不同,他认为原子本身不存在特殊的质,因此他只对原子外形上的差别感兴趣。

马克思认为二者的根本区别在于:是从单纯的现象界出发考察原子的质,还是从原子本原出发考察原子的质。

基于此,马克思随即在《博士论文》中逐一考察了伊壁鸠鲁所描述的原子的特性。

首先,体积是原子的第一种特性。不得不说,无论是从感性知觉的角度来看还是从观察的视野来看,都必须承认原子存在体积。然而,鉴于有的原子"小得难以置信",就有人认为原子没有体积,这种观点显然是错误的。因为各原子的体积不一样、同一原子在不同的时间段也表现出不一样的特性,这也就说明,从体积上可以进一步区分和确认原子间的差别和同一原子在不同时间段的变化。而在这个过程中,原子的体积大小特别是无限大和无限小两种极端的矛盾,不是单纯的物理变化,需要从哲学上进行讨论。值得注意的是,德谟克利特并没有认识到这种矛盾,他只是单纯地认为"不可分割的、用理性可以直观的物体是自然界的本原"[①],这也就解释了为何他承认原子有体积的大,甚至像世界那么大了。而在伊壁鸠鲁看来,原子无限大和无限小两种情况是在对比中存在的,假如存在无限大的原子,那么相应地必定会存在无限小的原子。实际上,这里所谓原子无限大和无限小两种极端情况只是由原子概念所决定的纯粹理论上的空间规定,并非界定其体积上的最大或最小限度,而是为了说明矛盾中的无限大或无限小。因此,在马克思看来,伊壁鸠鲁虽然承认原子的体积,但随即又加以否定,认为原子有体积这一说法存在限定条件,他看到了体积内在地存在矛盾,也明白正是这一矛盾使原子体积的特性不能现实化和绝对化,最终只能返回到原子本原之中。

---

① 《马克思恩格斯全集》第 1 卷,人民出版社,1995,第 42 页。

其次,形状是原子的第二种特性。形状不同的原子各不相同。原子形状到底是有限的还是无限的?这个问题同样也是矛盾的。在伊壁鸠鲁看来,"这一规定也同原子概念相矛盾,并且必须设定它的对立面。抽象的个别性就是抽象的自身等同,因而是没有形状的"①。换句话说,倘若把原子自身等同于原子的抽象个别性,于原子来说,将不存在形状上的差别,此时就会存在一个危险:原子形状的规定会被否定,原子有可能是同一种形状。如果真是这样,原子的这一特性将无法用来区别原子和他物。通过仔细研读,马克思发现,这种逻辑上的悖论和陷阱是从原子的无限和有限两种对立的极端中推导和引申出来的,这就充分阐明不能用单纯的有限和无限来规定原子的形状,而需要回到原子概念中,将有限和无限结合起来,形成处理作为原子的特性的形状和原子数量关系的方法论原则。因此,马克思赞同伊壁鸠鲁得出的结论:原子形状的差别只是"数不清"并不是"无限"。在这一点上,德谟克利特则以"抽象性"粗略地概括了原子自身和原子概念,认为原子是不断变化的、无穷尽的,每个原子在形状上都存在差别,原子的数量和种类成正比。马克思认为这种把原子的数量和原子的形状相对应的观点,让原子形状作为原子的特性之一变得没有意义和价值。

最后一个特性是原子的重力,这也是原子极其重要的性。在伊壁鸠鲁看来,原子作为物质存在时本身就具有重力,所以当原子运动到表象领域和感性空间时,原子必定包含重力。此时重力展现出了处于运动中的某个原子的个体性,而原子个体性在运动中的呈现,必定带来原子个体化的存在。因此,马克思认为伊壁鸠鲁把重力看成原子形式的外化之物,提出"重力只是作为不同的重量而存在,而原子本身是实体性的重心,就像天体那样"②。但是依据这种观点,假如每一个原子自身都有重量,并且在运动的过程中都会形成重力,那么我们将会看到两种情况:第一,地球上将没有什么东西能将一切物质聚合在一起;第二,所有的原子将会被忽略其质量和形状,在虚空中作匀速运动。在马克思看来,伊壁鸠鲁发现并注

---

① 《马克思恩格斯全集》第 1 卷,人民出版社,1995,第 43 页。
② 《马克思恩格斯全集》第 1 卷,人民出版社,1995,第 43 页。

意到了这些情况，因此他以物质的个别性为根据，只在排斥和由排斥而产生并形成的组合之后应用重力这一特性，最后得出原子只是简单的聚集，原子本身并没有重量的观点。在这里，原子重量概念也被原子特性客观化，最终复归到原子概念之中。

这样一来，马克思认为与德谟克利特不同，伊壁鸠鲁从原子的本原或者概念出发，不仅看到了原子处在感性空间中具有体积、形状和重力三个特性，而且看到了原子形式的规定、原子概念本身的独立性。

2. 用辩证法把握原子存在

马克思的《博士论文》充分吸收借鉴了黑格尔唯心主义辩证法的矛盾学说，并以此来把握原子质的存在。

具体来说，原子应不应当有质这个问题本身就充斥着矛盾。假如说原子有特性，这必将和原子永恒不变的本性相矛盾；但如果说原子没有质的差别，则无法解释它们在相互排斥的诸多原子中被感性空间所区分开的事实。对此伊壁鸠鲁提出了解决办法：以某些规定设定原子的特性，同时又设定对立的规定，说明原子无特性。马克思注意到了伊壁鸠鲁这种用矛盾的观点来把握原子的质的方法，认为伊壁鸠鲁看到了原子本身自相矛盾。基于此，马克思写道："尽管如此，认为原子具有特性，仍然是必然的结论。"[①]"由于有了质，原子就获得同它的概念相矛盾的存在"[②]，即是说，具有质的规定的个别原子，集中反映了原子概念中所包含的存在和本质、物质与形式间的矛盾，一方面它背离了自己的概念，另一方面它的本性又在自己的结构中完成。显而易见，马克思在此借用黑格尔的思辨的方法阐述了原子的质，并对原子概念外化形式进行了考察，把原子的现实存在看作本质的外化。他的这些分析，与黑格尔在逻辑学中所阐述的自然界是"理念的异化和外在化"的观点一脉相承。而德谟克利特作为原子论的思想先驱，仅把质当作说明原子多样性的假设，从现象界的差别上考察原子，没有把原子概念和存在间的矛盾客观化。

此外，依附对原子的质的具体内容的论述，青年马克思结合伊壁鸠鲁

[①] 《马克思恩格斯全集》第 1 卷，人民出版社，1995，第 39 页。
[②] 《马克思恩格斯全集》第 1 卷，人民出版社，1995，第 39 页。

的原子论，综观其思辨性，从原子的体积、形状和重力的内在矛盾去揭示事物的本质。马克思认为重力在伊壁鸠鲁论述原子质的差别中担当着重要使命和任务。一方面，伊壁鸠鲁把原子能否运动的原因归结为重力。在他看来，原子没有重力就相当于没有偏斜运动。所以，他提出原子在运动中产生的重力造成原子偏斜运动和排斥运动，在碰撞和集合中外化以寻求进一步完善。另一方面，原子重力这个特性是完善辩证法的重要环节。换句话说，重力对原子的辩证法的作用可以总结为：重力导致原子排斥和偏斜，原子碰撞和聚合出现外化；重力导致原子排斥和偏斜，否定了定在中的直线，自我意识得以产生。由此可见，马克思和黑格尔一样，相信自我意识的理性本质，并以此说明自然的实在性，他把原子的质中各自矛盾的规定看作矛盾中实现自我意识的特殊整体，把原子看作自我意识的化身、个别的自我意识和抽象的自然形式。马克思据此批判德谟克利特，认为他虽然论述了形状和体积的质的规定，却没能说清原子的动力来源和现象世界形成的原因，只客观化了原子概念内在的一个环节，即原子概念的被动的单纯的物质性。

综上所述，青年马克思运用"颠倒的"辩证法，对伊壁鸠鲁视域中原子的质进行解释，把原子概念中的本质与存在的矛盾客观化，使其原子论呈现出鲜明的黑格尔理念哲学的特点。

（三）从本质世界到现象世界

从这段话可以清楚地看出，德谟克利特只是从现象世界的差别的形成这个角度，而不是从原子本身来考察原子的特性的。此外还可以看出，德谟克利特并没有把重力作为原子的一种本质特性提出来。在他看来，重力是不言而喻的东西，因为一切物体都是有重量的。同样，在他看来，甚至体积也不是基本的质。它是原子在具有外形时即已具备了的一个偶然的规定。只有外形的差别使德谟克利特感兴趣，因为除了外形的差别以外，形状、位置、次序之中再也不包含任何东西了。由于体积、形状、重力在伊壁鸠鲁那里是被结合在一起的，所以它们是原子本身所具有的差别；而形状、位置、次序是原子对于某种他物所具有的差别。这样一来，我们在德谟克利特那里只看见一些用来解释现象世界的纯粹假设的规定，而伊壁鸠鲁则向我们说明了从原则本身得出来的结论。因此，我们要逐个地分别考察他对原子特性的规定。

第一，原子有**体积**。另一方面，体积也被否定了。也就是说，原子并不具有**随便任何**体积，而是认为原子之间只有**一些**体积上的变化。应该说只否定原子的大，而承认原子的小，但并不是最小限度，因为最小限度是一个纯粹的空间规定，而是表现矛盾的无限小。因此，**罗西尼**在他为伊壁鸠鲁《残篇》所作的注释里把一段话译错了，完全忽视了另外的一面，他说：

> 但是，伊壁鸠鲁认定那些小得难以置信的原子是如此细微，根据拉尔修第10卷第44节提供的证据，伊壁鸠鲁说过，原子没有体积。

我现在不愿意去考虑**欧塞比乌斯**的说法，照他说，伊壁鸠鲁最先认为原子是无限小的，而德谟克利特却承认有最大的原子，——按**斯托贝**的说法，甚至像世界那么大。

一方面，这种说法同**亚里士多德**的证据相矛盾，另一方面，欧塞比乌斯，或者不如说他所引证的亚历山大里亚的主教**迪奥尼修斯**，是自相矛盾的；因为在同一本书里宣称，德谟克利特承认不可分割的、用理性可以直观的物体是自然界的本原。有一点是清楚的：德谟克利特并没有意识到这种矛盾，它没有引起他的注意，而这个矛盾却是伊壁鸠鲁的主要兴趣所在。

伊壁鸠鲁的原子的**第二种**特性是**形状**。不过，这一规定也同原子概念相矛盾，并且必须设定它的对立面。抽象的个别性就是抽象的自身等同，因而是没有形状的。因此，原子形状的差别固然是无法确定的，但是它们也不是绝对无限的。相反，使原子互相区别开来的形状的数量是确定的和有限的。由此自然而然就会得出结论说，不同的形状没有原子那么多，然而，德谟克利特却认为形状有无限多。如果每个原子都有一个特殊的形状，那么，就必定会有无限大的原子，因为原子会有无限的差别，不同于其他一切原子的差别，像莱布尼茨的单子一样。因此，莱布尼茨关于天地间没有两个相同的东西的说法，就被颠倒过来了；天地间有无限多个具有同一形状的原子，这样一来，形状的规定显然又被否定了，因为一个形状如果不再与他物相区别，就不是形状了。①

最后，极其重要的是，伊壁鸠鲁提出**重力**作为**第三种**质，因为在重心里物质具有构成原子主要规定之一的观念上的个别性。所以，原子一旦被转移到表象的领域内，它们必定具有重力。

但是，重力也直接同原子概念相矛盾，因为重力是作为处于物质自身之外的观念上的点的物质个别性。然而，原子本身就是这种个别性，它像重心一样，被想象为个别的存在。因此在伊壁鸠鲁看来，重力只是作为**不同的重量**而存在，而原子本身是**实体性的重心**，就像天体那样。如果把这一点应用到具体东西上面，那自然而然就会得出老**布鲁克尔**认为是非常惊人的、**卢克莱修**要我们相信的结论：地球没有一切事物所趋向的中心，也不存在住在相对的两个半球上的对蹠者。其次，既然只有和他物有区别的、因而外化了的并且具有特性的原子才有重力，那么不言而喻，如果不把原子设想为互相不同的众多原子，而只就其对虚空的关系来设想原子，重量的规定就消失了，因此，不管原子在质量和形状上如何不同，它们都以同样的速度在虚空的空间中运动。因此，伊壁鸠鲁也只在排斥和因排斥而产生的组合方面应用重力，这就使得他有理由②断言，只是原子的聚集，而不是原子本身才有重力。

伽桑狄就称赞伊壁鸠鲁，说他仅仅由于受理性的引导，就预见到了经验，按照经验，一切物体尽管重量和质量大不相同，当它们从上往下坠落的时候，速度却是一样的。③

所以，对原子的特性的考察得出的结果同对偏斜的考察得出的结果是一样的，即伊壁鸠鲁把原子概念中本质和存在的矛盾客观化了，因而提供了原子论科学，而在德谟克利特那里，原则本身却没有得到实现，只是坚持了物质的方面，并提出了一些经验所需要的假设。④

---

① 接着马克思删掉了下面这段话："因此，伊壁鸠鲁在这里也把矛盾客观化，而德谟克利特只坚持物质的方面，再也不让人在其他规定中看到从原则得出的结论。"——编者注
② 接着马克思删掉了"把重力看作排斥的原因并"。——编者注
③ 接着马克思删掉了下面这句话："对这一称赞，我们加上了根据伊壁鸠鲁的原则作出的说明。"——编者注
④ 《马克思恩格斯全集》第1卷，人民出版社，1995，第41—44页。

1. 原子运动的本质

马克思在《博士论文》中认为，伊壁鸠鲁将德谟克利特的原子论作为根基和源泉，从理性世界中认识原子和虚空，将原子的物质性规定和观念性规定的组合看作原子概念的逻辑整体。因此，马克思充分肯定伊壁鸠鲁以偶然、聚合、碰撞等关系理解和考察原子概念运动。在马克思看来，伊壁鸠鲁提出的原子的三种运动形式从本质上看都表现出原子概念运动的特性。原子在物质性的规定中，其运动受到了必然性和命定论的支配，缺失了独立性和个别性，原子运动也由内在存在的表现变成了外在规定性。这样一来，原本作为概念的存在形式的原子，现在却是以物质的存在形式出现，这让原子的概念本性即原子的内在表达和外在形式间产生矛盾，此时原子运动处于纯粹自在的阶段，原子概念还处于未完成的状态，但在这个阶段中的原子内在表达和外在形式间的矛盾成了原子运动的动力，推动原子向前运动。此时原子运动从表面上看是物质性运动，但实际上原子的概念运动在其中起到了决定性作用。而原子概念中还包含着一个与纯粹物质相对立的环节——纯粹形式，纯粹形式作为纯粹物质的否定而存在，能够保持原子自身的坚实性，表现为自我否定的形式，让原子的概念运动得以完成。在此阶段中，处于纯粹形式中的原子不仅不可分割而且是自为存在的。伊壁鸠鲁的这种观点实现了将原子的物理意义转化成哲学意义的飞跃，给原子本身加上了否定性的因素，让原子在运动中彻底否定和扬弃了自身物质性存在，走向了观念形式。在这个环节中，马克思对原子的运动形式进行把握和论述，把自我意识的内部矛盾即本质和形式间的矛盾看作原子论思想的基础，此时原子概念中的物质性存在同获得规定的形式性原则并存，二者又在矛盾的相互对抗中显现出对必然性的逃逸（自由），这成为原子的物质性存在确证自身的必要方式。这样一来，存在矛盾的原子为了消解矛盾和追求完善又从概念中的物质和形式的矛盾中获取动力，向前运动。进而伊壁鸠鲁在以原子观念性运动解释现象的产生时，原子在自我否定中产生外在的自身同一，此时原子运动的第三个环节即自在自为环节在否定的否定中产生。因此，原子运动在自在自为阶段也呈现概念运动。可见，在马克思看来，伊壁鸠鲁从哲学概念中对原子观念性运动作出说明让原子矛盾在自在自为的环节得到了更好的完善。

基于此，马克思在《关于伊壁鸠鲁哲学的笔记》中提出："与具体事物的运动相比较，原子运动原则上是绝对的，也就是说，原子运动中消除了一切经验的条件，运动是观念的。"[1] 由此可知，由于原子在虚空中运动时没有任何阻力，一切经验性的条件都在运动中被消解，观念性作为原子概念中不可缺少的东西，让原子运动此时在原则上呈现出观念性和绝对性的特点。除此之外，青年马克思认为伊壁鸠鲁把原子看作抽象的东西存在，结合原子的偶然性和观念性考察原子的概念运动，把原子的观念性运动看作抽象的可能性和偶然性在伊壁鸠鲁哲学中的应用，二者间相互契合。因此，马克思依据伊壁鸠鲁的论述分析原子概念运动时，把抽象性和精神性看作原子的本质。

不仅如此，在马克思看来，伊壁鸠鲁从具体世界的观念性的想象出发对原子和原子运动进行规定，将纯粹物质和纯粹形式看作由原子概念运动外化而来的两种不同的运动，可知他把原子的概念运动解释成万物的一种想象的存在，属于哲学概念。基于此，马克思断言，不能将观念性的原子运动与现象世界具体事物的运动无条件地套用，但原子可以以观念化否定为前提，让偶然性和任意性被体现出来，此时原子的观念化运动为自由的可能性开辟了道路。换句话说，原子概念运动中的内在矛盾即物质性和观念性之间的矛盾作为运动思想的根据和内在推动力，推动原子向前运动以消除矛盾最终达到完善。因此，马克思在《博士论文》中通过对伊壁鸠鲁原子概念运动的考察，看到原子作为具体东西的观念化存在，不是具体物质的运动，而是精神性的运动，这种运动发生在哲学的观念世界中。

2. 原子矛盾的消解

在青年马克思看来，伊壁鸠鲁对原子特性的限制实际上包含着对原子特性的否定，不但没能消解原子概念与特性间存在的矛盾，反而起到相反的作用和效果，让二者间的绝对性和不可调和性变得愈加明显。因此，马克思从本体论的层面上，进一步从伊壁鸠鲁原子概念的本质和存在之间的矛盾中引申出原子的二重性规定，即不可分的本原和不可分的元素。

青年马克思认为区分不可分的本原和不可分的元素是有困难的，这也

---

[1] 《马克思恩格斯全集》第 40 卷，人民出版社，1982，第 38 页。

是在此之前常常有人认为不可分的本原和不可分的元素是两种不同的原子的原因，但马克思并不认同这种观点。于是，他仔细考察了伊壁鸠鲁所说的不可分的本原和不可分的元素，认为伊壁鸠鲁正确地认识到了二者的不同与界限："前者是通过理智可以认识的原子，它们不占有任何空间。……（后者——引者加）是从前一种原子中产生的，但又被看作物体的基本粒子。"[①] 由此可知，伊壁鸠鲁把不可分的本原和不可分的元素看作同一原子的两种不同规定，不可分的本原代表着原子的本质规定，它处于虚空中作为原则存在，必须从原子概念上来进行把握；而不可分的元素表现在单个的原子内就是与它的原子相背离的质，是原子的客观化和外化，可以参与世界和万物的生成，需要从原子同现象界的联系上来进行把握。简单点说，前者指没有聚合的一般的有形的原子，与虚空不同的原子，它即将化为万物，是原子的形式规定；后者指聚合了的有形的原子，是已经化为万物的现象界的原子，是原子的物质性规定。可见，按伊壁鸠鲁的看法，自然界和现实世界的实体都是原子，实体可以生成万物，也可以将万物又分解成实体，尽管如此，现象本身依旧不能回答现象世界生灭的问题，只有作为本原的原子才是这些实体运动的支撑，故当它转入现象世界时，只有下降成物质，才能成为世界多样性的基础。这也就不难看出，不可分的元素和不可分的本原矛盾也即是原子的物质和形式、存在和本质的矛盾，它们不仅作为不同的规定存在且相互对立，而且作为同一原子的不同规定存在而统一。质言之，这些矛盾是对立统一的。

因此，在青年马克思看来，伊壁鸠鲁通过对不可分的本原和不可分的元素的规定，让原子物质和形式间的矛盾在极端对立的基础上被把握，不仅使作为本原的原子和作为元素的原子得以相互区别又加以贯通，原子的特殊性通过重力这种质的存在被体现出来，而且让原子概念和原子本身在分离开来的同时又由于原子自身的逻辑完备，在排斥、聚合后形成现象世界。此时的原子现实化了，其存在和运动是主动的，这不仅是自然界的必然结构，而且使本原在其中发挥观念的引导和统摄作用。

上述解释虽然实现了从本质世界到现象界的过渡，但还存在问题：原

[①] 《马克思恩格斯全集》第1卷，人民出版社，1995，第45页。

子作为不可分的本原在本质世界中是独立的和永恒的，不存在任何的易变性和相对性，而时间的存在会让原子和本质世界具备起点和终点，要解决这一问题，就必须在本质世界和原子概念中排除时间。伊壁鸠鲁明显注意到了这种现象，是以他从本质世界和现象世界的差别出发论述时间，将时间从本质世界中剔除，让它成为实体和事物的绝对形式。

马克思对此观点加以赞赏，于是马克思在《博士论文》中也借用时间概念这一桥梁，进一步对本质世界和现象世界的过渡进行论述。在马克思看来，虽然现象世界生灭变化和某一实体事物只是短暂的偶然性的存在，但将时间作为衡量和透视其状态和过程的方式是行之有效的，这意味着如果以"定在"中的原子组合解释和考察事物的生成变化，不仅可以预料到作为本原的原子和作为总体的原子在组合之后对作为虚空中具体原子的主导性和可支配性，而且还可以观察到具体原子在组合运行时的整个过程。如果忽略这一关键过程，只通过作为本原的原子考察原子，则会导致无法准确把握这一组合的具体状况或者仅仅认为其只流于主观假象和现象世界之中，这也表明时间作为现实的一种形式和具体原子的组合，它能够先区别现象世界和本质世界，关注到现象世界的变化，随即又让现象返回本质世界中去划分、界定和衡量这种变化，此后又在原子组合的曲折过程中展现不同的原子特性，让它们在彼此排斥、碰撞和聚合中促成具体事物形成自然界。正如马克思所说，"时间是把一切确定的定在加以抽象、消灭并使之返回到自为存在之中"①，进而实现了原子本质与原子现象的统一及其二者之间矛盾的消解。

另外，在青年马克思的视域中，伊壁鸠鲁认为现象世界能被人感知主要是通过原子的影像，因而也正是通过这种方式，现象世界的变化在反映到人的感性中时才能被感知到。于是，从把感性当作现象世界的反映的层面来进行观察，可以发现人的感性和时间具有了同等的内核和概念，以此作为立足点，青年马克思不仅把人的感性看作具体化和形体化了的时间，而且把它看作感性的现象世界存在的正确反映。简单点说，马克思认为伊壁鸠鲁对时间和感性概念的论述，是他从不同角度对现象世界反映的不同

---

① 《马克思恩格斯全集》第 1 卷，人民出版社，1995，第 52 页。

表达，他把感性当作感官对变化的显现，而把时间当作事物本身变化的延续。因此，只要存在事物，就会存在变化，时间也伴随着存在，从而也就得出时间是客观的，感性是时间的主观形式的结论。这也充分体现了由于感性的参与，事物中原子的物质性逐渐丧失，被原子的形式规定所取代，变成观念性的存在进入本质世界，而本质世界的原子只要进入时间中就会被个别化和对象化，即是说感性知觉可以被看作检验和衡量具体事物和现象的标准。因而可见，在时间的参与和规定之下，本质世界和现象世界在对立中实现统一。

为此可以看到，在对本质世界和现象世界的辩证关系进行考察时，必须把时间和空间、主动和被动联系起来，此时现象被看作本质的异化和外化，并且在现实性中表现出来。一般来说，从不同的角度考察现象便会得到不同的结果：如果只从物质中考察现象，那么就会得出它与本质无关的结论；而如果从本质的角度考察现象，就会看到现象和本质的区别和关联性，即看到现象作为本质的假象而存在。在这个过程中，在时间的干预下，虽然自然界的本原和基础依旧要在理性的参与下才能被把握到，但这也让自然界成为真正的客观的自然界。除此之外，感性知觉也成了检验具体事物和现象的标准。因此，马克思赞同伊壁鸠鲁用对立统一的方式考察时间。

由此可见，青年马克思通过阐发伊壁鸠鲁关于原子本质世界和现象世界及其与时间关系的论述，事实上指出了通过时间和空间、被动和主动等辩证关系来观照本质世界和现象世界的关系，不仅看到了现象世界的现实性和本质世界的观念性，而且架通了本质世界和现象世界的桥梁，让原子的内在矛盾得到消解和统一，确立了感性自然的存在，完成了对现象世界的救赎。

三 延伸阅读

马克思的自然观因与现实社会中人与自然的关系相互缠绕而一直被众多学者关注。但长期以来，诸多论者在传统的马克思主义阐释框架中探讨马克思的自然观时都疏离了历史性，把马克思当作一个天生的马克思主义者。然而事实并非如此。从马克思自己的思想发展历程来看，马克思的思想在1845年前后呈现出认识上的断裂。在1845年之前，马克思的思想总体上尚处于前科学阶段。这一时期马克思主要立足于思辨性的"哲学的基地"，从抽象的原则出发去解释自然和其他一切对象，因而此时他还不是一个真正的马克思主义者，其形成的自然观也是"理念论"的自然观。在1845年之后，马克思对自己从前的哲学信仰进行了彻底的清算。他一方面批判了以黑格尔为代表的唯心主义，认为"能动的方面却被唯心主义抽象地发展了，当然，唯心主义是不知道现实的、感性的活动本身的"[①]。另一方面，马克思又指出"从前的一切唯物主义（包括费尔巴哈的唯物主义）的主要缺点是：对对象、现实、感性，只是从客体的或者直观的形式去理解，而不是把它们当作感性的人的活动，当作实践去理解"[②]。正是通过对唯心主义和从前的一切唯物主义的彻底批判，马克思才真正跃迁到新唯物主义阶段，成为完全成熟的马克思主义者。可见，作为一个现实的历史的人，马克思经历了从非马克思主义者到不成熟的马克思主义者再到完全成熟的马克思主义者的历史发展转变。与这一客观发展进程相联系，在《博士论文》中，马克思关于自然问题的思考和对自我意识的认识既有旧哲学的"底色"，又透射出疏离了"意识的空话"的革命性"曙光"。

（一）《博士论文》的限度

1. 唯心主义的理念内容

青年马克思在写作《博士论文》时期明显体现出对黑格尔哲学的皈依，其对自我意识的认识和自然问题的思考都是在唯心主义的哲学范畴内进行的。"马克思就当时的观点来说，还是一个黑格尔唯心主义者。"[③]

从《博士论文》序言中的献词开始，马克思就以诗句的形式赞扬理想主义，提出"精神就是您所信赖的伟大神医"[④]，反映了他把精神看作世

[①] 《马克思恩格斯选集》第1卷，人民出版社，1995，第54页。
[②] 《马克思恩格斯选集》第1卷，人民出版社，1995，第54页。
[③] 张一兵：《青年马克思的第一次思想转变与〈克罗茨纳赫笔记〉》，《求是学刊》1999年第3期。
[④] 《马克思恩格斯全集》第1卷，人民出版社，1995，第9页。

界主宰，强调理念作用的唯心主义观点。在自由和现实的关系上，青年马克思从概念出发批判伊壁鸠鲁把现实和自由相互分离的思想，在他看来，任何把世界和哲学分离开的情况都得不到真正的自由，真正的自由存在于人和自然、人和人的相互统一中。尽管他把"实践"看作实现真正自由和认识自然的途径，但这里的"实践"显然是在纯粹理论上进行讨论的哲学批判，指用纯粹力量来改造世界和自然，以观念为标准来衡量个别存在和特殊现实，这充分体现了青年马克思强调精神的力量，把自我意识当作时代精神的"承担者"。特别是在对原子由本质世界到现象世界的分析中，马克思认为，"现象世界只能从完成的并且同自己的概念相背离的原子中产生"[1]。可见，他对本质世界和现象世界的分析同黑格尔逻辑学中对自然概念提出的"存在的理念""在外在形式中的理念"等观点没有本质的差别，他对异化的理解建立在黑格尔唯心主义哲学的基础上。

不仅如此，马克思在《博士论文》中阐述人的自我意识对自然界的作用时，还以理念论为逻辑，论及了自由和宗教。传统观点认为，自然界和人都是神的创造物，受到神的支配，这种解释让一直接受启蒙思想熏陶的青年马克思无法接受。在他看来，天上的神束缚了人的精神，地上的神统治了人类，而出现这一状况的原因就是由于自然安排不妥，让神存在于世界，而在神的笼罩之下，人的自由的实现受到了阻碍，自然界也一样。因此，马克思在《博士论文》中认为发挥自我意识和精神活动的作用能够消灭宗教和社会压迫，他甚至在谈到历史使命的时候都把精神力量放在了第一位。毋庸讳言，青年马克思这种"以个别的自我意识的原则来改造黑格尔哲学的绝对唯心主义"[2]一方面坚决用自我意识反对哲学和宗教的调和，另一方面试图逃避抽象自我意识在应有和现有之间的尖锐矛盾。为了让这两方面获得短暂的协调，青年马克思又列举自我意识和神对立，认为人可以发挥自我意识和理性的作用去战胜宗教和愚昧，这既重新解读了无神论和唯心主义的关系，也充分凸显了自我意识在面对封建制度和现实自然时的软弱性。

---

[1] 《马克思恩格斯全集》第1卷，人民出版社，1995，第50页。
[2] 孙伯鍨：《探索者道路的探索》，安徽人民出版社，1985，第63页。

2. "从天国降到人间"的方法论

如前所述,青年马克思此时的思想理论的核心还是黑格尔的唯心主义哲学,他对伊壁鸠鲁原子论的阐述以及相关的宗教的批判和自由的论述都以自我意识为主,这种"从天国降到人间"即从抽象的原则出发来解释现实世界和客观自然的方法,不仅会导致他的无神论是脱离现实生活的理性主义的无神论,还会让其借助原子概念运动生成的关于自然界的观点,在现实中难以真正成为对象世界形成的根据。这极为明显地体现在青年马克思立足于抽象的理念原则,通过夸大理性作用的方法以否定自然神存在的论述之中。马克思生活在一个深受启蒙运动和法国革命影响的城市里,这里自由之风盛行,在长期的耳濡目染之下,马克思的思想中也含有启蒙文化中的"平等、博爱、民主"等因素,而理性主义作为启蒙思想的源泉,对青年马克思在《博士论文》中阐发无神论有很大影响。马克思在《博士论文》序言中写道:"自我意识是最高神性的一切天上的和地上的神。不应该有任何神同人的自我意识相并列。"[①] 可见,马克思作为理性的崇拜者把自我意识看作人类理性崛起的标志,他从理念出发,将自我意识和自然神对立,甚至认为自我意识可以取代自然神的地位。另外,在《博士论文》中,青年马克思对伊壁鸠鲁关于天体的论述也表明了他以理性对抗自然神的方法。由于传统希腊观点把天体和神都看作永恒的,人们便对天体持敬畏和崇拜的态度,这不但造成人们对神学的迷信,还在一定程度上限制了人们的思想和行动自由。伊壁鸠鲁批判了这种宗教性的天体观,他把人们崇拜天体的原因归结为人们对"神的惩罚"的恐惧,于是,他以原子和原子的运动为根据,来说明原子的偶然性的符合,反驳了天体永恒的论述。与此同时,青年马克思对伊壁鸠鲁的天体观表示赞扬,在《博士论文》中提出"关于天象的理论中表现了伊壁鸠鲁自然哲学的灵魂"[②] 的观点。这种肯定再一次表明马克思在写作《博士论文》时期深受理性影响,是一个被理性主义所启蒙的无神论者。正如他在《博士论文》中所表述的:"一个特定的国家对于外来的特定的神来说,就同理性的国家对于一

---

① 《马克思恩格斯全集》第1卷,人民出版社,1995,第12页。
② 《马克思恩格斯全集》第1卷,人民出版社,1995,第62页。

般的神来说一样，是神停止其存在的地方。"① 马克思这种以理性对抗自然神的手段和方法，过度夸大理性的作用，这样难免让人发出疑问：是否理性成了控制人们思想的新神？在马克思看来，哲学是指引人们探索真理的最佳方式，是理性的象征，但是自然神却是非理性的存在，所以他以精神的产物取消神性的方法，不仅没能让自我意识哲学和宗教神学相统一，而且进一步证明其强调以理性思辨的方法论说明宗教的无神论的思想不够科学和成熟。反映到自然观中，这种通过理性自我意识的抽象思维逻辑反对传统自我意识的方法论，即以主观演绎体系的方法形成的自然观，属于观念或想象的自然观，无法科学和正确地解释现实中的人和自然的关系。

（二）《博士论文》的超越性

1. 颠倒的唯物主义

马克思在《博士论文》中虽然总体上尚站在黑格尔理性主义的立场上，但在自我意识和具体的人的关系上、自我意识和"实践"的关系上以及在自由问题上的论述都出现了部分质变，呈现出"颠倒的唯物主义"的特点。

首先，从普遍的自我意识到具体的人。在《博士论文》中，青年马克思已经注意到了自我意识内部存在与本质、形式与物质的矛盾，开始展现出独立创新的精神。针对鲍威尔等人将自我意识看作哲学最高原则，彻底脱离物质存在，停留在对抽象个别性的论述上，马克思提出抽象的个别性只是自我意识的"原则"，而经验的个别性才是具体的现实的个人。只有通过经验的个别性才能完全把握自我意识。② 可见，青年马克思已经看到了感性的和经验的个别性的重要作用，他认为自我意识应该存在于具体的感性的个体中，认识到具体的人在现实的自然中的重要作用。此外，马克思在《博士论文》中把普遍性、个别性和否定性三者结合起来以构建自我意识的完备结构，把自我意识当作了解客观精神的主观形式。虽然这种构建自我意识的方式依然是黑格尔式的，但这也进一步说明马克思已经不满

---

① 《马克思恩格斯全集》第 1 卷，人民出版社，1995，第 101 页。
② 参见孙伯鍨、侯惠勤主编《马克思主义哲学的历史和现状》，南京大学出版社，2004，第 31 页。

足于抽象的个人的观点了，逐步把研究视线转移到了具体的个人之上，也意味着青年马克思有了从理性自然转向感性自然的思想倾向，意识到了感性自然的重要作用，并且他所描述的感性自然是通过人的客观活动创造而获得的结构，这种客观活动是随着自我意识的内在矛盾展开的，不是纯精神的存在。也就是说，青年马克思在《博士论文》中"看似在讨论原子本身，实际上是将人类化为原子，升华到对人的存在方式、人的地位、人的历史的追问，马克思强调个体性的形成是历史发展的标志，因而把人的发展看作一个生生不息的创造过程"①。他以普罗米修斯意指的自我意识为手段实现对宗教自然观的批判，认为自我意识的觉醒可以让人从神化自然逐步脱离出来从而走向现实自然，提高了具体的个人的地位，正视了人的位置，逐渐意识到了具体的个人对正确理解自然和改造自然的至关重要的作用。

其次，从自我意识哲学到"实践"。马克思在《博士论文》中提出"在自身中变得自由的理论精神成为实践力量，作为意志走出阿门塞斯冥国，面向那存在于理论精神之外的尘世的现实，——这是一条心理学规律"②。可见，青年马克思已经意识到哲学应该成为改造非理性现实的武器，理论应该回归现实世界，成为行动哲学，不能拘泥于自我意识内部。在黑格尔哲学中，黑格尔虽然把绝对精神看作能动的过程，但他所说的能动性是脱离人的抽象思维实体的能动性，只能在概念自身的演化和发展中适用，当这种能动性涉及现实世界时，绝对精神就无能为力了。对此，马克思没有退回费希特的主观主义，也没有把精神和现实割裂开来进行论述，而是将黑格尔的绝对精神转变为体现实践精神的主观形式的个别自我意识，这就赋予了绝对精神的内容以主体性的形式，以这种主体性形式同现实发生关系，就能找到改变现存世界和改造自然的方法。在青年马克思看来，通过这种转化，人可以摆脱自然的束缚达到自由，拥有自我意识的个人也可以通过实践，处理自由与现实环境的关系，在自然中获得自由。因此，马克思进一步从人与自然的对象性关系中，分析人对自然的能动性

---

① 范敏：《马克思博士论文的生态探析》，《马克思主义哲学研究》2016年第2期。
② 《马克思恩格斯全集》第1卷，人民出版社，1995，第75页。

的自我意识，提出"感性的自然也只是对象化了的、经验的、个别的自我意识"①。这意味着马克思把自然看成拥有"个别自我意识"的人的实践对象，使自然界成了人的理性相关的自然。可见，虽然此时年轻的马克思在自我意识和人的实践的关系上还没有形成完整系统的哲学范畴，只是在黑格尔哲学的立场上把实践看作人所特有的一种存在方式的理论哲学和一种客观的理论活动，但他在思想中已经注意到了实践概念的重要性，蕴含着实践唯物主义自然观的早期缩影。

最后，从抽象的主体性到定在中的自由。马克思在《博士论文》中，利用伊壁鸠鲁原子偏斜运动所凸显的自我意识学说以阐发自由观，十分强调个人的独立和自由。在他看来，青年黑格尔派和伊壁鸠鲁对自由的论述在本质上是一样的，二者都忽略了自由和现实世界的联系。马克思认为伊壁鸠鲁的自由观消极地逃避现实，完全遁入了内心空虚的精神世界，是脱离定在的自由，这种自由把人看作抽象的个别性，一味地强调精神需要从物质中摆脱出来，这是从经验个别性向抽象个别性的倒退，在一定程度上是对希腊晚期社会现状的回应；而青年黑格尔派把自由放在现实之上进行讨论，否认外部世界的合理性。

马克思借用黑格尔的定在说明人的自由，强调人在自然中的自由不是任意的，这种自由存在于自然的定在中，这充分体现出个体对理性的超越，这种超越在解释人和自然关系上超越了传统意义的自由主义和自然观。在此马克思通过原子偏斜运动表述个人的自由和独立，认为应该把必然和偶然、自由和必然统一起来，把定在中的自由和现实自然界中人的自由相联系。这样，感性自然也就成了现实中人的自由和定在中的自由的重要桥梁或中介。

2. 辩证地批判

青年马克思在《博士论文》中充分吸收黑格尔的辩证法作为方法论，辩证地批判了德谟克利特和伊壁鸠鲁的自然哲学。

一方面，青年马克思在《博士论文》中对德谟克利特的自然哲学采取辩证的方法进行分析。在对德谟克利特和伊壁鸠鲁的一般差别和细节上的

---

① 《马克思恩格斯全集》第1卷，人民出版社，1995，第54页。

差别进行分析时,马克思并没有为了赞扬伊壁鸠鲁而刻意地贬低德谟克利特,而是采用矛盾分析法辩证地对二者加以分析。从论证形式上,马克思一分为二地看待德谟克利特,他认为德谟克利特用理性的自然科学的方法,窥探出了事物的事实性,从构成事物的特性出发感受事物的存在。例如,关于原子的运动形式,马克思在黑格尔的影响下辩证分析并提出德谟克利特相较于伊壁鸠鲁更关注原子的直线下落的观点,这样原子就仅仅存在物质性规定而没有形式规定,这种观点强调了原子运动的机械性特征,这意味着不能将其放入现实的复杂的原子运动中考察,只能在简单事物的运动中对其进行讨论,这种原子运动所形成的自然观当然也是机械的。

另一方面,青年马克思对待伊壁鸠鲁哲学同样采取了辩证的方式。在《博士论文》中,马克思给予伊壁鸠鲁哲学思想极大的肯定和认可,高度推崇原子自由学说,认为其可以弥补和克服德谟克利特原子论中的漏洞和瑕疵。然而,即便如此,马克思对伊壁鸠鲁哲学也并不是全盘接受的,他看到了伊壁鸠鲁哲学的不足之处,对伊壁鸠鲁哲学采取了辩证的态度。

对于伊壁鸠鲁脱离人和自然、哲学和世界孤立地谈论自由,将自由抽象化的观点,马克思是不赞同的。马克思认为自由不可能在人同自然的对立中实现。他提出:"如果抽象的、个别的自我意识被设定为绝对的原则,那么,由于在事物本身的本性中占统治地位的不是个别性,一切真正的和现实的科学当然就被取消了。"[①] 可见,马克思看到了伊壁鸠鲁哲学被外在的环境所控制和压迫,只能实现心灵上的自由即精神的自由,这是由于自我意识困于自身的性质,无法消除自身内在的矛盾。因而他反对伊壁鸠鲁盲目地把自我意识推到至高无上的地位,反对伊壁鸠鲁坚持抽象个别的自我意识的唯一性和独立性的观点。可见,伊壁鸠鲁通过原子运动强调的自由是内心的自由,这种自由是空洞的,这也就割裂了现实和自由的关系。

此外,在对天体的论述中,伊壁鸠鲁以自我意识否定了物质性,因为自我意识作为抽象原则存在于抽象领域中,无法与现象自然界中的具体物质相联系。这就会导致天体中自我意识在否定了物质形式的同时获得了普遍存在的东西,在这种情况下,天体成了扰乱自我意识的工具,二者相互

---

① 《马克思恩格斯全集》第 1 卷,人民出版社,1995,第 63 页。

对立，自由无法实现。在马克思看来，伊壁鸠鲁把人同自然对立的方式，让自我意识和自然也成为敌对的关系了，不仅限制了伊壁鸠鲁理解自由和必然、自我意识和自然的辩证关系，还把自由看作消极的，只有形式没有内容。因此，马克思在《博士论文》中在高度认同伊壁鸠鲁原子论的合理因素和内在价值的同时，也运用辩证的方法和眼光对其进行批判。

面对伊壁鸠鲁原子论中存在的问题和困境，马克思在《博士论文》中提出"哲学救赎"的主张。一方面，马克思针对伊壁鸠鲁自由和自我意识存在的固有缺陷和不足，试图在强调精神作用的情况下，把二者结合起来。马克思认为只有将自然的合理性看作必然性，人才能自觉地作用于自然界，只有将人放在社会和自然中，从人和周围环境的相互关系中来看待自由，才能真正解决问题。因此，马克思赋予原子感性层面上接近现实的人的意义，意味着独立的人不能离开客观自然而存在，必须同外部自然联系。因此，真正的自由在人和人、人和自然、人和社会的相互作用中实现。另一方面，马克思提出"抽象的个别性是脱离定在的自由"①，来努力为自我意识正名，对人在定在中的自由进行研究，尝试把握伊壁鸠鲁原子论的本质，这不仅说明人是存在于定在中，受到"纯粹自然的力量"的支配，也说明人需要打破自身的定在获得成长。可见，马克思对伊壁鸠鲁哲学辩证批判的方法，不仅表现出马克思对伊壁鸠鲁哲学的超越，还为其后来的哲学发展和自然观的形成提供了方法论的指导。

由此可知，在《博士论文》中，青年马克思以伊壁鸠鲁的原子论思想为指向，已经意识到人和自然的关系应该遵循定在的限制，强调辩证法不能仅仅停留在意识形态中，它的革命性不能完全体现在理论方面，而是要面对现实：一方面需要否定现实和自然，另一方面又要在现实和自然中肯定主体的自我意识。马克思试图在黑格尔哲学的基础上实现主体与客体的统一。

四　问题拓展

从马克思的《博士论文》来看，马克思的思想是历史地发展的。这从

---

① 《马克思恩格斯全集》第1卷，人民出版社，1995，第50页。

马克思此后的著作中也可以看到这一点。例如1844年，马克思在《1844年经济学哲学手稿》中宣布他找到了对"历史之谜"的解答。这次解答实际上就是一种"人性论"的解答。从马克思思想发展的进程来看，这既不是马克思对"历史之谜"的第一次解答也不是他的最后一次解答。在此之前，马克思有过对"历史之谜"的"理想论"和"理念论"的解答，1845年以后，马克思又提出了"实践论"的解答。今天我们正在从事改革开放、建设中国特色社会主义的崭新事业，我们需要马克思的科学的历史观的指导，需要深刻把握"历史之谜"，即历史的本质、历史发展的基本规律。但是，马克思曾对"历史之谜"给出过四种不同的解答，哪一种解答是马克思主义的科学的解答呢？这就需要从马克思思想的历史发展中寻找答案。

其一，马克思对"历史之谜"的"理想论"的解答。人的问题、社会历史问题是马克思毕生研讨的中心问题。从马克思中学毕业作文可以看出，少年马克思就已经十分关注人的问题，他把为人类服务作为职业选择的最高价值理想。①

1835年，马克思考入波恩大学法律系，一年后转入柏林大学法律系。在大学初期，受康德、费希特哲学的影响，马克思形成一种他称作"理想主义"的哲学观念，在这一哲学观念的指导下，他潜心于搞一个法哲学体系，写了厚厚的一大本。这是他对"历史之谜"的第一次解答。这个作品没有保存下来，我们是从马克思给他父亲的信中知道他世界观发展历程中的这一不长的阶段和他的基本思想的。这种"理想主义"的哲学观念是对"应有"和"现有"关系的一种理解。"应有"是人们的一种理想，"现有"就是历史现实。马克思认为"应有"是"现有"的根据，"现有"是"应有"的外部实现，而当"现有"不再符合"应有"时，就要以"应有"来改变"现有"。② 根据这种"理想主义"的哲学观念，"历史之谜"、历史的本质就是人的理想的运动，理想是历史发展的根本动力。

马克思的理想主义的哲学观念没有保持多久，到了1837年，他就抛

---

① 参见《马克思恩格斯全集》第40卷，人民出版社，1982，第7页。
② 参见《马克思恩格斯全集》第40卷，人民出版社，1982，第10页。

弃理想主义"转而向现实本身去寻求思想"了。但需要指出的是，这种"理想主义"的哲学观念虽然早已为马克思所否定，但在过去的社会主义运动中却长期保持着它的实际的影响：人们把马克思科学地阐明的社会主义理论当作一种理想，一种"应有"，现实的社会主义被看作这种理想的实现，当现实的存在与人们所理解的社会主义信念发生矛盾时，不是及时根据现实情况改变自己的观念，而是以"应有"来裁剪现实，使"现有"去适应"应有"。这正是社会主义运动在理论上和实践上遭受严重挫折的重要的历史观方面的原因。

其二，马克思对"历史之谜"的"理念论"的解答。1837年初夏，马克思结识了"博士俱乐部"。在"博士俱乐部"的影响下，马克思脱离理想主义转向黑格尔主义，形成了对"历史之谜"的第二种解答，即"理念论"的解答。此时的马克思十分兴奋，他在写给父亲的信中说："在患病期间，我从头到尾读了黑格尔的著作，也读了他大部分弟子的著作。由于在施特拉劳常和朋友们见面，我接触到一个'博士俱乐部'……这里在争论中反映了很多相互对立的观点，而我同我想避开的现代世界哲学的联系却越来越紧密了。"① 马克思从理想主义"转而向现实本身去寻求思想"②。马克思说道："我想再钻到大海里一次，不过有个明确的目的，这就是要证实精神本性也和肉体本性一样是必要的、具体的，并且具有同样的严格形式；我不想再练剑术，而只想把真正的珍珠拿到阳光中来。"③ 马克思这里说的"现代世界哲学"指的就是黑格尔哲学；"大海"指的是黑格尔的著作，"珍珠"指的是黑格尔的著作中的真理，也就是对"历史之谜"的解答。

马克思当时并没有撰写专门的哲学著作去阐述黑格尔的理念论哲学，但是他对现实世界的解释体现了他对"历史之谜"的"理念论"的解答。

关于现实关系。马克思说："在研究国家生活现象时，很容易走入歧途，即忽视各种关系的客观本性，而用当事人的意志来解释一切。但是存在着这样一些关系，这些关系决定私人和个别政权代表者的行动，而且就

---

① 《马克思恩格斯全集》第40卷，人民出版社，1982，第16页。
② 《马克思恩格斯全集》第40卷，人民出版社，1982，第15页。
③ 《马克思恩格斯全集》第40卷，人民出版社，1982，第15页。

像呼吸一样地不以他们为转移。只要我们一开始就站在这种客观立场上，我们就不会忽此忽彼地去寻找善意或恶意，而会在初看起来似乎只有人在活动的地方看到客观关系的作用。"① 有些学者把这段话当作马克思在《莱茵报》时期已经转向唯物主义的根据，这是一种误解。马克思这时所说的"客观关系"，绝不是后来作为历史唯物主义者所说的客观的社会关系，而是指由理念决定的现实关系。这里体现的是马克思对现实历史的"理念论"的理解而不是历史唯物主义的理解。

关于国家。马克思认为，"国家应该是政治理性和法的理性的实现"②。但是现实的国家并不总是符合国家的理念，而"当一个国家离开了国家的观念时，世界历史就要决定其是否还值得继续保存的问题"③。这里的"世界历史"就是指世界历史的理念。法庭是国家的重要机构，是国家理性的体现，所以法庭判决应当体现平等，同等地对待大小公民（有产者和农民），而不应沦为少数私有者手中的工具。因此，当法庭在判决农民捡拾枯枝的案件中完全站在林木所有者利益的立场上时，马克思愤怒地加以斥责，指出"这种把林木所有者的奴仆变为国家权威的逻辑，使国家权威变成林木所有者的奴仆。整个国家制度，各种行政机构的作用都应该脱离常规，以便使一切都沦为林木所有者的工具，使林木所有者的利益成为左右整个机构的灵魂。一切国家机关都应成为林木所有者的耳、目、手、足，为林木所有者的利益探听、窥视、估价、守护、逮捕和奔波"④。这里表现出马克思是不同意"把林木所有者的奴仆变为国家权威"的这种逻辑的，国家不应"沦为"有产者阶级手中的工具，国家、法庭作为理性的实现，应当为所有的公民服务。

关于出版。书报是自由表达人们思想的场所。思想的本质是自由的，所以出版应当是自由的。普鲁士政府颁布书报检查令，是违背国家的自由理性的："追究思想的法律不是国家为它的公民颁布的法律，而是一个党

---

① 《马克思恩格斯全集》第1卷，人民出版社，1956，第216页。
② 《马克思恩格斯全集》第1卷，人民出版社，1995，第118页。
③ 《马克思恩格斯全集》第1卷，人民出版社，1956，第184页。
④ 《马克思恩格斯全集》第1卷，人民出版社，1995，第267页。

派用来对付另一个党派的法律。"①

关于婚姻。和国家一样,婚姻也是理性的表现。就本质而言,"真正的国家、真正的婚姻、真正的友谊都是不可分离的"②。"但是任何国家、任何婚姻、任何友谊都不完全符合自己的概念。正像甚至家庭中现实的友谊和世界史上现实的国家都是可以分离的一样,国家中现实的婚姻也是可以分离的。任何伦理关系的存在都不符合,或者至少可以说,不一定符合自己的本质。"③ 当实际的婚姻不符合自己的概念时,离婚就是合理的。

关于哲学。马克思说:"人民的最美好、最珍贵、最隐蔽的精髓都汇集在哲学思想里。正是那种用工人的双手建筑铁路的精神,在哲学家的头脑中建立哲学体系。"④ 在这里,无论是建筑铁路还是建立哲学体系,真正的主体都是"精神"即理念,工人的双手和哲学家的头脑只不过是世界精神实现自己的手段而已。

由上可以看出,马克思在1837—1842年是用黑格尔的"理念论"来理解历史的,历史被理解为理念的运动,理念是历史发展的根本动力。理念是"历史之谜"的谜底,"理念论"就是对"历史之谜"的解答。

其三,马克思对"历史之谜"的"人性论"的解答。在《莱茵报》的后期,马克思开始了对"理念论"的怀疑、动摇,进入马克思后来所说的"苦恼"时期。马克思在理论上相信黑格尔的"理念论",但又在现实生活中看到总是物质利益战胜原则,国家总是为少数人的利益服务;应当作为人民自由精神体现的《莱茵报》,却不断地受到被查封的压力。虽说根据理念论,现实事物并不一定都符合自己的概念,但不能总是不符合。究竟应从理念出发来解释历史,还是应当从现实的人自身出发来解释历史的发展呢?

正当马克思的思想处于怀疑、动摇、苦恼的时候,费尔巴哈《关于哲学改造的临时纲要》在1843年初发表了(马克思在同一期杂志上也发表了一篇文章)。费尔巴哈的思想像闪电一样射进马克思苦恼的心田,马克

---

① 《马克思恩格斯全集》第1卷,人民出版社,1995,第121页。
② 《马克思恩格斯全集》第1卷,人民出版社,1995,第348页。
③ 《马克思恩格斯全集》第1卷,人民出版社,1995,第348页。
④ 《马克思恩格斯全集》第1卷,人民出版社,1995,第219—220页。

思看到了对"历史之谜"的新解答。

费尔巴哈哲学的优点是非常关心人,把自然和"现实的人"作为他的哲学的出发点,他的哲学也因此而被称作人本主义哲学。费尔巴哈认为,人的本质不应到思维中、上帝中去寻找,而应到人本身中去寻找,人是人的最高本质,而人的本质就是人自然所具有的本质。

费尔巴哈对马克思的影响,主要表现为颠倒了黑格尔哲学,促使其不再从理念出发来解释历史,而是从"现实的人"出发来解释历史。但是,马克思此时对"现实的人"的理解还是矛盾的。一方面,马克思超越费尔巴哈对人的自然主义的、人道主义的理解,能够从人的物质生活、从人的现实的社会关系来理解人、理解人的历史,这一方面的思想后来发展为历史唯物主义。另一方面,马克思没有摆脱费尔巴哈的影响,仍然存在离开人的现实物质生活条件,自然主义地去理解人、理解历史的倾向,这一方面的倾向,就是他的人道主义历史观,对"历史之谜"的"人性论"的解答。从马克思当时的自觉意识来说,他这时认为这种人道主义或自然主义正是对"历史之谜"的解答,他在《1844年经济学哲学手稿》中说:"共产主义是对私有财产即人的自我异化的积极的扬弃,因而是通过人并且为了人而对人的本质的真正占有;因此,它是人向自身、也就是向社会的即合乎人性的人的复归,这种复归是完全的复归,是自觉实现并在以往发展的全部财富的范围内实现的复归。这种共产主义,作为完成了的自然主义,等于人道主义,而作为完成了的人道主义,等于自然主义,它是人和自然界之间、人和人之间的矛盾的真正解决,是存在和本质、对象化和自我确证、自由和必然、个体和类之间的斗争的真正解决。它是历史之谜的解答,而且知道自己就是这种解答。"[①] 还说:"我们在这里看到,彻底的自然主义或人道主义,既不同于唯心主义,也不同于唯物主义,同时又是把这二者结合起来的真理。我们同时也看到,只有自然主义能够理解世界历史的行动。"[②] 这种自然主义或人道主义,就是从人的自然的(本来就应具有的)本性来解释历史运动,所以笔者在此把这种对"历史之谜"

---

① 《马克思恩格斯文集》第1卷,人民出版社,2009,第185—186页。
② 《马克思恩格斯文集》第1卷,人民出版社,2009,第209页。

的解答叫作"人性论"的解答。

马克思对历史的"人性论"的解答可以简述如下。人，有其作为人的类生活、类本质，这就是自由自觉的劳动。在人发展的一定历史阶段上，人发生自我异化，人的存在和其本质相分离，现实的人不是人。在人发展的另一阶段上，人的异化就会得到自我克服，实现向人的本质的复归，共产主义社会就是克服了人的自我异化、实现了向人的本质复归的社会。人的本质与人的存在的自我分离及这种分离的自我克服，就是人类历史发展的源泉、动力。

具体来说，马克思对"历史之谜"的"人性论"的解答表现在以下几个方面。

关于人的本质。马克思认为，"人本身是人的最高本质"①。人的本质是什么呢？"人直接地是自然存在物。"②"但是，人不仅仅是自然存在物，而且是人的自然存在物，就是说，是自为地存在着的存在物，因而是类存在物。"③"自为地存在着"的存在物，也就是自由自觉的存在物。

关于人的本质的自我异化。马克思认为，中世纪社会、资本主义社会中的人是自我异化了的人。异化了的人不是人，因为他失去了自己作为人的类本质；不仅工人不是人，资本家也不是人，"有产阶级和无产阶级同样表现了人的自我异化"④。那么，"人是怎样使自己的劳动外化、异化的？这种异化又是怎样由人的发展的本质引起的？……问题的这种新的提法本身就已包含问题的解决"⑤。也就是说，异化的根源在于"人的发展的本质"与人的存在之间的矛盾关系，是人的自我否定，所以异化叫作"自我异化"。人，不仅使自己发生自我异化，还必然地达到异化的自我克服、自我扬弃，这就是人的本质与人的关系发展的否定之否定：异化是人的本质的自我否定，作为异化自我克服的"共产主义是作为否定的否定的肯定"⑥。

---

① 《马克思恩格斯选集》第 1 卷，人民出版社，1972，第 15 页。
② 《马克思恩格斯文集》第 1 卷，人民出版社，2009，第 209 页。
③ 《马克思恩格斯文集》第 1 卷，人民出版社，2009，第 211 页。
④ 《马克思恩格斯文集》第 1 卷，人民出版社，2009，第 261 页。
⑤ 《马克思恩格斯文集》第 1 卷，人民出版社，2009，第 168 页。
⑥ 《马克思恩格斯文集》第 1 卷，人民出版社，2009，第 197 页。

关于异化与私有制的关系。"私有财产是外化劳动即工人对自然界和对自身的外在关系的产物、结果和必然后果。"① "尽管私有财产表现为外化劳动的根据和原因,但确切地说它是外化劳动的后果,正像神原先不是人类理智迷误的原因,而是人类理智迷误的结果一样。"② 当然,"后来,这种关系就变成相互作用的关系"③。也就是说,私有制之谜要从异化劳动中去寻找,而根据马克思对异化的理解,异化劳动之谜要到人的类本质的发展中去寻找。

从马克思上述对"历史之谜"的解答可以看出,马克思是从人性(人的类本质)出发来解释历史的,人性的自然辩证运动是历史运动的源泉、动力。

其四,马克思对"历史之谜"的"实践论"的解答。马克思在1843年初转向费尔巴哈以后,就萌发了对"历史之谜"的"实践论"的解答,即从人的现实的物质生活、从人的现实关系的发展来解释历史运动。但是,对"历史之谜"的这种"实践论"解答,还不是马克思此时历史观的主导思想,他甚至还没有意识到对"历史之谜"的"人性论"解答和"实践论"解答之间的对立。如前所述,马克思自觉意识到的对"历史之谜"的解答,是人道主义的或自然主义的解答,即"人性论"的解答。

到了1845年,马克思克服了历史观上的矛盾状况,摒弃了人道主义历史观,完全自觉地站到历史唯物主义的立场上,坚持对"历史之谜"作"实践论"的解答。

首先,马克思明确批判、否定了对"历史之谜"的"人性论"解答。马克思批评费尔巴哈"撇开历史进程","只能把人的本质理解为'类',理解为一种内在的、无声的、把许多个人纯粹自然地联系起来的共同性"④。指出:关于"人"、人的"类本质"及其发展,是哲学家们从某种"哲学的观点"所作的"设想"和"臆造",他们认为"在这些个人中有

---

① 《马克思恩格斯文集》第1卷,人民出版社,2009,第166页。
② 《马克思恩格斯文集》第1卷,人民出版社,2009,第166页。
③ 《马克思恩格斯文集》第1卷,人民出版社,2009,第166页。
④ 《马克思恩格斯选集》第1卷,人民出版社,1972,第18页。

类或人在发展，或者是这些个人发展了人"①，"哲学家们在已经不再屈从于分工的个人身上看见了他们名之为'人'的那种理想，他们把我们所描绘的整个发展过程看做是'人'的发展过程，而且他们用这个'人'来代替过去每一历史时代中所存在的个人，并把他描绘成历史的动力。这样，整个历史过程被看成是'人'的自我异化过程，实际上这是因为，他们总是用后来阶段的普通人来代替过去阶段的人并赋予过去的个人以后来的意识。由于这种本末倒置的做法，即由于公然舍弃实际条件，于是就可以把整个历史变成意识发展的过程了"②。马克思还把"哲学家们关于现实的人不是人"这一判断称为"荒谬的判断"③，批评人道主义的社会主义"必然表现为关于真正的社会、关于实现人的本质的无谓思辨"④。

其次，马克思明确规定了自己理解"历史之谜"的基本路线。马克思恩格斯在《德意志意识形态》中说，他们的"这种历史观和唯心主义历史观不同，它不是在每个时代中寻找某种范畴，而是始终站在现实历史的基础上，不是从观念出发来解释实践，而是从物质实践出发来解释观念的东西"⑤。

最后，马克思遵循历史唯物主义的基本路线，从实践（实际生活、社会存在）出发解答了各种"历史之谜"。

关于人的本质。马克思指出："个人怎样表现自己的生活，他们自己也就怎样。因此，他们是什么样的，这同他们的生产是一致的——既和他们生产什么一致，又和他们怎样生产一致。因而，个人是什么样的，这取决于他们进行生产的物质条件。"⑥ 因此，"人的本质并不是单个人所固有的抽象物。在其现实性上，它是一切社会关系的总和"⑦。

关于社会生活的本质。马克思指出："社会生活在本质上是实践的。"⑧

---

① 《马克思恩格斯选集》第1卷，人民出版社，1972，第83页。
② 《马克思恩格斯选集》第1卷，人民出版社，1972，第75—76页。
③ 《马克思恩格斯全集》第3卷，人民出版社，1960，第505页。
④ 《马克思恩格斯选集》第1卷，人民出版社，1972，第277页。
⑤ 《马克思恩格斯选集》第1卷，人民出版社，1972，第43页。
⑥ 《马克思恩格斯选集》第1卷，人民出版社，1972，第25页。
⑦ 《马克思恩格斯选集》第1卷，人民出版社，1972，第18页。
⑧ 《马克思恩格斯选集》第1卷，人民出版社，1972，第18页。

实践是人们的物质生活，是人们的存在即社会存在。意识是人们的物质生活在人脑中的反映。国家、法等"既不能从它们本身来理解，也不能从所谓人类精神的一般发展来理解，相反，它们根源于物质的生活关系"①，市民社会"在一切时代都构成国家的基础以及任何其他的观念的上层建筑的基础"②。

关于历史发展的动力。"历史的动力以及宗教、哲学和任何其他理论的动力是革命，而不是批判。"③ 这里所说的"革命"，指的是实践改造。在实践动力方面，最基本的动力是物质生产。马克思对物质生产（生产方式）作了具体分析，在此基础上制定了社会基本矛盾的学说，指出社会基本矛盾是社会发展的基本动力。马克思在《〈政治经济学批判〉序言》中指出："社会的物质生产力发展到一定阶段，便同它们一直在其中活动的现存生产关系或财产关系（这只是生产关系的法律用语）发生矛盾。于是这些关系便由生产力的发展形式变成生产力的桎梏。那时社会革命的时代就到来了。随着经济基础的变更，全部庞大的上层建筑也或慢或快地发生变革。"④

关于私有制。私有制不是根源于人的本性的永恒的历史现象，而是人类一定历史阶段上生产实践的产物。私有制是一种社会关系，是与生产力的一定水平相适应的生产关系、经济关系，而随着生产力的进一步发展，它就会由生产力发展的形式变为生产力进一步发展的桎梏，那时，私有制就没有存在的条件，就要被消灭。

关于阶级和阶级斗争。"阶级的存在仅仅同生产发展的一定历史阶段相联系。"⑤ 在生产发展的一定阶段上，曾经有过没有阶级和阶级斗争的时期。在生产发展的不同历史阶段上，有过不同的阶级和阶级斗争。在生产发展的更高历史阶段上，阶级和阶级斗争将被消灭。

关于国家权力。国家是由市民社会决定的，"国家是属于统治阶级的

---

① 《马克思恩格斯选集》第 2 卷，人民出版社，1972，第 82 页。
② 《马克思恩格斯选集》第 1 卷，人民出版社，1972，第 41—42 页。
③ 《马克思恩格斯选集》第 1 卷，人民出版社，1972，第 43 页。
④ 《马克思恩格斯选集》第 2 卷，人民出版社，1972，第 82—83 页。
⑤ 《马克思恩格斯选集》第 4 卷，人民出版社，1972，第 332 页。

各个个人借以实现其共同利益的形式,是该时代的整个市民社会获得集中表现的形式"①,"原来意义上的政治权力,是一个阶级用以压迫另一个阶级的有组织的暴力"②。随着阶级的消灭,国家也将自行消亡。

关于共产主义。"共产主义对我们说来不是应当确立的状况,不是现实应当与之相适应的理想。我们所称为共产主义的是那种消灭现存状况的现实的运动。这个运动的条件是由现有的前提产生的。"③ 共产主义实现的历史必然性根源于物质生活条件的发展,根源于生产力和生产关系的矛盾运动,离开现实的物质生活条件去考虑共产主义的问题,就会否认共产主义实现的历史必然性,或者陷入空想。

以上所述仅是马克思对"历史之谜"的"实践论"解答的一些主要方面,而不是所有方面。历史现象是极其丰富的,也是十分复杂的。马克思的历史观提供给我们的不是现成的具体结论或简单套用的公式,而是理解历史的基本观点和方法。我们应当以历史唯物主义的基本观点和方法,从我们自己的具体实践出发,对中国的"历史之谜",特别是建设中国特色社会主义之谜作出"实践论"的解答。

---

① 《马克思恩格斯选集》第1卷,人民出版社,1972,第69页。
② 《马克思恩格斯选集》第1卷,人民出版社,1972,第273页。
③ 《马克思恩格斯选集》第1卷,人民出版社,1972,第40页。

第二章 《1844年经济学哲学手稿》导读

一 写作背景

19世纪40年代，德国工业有了一定的发展，仅普鲁士一地就有大小工场或者工厂近8万家，雇佣工人数量高达55万人，但总体发展水平同英法等国相比仍然比较落后。农村尽管表面上取消了农奴制，但是占统治地位的还是封建土地所有制，先前的农奴受领主特权的约束并没有获得充分的人身自由；城市受行会制度的束缚发展也比较缓慢，占优势的经济形式是以手工劳动为基础的手工业与家庭式作坊。与此不同，同时期的英法两国早已走在欧洲经济发展的前列。当时，英国是世界上资本主义最发达的国家，工业革命已经进入完成阶段，大工业在生产的各个部门普遍地建立起来，生产有了很大的发展。法国作为英国的邻邦，受英国工业革命的影响，资本主义经济发展也十分迅速。随着机器的广泛使用，大工业开始在法国一些生产部门中建立起来，尽管手工业工场和小手工业的生产仍然在经济上占优势地位，但法国仍是仅次于英国的主要资本主义国家。"到1848年革命前，全国的棉纺纱机已达11.6万台，丝织机达9万台，仅里昂一地就有丝织机6万台。大型棉纺织工厂多达566家，原棉消费量由1830年的320万公斤增加到1846年的650万公斤。毛纺织业和麻纺织业中也出现了使用机器生产的大型工厂。机器的采用提高了生产效率，纺织品产量剧增，在法国出口商品中占据了首要地位，其中，毛纺织品已在国际市场上与英国展开竞争。制糖、造纸、印刷等工业部门也开始使用机器。蒸汽机的数量迅速增加。在1820年时，全国只有39台蒸汽机，到

1848年增加到5200台,总功率达到6.5万匹马力。"① 总之,由于工业革命,以英法等国为代表的"资产阶级在它的不到一百年的阶级统治中所创造的生产力,比过去一切世代创造的全部生产力还要多,还要大。自然力的征服,机器的采用,化学在工业和农业中的应用,轮船的行驶,铁路的通行,电报的使用,整个整个大陆的开垦,河川的通航,仿佛用法术从地下呼唤出来的大量人口,——过去哪一个世纪料想到在社会劳动里蕴藏有这样的生产力呢?"②

1843年10月,《莱茵报》被查封之后,马克思离开德国克罗茨纳赫来到法国巴黎。一方面,这次迁居使马克思直接接触到了先进的大工业生产,极大地推动了马克思自身思想的发展。与德国主要还是封闭式的封建制生产相比,面向全球化扩张的资本主义大工业生产极大地改变了世界的面貌,加强了不同地域之间的联系,从而推动了先前相互隔绝的人们之间的普遍交往的建立。他们不再局限于自己先前狭隘的地域,开始在资本主义全球化席卷一切的浪潮的作用下成为世界历史性的存在。到了这时,也只有这时,"无产阶级只有在世界历史意义上才能存在,就像共产主义——它的事业——只有作为'世界历史性的'存在才有可能实现一样"③。另一方面,马克思在巴黎积极投身于无产阶级的革命斗争。他经常深入工人家庭进行访问,与工人交谈、交朋友。他也同德国流亡者在巴黎成立的秘密组织"正义者同盟"建立了联系,"经常同那里的同盟领导人以及法国大多数工人秘密团体的领导人保持私人交往"④。这两方面的相互"撞击",让马克思的思想进一步加速转变。他头脑中从《关于林木盗窃法的辩论》开始的对黑格尔唯心主义哲学的疑虑不断被放大,促使其转向了费尔巴哈的唯物主义。

二 内容简介

写于1844年4—8月的《1844年经济学哲学手稿》(以下简称《手

---

① 刘祚昌、王觉非编《世界史·近代史编·下卷》,高等教育出版社,1992,第12页。
② 《马克思恩格斯选集》第1卷,人民出版社,1995,第277页。
③ 《马克思恩格斯选集》第1卷,人民出版社,2012,第166—167页。
④ 《马克思恩格斯全集》第14卷,人民出版社,1964,第464页。

稿》）是马克思旅居法国巴黎时撰写的阐述和论证自己思想的"三份手稿"，也称《巴黎手稿》①。其中"第一份手稿，共 27 页。用来写作这一手稿的大张稿纸被马克思分为三个纵栏，每一栏上面都写上如下标题：'工资''资本的利润''地租'。在前 16 页上，马克思在三个标题下满满写上了从斯密等人著作中细心选择和整理出来的重要段落，并且对它们作了批判性分析。而从 22 页到末尾这 6 页，就不再管原来的标题而是贯通起来写下了马克思自己的思想，这就是'异化劳动'部分。第二份手稿，目前只有最后的 4 页（第 40—43 页）保存着，前面 39 页都已经散失了。第三份手稿则是页码并不连贯的散张，内容包括：对第二份手稿第 36 页和 39 页内容的补充、整个著述的《序言》部分、对黑格尔的批判以及论述'货币'的一个片段"②。这些笔记文稿在马克思生前并没有公开发表。1927 年，苏联学者达·梁赞诺夫在俄文版《马克思恩格斯文库》第 3 卷发表了《手稿》的第三部分，后以《〈神圣家族〉的预备著作》为标题收入 1929 年出版的《马克思恩格斯全集》俄文第 3 版。1929 年，以《关于共产主义和私有制的札记》《关于需要、生产和分工的札记》为标题，《马克思主义评论》法文杂志也发表了《手稿》的一些章节片段。到 1932 年，《手稿》第二、三部分被德国社会党人 S. 朗兹胡特、J. P. 迈耶尔整理后，命名为《政治经济学和哲学》以原文形式在《卡尔·马克思：历史唯物主义（早期著作）》第 1 卷上公开发表。同年，整个《手稿》德文原文以《经济学哲学手稿（1844 年）》为标题收入《马克思恩格斯全集》（国际版）第 1 部分第 3 卷与读者见面。

本书节选内容为《手稿》第三部分即"笔记本Ⅲ"中"对黑格尔的辩证法和整个哲学的批判"的部分内容。在这一部分，马克思一方面对黑格尔哲学的唯心主义进行了批判。

因为黑格尔的《哲学全书》以逻辑学，以**纯粹的思辨的思想**开始，而

---

① 近年来也有学者提出《巴黎手稿》"包括了通常被称为《1844 年经济学哲学手稿》的'三份手稿'和关于詹姆斯·穆勒《政治经济学原理》一书的评注（简称'穆勒评注'）。这与多年来学界流行的或者把《1844 年经济学哲学手稿》等同于'巴黎手稿'、或者把'穆勒评注'归入'巴黎笔记'的划分是有差别的"。（参见聂锦芳《"巴黎手稿"的原始面貌》，《学习时报》2014 年 6 月 30 日，第 A3 版。）

② 聂锦芳：《"巴黎手稿"的原始面貌》，《学习时报》2014 年 6 月 30 日，第 A3 版。

以**绝对知识**,以自我意识的、理解自身的哲学的或绝对的即超人的抽象精神结束,所以整整一部《哲学全书》不过是哲学精神的**展开**的**本质**,是哲学精神的自我对象化;而哲学精神不过是在它的自我异化内部通过思维方式即通过抽象方式来理解自身的、异化的世界精神。——**逻辑学**是精神的**货币**,是人和自然界的思辨的、**思想的价值**——人和自然界的同一切现实的规定性毫不相干地生成的因而是非现实的本质,——是**外化的**因而是从自然界和现实的人抽象出来的**思维**,即**抽象**思维。——**这种抽象思维的外在性**就是……**自然界**,就像自然界对这种抽象思维所表现的那样。自然界对抽象思维来说是外在的,是抽象思维的自我丧失;而抽象思维也是外在地把自然界作为抽象的思想来理解,然而是作为外化的抽象思维来理解。——最后,**精神**,这个回到自己的诞生地的思维,在它终于发现自己和肯定自己是**绝对**知识因而是绝对的即抽象的精神之前,在它获得自己的自觉的、与自身相符合的存在之前,它作为人类学的、现象学的、心理学的、伦理的、艺术的、宗教的精神,总还不是自身。因为它的现实的存在是**抽象**……——

黑格尔有双重错误。

第一个错误在黑格尔哲学的诞生地《现象学》中表现得最为明显。例如,当他把财富、国家权力等等看成同**人**的本质相异化的本质时,这只是就它们的思想形式而言……它们是思想本质,因而只是**纯粹的**即抽象的哲学思维的异化。因此,整个运动是以绝对知识结束的。这些对象从中异化出来的并以现实性自居而与之对立的,恰恰是抽象的思维。**哲学家**——他本身是异化的人的抽象形象——把自己变成异化的世界的尺度。因此,全部**外化**历史和外化的全部**消除**,不过是抽象的、绝对的[XVII](见第XIII页)思维的**生产史**,即逻辑的思辨的思维的**生产史**。因此,**异化**——它从而构成这种外化的以及这种外化之扬弃的真正意义——是**自在**和**自为**之间、**意识**和**自我意识**之间、**客体**和**主体**之间的对立,就是说,是抽象的思维同感性的现实或现实的感性在思想本身范围内的对立。其他一切对立及其运动,不过是这些唯一有意义的对立的**外观、外壳、公开**形式,这些唯一有意义的对立构成其他世俗对立的**含义**。在这里,不是人的本质**以非人的方式**在同自身的对立中的**对象化**,而是人的本质以**不同于抽象思维的方式**在同抽象思维的**对立**中的**对象化**,被当做异化的被设定的和应该扬弃的本质。

[XⅢ] 因此,对于人的已成为对象而且是异己对象的本质力量的占有,首先不过是那种在**意识**中、在**纯思维**中即在**抽象**中实现的**占有**,是对这些作为**思想和思想运动**的对象的占有;因此,在《现象学》中,尽管已有一个完全否定的和批判的外表,尽管实际上已包含着往往早在后来发展之前就先进行的批判,黑格尔晚期著作的那种非批判的实证主义和同样非批判的唯心主义——现有经验在哲学上的分解和恢复——已经以一种潜在的方式,作为萌芽、潜能和秘密存在着了。**其次**,要求把对象世界归还给人——例如,有这样一种认识:**感性**意识不是**抽象**的感性意识,而是**人的**感性意识;宗教、财富等等不过是**人的**对象化的异化了的现实,是客体化了的**人的**本质力量的异化了的现实;因此,宗教、财富等等不过是通向真正**人的**现实的**道路**,——这种对人的本质力量的占有或对这一过程的理解,在黑格尔那里是这样表现的:**感性、宗教、国家权力**等等是**精神的**本质,因为只有**精神**才是人的**真正的**本质,而精神的真正的形式则是思维着的精神,逻辑的、思辨的精神。自然界的**人性**和历史所创造的自然界——人的产品——的**人性**,就表现在它们是抽象精神的**产品**,因此,在这个限度内,它们是**精神的**环节即**思想本质**。可见,《现象学》是一种隐蔽的、自身还不清楚的、神秘化的批判;但是,因为《现象学》紧紧抓住人的**异化**不放——尽管人只是以精神的形式出现——,所以它潜在地包含着批判的**一切**要素,而且这些要素往往已经以远远超过黑格尔观点的方式**准备好和加过工了**。关于"苦恼的意识"、"诚实的意识",关于"高尚的意识和卑鄙的意识"的斗争等等这些章节,包含着对宗教、国家、市民生活等整个整个领域的**批判的**要素,不过也还是通过异化的形式。正像**本质、对象**表现为思想本质一样,**主体**也始终是**意识**或**自我意识**,或者更正确些说,对象仅仅表现为**抽象的**意识,而人仅仅表现为**自我意识**。因此,在《现象学》中出现的异化的各种不同形式,不过是意识和自我意识的不同形式。正像抽象的意识**本身**——对象就被看成这样的意识——仅仅是自我意识的一个差别环节一样,这一运动的结果也表现为自我意识和意识的同一,即绝对知识,也就是那种已经不是向外部而是仅仅在自身内部进行的抽象思维运动,这就是说,纯思想的辩证法是结果。(下接第XXⅡ页)

[XXII]（见第XⅢ页）因此，黑格尔的**《现象学》**及其最后成果——辩证法，作为推动原则和创造原则的否定性——的伟大之处首先在于，黑格尔把人的自我产生看做一个过程，把对象化看做非对象化，看做外化和这种外化的扬弃；可见，他抓住了**劳动**的本质，把对象性的人、现实的因而是真正的人理解为人**自己的劳动**的结果。人同作为类存在物的自身发生**现实的**、**能动的**关系，或者说，人作为现实的类存在物即作为人的存在物的实现，只有通过下述途径才有可能：人确实显示出自己的全部**类力量**——这又只有通过人的全部活动、只有作为历史的结果才有可能——并且把这些力量当做对象来对待，而这首先又只有通过异化的形式才有可能。

我们将以《现象学》的最后一章——绝对知识——来详细说明黑格尔的片面性和局限性。这一章既包含经过概括的《现象学》的精神，包含《现象学》同思辨的辩证法的关系，也包含黑格尔对这二者及其相互关系**的理解**。

且让我们先指出一点：黑格尔是站在现代国民经济学家的立场上的。他把**劳动**看做人的**本质**，看做人的自我确证的本质；他只看到劳动的积极的方面，没有看到它的消极的方面。劳动是**人在外化**范围之内的或者作为**外化的人**的**自为的生成**。黑格尔唯一知道并承认的劳动是**抽象的精神的**劳动。因此，黑格尔把一般说来构成哲学的**本质**的那个东西，即**知道自身的人的外化**或者思考自身的、外化的科学，看成劳动的本质；因此，同以往的哲学相反，他能把哲学的各个环节加以总括，并称自己的哲学才是**哲学**。至于其他哲学家做过的事情——把自然界和人类生活的各个环节看做自我意识的而且是抽象的自我意识的环节——，黑格尔**认为**那只是哲学的**行动**。因此，他的科学是绝对的。

现在让我们转向我们的本题。

绝对知识。《现象学》的最后一章。

主要之点就在于：**意识的对象**无非是**自我意识**；或者说，对象不过是**对象化的自我意识**、作为对象的自我意识。（设定人＝自我意识。）

因此，需要克服**意识的对象**。**对象性**本身被认为是人的**异化了的**、同**人的本质**即自我意识不相适应的关系。因此，**重新占有**在异化规定内作为异己的东西产生的人的对象性本质，不仅具有扬弃**异化**的意义，而且具有扬弃

对象性的意义，就是说，因此，人被看成**非对象性的、唯灵论的**存在物。①

马克思指出："因为黑格尔的《哲学全书》以逻辑学，以纯粹的思辨的思想开始，而以绝对知识，以自我意识的、理解自身的哲学的或绝对的即超人的抽象精神结束，所以整整一部《哲学全书》不过是哲学精神的展开的本质，是哲学精神的自我对象化；而哲学精神不过是在它的自我异化内部通过思维方式即通过抽象方式来理解自身的、异化的世界精神。"②这是因为在黑格尔看来，"世界精神"是整个世界的基础和本原，是宇宙万物及其一切现象的灵魂与核心。它"从来没有停止不动，它永远是在前进运动着"③，而伴随着"世界精神"的运动，就产生了逻辑学，继而外化为外部的客观世界——自然界，因而自然界只是"世界精神"自身的否定，只是理念的他在形式。不过，自然界的这种相对于"世界精神"的他在性并不意味着它就如我们周围世界的山川、河流、树木、田野、村庄一样都是真实的感性物质对象。在纯粹精神运动的世界里，精神无论怎样外化，作为精神外化的产物的自然界从其本质来说都是一种观念性的东西，所以黑格尔理念哲学视野中的自然界，是思维抽象出来的抽象的自然界。关于这种自然界，马克思批判性地指出："自然界对抽象思维来说是外在的，是抽象思维的自我丧失；而抽象思维也是外在地把自然界作为抽象的思想来理解，然而是作为外化的抽象思维来理解。"④

当然，马克思批判黑格尔不是形而上学地批判而是辩证地批判，他只是批判黑格尔哲学的唯心主义，并没有批判其中的辩证法。例如，在《手稿》中，马克思就提出："黑格尔的《现象学》及其最后成果——辩证法，作为推动原则和创造原则的否定性——的伟大之处首先在于，黑格尔把人的自我产生看做一个过程，把对象化看做非对象化，看做外化和这种外化的扬弃；可见，他抓住了劳动的本质，把对象性的人、现实的因而是真正的人理解为人自己的劳动的结果。"⑤

---

① 《马克思恩格斯文集》第1卷，人民出版社，2009，第202—206页。
② 《马克思恩格斯文集》第1卷，人民出版社，2009，第202页。
③ 〔德〕黑格尔：《精神现象学》上卷，贺麟、王玖兴译，商务印书馆，1979，第7页。
④ 《马克思恩格斯文集》第1卷，人民出版社，2009，第202页。
⑤ 《马克思恩格斯文集》第1卷，人民出版社，2009，第205页。

另一方面，马克思高度赞扬了费尔巴哈。

但是，即使现在，在**费尔巴哈**不仅在收入《轶文集》的《纲要》中，而且更详细地在《未来哲学》中从根本上推翻了旧的辩证法和哲学之后；在无法完成这一事业的上述批判反而认为这一事业已经完成，并且宣称自己是"纯粹的、坚决的、绝对的、洞察一切的批判"之后；在批判以唯灵论的狂妄自大态度把整个历史运动归结为世界的其他部分——它把这部分世界与它自身对立起来而归入"群众"这一范畴——和它自身之间的关系，并且把一切独断的对立消融于它本身的聪明和世界的愚蠢之间、批判的基督和作为**"群氓"**的人类之间的**一个**独断的对立中之后；在批判每日每时以群众的愚钝无知来证明它本身的超群出众之后；在批判终于宣称这样一天——那时整个正在堕落的人类将聚集在批判面前，由批判加以分类，而每一类人都将得到一份赤贫证明书——即将来临，即以这种形式宣告批判的**末日审判**①之后；在批判于报刊上宣布它既对人的感觉又对它自己独标一格地雄踞其上的世界具有优越性，而且只是不时从它那尖酸刻薄的口中发出奥林波斯山众神的哄笑声②之后，——在以批判的形式消逝着的唯心主义（青年黑格尔主义）做出这一切滑稽可笑的动作之后，这种唯心主义甚至一点也没想到现在已经到了同自己的母亲即黑格尔辩证法批判地划清界限的时候，甚至一点也没表明它对费尔巴哈辩证法的批判态度。这是对自身持完全非批判的态度。

费尔巴哈是唯一对黑格尔辩证法采取**严肃的、批判的**态度的人；只有他在这个领域内作出了真正的发现，总之，他真正克服了旧哲学。费尔巴哈成就的伟大以及他把这种成就贡献给世界时所表现的那种谦虚纯朴，同批判所持的相反的态度形成惊人的对照。

费尔巴哈的伟大功绩在于：（1）证明了哲学不过是变成思想的并且通过思维加以阐明的宗教，不过是人的本质的异化的另一种形式和存在方

---

① 见梅·希策尔《苏黎世通讯》（1844年《文学总汇报》第5期第12、15页）。并见马克思和恩格斯《神圣家族》第7章第1节《批判的群众》，第9章《批判的末日的审判》（《马克思恩格斯全集》中文第1版第2卷）。——编者注
② 见布·鲍威尔《本省通讯》（1844年《文学总汇报》第6期第30—32页）。并见本卷第348—355页。——编者注

式；因此哲学同样应当受到谴责；①

（2）创立了**真正的唯物主义**和**实在的科学**，因为费尔巴哈使社会关系即"人与人之间的"关系也同样成为理论的基本原则；②

（3）他把基于自身并且积极地以自身为根据的肯定的东西同自称是绝对肯定的东西的那个否定的否定对立起来。③

费尔巴哈这样解释了黑格尔的辩证法（从而论证了要从肯定的东西即从感觉确定的东西出发）：

黑格尔从异化出发（在逻辑上就是从无限的东西、抽象的普遍的东西出发），从实体出发，从绝对的和不变的抽象出发，就是说，说得更通俗些，他从宗教和神学出发。

第二，他扬弃了无限的东西，设定了现实的、感性的、实在的、有限的、特殊的东西。（哲学，对宗教和神学的扬弃。）

第三，他重新扬弃了肯定的东西，重新恢复了抽象、无限的东西。宗教和神学的恢复。④

由此可见，费尔巴哈把否定的否定**仅仅**看做哲学同自身的矛盾，看做在否定神学（超验性等等）之后又肯定神学的哲学，即同自身相对立而肯定神学的哲学。

否定的否定所包含的肯定或自我肯定和自我确证，被认为是对自身还不能确信因而自身还受对立面影响的、对自身怀疑因而需要证明的肯定，即被认为是没有用自己的存在证明自身的、没有被承认的［XIII］肯定；因此，感觉确定的、以自身为根据的肯定是同这种肯定直接地而非间接地对立着的。

费尔巴哈还把否定的否定、具体概念看做在思维中超越自身的和作为思维而想直接成为直观、自然界、现实的思维。

但是，因为黑格尔根据否定的否定所包含的肯定方面把否定的否定看成真正的和唯一的肯定的东西，而根据它所包含的否定方面把它看成一切存在的唯一真正的活动和自我实现的活动，所以他只是为历史的运动找到

---

① 路·费尔巴哈《未来哲学原理》1843年苏黎世—温特图尔版第1—33页。——编者注
② 路·费尔巴哈《未来哲学原理》1843年苏黎世—温特图尔版第77—84页。——编者注
③ 路·费尔巴哈《未来哲学原理》1843年苏黎世—温特图尔版第62—70页。——编者注
④ 路·费尔巴哈《未来哲学原理》1843年苏黎世—温特图尔版第33—58页。——编者注

抽象的、逻辑的、思辨的表达，这种历史还不是作为既定的主体的人的**现实历史**，而只是人的**产生的活动**、人的**形成的历史**。——我们既要说明这一运动在黑格尔那里所采取的抽象形式，也要说明这一运动在黑格尔那里同现代的批判即同费尔巴哈的《基督教的本质》一书所描述的同一过程①的区别；或者更正确些说，要说明这一在黑格尔那里还是非批判的运动所具有的**批判的**形式。——②

马克思认为："从费尔巴哈起才开始了实证的人道主义的和自然主义的批判。费尔巴哈的著作越是得不到宣扬，这些著作的影响就越是扎实、深刻、广泛和持久；费尔巴哈著作是继黑格尔的《现象学》和《逻辑学》之后包含着真正理论革命的唯一著作。"③ 特别是在对黑格尔的态度方面，"费尔巴哈是唯一对黑格尔辩证法采取严肃的、批判的态度的人；只有他在这个领域内作出了真正的发现，总之，他真正克服了旧哲学。费尔巴哈成就的伟大以及他把这种成就贡献给世界时所表现的那种谦虚纯朴，同批判所持的相反的态度形成惊人的对照。费尔巴哈的伟大功绩在于：（1）证明了哲学不过是变成思想的并且通过思维加以阐明的宗教，不过是人的本质的异化的另一种形式和存在方式"④。因此，"对国民经济学的批判，以及整个实证的批判，全靠费尔巴哈的发现给它打下真正的基础"⑤。

从1845年后马克思的一系列成熟论著来看，他在《手稿》中对费尔巴哈的哲学作了过高的评价。这也说明，马克思在费尔巴哈的影响下转向唯物主义，并不是立即跃迁到了"新唯物主义"，而是在唯物主义和"新唯物主义"之间有一个崇拜、信仰、迷信费尔巴哈的时期，之后通过批判费尔巴哈的人本主义哲学，马克思才完全扬弃了唯心主义和以费尔巴哈为代表的旧唯物主义，真正成了一个彻底的马克思主义者。

---

① 路·费尔巴哈《基督教的本质》1841年莱比锡版第37—247页。——编者注
② 《马克思恩格斯文集》第1卷，人民出版社，2009，第198—201页。
③ 《马克思恩格斯文集》第1卷，人民出版社，2009，第112页。
④ 《马克思恩格斯文集》第1卷，人民出版社，2009，第199—200页。
⑤ 《马克思恩格斯文集》第1卷，人民出版社，2009，第112页。

三　延伸阅读

(一) 关于《手稿》的研究及论争

《手稿》问世后，引起了马克思思想研究界的极大兴趣，对《手稿》思想的研究热潮一浪高过一浪。对马克思《手稿》的思想性质以及它在马克思思想发展史中的地位问题，人们的认识并不一致。① 西方"马克思学"者们从《手稿》中惊喜地发现了一个"青年马克思"、人道主义者的马克思，并加以推崇。"西方马克思主义者"中的绝大多数，虽然不承认有"两个马克思的对立"，但在价值取向上却和西方"马克思学"者一致，把青年马克思看作真正的马克思，把《手稿》看作马克思主义的秘密和发源地。传统马克思主义运动一般并不十分重视《手稿》，在思想性质上将其定位为"不成熟的马克思主义著作"。

在我国，对《手稿》的重视是从 20 世纪七八十年代开始的。20 世纪 70 年代末 80 年代初，理论界展开过关于异化和人道主义的大讨论，赞成马克思是人道主义者的居多，他们的原著根据主要就是马克思的《手稿》。此后继续展开的关于马克思主义哲学变革的实质的讨论，把《手稿》的研究继续推向高潮，许多人把《手稿》看作马克思主义的真正诞生地、马克思主义的秘密所在。《手稿》成为对马克思主义哲学的"'超越'的实践哲学"理解、"实践人道主义"理解、"实践唯心主义"理解等的基本原著依据。对《手稿》的重视还表现在《马克思恩格斯选集》内容的变化上，1972 年中文第 1 版没有收入《手稿》，而 1995 年中文第 2 版把《手稿》(节选) 收入。在人们的前理解中，收入选集的马克思恩格斯著作是马克思主义的经典著作。在马克思主义理解史上，也有少数人否定《手

---

① 当前国内学界对于《手稿》的评价大体有三：(1) 认为它是马克思思想发展的高峰；(2) 认为它是不成熟的非马克思主义的作品；(3) 认为它是马克思主义形成过程中的重要著作，是哲学中革命变革的起源 (参见孙伯鍨、侯惠勤主编《马克思主义哲学的历史和现状》，南京大学出版社，2004，第 70 页)。从解释学来看，只要进行理解，理解就有不同，所以这三种评价都有其存在的意义。

稿》的马克思主义性质。最典型的是法国的阿尔都塞。他认为在马克思思想发展史中存在一个"认识论的断裂",以1845年为界,1845年前的马克思思想处在"意识形态"的阶段,1845年之后才是马克思思想的科学时期或者说是马克思主义的时期。当今中国马克思主义研究界有一些学者通过他们自己的深入研究,提出了这样一种看法:马克思在《手稿》中存在两种不同的理论逻辑,其一是人本主义,其二是历史唯物主义,而人本主义是马克思当时占主导地位的理论逻辑。也有学者观点更进一步,提出《手稿》是马克思处于"费尔巴哈派"阶段的著作,在这一著作中,马克思在某些局部上开始超越费尔巴哈,萌发了马克思主义的思想因素,但从总体性质来看,马克思还没有超越费尔巴哈的人本主义哲学,《手稿》在总体性质上还不能说是马克思主义的著作。①

当然,要认识马克思《手稿》的思想性质、它在马克思思想发展史上的地位,我们首先要有历史的视野和历史的观点。历史的视野要求我们把《手稿》放到马克思思想发展的历史进程中来理解,历史的观点要求我们把马克思的思想发展看作有质变的进程,而不仅仅将其看作从不成熟的马克思主义走向成熟的马克思主义的量变进程,要求我们把马克思主义仅仅看作马克思思想发展到一定阶段的产物。

人们在理解马克思时,从自觉意识来说,并不赞同神化马克思的观点,并不会认为马克思从其思想发展一开始就是马克思主义的。马克思不是神,马克思并不天生就是马克思主义者,马克思只是在其思想发展到一定阶段时才成为马克思主义者的,这差不多是每个研究马克思思想的人都能在自觉意识上接受的观点。但是自觉意识是一回事,实际的意识是另一回事。人们的实际意识有时候并不受自觉意识的支配,而常常受不自觉意识的支配。实际上,支配人们的那种不自觉意识,总是把马克思看作天生的马克思主义者,把马克思的全部著作都看作马克思主义的著作,把马克思的全部思想都当作马克思主义的思想。《回到马克思——经济学语境中的哲学话语》一书对此曾有很好的揭示,书中指出:"在传统的马克思主

---

① 参见王金福《关于马克思〈1844年经济学哲学手稿〉思想性质的定位问题》,《福建论坛》(人文社会科学版)2007年第9期。

义哲学研究框架中,那个时代留给我们的可能也是一个隐性的'凡是'话语:马克思恩格斯所说的东西一定是真理。所以,一个马克思主义哲学的研究者,在他的论文和著述中面对一个讨论主题,可以不加任何历史性特设说明就从《马克思恩格斯全集》的第 1 卷同质性地引述到第 50 卷。这种非法的研讨状态在今天我们一些论者的著述中还时常能看到。"①

　　马克思思想发展的实际进程表明,马克思确实不是神,确实不是天生的马克思主义者,他只有在其思想发展到一定阶段时才成为马克思主义者。从政治立场来说,马克思一开始是个民主主义者(当然,也只是在一定阶段上持民主主义立场),后来才转向共产主义立场的,时间大体是在 1843 年。从理论方面来看,马克思起初的共产主义理论也不是科学共产主义,而是人道主义的共产主义,到了 1845 年,马克思恩格斯才转向科学共产主义。从世界观方面来说,马克思有过非马克思主义的世界观发展的几个阶段。在中学时期和大学初期,他持一种他自己称为"理想主义"的世界观,从"应有"出发来解释"现有"。据他自己所说,这种"理想主义"来源于康德、费希特的哲学。1837 年初夏,他在"博士俱乐部"的影响下转向黑格尔主义,直至 1842 年底,他分析问题的世界观基础都是黑格尔的理念论。1843 年初,马克思转向费尔巴哈,成为"费尔巴哈派"的一员,直至 1844 年底,费尔巴哈的人本主义哲学仍是马克思高举的理论旗帜,是他这一时期分析问题的占主导地位的思想武器,尽管在这一时期,马克思实际上也在超越费尔巴哈,萌发了许多新世界观的因素,但这些新世界观因素并不占主导地位,马克思也没有意识到这些新世界观因素和人本主义哲学的冲突。《手稿》就是马克思处在"费尔巴哈派"阶段的代表性著作。到了 1845 年,马克思才开始批判费尔巴哈,告别了最后一个"从前的哲学信仰",创立了新唯物主义的世界观。

(二) 马克思"费尔巴哈派"阶段与《手稿》思想性质

1. 1845 年前马克思对费尔巴哈的态度与《手稿》思想性质

马克思思想发展进程中有没有一个"费尔巴哈派"阶段?学术界大多

---

① 张一兵:《回到马克思——经济学语境中的哲学话语》,江苏人民出版社,1999,第 1 页。

数人是持否定意见的。这个问题要通过对以《手稿》为代表的马克思1843—1844年的著作的研究来解决，而对这些著作的研究，又会受对这一时期马克思思想发展性质的前理解的影响。这是一个理解上的"解释学循环"。

具体到根据什么来判断《手稿》的思想性质，第一个重要依据是马克思在《手稿》中对其他思想家特别是对费尔巴哈的态度。马克思主义研究者们应该都可以接受这样一些观点：马克思是在批判曾经影响他思想发展的其他思想家的基础上创立了不同于其他思想家的独特的思想体系，这一思想体系我们称为马克思主义；影响马克思思想发展的思想家有很多，其中主要是黑格尔和费尔巴哈，他们曾是马克思"从前的哲学信仰"的主要对象；费尔巴哈是马克思信仰过的最后一位哲学家。因此，马克思在《手稿》中对费尔巴哈的态度——是崇拜还是批判——就成为判定马克思思想性质的重要依据。假若马克思在《手稿》中对费尔巴哈持批判的态度，把费尔巴哈当作批判的对象来看待，这就表明马克思此时已经同费尔巴哈相对立，马克思已经成为"马克思"（作为马克思主义创立者的马克思）；假若马克思在《手稿》中不是把费尔巴哈当作批判的对象而是当作崇拜的对象，那么，这只能表明马克思此时还处在"费尔巴哈派"的阶段，马克思还不是"马克思"，《手稿》在总体上还不可能是马克思主义的著作。

事实是，如前所述，在《手稿》中，马克思还没有把费尔巴哈当作批判的对象来看待，甚至对费尔巴哈没有任何批评，而只有热烈的赞颂。

马克思在1843年初转向费尔巴哈时，曾对费尔巴哈有一个批评性的保留，他在给卢格的信中说："费尔巴哈的警句只有一点不能使我满意，这就是：他强调自然过多而强调政治太少。"[①] 这一批评很重要，它预示着马克思和费尔巴哈的最后分手——费尔巴哈由于"强调自然过多而强调政治太少"只能停留于自然唯物主义，而马克思则由于关心"政治"即现实生活，最终创立历史唯物主义。但是，马克思的这一批评性的保留并不表明马克思已经把费尔巴哈当作批判的对象来看待，就总的基调来说，马克思对费尔巴哈的肯定远多于批评：费尔巴哈的思想"只有一点"不能

---

① 《马克思恩格斯全集》第47卷，人民出版社，2004，第53页。

使马克思满意,马克思对其他都是"满意"的。自那以后直至1845年以前,马克思再也没有批评过费尔巴哈,至少在《手稿》中,马克思对费尔巴哈没有批评。

可能有人会指出,马克思在《手稿》中已经批评费尔巴哈了。例如,《手稿》中的以下两段话就有人认为它们是批评费尔巴哈的:"被抽象地理解的、自为的、被确定为与人分隔开来的自然界,对人来说也是无"①;"由此可见,费尔巴哈把否定的否定仅仅看做哲学同自身的矛盾,看做在否定神学(超验性等等)之后又肯定神学的哲学,即同自身相对立而肯定神学的哲学"②。

把马克思的这两段文字看作批评费尔巴哈,这其实是一种误读。关于第一段文字。人们之所以认为这是批评费尔巴哈的,可能是因为这段话和马克思后来在《德意志意识形态》中批评费尔巴哈的话比较类似,马克思在《德意志意识形态》中说:"先于人类历史而存在的那个自然界,不是费尔巴哈生活于其中的自然界;这是除去在澳洲新出现的一些珊瑚岛以外今天在任何地方都不再存在的、因而对于费尔巴哈来说也是不存在的自然界。"③ 人们把《手稿》中的话和《德意志意识形态》中的话加以比附:既然《德意志意识形态》中的话是批评费尔巴哈的,那么,《手稿》中类似的话就也是批评费尔巴哈的。人们在理解马克思《手稿》中的那段文字时,完全脱离了它的语境、脱离了它的上下文,超越时间,使它和一年后(马克思思想的质变、马克思和费尔巴哈的分离,正是在《手稿》写就以后的1845年发生的)的马克思的话联系起来,看作针对同一个人的批评。

上述那段文字出自《手稿》的"对黑格尔的辩证法和整个哲学的批判"一章,是《手稿》原文的第XXXIII页的开头一句话。上一页即XXXII页开头,马克思写下"绝对观念、抽象观念"这几个字(这明显是针对黑格尔的),接着就引用了黑格尔的话:"'从它与自身统一这一方面来考察就是直观'(黑格尔《全书》第3版第222页)","它'在自己的绝对真理中决心把自己的特殊性这一环节,或最初的规定和异在这一环节,即作为

---

① 《马克思恩格斯文集》第1卷,人民出版社,2009,第220页。
② 《马克思恩格斯文集》第1卷,人民出版社,2009,第200页。
③ 《马克思恩格斯选集》第1卷,人民出版社,2012,第157页。

自己的反映的直接观念,从自身释放出去,就是说,把自身作为自然界从自身释放出去'(同上)"。① 然后是马克思的评论。这一页上都是指名批判黑格尔的。然后是转入第XXⅧ页,这一页的开头就是被人们认为是批评费尔巴哈的那一句话。关键是要确定,"被抽象地理解的自然界",是被谁抽象地理解的自然界?"被确定为与人分隔开来的自然界",是被谁认为与人分隔开来的自然界?这个"谁"只能联系上下文确定。紧接着开头的那句话,马克思说:"不言而喻,这位决心转向直观的抽象思维者是抽象地直观自然界的。"② 很清楚,这位"抽象思维者"就是那个"谁",就是马克思批评的对象。那么,这位"抽象思维者"又是谁呢?这段话的前面,整个上一页,都是指名批判黑格尔的;这句话及整个这一页,马克思不再用名词"黑格尔"而是用代名词"抽象思维者""他"。十分清楚,"抽象思维者""他",指的都是上一页所说的黑格尔。因此,"被抽象地理解的自然界",是指被黑格尔抽象地理解的自然界;"被确定为与人分隔开来的自然界",是指被黑格尔认为与人分隔开来的自然界。马克思是说,被黑格尔抽象地理解的、自为的,被黑格尔认为与人分隔开来的自然界,对人来说也是无。马克思的这段话,既不像某些人所说的那样,是马克思认为人之外的自然界是无,也不像某些人认为的那样,是批判费尔巴哈的抽象自然观。马克思批判的是黑格尔的抽象自然观,是说黑格尔所说的那种自然界是无。尽管马克思在这里没有直接赞扬费尔巴哈,但就其隐含的意义来看,马克思对黑格尔的批评就是对费尔巴哈的赞扬。在这时的马克思看来,正是费尔巴哈批判了黑格尔哲学的抽象性,用具体的、现实的、感性的、作为人的现实基础的自然界来代替被黑格尔抽象地理解的、自为的、被确定为与人分隔开来的自然界,用真实的自然界来代替那个实际上不存在的自然界。

关于第二段文字。这一段文字指明是针对费尔巴哈的,而且用了"仅仅"这个用语,这个用语有时是用作批评的,意在指出对方观点的片面性。因此,这一段文字更容易被人们认为是批评费尔巴哈的。然而,这一

---

① 《马克思恩格斯文集》第1卷,人民出版社,2009,第219页。
② 《马克思恩格斯文集》第1卷,人民出版社,2009,第220页。

段文字不是批评而是赞扬费尔巴哈的。人们把马克思的意思弄颠倒了。"仅仅"这个用语有时也可以表示肯定。把这一段文字放回到原文的语境中，就很容易理解，马克思这里是在肯定、赞扬费尔巴哈对黑格尔哲学的神学性质的正确揭示。

这段文字也是出自《手稿》的"对黑格尔的辩证法和整个哲学的批判"一章。在同一页上，前面几个地方都在赞扬费尔巴哈，出现在这一段文字的前面，马克思指出费尔巴哈的伟大功绩有三点，第三点是："他把基于自身并且积极地以自身为根据的肯定的东西同自称是绝对肯定的东西的那个否定的否定对立起来。"①

紧接着，马克思另起一行说："费尔巴哈这样解释了黑格尔的辩证法（从而论证了要从肯定的东西即从感觉确定的东西出发）：黑格尔从异化出发（在逻辑上就是从无限的东西、抽象的普遍的东西出发），从实体出发，从绝对的和不变的抽象出发，就是说，说得更通俗些，他从宗教和神学出发。第二，他（黑格尔——引者注）扬弃了无限的东西，设定了现实的、感性的、实在的、有限的、特殊的东西。（哲学，对宗教和神学的扬弃。）第三，他（黑格尔——引者注）重新扬弃了肯定的东西，重新恢复了抽象、无限的东西。宗教和神学的恢复。由此可见，费尔巴哈把否定的否定仅仅看作哲学同自身的矛盾，看作在否定神学（超验性等等）之后又肯定神学的哲学，即同自身相对立而肯定神学的哲学。"②

十分清楚，马克思是在表述费尔巴哈对"黑格尔辩证法"的批判性解释后讲那句话的，从整个语境来看，马克思是赞同费尔巴哈对"黑格尔辩证法"的批判性解释的，费尔巴哈的解释属于费尔巴哈的"伟大功绩"。问题的关键是要正确理解马克思这里所说的"黑格尔辩证法"以及"否定的否定"的意义，绝不能离开原文的语境去理解这两个词的意义。马克思这里所说的"黑格尔辩证法"，不是指作为一种发展观理论的"辩证法"，而是特指黑格尔所说的理念自身的"否定的否定"的辩证运动——理念从自身出发，经过外化这个中间环节，最后通过黑格尔哲学返回自

---

① 《马克思恩格斯文集》第 1 卷，人民出版社，2009，第 200 页。
② 《马克思恩格斯文集》第 1 卷，人民出版社，2009，第 200 页。

身;因而,这里所讲的"否定的否定"也不是指一般辩证法意义上的否定的否定理论,而是特指黑格尔关于理念运动的否定的否定,黑格尔自己认为,他的哲学揭示了理念自身的否定的否定运动,也就否定了神学。但是,费尔巴哈却正确地揭示,黑格尔哲学,他的关于理念的"否定的否定"的辩证运动,不过是在否定神学之后又肯定神学的哲学,黑格尔哲学中的"绝对精神"不过是"神"的哲学名称而已。马克思完全同意费尔巴哈的这一看法。

总之,《手稿》中被人们认为是批评费尔巴哈的两段文字,并不是批评费尔巴哈的,而是批评黑格尔而赞扬费尔巴哈的。在《手稿》的其他论述中也没有发现对费尔巴哈的批评。

在写作《手稿》的同一时期,马克思在1844年8月11日给费尔巴哈写过一封信,这封信同样充满对费尔巴哈的崇敬,信中说:"趁此机会冒昧地给您寄上一篇我的文章……我并不认为这篇文章有特殊的意义,但是使我感到高兴的是,我能有机会表示我对您的崇高敬意和爱戴(请允许我使用这个字眼)。您的《未来哲学》和《信仰的本质》尽管篇幅不大,但它们的意义却无论如何要超过目前德国的全部著作。"[①] "在这两部著作中,您(我不知道是否有意地)给社会主义提供了哲学基础,而共产主义者也就立刻这样理解了您的著作。建立在人们的现实差别基础上的人与人的统一,从抽象的天上降到现实的地上的人类这一概念,如果不是社会这一概念,那是什么呢?"[②]

从理论深层来看,马克思对费尔巴哈的崇敬态度,是与他在理论上接受和贯彻费尔巴哈的人本主义原则一致的。后者是本质,前者不过是后者的外在表现。马克思此时为什么要崇拜、迷信费尔巴哈?只有一个合理的解释,那就是,马克思这时自觉意识到的自己的指导思想,是费尔巴哈的人本主义原则。事实确实是这样。早在《手稿》之前,在《〈黑格尔法哲学批判〉导言》中,马克思就把"人是人的最高本质这样一个学说"看作"绝对命令",[③] 认为"德国唯一实际可能的解放是以

[①] 《马克思恩格斯文集》第10卷,人民出版社,2009,第13页。
[②] 《马克思恩格斯文集》第10卷,人民出版社,2009,第13页。
[③] 《马克思恩格斯选集》第1卷,人民出版社,2012,第9—10页。

宣布人是人的最高本质这个理论为立足点的解放"①。上面已经提到,马克思在 1844 年 8 月 11 日写给费尔巴哈的信中也自觉意识到他的共产主义理论是以费尔巴哈的著作为"哲学基础"的。《手稿》所要解决的根本问题,正是共产主义的问题、人类解放的问题,而马克思对这一问题的解决,是以费尔巴哈的人本主义原则为根据的。马克思在《手稿》中自觉意识到,人道主义或自然主义"是历史之谜的解答"②,"只有自然主义能够理解世界历史的行动"③。

马克思是如何理解世界历史的行动的呢?马克思是从对"异化劳动"的分析开始揭示人类社会的发展与论证共产主义的合理性和历史必然性的。

马克思"从当前的经济事实出发"。当前的"经济事实"是什么呢?是异化的劳动、劳动的异化。马克思认为,"自由自觉"的劳动本是人的类本质、类生活,而现在的劳动却使人失去自己的类本质、类生活,马克思把这种劳动叫作异化的劳动。

"国民经济学从私有财产的事实出发。它没有给我们说明这个事实。"④ 马克思则用劳动的异化来说明这个事实:"私有财产是外化劳动即工人对自然界和对自身的外在关系的产物、结果和必然后果"⑤;"尽管私有财产表现为外化劳动的根据和原因,但确切地说,它是外化劳动的后果,正像神原先不是人类理智迷误的原因,而是人类理智迷误的结果一样。后来,这种关系就变成相互作用的关系"⑥。马克思的共产主义立场决定了他必须进一步揭示异化劳动的根源,揭示异化的非永恒性。马克思提出了异化劳动的根源问题,并提示了问题的答案。马克思说:"现在要问,人是怎样使自己的劳动外化、异化的?这种异化又是怎样由人的发展的本质引起的?我们把私有财产的起源问题变为外化劳动对人类发展进程的关系问题,就已经为解决这一任务得到了许多东西。因为人们谈到私有

---

① 《马克思恩格斯选集》第 1 卷,人民出版社,2012,第 16 页。
② 《马克思恩格斯文集》第 1 卷,人民出版社,2009,第 185 页。
③ 《马克思恩格斯文集》第 1 卷,人民出版社,2009,第 209 页。
④ 《马克思恩格斯文集》第 1 卷,人民出版社,2009,第 155 页。
⑤ 《马克思恩格斯文集》第 1 卷,人民出版社,2009,第 166 页。
⑥ 《马克思恩格斯文集》第 1 卷,人民出版社,2009,第 166 页。

财产时，总以为是涉及人之外的东西。而人们谈到劳动时，则认为是直接关系到人本身。问题的这种新的提法本身就已包含问题的解决。"[①] 所谓异化以人的发展的本质为根据，就是以类本质和人的存在的矛盾的发展为根据；所谓异化劳动同人类发展进程的关系，也就是异化劳动同人类自身的矛盾即存在与本质的矛盾发展进程的关系，这一矛盾的发展经历一个否定之否定的过程，异化劳动是这一矛盾发展的否定阶段的产物、表现。

根据否定之否定规律，否定还会被否定，达到否定之否定。人的存在与本质的矛盾的否定之否定，就是异化的扬弃，从而也是私有财产的扬弃，达到向人的本质的复归，达到共产主义。

马克思就是这样通过对异化劳动的分析，阐述了人类社会的发展，论证了共产主义的合理性和历史必然性。历史的基本矛盾是人的存在与人的本质的矛盾，历史是这一矛盾发展的否定之否定过程。异化劳动、私有制，这是人类基本矛盾发展的否定阶段，是人的存在与人的本质相分离的阶段。共产主义是人类发展的另一阶段，是否定之否定的阶段，在这一阶段上，异化、私有制被扬弃，人向人的本质复归。共产主义的合理性在于，它是最符合人性的社会制度。共产主义的历史必然性在于，它是人类自身的矛盾即人的存在和本质的矛盾发展的必然产物，是这一矛盾必然经历的否定之否定的产物。

马克思在《手稿》中对世界历史的行动的揭示，他对共产主义合理性和历史必然性的论证，不是历史唯物主义的而是人本主义的。马克思虽然在政治立场上、理论运用的领域上、在某些思想观点上已经超越了费尔巴哈，但是，他在分析现实问题的基本的理论逻辑上并没有超越费尔巴哈。这也正是他这时崇敬、迷信费尔巴哈的内在原因。

2. 1845 年后马克思对费尔巴哈的态度与《手稿》思想性质

确定马克思《手稿》的思想性质，还必须参照马克思成为马克思主义者以后对费尔巴哈的态度和他的研究立场、他的历史唯物主义理论逻辑。

与《手稿》中对费尔巴哈的崇敬的态度相反，从 1845 年起，马克思对费尔巴哈就采取了批判的态度。马克思批判费尔巴哈的主要著作是《关于费

[①] 《马克思恩格斯文集》第 1 卷，人民出版社，2009，第 168 页。

尔巴哈的提纲》和《德意志意识形态》。此外,《共产党宣言》中对"真正的社会主义"的批判,也是对费尔巴哈人本主义的批判,因为"真正的社会主义"正是以费尔巴哈的人本主义为哲学基础的。马克思把费尔巴哈的唯物主义归入"旧唯物主义"即"直观的唯物主义"一类,批评费尔巴哈不理解革命的、批判的实践活动的意义,批评他对意识的感性对象的直观理解方式,批评他的唯物主义与历史的分离,批评他对人的本质、对社会生活的本质的唯心主义理解,批评他只满足于解释世界而轻视改变世界,等等。

1843—1844年,马克思的研究"没有离开哲学基地",他的研究是从宣布人本身是人的最高本质这个理论出发的。1845年以后,马克思"离开哲学基地",转向真正实证科学的研究,那就是从实际出发,通过对实际生活的研究揭示历史运动的本质,并不断地用实际生活来检验自己的理论。《共产党宣言》明确指出:"共产党人的理论原理,决不是以这个或那个世界改革家所发明或发现的思想、原则为根据的。这些原理不过是现存的阶级斗争、我们眼前的历史运动的真实关系的一般表述。"[①]

1845年以后,马克思创立了历史唯物主义的异化理论,这种理论和《手稿》中的异化劳动理论是对立的。《手稿》把异化劳动理解为使人失去其类本质的劳动。这一"异化劳动"概念是以设定人的类本质、类生活为前提的。历史唯物主义从现实的、从事着实际活动的人出发,从人的现实关系去理解人的本质,排除任何抽象的人性设定。历史唯物主义不再把异化理解为人的存在与本质的分离,而是理解为人的一种现实的存在状态,即人受自己的活动及其产物所控制的状态。《手稿》把私有财产(私有制)看作异化劳动的结果、表现,而历史唯物主义把异化劳动看作私有制、分工的结果、表现。《手稿》把私有财产看作"人自身"之外的东西,而历史唯物主义把所有制关系看作人自身的现实存在。《手稿》离开现实的生产而到"人自身"中去寻找异化的根源,即到设想出来的"人自身"的矛盾——所谓人的存在与本质的矛盾——去寻找异化的根源,历史唯物主义则到人自己的现实生活条件中去寻找异化的根源,把私有制和

[①]《马克思恩格斯选集》第1卷,人民出版社,2012,第413—414页。

分工看作异化的根源。

《手稿》通过对"异化劳动"的分析,深入发现人的存在与人的本质的矛盾运动,从而揭示"历史之谜"与说明共产主义的合理性和历史必然性。1845年以后,马克思通过对劳动本身的矛盾分析,发现了人类社会的基本矛盾即生产力和生产关系的矛盾,揭示了"历史之谜";通过对资本主义的劳动(生产)的矛盾的分析,揭示了私有制灭亡、共产主义胜利的历史必然性。

通过以上对比,我们就能清楚地看到,马克思《手稿》的基本思想性质不是马克思主义的而是人本主义的。

当然,说《手稿》的基本思想性质是人本主义的而不是马克思主义的,这并不是说《手稿》中没有马克思主义的因素。马克思的思想发展进程,不仅有质变,也有量变,而且正是量变引起质变。马克思之所以能在1845年创立马克思主义,是与他之前的思想发展的量变相关的,这些量变包括新世界观因素的增长。《手稿》中无疑有许多新世界观的因素,值得我们去研究发掘。而《手稿》中的新世界观因素,也只有参照马克思1845年以后的思想体系才能加以确定。其中,诸如把实践理解为人改造自然、创造现实世界的活动的唯物主义实践观的因素以及对人化自然观的确立、理论与实践相统一原则的确立等,都可以在马克思新旧世界观的对照中揭示其本真特质和革命精神。但同时我们也应该注意到,马克思这些体现了新世界观的方面与其思想发展的"费尔巴哈派"阶段相联系,仍具有新旧思想相融汇的特点。如《手稿》中马克思阐发自己关于自然人化的自我意识时提出"人的感觉、感觉的人性,都是由于它的对象的存在,由于人化的自然界,才产生出来的"[1],一方面,作为黑格尔的学生,马克思注意到了"黑格尔的《现象学》及其最后成果——辩证法,作为推动原则和创造原则的否定性——的伟大之处首先在于,黑格尔把人的自我产生看做一个过程"[2]。与此相关,马克思指出,"一切自然物必须形成"[3],即自然界也被马克思"看做一个过程",它不是既成的,而是生成的。这就

---

[1] 《马克思恩格斯文集》第1卷,人民出版社,2009,第191页。
[2] 《马克思恩格斯文集》第1卷,人民出版社,2009,第205页。
[3] 《马克思恩格斯文集》第1卷,人民出版社,2009,第211页。

克服了费尔巴哈等旧唯物主义者只是把"感性世界"看作"是某种开天辟地以来就直接存在的、始终如一的东西"①的缺点。当然，黑格尔的唯心主义辩证法尽管揭示了自然界的生成性，但在这种辩证法的视域中，自然界却"是自我异化的精神"②，是由人的精神活动生成的。与此相对立，马克思批判了黑格尔抽象的自然观，认为这种纯思维运动中的自然界只能是"无"。因此，自然界不是纯思维运动的产物，而是"通过工业……形成的"③。

另一方面，在《手稿》中，马克思虽然提出了自然人化的思想，其自然观出现了部分质变，但他那时还没有从根本上超越旧哲学，其自然观还没有出现完全、根本性的质变，他主要还是从费尔巴哈抽象的哲学人本主义原则出发来阐发他的人化自然观。

第一，马克思从费尔巴哈抽象的哲学人本主义原则出发得出了其人化自然观与历史观的疏离与分裂。在马克思提出的"人的感觉、感觉的人性，都是由于它的对象的存在，由于人化的自然界，才产生出来的"④这一论断中，马克思是用指示代词"它"来指代"人的感觉、感觉的人性"。从语义上看，"它"是一个单称指示代词，仅仅指代"这一个"。因此，马克思此处提到的"人的感觉"就是"感觉的人性"，而"感觉的人性"也就是"人的感觉"，二者是同一的。由于"感觉的人性"意指感觉这种精神活动体现了人的本质属性，因而在此马克思断定精神性的"人的感觉"是人的本质活动，是人与动物的根本区别所在。

在《基督教的本质》中，费尔巴哈指出实践活动追求"功用主义、效用，乃是犹太教之至高原则"⑤。"如果人仅仅立足于实践的立场，并由此出发来观察世界，而使实践的立场成为理论的立场时，那他就跟自然不

---

① 《马克思恩格斯选集》第1卷，人民出版社，2012，第155页。
② 〔德〕黑格尔：《自然哲学》，梁志学、薛华、钱广华等译，商务印书馆，1980，第21页。
③ 《马克思恩格斯文集》第1卷，人民出版社，2009，第193页。
④ 《马克思恩格斯文集》第1卷，人民出版社，2009，第191页。
⑤ 〔德〕路德维希·费尔巴哈：《费尔巴哈哲学著作选集》下卷，荣震华、王太庆、刘磊译，商务印书馆，1984，第145页。

睦，使自然成为他的自私自利、他的实践利己主义之最顺从的仆人。"①可见，在费尔巴哈看来，人改造自然的活动——实践活动，并不是什么高尚的活动。它追求"功用主义、效用"，是一种自私自利的"卑污的犹太人的"②谋利活动。所以，费尔巴哈鄙视实践活动。而对于人，费尔巴哈则认为"他"是"美丽的、碧绿的牧场"③，是"哲学唯一的、普遍的、最高的对象"④。为此，费尔巴哈没有把"卑污的"实践活动当作他一再褒扬的人的本质活动，而是"仅仅把理论的活动看做是真正人的活动"⑤。

由此可知，马克思把理论活动"人的感觉"看作真正人的活动正是费尔巴哈哲学人本主义的观点。而从费尔巴哈哲学人本主义认为理论的活动是真正人的活动这种原则出发，当马克思提出"人的感觉"这种精神性的活动"是由于它的对象的存在，由于人化的自然界，才产生出来的"时候，一方面，可以肯定《手稿》语境中的马克思绝对不可能是一个唯心主义者而只能是一个唯物主义者。这是因为唯心主义认为精神是第一性的，它是所有的一切的源泉，而它自己却没有源泉，不是被产生的。这样，马克思必然承认物质第一性，精神第二性，精神是物质产生的从而表明在他的视域中，人化自然不是精神性的东西，而是物质性的东西。另一方面，由于"真正人的活动"仅仅是理论活动或精神活动，因而人化自然尽管是"人的现实的自然界"⑥，但是作为一种物质"在场"的它还是与"真正人的活动"的历史是疏离的。"真正人的活动"的历史是精神活动史，而人化自然的"历史"却是物质活动史，这就意味着马克思人化自然观与其历史观是分裂与对立的。

第二，马克思从费尔巴哈抽象的哲学人本主义原则出发论证了人化自然的异化及其克服。

---

① 〔德〕路德维希·费尔巴哈：《费尔巴哈哲学著作选集》下卷，荣震华、王太庆、刘磊译，商务印书馆，1984，第144—145页。
② 《马克思恩格斯选集》第1卷，人民出版社，2012，第137页。
③ 〔德〕路德维希·费尔巴哈：《费尔巴哈哲学著作选集》上卷，荣震华、李金山等译，商务印书馆，1984，第115页。
④ 〔德〕路德维希·费尔巴哈：《费尔巴哈哲学著作选集》上卷，荣震华、李金山等译，商务印书馆，1984，第184页。
⑤ 《马克思恩格斯选集》第1卷，人民出版社，2012，第133页。
⑥ 《马克思恩格斯文集》第1卷，人民出版社，2009，第193页。

关于人的本质，费尔巴哈断定其"只能被理解为'类'，理解为一种内在的、无声的、把许多个人自然地联系起来的普遍性"①，而人的存在能与人的本质相分离，这就是人的异化。在《手稿》中，马克思正是按照这种逻辑阐发了人化自然的异化。他提出："有意识的生命活动把人同动物的生命活动直接区别开来。正是由于这一点，人才是类存在物。"② 因此，人与动物的区别不在于人有生命活动、人能生产，实际上"动物也生产"③，而在于人有意识。不过，"有意识"也"不是人与之直接融为一体的那种规定性"④，因为"真正人的活动"还是"自由的活动"。可见，只有自由的意识（或精神）才是人区别于他者的基本特质即人的本质或"类特性"。人的生命活动，诸如生产劳动，如果是"自由的有意识的"⑤，那它就是具有"类特性"的活动，也才是专属于人的活动。一旦这种活动不再是"自由的"或"有意识的"或既不是"自由的"也不是"有意识的"，那它对人来说就成了"一种异己的、不属于他的活动"⑥。由于人化自然是"通过工业……形成的自然界"⑦，因此它就是劳动产品，也就是劳动的对象化。而"在国民经济的实际状况中……对象化表现为对象的丧失和被对象奴役"⑧，所以作为"劳动的对象化"的人化自然不是"自由的活动"，而是奴役人的东西，它的现实存在已经与人的"类特性"相分离或失去了人的"类特性"——"自由的有意识的"特性，因而相对于工人来说也就成了一个"异己的与他敌对的世界"，而这就是人化自然的异化。

共产主义"是人向自身、也就是向社会的即合乎人性的人的复归"⑨，因此只有到了未来的共产主义社会，"通过人并且为了人而对人的本质的

---

① 《马克思恩格斯选集》第 1 卷，人民出版社，2012，第 135 页。
② 《马克思恩格斯文集》第 1 卷，人民出版社，2009，第 162 页。
③ 《马克思恩格斯文集》第 1 卷，人民出版社，2009，第 162 页。
④ 《马克思恩格斯文集》第 1 卷，人民出版社，2009，第 162 页。
⑤ 《马克思恩格斯文集》第 1 卷，人民出版社，2009，第 162 页。
⑥ 《马克思恩格斯文集》第 1 卷，人民出版社，2009，第 160 页。
⑦ 《马克思恩格斯文集》第 1 卷，人民出版社，2009，第 193 页。
⑧ 《马克思恩格斯文集》第 1 卷，人民出版社，2009，第 157 页。
⑨ 《马克思恩格斯文集》第 1 卷，人民出版社，2009，第 185 页。

真正占有"①，人和自然界之间的矛盾才能真正解决，先前异化的"物化的劳动"——人化自然才能实现"合乎人性的人的复归"，具有"自由的有意识的""类特性"从而真正消除异化或非人化。

然而，因为"自由王国只是在必要性和外在目的规定要做的劳动终止的地方才开始；因而按照事物的本性来说，它存在于真正物质生产领域的彼岸。像野蛮人为了满足自己的需要，为了维持和再生产自己的生命，必须与自然搏斗一样，文明人也必须这样做；而且在一切社会形式中，在一切可能的生产方式中，他都必须这样做。这个自然必然性的王国会随着人的发展而扩大，因为需要会扩大；但是，满足这种需要的生产力同时也会扩大。这个领域内的自由只能是：社会化的人，联合起来的生产者，将合理地调节他们和自然之间的物质变换，把它置于他们的共同控制之下，而不让它作为一种盲目的力量来统治自己；靠消耗最小的力量，在最无愧于和最适合于他们的人类本性的条件下来进行这种物质变换。但是，这个领域始终是一个必然王国。在这个必然王国的彼岸，作为目的本身的人类能力的发挥，真正的自由王国，就开始了。但是，这个自由王国只有建立在必然王国的基础上，才能繁荣起来。工作日的缩短是根本条件"②。所以从必然王国到自由王国是永无止境的无限发展过程。这说明了"作为完成了的自然主义"③或"完成了的人道主义"④即完全实现了人自由自觉的本性或达到了人自由自觉的本性完全复归的《手稿》语境中的共产主义社会还只是"应有"的社会而不是"现有"的社会。因此，当时马克思设想的人化自然在这种尚是"应有"的共产主义社会里实现"人性复归"，真正消除异化，也就只能是一种理想。

四　问题拓展

《手稿》鲜明地体现了马克思此时还不是一个完全成熟的马克思主义

---

① 《马克思恩格斯文集》第1卷，人民出版社，2009，第185页。
② 《马克思恩格斯文集》第7卷，人民出版社，2009，第928—929页。
③ 《马克思恩格斯文集》第1卷，人民出版社，2009，第185页。
④ 《马克思恩格斯文集》第1卷，人民出版社，2009，第185页。

者，这一阶段他的思想既有新世界观的"天才萌芽"，也深受费尔巴哈哲学人本主义原则的影响。与此相联系，我国思想政治教育因其特殊的性质与功能一直与马克思主义紧密缠绕在一起。但是长期以来，在思想政治教育过程中，人们对马克思主义经典著作的引证一直存在一种偏向，即对之缺乏清晰的理论分期和性质界定，以致相关教育活动浑浊不清抑或漏洞百出，严重影响了其教育功能的发挥。因此，有必要对该问题进行纠偏，以推动当下思想政治教育相关工作的有效开展，促使其更好地"掌握群众"[①]。

第一，思想政治教育中引证马克思主义经典著作泛化的表征。在我国，思想政治教育肩负着培养合格的社会主义建设者与接班人的重要任务，因而将其作为社会主义精神文明建设的首要内容，这意味着在思想政治教育过程中必须以社会主义指导思想为指南，坚定地利用马克思主义去"掌握群众"。为此，涉及思想政治教育的理论研究和教育实践一般都离不开对马克思主义经典著作的引证。而从"现实的个人"来看，马克思也并不是从一生下来就具有其规定性的，也不是马克思在其后来思想发展进程的任何时期都具有其规定性的，他只是在自己思想发展的一定阶段上才获得我们称为"马克思"的规定性的。[②] 确实，早在1837年，马克思尚处于自己思想发展的"理想主义"阶段，那时虽然他还不喜欢黑格尔"那种离奇古怪的调子"[③]，但是却已经开始"从理想主义……中吸取营养"[④]，也即从"应有"出发去"寻求思想"[⑤]；当转到黑格尔主义的时候，他又从黑格尔抽象的"理念"出发解释自然、国家、平等、自由、婚姻等一系列对象；1843年初，马克思开始批判黑格尔的理念论，不过此时他仍然不是一个完全成熟的马克思主义者，而是仍站在"哲学的基地"上从费尔巴哈哲学的人本主义原则出发去批判现实，提出了共产主义是"完成了的自然主义"[⑥] 或"完成了的人道主义"[⑦] 等一系列与费尔巴哈哲学的人本

[①] 《马克思恩格斯选集》第1卷，人民出版社，1995，第9页。
[②] 参见王金福《马克思的哲学在理解中的命运》，苏州大学出版社，2003，第36—37页。
[③] 《马克思恩格斯全集》第40卷，人民出版社，1982，第15页。
[④] 《马克思恩格斯全集》第40卷，人民出版社，1982，第15页。
[⑤] 《马克思恩格斯全集》第40卷，人民出版社，1982，第15页。
[⑥] 《马克思恩格斯文集》第1卷，人民出版社，2009，第185页。
[⑦] 《马克思恩格斯文集》第1卷，人民出版社，2009，第185页。

主义原则术语纠缠在一起的思想；直到1845年，以《关于费尔巴哈的提纲》《德意志意识形态》等的问世为标志，马克思才完全成为一个彻底的马克思主义者。对此，马克思自己也有清晰的认识。1859年1月在《〈政治经济学批判〉序言》中马克思就专门指出："1845年春他（指恩格斯——引者注）也住在布鲁塞尔时，我们决定共同阐明我们的见解与德国哲学的意识形态的见解的对立，实际上是把我们从前的哲学信仰清算一下。"① 由此可见，马克思恩格斯等经典马克思主义者都有一个从非马克思主义者到不成熟的马克思主义者再到完全成熟的马克思主义者的历史发展进程。这说明，在思想政治教育活动中引用马克思主义经典著作中的相关结论说明问题时，一定要注意到经典作家们思想的历史性，绝不能把他们前马克思主义时期和马克思主义发展阶段的思想混为一谈。然而，在现实操作中，诸多"在场者"却自觉或不自觉地无视这种客观存在的事实。他们在自己的思想政治教育教学或研究过程中经常"面对一个讨论主题，可以不加任何历史性特设说明就从《马克思恩格斯全集》的第1卷同质性地引述到第50卷"②。另外，与《共产党宣言》等开创了人类历史新纪元的科学社会主义文本相联系，一些思想政治教育的"参与者"对马克思主义经典著作中诸如"共产主义"等范畴也有意无意地带有一种深深的敬意，因此他们在自己的引证活动中即使没有涉及马克思主义经典作家在不同时期的多篇著作，但在引用这些范畴进行论证时也同样疏离了历史性。马克思之所以称"这种共产主义"为"完成了的自然主义"和"完成了的人道主义"，是因为它是完全实现了人的自然本性，完全达到了真正的人性复归的社会。不过，在思想发展的这个阶段，马克思尽管已经看到了实践在人的活动中的能动作用，阐述了人现实生活的自然界是人"通过工业……形成的"③，但是他那时还没有从根本上超越旧哲学，他主要还是从费尔巴哈抽象哲学的人本主义原则出发来阐发所谓真正的人性或人的本质。他指出，"有意识的生命活动把人同动物的生命活动直接区别开来。正是由于

---

① 《马克思恩格斯选集》第2卷，人民出版社，1995，第34页。
② 张一兵：《回到马克思——经济学语境中的哲学话语》，江苏人民出版社，1999，第1页。
③ 《马克思恩格斯文集》第1卷，人民出版社，2009，第193页。

这一点，人才是类存在物"①。因此，人与动物的区别不在于人有生命活动，人能生产，实际上"动物也生产"②，而在于人有意识。不过，"有意识"也"不是人与之直接融为一体的那种规定性"③，因为真正的人的活动还是"自由的活动"④。可见，只有自由的意识（或精神）才是人区别于他者的基本特质即人的本质或"类特性"⑤。因此，"这种共产主义"区别于其他社会的本质特点在于它是完全自由的有意识的社会。不过，"自由王国只是在必要性和外在目的规定要做的劳动终止的地方才开始；因而按照事物的本性来说，它存在于真正物质生产领域的彼岸。像野蛮人为了满足自己的需要，为了维持和再生产自己的生命，必须与自然搏斗一样，文明人也必须这样做；而且在一切社会形式中，在一切可能的生产方式中，他都必须这样做。这个自然必然性的王国……始终是一个必然王国"⑥，所以从必然王国到自由王国是永无止境的无限发展过程，因而任何具体的社会或人类发展任何阶段现实生活着的人们都不可能达及完全或绝对的自由，即使将来的共产主义社会也不可能作为"完成了的自然主义"或"完成了的人道主义"来到世间。换言之，马克思阐述的"这种共产主义"仅仅是一种理想。而这也就表明引用"这种共产主义"为论据进行论证并不严密和科学。

第二，思想政治教育中引证马克思主义经典著作泛化的不良影响。引证马克思主义经典著作的泛化对思想政治教育产生了不可忽视的不良影响。从理论上看，这种疏离历史性的状况使思想政治教育过程中的相关理论阐发变得浑浊不清。毋庸置疑，《〈黑格尔法哲学批判〉导言》在马克思思想发展过程中具有重要地位，里面也包含了许多"新世界观的天才萌芽"⑦，但作为1845年马克思哲学革命前的著作其有关哲学性质等的阐述尚未走进"新唯物主义"的视域，它还只是马克思从前信仰的哲学。马克

---

① 《马克思恩格斯文集》第1卷，人民出版社，2009，第162页。
② 《马克思恩格斯文集》第1卷，人民出版社，2009，第162页。
③ 《马克思恩格斯文集》第1卷，人民出版社，2009，第162页。
④ 《马克思恩格斯文集》第1卷，人民出版社，2009，第162页。
⑤ 《马克思恩格斯文集》第1卷，人民出版社，2009，第162页。
⑥ 《马克思恩格斯文集》第7卷，人民出版社，2009，第928—929页。
⑦ 《马克思恩格斯文集》第1卷，人民出版社，2009，第805页注释第180。

思后来在《德意志意识形态》中批判道："在思辨终止的地方，在现实生活面前，正是描述人们实践活动和实际发展过程的真正的实证科学开始的地方。关于意识的空话将终止，它们一定会被真正的知识所代替。"① 这里的"思辨"和"意识的空话"就是指马克思在哲学革命前信仰的哲学。因此，引证相关内容时就应当仔细分辨。

从实践上看，引证马克思主义经典著作的泛化也会误导人们的行动。当下，沸腾的市场使人们畸形追逐形而下的利益而疏离了崇高，因此，论证马克思主义仍然以时代精神精华的身份在场并没有过时，这也就成了思想政治教育的题中应有之义。有意思的是，世纪之交，西方以英国BBC广播公司为代表进行了四次千年思想家的评选活动。令西方国家意外的是，作为资产阶级"掘墓人"的马克思竟连续三次荣登榜首（一次以微弱差距名列第二）被评为千年思想家。对此，诸多思想政治教育界的教师都喜欢使用这一极有说服力的事例来反驳马克思主义"过时论"。而当分析马克思当选为千年思想家的原因时，很多老师为了增强说服力都要求学生看西方人自己的答案，尤其是英国BBC广播公司第三次评选"最伟大的哲学家"的发起者《在我们这个时代》栏目的主持人布拉格的相关说明：马克思当选为最伟大的哲学家有诸多因素，能够解释一切的理论是他夺冠的最重要的原因。

在"从前的哲学信仰"② 时期，马克思恩格斯一再根据黑格尔的理念论、费尔巴哈哲学的人本主义原则等来阐述自己的学说，而诸如黑格尔的理念论等，其本身就是一个包罗万象的体系，在本质上一直以科学的科学自居，为此，不少人引证马克思在这个阶段的相关论述想当然地认为布拉格肯定马克思主义能够解释一切当然是正确的。但是，这个在教学实践中受到人们追捧的所谓的完全正确的答案却是受到思想成熟时期的马克思恩格斯严厉批判的结论。早在《德意志意识形态》中，马克思和恩格斯就提出自己的"新唯物主义"与"哲学不同，它们绝不提供可以适用于各个历史时代的药方或公式"③。即使到了晚年，马克思在《给"祖国纪事"

---

① 《马克思恩格斯选集》第1卷，人民出版社，1995，第73页。
② 《马克思恩格斯选集》第2卷，人民出版社，1995，第34页。
③ 《马克思恩格斯选集》第1卷，人民出版社，1995，第74页。

杂志编辑部的信》中还特别强调说:"如果把这些发展过程中的每一个都分别加以研究,然后再把它们加以比较,我们就会很容易地找到理解这种现象的钥匙;但是,使用一般历史哲学理论这一把万能钥匙,那是永远达不到这种目的的,这种历史哲学理论的最大长处就在于它是超历史的。"[1]因此,"他(米海洛夫斯基——引者注)一定要把我关于西欧资本主义起源的历史概述彻底变成一般发展道路的历史哲学理论……但是我要请他原谅。他这样做,会给我过多的荣誉,同时也会给我过多的侮辱"[2]。由此可知,马克思主义绝对不可能是"一把万能钥匙"[3],它无法解释一切。如果人们不自觉地进入布拉格等人的逻辑,那么就会在生活中赋予马克思主义过多的责任,甚至那些吃饭问题、穿衣问题、住房问题、婚恋问题等都要马克思主义来解决。一当马克思主义作为思想的指南只能在根本的方法上给予指导而不能以"万能钥匙"的身份在场具体地给出这些问题的答案时,人们就极有可能对马克思主义失望,进而产生疏远甚至反对马克思主义的危险倾向。

第三,思想政治教育中引证马克思主义经典著作泛化的主要原因。在思想政治教育活动中引证马克思主义经典著作泛化原因主要有四。

其一,传统的阐释马克思主义框架的影响。长期以来,我国思想政治教育都是在传统的阐释马克思主义框架下进行自己的学理研讨与实践引导的。一方面,这种阐释框架使我国思想政治教育有了自己的理论依托,在一定程度上促进了思想政治教育活动的发展,推动了马克思主义在我国的大众化;另一方面,作为以苏联教科书为代表的话语体系,传统的解释框架在诸多方面与以费尔巴哈为代表的旧唯物主义纠缠不清。这种浑浊的解释框架背景使人们在思想政治教育中引证马克思主义经典著作时因难以辨明是非而不自觉地走向了空谈。

其二,文本依据的影响。"当代马克思主义哲学研究中的一个重大课题,是对马克思主义哲学本质的理解,本世纪30年代以前,对于这一问题的回答固然也存在着很大的差异,但在不同的论者那里只有一种文本依

---

[1]《马克思恩格斯全集》第19卷,人民出版社,1963,第131页。
[2]《马克思恩格斯全集》第19卷,人民出版社,1963,第130页。
[3]《马克思恩格斯全集》第19卷,人民出版社,1963,第131页。

据，这就是马克思恩格斯公开发表的成熟论著。"① 这一方面使诸多论者特别是初学者能够直接进入真正的马克思主义视域，有助于其对马克思主义的研究与学习，但另一方面它也导致了"在传统的马克思主义哲学研究框架中，那个时代留给我们的可能也是一个隐性的'凡是'话语：马克思恩格斯所说的东西一定是真理。所以，一个马克思主义哲学的研究者，在他的论文和著述中面对一个讨论主题，可以不加任何历史性特设说明就从《马克思恩格斯全集》的第 1 卷同质性地引述到第 50 卷，这种非法的研讨状态在今天我们一些论者的著述中还时常能看到"②。同样，这种情况也存在于思想政治教育活动中。在我国，较长一段时间内人们开展思想政治教育活动时依据的马克思主义经典著作文本基本上都是经典作家公开发表的成熟论著。这就使大家想当然地认为经典作家一生下来就是一颗马克思主义的"种子"，而他们随后的思想不过是这颗"种子"的长大。因此，在引证马克思主义经典著作时，他们就只看到了经典作家思想的连续性，根本未注意到其间断性、差异性。

其三，"西方马克思主义"思潮的影响。在马克思主义发展史上，进入 20 世纪以后，马克思主义经历了深刻的分化，出现了一股人们称为"西方马克思主义"的思潮。"西方马克思主义"思潮并没有统一的观点，而只是具有某种共同特征、趋向，即不满意恩格斯、列宁、斯大林等人对马克思主义的理解。他们或者提出重新理解马克思主义哲学，或者主张回到马克思，或者要根据新的情况补充、修正、发展马克思主义哲学，使 20 世纪的马克思主义呈现多样化的格局。受此影响，我国思想政治教育界的一部分人也极力张扬青年马克思特别是《手稿》中的马克思的相关论断，较少注意、轻视甚至无视成熟时期的马克思主义观点，由此造成引证马克思主义经典著作时经常越界进入非马克思主义的视域。

其四，思想政治教育界教师的泛化。在思想政治教育界，很多教师既所学专业对口，也能静下心来认真研究，因而在教书育人和理论研讨方面多有创获。但不可否认的是，长期以来，思想政治教育界教师也存在诸多

---

① 张一兵：《回到马克思——经济学语境中的哲学话语》，江苏人民出版社，1999，第 1 页。
② 张一兵：《回到马克思——经济学语境中的哲学话语》，江苏人民出版社，1999，第 1 页。

问题,主要体现在以下两个方面。一是在一些教学工作者的认识中思想政治教育就是一个"小玩意儿",谁都有信心有能力做好,因此他们在组织思想政治教育活动时就比较"浮躁",缺少自觉的马克思主义学习、再学习的冲动;二是在一些地方,思想政治教育课选派的老师所学专业五花八门,既有学数学的、物理的、化学的,也有学美术的、音乐的、体育的等,甚至一些后勤人员因为要评聘职称等也被安排去上思想政治教育课。由此导致他们在自己开展的思想政治教育教学实践中越界引证马克思主义经典著作。

第四,扭转思想政治教育中引证马克思主义经典著作泛化的基本路径。要有效扭转思想政治教育中引证马克思主义经典著作的泛化,主要有如下路径。

其一,"回到马克思"以克服引证的泛化。"回到马克思"是 20 世纪 90 年代中期以来回响在国内马克思主义学界的一个响亮口号,其要义的重要方面"是通过深入研究马克思经典著作,研究其对资本主义经济生活的分析批判,对重大历史事件的考察和科学社会主义理论探讨中的思想,真实地呈现马克思思想的全貌"[①]。因此,只要以真切的态度"回到马克思",真正进入马克思主义经典作家流动的思想发展视域,不断强化对马克思主义经典著作文本的系统解读,注重考证文本写作的原始状况与总体把握相关资料,就必然会注意到马克思主义经典作家思想发展的真实状况,从而在思想政治教育与相关引证活动的相互撞击中自觉扬弃传统解释框架与文本依赖的局限,凸显马克思主义诸多经典著作在引证中的魅力。

其二,正确对待"西方马克思主义"思潮。要消解"西方马克思主义"思潮等对思想政治教育引证马克思主义经典著作的扰动。一方面,要采取批判的态度。诸如"西方马克思主义"思潮等意识形态虽然标榜马克思主义,实际内容却驳杂不一,其中诸多学人都极力扩张青年马克思的张力甚至用青年马克思来反对老年马克思。这种实际上不是走近而是远离马克思主义的倾向,绝对不能被当作我们引证马克思主义经典著作的圭臬。另一方面,对"西方马克思主义"思潮也不能简单否定。这种思潮尽管存

[①] 邵汉明、吴海霞:《回到马克思与发展马克思》,《光明日报》2006 年 4 月 25 日。

在严重的缺陷，但它也具有一定的真理性。如关于马克思思想的历史性发展，阿尔都塞就提出"在马克思的思想发展中存在一个'认识论的断裂'：1845年以前，马克思的思想是人道主义，人道主义是'意识形态'而不是科学，不是马克思主义；1845年以后，马克思才创立了马克思主义"[①]。这种观点对我们在思想政治教育活动中正确引证马克思主义经典著作无疑有重要借鉴价值。

其三，加强思想政治教育界教师队伍的建设。一是思想政治教育是一门科学，讲授者需要有扎实的理论功底和精湛的教学艺术，不是随便任何人任何时候都能走上讲台讲好思政课的。这意味着要严格相关教师的选拔，认真考察其学术背景，客观评价其实践能力；二是要提供必要条件，让广大从事思想政治教育的教师既能安心工作，也可以通过再学习不断接触新思想、新思维，从而能走出"藩篱"，在马克思主义经典著作引证方面不断开拓新视域、新境界，有效克服其疏离历史性走向泛化的倾向；三是思想政治教育界的教学工作者也要主动、自觉地加强学习，以进一步提高自己的知识素养，否则，解决思想政治教育过程中马克思主义经典著作引证的泛化问题也终将沦为空谈。

---

① 转引自王金福《"两个马克思"的问题：事实考察与价值选择》，《南京政治学院学报》2008年第5期。

第三章 《德意志意识形态》导读

一 写作背景

19世纪40年代中期，欧洲各国的生产在以蒸汽机为代表的机械动力引发的工业革命的带动下进一步深入发展。工厂的日生产率极大提高，各主要部门的生产量也成倍地猛增。仅法国一个国家，"从1831年到1847年，法国的采煤量由180万吨增加到510万吨；钢产量由6000吨增加到13000吨；铁路线由38公里增加到1835公里。1848年，工业用的蒸汽机已有4853台"①。大工业的发展，又让处在这种生产关系之中的人们时时刻刻精神极度紧张，促使他们尽一切可能扩大自己的既有生产。因此，受这种不断扩大的工业生产的宰制，封建时代的意识形态诸如宗教、道德等都被无情地撕下了自己神秘主义的面纱而要么成为赤裸裸的谎言，要么干脆被消灭，中世纪所有残留的阶级都成了工业生产的陪衬。原先受封建土地束缚的农民也纷纷拖家带口涌向城市，带动了欧洲国家城市的急速扩张。当时"英国城市人口剧增。10万人以上的城市从1760年的1个增至1851年的17个、5万人以上的城市也相应从1个增加到13个。曼彻斯特在1770年仅是个万人小镇，到1841年已成为纺织业基地，人口增至38.3万人。同时，英国城乡人口的比例急剧变化。18世纪初期，英国农业人口占绝对多数；到19世纪初，农业人口已略少于城市人口；到1851年，农业人口仅占20.9%。英国在19世纪上半期，成为世界上最早从农业型

---

① 袁征主编《世界近代史》（修订本），华东师范大学出版社，1997，第139页。

人口结构转向城市型人口结构的国家"[1]。随着农村人口的涌入，他们与城市持续破产的市民相互叠加，于是一支接一支，数量不断增加的产业大军出现了。与此同时，大工业中的现代资产阶级作为与产业工人相对立的力量业已来到世间，并且通过持续增加的资本积累得到了很大程度的发展。这些资本家凭借自己对生产资料的占有和城市巨大的劳动后备军的存在肆意加强对工人的剥削和减少雇佣工人的工资。工人一天的工作时间经常为12—14小时，有时甚至达到16小时，而得到的工资却只能勉强糊口。即使在这种程度下，雇主还经常寻找各种借口来克扣工人本来就非常微薄的工资。例如，工人上班迟到一分钟、天已亮没有及时关闭瓦斯灯，甚至没有将油壶放在指定地方或者打开了工厂的窗子都要被雇主处以罚金。其他比较典型的还有工厂商店购货的制度，即规定雇主只支付部分现金工资给工人，工人必须使用剩余的工资在工厂商店购买商品，这些商品不仅价格非常昂贵，而且多是陈旧的劣质商品。此外，欧洲各主要资本主义国家在1836年和1847年又相继爆发了经济危机，对社会生产进一步造成了巨大破坏。这些状况致使当时劳资矛盾不断加剧，工人在资本主义的残酷压榨下逐步由自发到自觉进行反抗。但19世纪30年代在法国、英国先后爆发的工人起义和宪章运动，以及1844年德国西里西亚的纺织工人起义最终都失败了。

1845年春，马克思被法国当局驱逐，移居到比利时的布鲁塞尔，一方面进一步加强了和工人运动的联系，另一方面深入思考和彻底厘清了自己的哲学和费尔巴哈人本主义哲学的关系。面对人类未来走向等时代问题，他和恩格斯合作写了两大册八开本的书稿来清算两人从前的哲学信仰和批判"黑格尔以后的哲学"，这部书稿就是《德意志意识形态》。

二 内容简介

马克思和恩格斯合著的《德意志意识形态》写于1845年秋至1846年5月。为了这部著作的出版，马克思恩格斯在德国多次与出版商联系，但

---

[1] 袁征主编《世界近代史》（修订本），华东师范大学出版社，1997，第131页。

由于书报检查机关阻挠和出版商的学术倾向等原因，最终除了 1847 年《威斯特伐利亚汽船》杂志 8 月号、9 月号发表过第二卷第四章以外，该书其他部分在马克思和恩格斯生前并未公开出版。当时以手稿形式保存下来的这部著作没有总标题，现在之所以以德意志意识形态命名，是因为这是 1847 年 4 月马克思在发表的声明《驳卡尔·格律恩》中对这一著作的称呼。

本书节选的第一卷第一章"费尔巴哈"的部分内容写于第一卷写作过程的不同时间，是尚未完成的手稿，原标题为"一、费尔巴哈"。1924 年苏共中央马克思恩格斯研究院第一次将这一章译成俄文发表；《马克思恩格斯文库》第一卷中以德文原文在 1926 年发表该章；1932 年，《马克思恩格斯全集》历史考证版第一部分第五卷第一次以原文发表《德意志意识形态》时，编者重新编排了"费尔巴哈"这一章，手稿结尾部分关于社会意识形式等内容的几段札记被删除，并加了分节标题。在"费尔巴哈"这一章中，马克思恩格斯主要论述了以下几方面内容。

（一） 马克思和恩格斯首次比较系统地阐述了唯物史观

正如德意志意识形态家们[①]所宣告的，德国在最近几年里经历了一次空前的变革。从施特劳斯开始的黑格尔体系的解体过程发展为一种席卷一切"过去的力量"的世界性骚动。在普遍的混乱中，一些强大的王国产生了，又匆匆消逝了，瞬息之间出现了许多英雄，但是马上又因为出现了更勇敢更强悍的对手而销声匿迹。这是一次革命，法国革命同它相比只不过是儿戏；这是一次世界斗争，狄亚多希的斗争在它面前简直微不足道。一些原则为另一些原则所代替，一些思想勇士为另一些思想勇士所歼灭，其速度之快是前所未闻的。在 1842—1845 年这三年中间，在德国进行的清洗比过去三个世纪都要彻底得多。

[①] "意识形态家"原文为 Ideologe，过去曾译"思想家""玄想家"。Ideologe 一词是由 Ideologie（意识形态）派生出来的。为了保持这两个词译法的一致性，现将"思想家""玄想家"改为"意识形态家"。当时以青年黑格尔派为主要代表的德国哲学，颠倒意识与存在、思想与现实的关系，以纯思想批判代替反对现存制度的实际斗争。马克思和恩格斯把这种哲学称为"德意志意识形态"，把鼓吹这种哲学的人称为"德意志意识形态家"。——编者注

据说这一切都是在纯粹的思想领域中发生的。

然而,不管怎么样,这里涉及的是一个有意义的事件:绝对精神的瓦解过程。在最后一点生命的火花熄灭之后,这具残骸①的各个组成部分就分解了,它们重新化合,构成新的物质。那些以哲学为业,一直以经营绝对精神为生的人们,现在都扑向这种新的化合物。每个人都不辞劳苦地兜售他所得到的那一份。竞争不可避免。起初这种竞争还相当体面,并且循规蹈矩。后来,当商品充斥德国市场,而在世界市场上尽管竭尽全力也无法找到销路的时候,按照通常的德国方式,生意都因搞批量的和虚假的生产,因质量降低、原料掺假、伪造商标、买空卖空、票据投机以及没有任何现实基础的信用制度而搞糟了。竞争变成了激烈的斗争,而这个斗争现在却被吹嘘和构想成一种具有世界历史意义的变革,一种产生了十分重大的结果和成就的因素。

为了正确地评价这种甚至在可敬的德国市民心中唤起怡然自得的民族感情的哲学叫卖,为了清楚地表明这整个青年黑格尔派运动的狭隘性、地域局限性,特别是为了揭示这些英雄们的真正业绩和关于这些业绩的幻想之间的令人啼笑皆非的显著差异,就必须站在德国以外的立场上来考察一下这些喧嚣吵嚷。②

. . . .

德国的批判,直至它最近所作的种种努力,都没有离开过哲学的基地。这个批判虽然没有研究过自己的一般哲学前提,但是它谈到的全部问题终究是在一定的哲学体系即黑格尔体系的基地上产生的。不仅是它的回答,而且连它所提出的问题本身,都包含着神秘主义。对黑格尔的这种依

---

① 原文是 caput mortuum,原意为"骷髅";在化学中,是指蒸馏过程结束后的残留物。——编者注

② 手稿中删去以下一段话:"因此,我们在对这个运动的个别代表人物进行专门批判之前,先提出一些有关德国哲学和整个意识形态的一般意见,这些意见要进一步揭示所有代表人物共同的意识形态前提。这些意见将充分表明我们在进行批判时所持的观点,而表明我们的观点对于了解和说明以后各种批评意见是必要的。我们这些意见正是针对**费尔巴哈**的,因为只有他至少向前迈进了一步,只有他的著作才可以认真地加以研究。"——编者注

赖关系正好说明了为什么在这些新出现的批判家中甚至没有一个人试图对黑格尔体系进行全面的批判，尽管他们每一个人都断言自己已经超越黑格尔哲学。他们和黑格尔的论战以及他们相互之间的论战，只局限于他们当中的每一个人都抓住黑格尔体系的某一方面，用它来反对整个体系，也反对别人所抓住的那些方面。起初他们还是抓住纯粹的、未加伪造的黑格尔的范畴，如"实体"和"自我意识"①，但是后来却用一些比较世俗的名称如"类""唯一者""人"② 等，使这些范畴世俗化。

从施特劳斯到施蒂纳的整个德国哲学批判都局限于对**宗教**观念的批判③。他们的出发点是现实的宗教和真正的神学。至于什么是宗教意识，什么是宗教观念，他们后来下的定义各有不同。其进步在于：所谓占统治地位的形而上学观念、政治观念、法律观念、道德观念以及其他观念也被归入宗教观念或神学观念的领域；还在于：政治意识、法律意识、道德意识被宣布为宗教意识或神学意识，而政治的、法律的、道德的人，总而言之，"**人**"，则被宣布为宗教的人。宗教的统治被当成了前提。一切占统治地位的关系逐渐地都被宣布为宗教的关系，继而被转化为迷信——对法的迷信，对国家的迷信，等等。到处涉及的都只是教义和对教义的信仰。世界在越来越大的规模内被圣化了，直到最后可尊敬的圣麦克斯④完全把它宣布为圣物，从而一劳永逸地把它葬送为止。

老年黑格尔派认为，只要把一切都归入黑格尔的逻辑范畴，他们就**理解**了一切。青年黑格尔派则硬说一切都包含宗教观念或者宣布一切都是神学上的东西，由此来**批判**一切。青年黑格尔派同意老年黑格尔派的这样一个信念，即认为宗教、概念、普遍的东西统治着现存世界。不过一派认为这种统治是篡夺而加以反对，另一派则认为这种统治是合法的而加以赞扬。

---

① 大·施特劳斯和布·鲍威尔使用的基本范畴。——编者注
② 路·费尔巴哈和麦·施蒂纳使用的基本范畴。——编者注
③ 手稿中删去以下这段话："这种批判自以为是使世界消除一切灾难的绝对救世主。宗教总是被看做和解释成这些哲学家们所厌恶的一切关系的终极原因，他们的主要敌人。"——编者注
④ 指麦·施蒂纳（约·卡·施米特的笔名）。马克思和恩格斯在《德意志意识形态》中也用其他绰号称呼他，例如，称他为"圣桑乔""圣者""教父""乡下佬雅各"等等。——编者注

既然青年黑格尔派认为，观念、思想、概念，总之，被他们变为某种独立东西的意识的一切产物，是人们的真正枷锁，就像老年黑格尔派把它们看做是人类社会的真正镣铐一样，那么不言而喻，青年黑格尔派只要同意识的这些幻想进行斗争就行了。既然根据青年黑格尔派的设想，人们之间的关系、他们的一切举止行为、他们受到的束缚和限制，都是他们意识的产物，那么青年黑格尔派完全合乎逻辑地向人们提出一种道德要求，要用人的、批判的或利己的意识①来代替他们现在的意识，从而消除束缚他们的限制。这种改变意识的要求，就是要求用另一种方式来解释存在的东西，也就是说，借助于另外的解释来承认它。青年黑格尔派的意识形态家们尽管满口讲的都是所谓"震撼世界的"词句，却是最大的保守派。如果说，他们之中最年轻的人宣称只为反对"**词句**"而斗争，那就确切地表达了他们的活动。不过他们忘记了：他们只是用词句来反对这些词句；既然他们仅仅反对这个世界的词句，那么他们就绝对不是反对现实的现存世界。这种哲学批判所能达到的唯一结果，是从宗教史上对基督教作一些说明，而且还是片面的说明。至于他们的全部其他论断，只不过是进一步修饰他们的要求：想用这样一些微不足道的说明作出具有世界历史意义的发现。

这些哲学家没有一个想到要提出关于德国哲学和德国现实之间的联系问题，关于他们所作的批判和他们自身的物质环境之间的联系问题。

············

A.②

我们开始要谈的前提不是任意提出的，不是教条，而是一些只有在臆想中才能撇开的现实前提。这是一些现实的个人，是他们的活动和他们的

---

① 指路·费尔巴哈、布·鲍威尔和麦·施蒂纳所说的意识。——编者注
② 手稿中删去以下一段话："我们仅仅知道一门唯一的科学，即历史科学。历史可以从两方面来考察，可以把它划分为自然史和人类史。但这两方面是不可分割的；只要有人存在，自然史和人类史就彼此相互制约。自然史，即所谓自然科学，我们在这里不谈；我们需要深入研究的是人类史，因为几乎整个意识形态不是曲解人类史，就是完全撇开人类史。意识形态本身只不过是这一历史的一个方面。"——编者注

物质生活条件,包括他们已有的和由他们自己的活动创造出来的物质生活条件。因此,这些前提可以用纯粹经验的方法来确认。

全部人类历史的第一个前提无疑是有生命的个人的存在。① 因此,第一个需要确认的事实就是这些个人的肉体组织以及由此产生的个人对其他自然的关系。当然,我们在这里既不能深入研究人们自身的生理特性,也不能深入研究人们所处的各种自然条件——地质条件、山岳水文地理条件、气候条件以及其他条件。② 任何历史记载都应当从这些自然基础以及它们在历史进程中由于人们的活动而发生的变更出发。③

关于唯物史观的前提和出发点,以费尔巴哈等为代表的德意志意识形态家,都是以抽象的原则为前提和出发点的。具体到费尔巴哈,他尽管恢复了唯物主义的王座,但他只有面对自然的时候才是唯物主义者,一当他进入人类历史领域,他就变成了一个唯心主义者。在《基督教的本质》一文中,费尔巴哈提出"究竟什么是人跟动物的本质区别呢?对这个问题的最简单、最一般、最通俗的回答是:意识。只是,这里所说的意识是在严格意义上的。因为,如果是就自我感或感性的识别力这个意义而言,就根据一定的显著标志而作出的对外界事物的知觉甚或判断这个意义而言,那么,这样的意识,很难说动物就不具备。只有将自己的类、自己的本质性当作对象的那种生物,才具有最严格意义上的意识。动物固然将个体当作对象,因此它有自我感,但是,它不能将类当作对象,因此它没有那种由知识得名的意识"④。其实,无论是严格意义上的,还是"自我感或感性的识别力这个意义而言"的意识,都说明费尔巴哈仅仅是把人的精神当成人之为人的本质,只不过这种作为人的本质的意识在程度上与动物的"自我感或感性的识别力"不同罢了。为了说明这种与动物的"自我感或感性

---

① 手稿中删去以下这句话:"这些个人把自己和动物区别开来的第一个**历史**行动不在于他们有思想,而在于他们开始**生产自己的生活资料**。"——编者注
② 手稿中删去以下这句话:"但是,这些条件不仅决定着人们最初的、自然形成的肉体组织,特别是他们之间的种族差别,而且直到如今还决定着肉体组织的整个进一步发展或不发展。"——编者注
③ 《马克思恩格斯文集》第 1 卷,人民出版社,2009,第 512—519 页。
④ 〔德〕路德维希·费尔巴哈:《费尔巴哈哲学著作选集》下卷,荣震华、王太庆、刘磊译,商务印书馆,1984,第 26 页。

的识别力"相区别的意识,费尔巴哈进一步解释道:"人自己意识到的人的本质究竟是什么呢?或者,在人里面形成类,即形成本来的人性的东西究竟是什么呢?就是理性、意志、心。一个完善的人,必定具备思维力、意志力和心力。思维力是认识之光,意志力是品性之能量,心力是爱。理性、爱、意志力,这就是完善性;这就是最高的力,这就是人的绝对本质,就是人生存的目的。人之所以生存,就是为了认识,为了爱,为了愿望。"① 因此,费尔巴哈认为,"只有假定这个命题也能颠倒过来而成为'爱就是上帝,爱就是绝对本质'的时候,区别之必然性才会被扬弃掉"②。这意味着费尔巴哈在批判了世俗的基督教之后,却又撇开了历史的进程,基于人抽象的"爱"之本质倡导建立"爱之宗教"。

在"费尔巴哈"这一章中,马克思和恩格斯深刻地批判了费尔巴哈视域之中这种信仰"爱之宗教"的以"爱"为本质的人,指出诸如费尔巴哈等人虽然"用一些比较世俗的名称如'类'、'唯一者'、'人'等等"③,"尽管他们每一个人都断言自己已经超越黑格尔哲学。他们和黑格尔的论战以及他们相互之间的论战,只局限于他们当中的每一个人都抓住黑格尔体系的某一方面,用它来反对整个体系,也反对别人所抓住的那些方面"④,实际上他们都没有离开过哲学的基地。费尔巴哈之所以把"爱"作为人的本质,倡导要建立"爱之宗教",是因为他"是从人们所说的、所设想的、所想象的东西出发"⑤,"从口头说的、思考出来的、设想出来的、想象出来的人出发,去理解有血有肉的人"⑥。与费尔巴哈不同,马克思和恩格斯指出,科学历史观"开始要谈的前提不是任意提出的,不是教条,而是一些只有在臆想中才能撇开的现实前提。这是一些现实的个人,是他们的活动和他们的物质生活条件,包括他们已有的和由他们自己

---

① 〔德〕路德维希·费尔巴哈:《费尔巴哈哲学著作选集》下卷,荣震华、王太庆、刘磊译,商务印书馆,1984,第27—28页。
② 〔德〕路德维希·费尔巴哈:《费尔巴哈哲学著作选集》下卷,荣震华、王太庆、刘磊译,商务印书馆,1984,第308页。
③ 《马克思恩格斯文集》第1卷,人民出版社,2009,第514页。
④ 《马克思恩格斯文集》第1卷,人民出版社,2009,第514页。
⑤ 《马克思恩格斯文集》第1卷,人民出版社,2009,第525页。
⑥ 《马克思恩格斯文集》第1卷,人民出版社,2009,第525页。

的活动创造出来的物质生活条件。因此,这些前提可以用纯粹经验的方法来确认"①。正是在经验的方法的观照下,这些作为前提的人"不是处在某种虚幻的离群索居和固定不变状态中的人,而是处在现实的、可以通过经验观察到的、在一定条件下进行的发展过程中的人"②。因此,"这种历史观和唯心主义历史观不同,它不是在每个时代中寻找某种范畴,而是始终站在现实历史的基础上,不是从观念出发来解释实践,而是从物质实践出发来解释各种观念形态"③。

在"费尔巴哈"这一章中,除了阐述唯物史观的前提和出发点,马克思恩格斯还从多个方面贯彻了他们的唯物主义路线,批判了唯心主义路线。

关于意识的产生与物质的关系。

由此可见,事情是这样的:以一定的方式进行生产活动的一定的个人④,发生一定的社会关系和政治关系。经验的观察在任何情况下都应当根据经验来揭示社会结构和政治结构同生产的联系,而不应当带有任何神秘和思辨的色彩。社会结构和国家总是从一定的个人的生活过程中产生的。但是,这里所说的个人不是他们自己或别人想象中的那种个人,而是**现实中的**个人,也就是说,这些个人是从事活动的,进行物质生产的,因而是在一定的物质的、不受他们任意支配的界限、前提和条件下活动着的。⑤

思想、观念、意识的生产最初是直接与人们的物质活动,与人们的物质交往,与现实生活的语言交织在一起的。人们的想象、思维、精神交往在这里还是人们物质行动的直接产物。表现在某一民族的政治、法律、道德、宗教、形而上学等的语言中的精神生产也是这样。人们是自己的观

---

① 《马克思恩格斯文集》第1卷,人民出版社,2009,第516—517页。
② 《马克思恩格斯文集》第1卷,人民出版社,2009,第525页。
③ 《马克思恩格斯文集》第1卷,人民出版社,2009,第544页。
④ 手稿的最初方案是:"在一定的生产关系下的一定的个人"。——编者注
⑤ 手稿中删去以下这段话:"这些个人所产生的观念,或者是关于他们对自然界的关系的观念,或者是关于他们之间的关系的观念,或者是关于他们自身的状况的观念。显然,在这几种情况下,这些观念都是他们的现实关系和活动、他们的生产、他们的交往、他们的社会组织和政治组织有意识的表现,而不管这种表现是现实的还是虚幻的。相反的假设,只有在除了现实的、受物质制约的个人的精神以外还假定有某种特殊的精神的情况下才能成立。如果这些个人的现实关系的有意识的表现是虚幻的,如果他们在自己的观念中把自己的现实颠倒过来,那么这又是由他们狭隘的物质活动方式以及由此而来的他们狭隘的社会关系造成的。"——编者注

念、思想等等的生产者,① 但这里所说的人们是现实的、从事活动的人们,他们受自己的生产力和与之相适应的交往的一定发展——直到交往的最遥远的形态——所制约。意识［das Bewußtsein］在任何时候都只能是被意识到了的存在［das bewußteSein］,而人们的存在就是他们的现实生活过程。如果在全部意识形态中,人们和他们的关系就像在照相机中一样是倒立成像的,那么这种现象也是从人们生活的历史过程中产生的,正如物体在视网膜上的倒影是直接从人们生活的生理过程中产生的一样。②

马克思恩格斯指出,"人还具有'意识'。但是这种意识并非一开始就是'纯粹的'意识。'精神'从一开始就很倒霉,受到物质的'纠缠',物质在这里表现为振动着的空气层、声音,简言之,即语言。语言和意识具有同样长久的历史;语言是一种实践的、既为别人存在因而也为我自身而存在的、现实的意识。语言也和意识一样,只是由于需要,由于和他人交往的迫切需要才产生的。……因而,意识一开始就是社会的产物,而且只要人们存在着,它就仍然是这种产物"③。在根本意义上,"思想、观念、意识的生产最初是直接与人们的物质活动,与人们的物质交往,与现实生活的语言交织在一起的。人们的想象、思维、精神交往在这里还是人们物质行动的直接产物"④。

关于意识和对象的关系。

德国哲学从天国降到人间;和它完全相反,这里我们是从人间升到天国。这就是说,我们不是从人们所说的、所设想的、所想象的东西出发,也不是从口头说的、思考出来的、设想出来的、想象出来的人出发,去理解有血有肉的人。我们的出发点是从事实际活动的人,而且从他们的现实生活过程中还可以描绘出这一生活过程在意识形态上的反射和反响的发展。甚至人们头脑中的模糊幻象也是他们的可以通过经验来确认的、与物质前提相联系的物质生活过程的必然升华物。因此,道德、宗教、形而上

---

① 手稿中删去以下这句话:"而且人们是受他们的物质生活的生产方式,他们的物质交往和这种交往在社会结构和政治结构中的进一步发展所制约的。"——编者注
② 《马克思恩格斯文集》第1卷,人民出版社,2009,第523—525页。
③ 《马克思恩格斯文集》第1卷,人民出版社,2009,第533页。
④ 《马克思恩格斯文集》第1卷,人民出版社,2009,第524页。

学和其他意识形态,以及与它们相适应的意识形式便不再保留独立性的外观了。它们没有历史,没有发展,而发展着自己的物质生产和物质交往的人们,在改变自己的这个现实的同时也改变着自己的思维和思维的产物。不是意识决定生活,而是生活决定意识。前一种考察方法从意识出发,把意识看做是有生命的个人。后一种符合现实生活的考察方法则从现实的、有生命的个人本身出发,把意识仅仅看做是**他们的**意识。

这种考察方法不是没有前提的。它从现实的前提出发,它一刻也不离开这种前提。它的前提是人,但不是处在某种虚幻的离群索居和固定不变状态中的人,而是处在现实的、可以通过经验观察到的、在一定条件下进行的发展过程中的人。只要描绘出这个能动的生活过程,历史就不再像那些本身还是抽象的经验主义者所认为的那样,是一些僵死的事实的汇集,也不再像唯心主义者所认为的那样,是想象的主体的想象活动。①

马克思恩格斯认为,"意识 [das Bewußtsein] 在任何时候都只能是被意识到了的存在 [das bewußteSein],而人们的存在就是他们的现实生活过程"②。与德意志意识形态家不同,"我们的出发点是从事实际活动的人,而且从他们的现实生活过程中还可以描绘出这一生活过程在意识形态上的反射和反响的发展。甚至人们头脑中的模糊幻象也是他们的可以通过经验来确认的、与物质前提相联系的物质生活过程的必然升华物"③,为此必须"按照事物的真实面目及其产生情况来理解事物"④。

关于意识的发展和现实生活发展的关系。

只有现在,在我们已经考察了原初的历史的关系的四个因素、四个方面之后,我们才发现:人还具有"意识"⑤。但是这种意识并非一开始就是"纯粹的"意识。"精神"从一开始就很倒霉,受到物质的"纠缠",物质在这里表现为振动着的空气层、声音,简言之,即语言。语言和意识

---

① 《马克思恩格斯文集》第 1 卷,人民出版社,2009,第 525—526 页。
② 《马克思恩格斯文集》第 1 卷,人民出版社,2009,第 525 页。
③ 《马克思恩格斯文集》第 1 卷,人民出版社,2009,第 525 页。
④ 《马克思恩格斯文集》第 1 卷,人民出版社,2009,第 528 页。
⑤ 马克思加了边注:"人们之所以有历史,是因为他们必须**生产**自己的生命,而且必须用**一定的**方式来进行:这是受他们的肉体组织制约的,人们的意识也是这样受制约的。"——编者注

具有同样长久的历史;语言**是**一种实践的、既为别人存在因而也为我自身而存在的、现实的意识。语言也和意识一样,只是由于需要,由于和他人交往的迫切需要才产生的。① 凡是有某种关系存在的地方,这种关系都是为我而存在的;动物不对什么东西发生"**关系**",而且根本没有"关系";对于动物来说,它对他物的关系不是作为关系存在的。因而,意识一开始就是社会的产物,而且只要人们存在着,它就仍然是这种产物。当然,意识起初只是对**直接的**可感知的环境的一种意识,是对处于开始意识到自身的个人之外的其他人和其他物的狭隘联系的一种意识。同时,它也是对自然界的一种意识,自然界起初是作为一种完全异己的、有无限威力的和不可制服的力量与人们对立的,人们同自然界的关系完全像动物同自然界的关系一样,人们就像牲畜一样慑服于自然界,因而,这是对自然界的一种纯粹动物式的意识(自然宗教)②;但是,另一方面,意识到必须和周围的个人来往,也就是开始意识到人总是生活在社会中的。这个开始,同这一阶段的社会生活本身一样,带有动物的性质;这是纯粹的畜群意识,这里,人和绵羊不同的地方只是在于:他的意识代替了他的本能,或者说他的本能是被意识到了的本能。由于生产效率的提高,需要的增长以及作为二者基础的人口的增多,这种绵羊意识或部落意识获得了进一步的发展和提高。与此同时分工也发展起来。分工起初只是性行为方面的分工,后来是由于天赋(例如体力)、需要、偶然性等等才自发地或"自然地"形成的分工。分工只是从物质劳动和精神劳动分离的时候起才真正成为分工③。从这时候起意识**才能**现实地想象:它是和现存实践的意识不同的某种东西;它不用想象某种现实的东西就能**现实地**想象某种东西。从这时候起,意识才能摆脱世界而去构造"纯粹的"理论、神学、哲学、道德等等。但是,如果这种理论、神学、哲学、道德等等同现存的关系发生矛盾,那

---

① 手稿中删去以下这句话:"我对我的环境的关系是我的意识。"——编者注
② 马克思加了边注:"这里立即可以看出,这种自然宗教或对自然界的这种特定关系,是由社会形式决定的,反过来也是一样。这里和任何其他地方一样,自然界和人的同一性也表现在:人们对自然界的狭隘的关系决定着他们之间的狭隘的关系,而他们之间的狭隘的关系又决定着他们对自然界的狭隘的关系,这正是因为自然界几乎还没有被历史的进程所改变。"——编者注
③ 马克思加了边注:"与此同时出现的是意识形态家、**僧侣**的最初形式"。——编者注

么，这仅仅是因为现存的社会关系同现存的生产力发生了矛盾。不过，在一定民族的各种关系的范围内，这种现象的出现也可能不是因为在该民族范围内出现了矛盾，而是因为在该民族意识和其他民族的实践之间，亦即在某一民族的民族意识和普遍意识之间①出现了矛盾（就像目前德国的情形那样）——既然这个矛盾似乎只表现为民族意识范围内的矛盾，那么在这个民族看来，斗争也就限于这种民族废物，因为这个民族就是废物本身。但是，意识本身究竟采取什么形式，这是完全无关紧要的。我们从这一大堆赘述中只能得出一个结论：上述三个因素即生产力、社会状况和意识，彼此之间可能而且一定会发生矛盾，因为分工使精神活动和物质活动②、享受和劳动、生产和消费由不同的个人来分担这种情况不仅成为可能，而且成为现实，而要使这三个因素彼此不发生矛盾，则只有再消灭分工。此外，不言而喻，"幽灵"、"枷锁"、"最高存在物"、"概念"、"疑虑"显然只是孤立的个人的一种观念上的、思辨的、精神的表现，只是他的观念，即关于真正经验的束缚和界限的观念；生活的生产方式以及与此相联系的交往形式就在这些束缚和界限的范围内运动着。③④

在马克思恩格斯看来，无论是思想还是语言都不能独自组成特殊的王国，它们只是现实生活的表现。"因此，道德、宗教、形而上学和其他意识形态，以及与它们相适应的意识形式便不再保留独立性的外观了。它们没有历史，没有发展，而发展着自己的物质生产和物质交往的人们，在改变自己的这个现实的同时也改变着自己的思维和思维的产物。"⑤ 与此相一致，"历史的动力以及宗教、哲学和任何其他理论的动力是革命，而不是批判"⑥，这意味着"意识的一切形式和产物不是可以通过精神的批判来消灭的，不是可以通过把它们消融在'自我意识'中或化为'怪影'、

---

① 马克思加了边注："**宗教**。具有真正的**意识形态**的德国人"。——编者注
② 手稿中删去以下这句话："活动和思维，即没有思想的活动和没有活动的思想。"——编者注
③ 手稿中删去以下这句话："这种关于现存的经济界限的观念上的表现，不是纯粹理论上的，而且在实践的意识中也存在着，就是说，使自己自由存在的并且同现存的生产方式相矛盾的意识，不是仅仅构成宗教和哲学，而且也构成国家。"——编者注
④ 《马克思恩格斯文集》第1卷，人民出版社，2009，第533—535页。
⑤ 《马克思恩格斯文集》第1卷，人民出版社，2009，第525页。
⑥ 《马克思恩格斯文集》第1卷，人民出版社，2009，第544页。

'幽灵'、'怪想'等等来消灭的，而只有通过实际地推翻这一切唯心主义谬论所由产生的现实的社会关系，才能把它们消灭"①。而"历史向世界历史的转变，不是'自我意识'、世界精神或者某个形而上学幽灵的某种纯粹的抽象行动，而是完全物质的、可以通过经验证明的行动，每一个过着实际生活的、需要吃、喝、穿的个人都可以证明这种行动"②。

关于人的本质问题上意识和现实物质生活关系的关系。

可以根据意识、宗教或随便别的什么来区别人和动物。一当人开始**生产**自己的生活资料，即迈出由他们的肉体组织所决定的这一步的时候，人本身就开始把自己和动物区别开来。人们生产自己的生活资料，同时间接地生产着自己的物质生活本身。

人们用以生产自己的生活资料的方式，首先取决于他们已有的和需要再生产的生活资料本身的特性。这种生产方式不应当只从它是个人肉体存在的再生产这方面加以考察。更确切地说，它是这些个人的一定的活动方式，是他们表现自己生命的一定方式、他们的一定的**生活方式**。个人怎样表现自己的生命，他们自己就是怎样。因此，他们是什么样的，这同他们的生产是一致的——既和他们生产**什么**一致，又和他们**怎样**生产一致。因而，个人是什么样的，这取决于他们进行生产的物质条件。

这种生产第一次是随着**人口**的增长而开始的。而生产本身又是以个人彼此之间的**交往**［*Verkehr*］为前提的。这种交往的形式又是由生产决定的。③

与德意志意识形态家的批判不同，马克思恩格斯提出"可以根据意识、宗教或随便别的什么来区别人和动物"④的观点，然而，只有"人开始生产自己的生活资料，即迈出由他们的肉体组织所决定的这一步的时候，人本身就开始把自己和动物区别开来"⑤。所以"个人怎样表现自己的生命，他们自己就是怎样。因此，他们是什么样的，这同他们的生产是一致的——既和他们生产什么一致，又和他们怎样生产一致。因而，个人

---

① 《马克思恩格斯文集》第1卷，人民出版社，2009，第544页。
② 《马克思恩格斯文集》第1卷，人民出版社，2009，第541页。
③ 《马克思恩格斯文集》第1卷，人民出版社，2009，第519—520页。
④ 《马克思恩格斯文集》第1卷，人民出版社，2009，第519页。
⑤ 《马克思恩格斯文集》第1卷，人民出版社，2009，第519页。

是什么样的，这取决于他们进行生产的物质条件"①。

关于异化问题上意识和现实生活条件的关系。

个人力量（关系）由于分工而转化为物的力量这一现象，不能靠人们从头脑里抛开关于这一现象的一般观念的办法来消灭，而只能靠个人重新驾驭这些物的力量，靠消灭分工的办法来消灭②。没有共同体，这是不可能实现的。只有在共同体中，个人才能获得全面发展其才能的手段，也就是说，只有在共同体中才可能有个人自由。在过去的种种冒充的共同体中，如在国家等中，个人自由只是对那些在统治阶级范围内发展的个人来说是存在的，他们之所以有个人自由，只是因为他们是这一阶级的个人。从前各个人联合而成的虚假的共同体，总是相对于各个人而独立的；由于这种共同体是一个阶级反对另一个阶级的联合，因此对于被统治的阶级来说，它不仅是完全虚幻的共同体，而且是新的桎梏。在真正的共同体的条件下，各个人在自己的联合中并通过这种联合获得自己的自由。

各个人的出发点总是他们自己，不过当然是处于既有的历史条件和关系范围之内的自己，而不是意识形态家们所理解的"纯粹的"个人。然而在历史发展的进程中，而且正是由于在分工范围内社会关系的必然独立化，在每一个人的个人生活同他的屈从于某一劳动部门以及与之相关的各种条件的生活之间出现了差别。这不应当理解为，似乎像食利者和资本家等等已不再是有个性的个人了，而应当理解为，他们的个性是由非常明确的阶级关系决定和规定的，上述差别只是在他们与另一阶级的对立中才出现，而对他们本身来说，上述差别只是在他们破产之后才产生。在等级中（尤其是在部落中）这种现象还是隐蔽的，例如，贵族总是贵族，平民总是平民，不管他的其他关系如何；这是一种与他的个性不可分割的品质。有个性的个人与阶级的个人的差别，个人生活条件的偶然性，只是随着那本身是资产阶级产物的阶级的出现才出现。只有个人相互之间的竞争和斗争才产生和发展了这种偶然性本身。因此，各个人在资产阶级的统治下被设想得要比先前更自由些，因为他们的生活条件对他们来说是偶然的；事

---

① 《马克思恩格斯文集》第 1 卷，人民出版社，2009，第 520 页。
② 恩格斯加了边注："（费尔巴哈：存在和本质）"。路·费尔巴哈在《未来哲学原理》中关于存在和本质的论点，参看本卷第 549—550 页。——编者注

实上，他们当然更不自由，因为他们更加屈从于物的力量。等级的差别特别显著地表现在资产阶级与无产阶级的对立中。当市民等级、同业公会等等起来反对农村贵族的时候，他们的生存条件，即在他们割断了封建的联系以前就潜在地存在着的动产和手艺，表现为一种与封建土地所有制相对立的积极的东西，因此起先也具有一种特殊的封建形式。当然，逃亡农奴认为他们先前的农奴地位对他们的个性来说是某种偶然的东西。但是，在这方面，他们只是做了像每一个挣脱了枷锁的阶级所做的事，此外，他们不是作为一个阶级解放出来的，而是零零散散地解放出来的。其次，他们并没有越出等级制度的范围，而只是形成了一个新的等级，在新的处境中也还保存了他们过去的劳动方式，并且使这种劳动方式摆脱已经和他们所达到的发展阶段不相适应的桎梏，从而使它得到进一步的发展。[1]

马克思恩格斯认为，有关异化这种"个人力量（关系）由于分工而转化为物的力量这一现象，不能靠人们从头脑里抛开关于这一现象的一般观念的办法来消灭，而只能靠个人重新驾驭这些物的力量，靠消灭分工的办法来消灭。没有共同体，这是不可能实现的。只有在共同体中，个人才能获得全面发展其才能的手段，也就是说，只有在共同体中才可能有个人自由"[2]。

关于占统治地位的思想与占统治地位的物质力量的关系。

一开始就进入历史发展过程的第三种关系是：每日都在重新生产自己生命的人们开始生产另外一些人，即繁殖。这就是夫妻之间的关系，父母和子女之间的关系，也就是**家庭**。这种家庭起初是唯一的社会关系，后来，当需要的增长产生了新的社会关系而人口的增多又产生了新的需要的时候，这种家庭便成为从属的关系了（德国除外）。这时就应该根据现有的经验材料来考察和阐明家庭，而不应该像通常在德国所做的那样，根据"家庭的概念"来考察和阐明家庭。此外，不应该把社会活动的这三个方面看做是三个不同的阶段，而只应该看做是三个方面，或者，为了使德国人能够明白，把它们看做是三个"因素"。从历史的最初时期起，从第一

---

[1] 《马克思恩格斯文集》第 1 卷，人民出版社，2009，第 570—572 页。
[2] 《马克思恩格斯文集》第 1 卷，人民出版社，2009，第 570—571 页。

批人出现以来，这三个方面就同时存在着，而且现在也还在历史上起着作用。

这样，生命的生产，无论是通过劳动而生产自己的生命，还是通过生育而生产他人的生命，就立即表现为双重关系：一方面是自然关系，另一方面是社会关系；社会关系的含义在这里是指许多个人的共同活动，不管这种共同活动是在什么条件下、用什么方式和为了什么目的而进行的。由此可见，一定的生产方式或一定的工业阶段始终是与一定的共同活动方式或一定的社会阶段联系着的，而这种共同活动方式本身就是"生产力"；由此可见，人们所达到的生产力的总和决定着社会状况，因而，始终必须把"人类的历史"同工业和交换的历史联系起来研究和探讨。但是，这样的历史在德国是写不出来的，这也是很明显的，因为对于德国人来说，要做到这一点不仅缺乏理解能力和材料，而且还缺乏"感性确定性"；而在莱茵河彼岸之所以不可能有关于这类事情的任何经验，是因为那里再没有什么历史。由此可见，人们之间一开始就有一种物质的联系。这种联系是由需要和生产方式决定的，它和人本身有同样长久的历史；这种联系不断采取新的形式，因而就表现为"历史"，它不需要用任何政治的或宗教的呓语特意把人们维系在一起。①

马克思和恩格斯指出："统治阶级的思想在每一时代都是占统治地位的思想。这就是说，一个阶级是社会上占统治地位的物质力量，同时也是社会上占统治地位的精神力量。支配着物质生产资料的阶级，同时也支配着精神生产资料，因此，那些没有精神生产资料的人的思想，一般地是隶属于这个阶级的。占统治地位的思想不过是占统治地位的物质关系在观念上的表现，不过是以思想的形式表现出来的占统治地位的物质关系；因而，这就是那些使某一个阶级成为统治阶级的关系在观念上的表现，因而这也就是这个阶级的统治的思想。"②

关于意识和自然的关系。

统治阶级的思想在每一时代都是占统治地位的思想。这就是说，一个

---

① 《马克思恩格斯文集》第 1 卷，人民出版社，2009，第 532—533 页。
② 《马克思恩格斯文集》第 1 卷，人民出版社，2009，第 550—551 页。

阶级是社会上占统治地位的**物质**力量，同时也是社会上占统治地位的**精神**力量。支配着物质生产资料的阶级，同时也支配着精神生产资料，因此，那些没有精神生产资料的人的思想，一般地是隶属于这个阶级的。占统治地位的思想不过是占统治地位的物质关系在观念上的表现，不过是以思想的形式表现出来的占统治地位的物质关系；因而，这就是那些使某一个阶级成为统治阶级的关系在观念上的表现，因而这也就是这个阶级的统治的思想。此外，构成统治阶级的各个个人也都具有意识，因而他们也会思维；既然他们作为一个阶级进行统治，并且决定着某一历史时代的整个面貌，那么，不言而喻，他们在这个历史时代的一切领域中也会这样做，就是说，他们还作为思维着的人，作为思想的生产者进行统治，他们调节着自己时代的思想的生产和分配；而这就意味着他们的思想是一个时代的占统治地位的思想。例如，在某一国家的某个时期，王权、贵族和资产阶级为夺取统治而争斗，因而，在那里统治是分享的，那里占统治地位的思想就会是关于分权的学说，于是分权就被宣布为"永恒的规律"。

我们在上面（第［534—538］页）已经说明分工是迄今为止历史的主要力量之一，现在，分工也以精神劳动和物质劳动的分工的形式在统治阶级中间表现出来，因此在这个阶级内部，一部分人是作为该阶级的思想家出现的，他们是这一阶级的积极的、有概括能力的意识形态家，他们把编造这一阶级关于自身的幻想当做主要的谋生之道，而另一些人对于这些思想和幻想则采取比较消极的态度，并且准备接受这些思想和幻想，因为在实际中他们是这个阶级的积极成员，并且很少有时间来编造关于自身的幻想和思想。在这一阶级内部，这种分裂甚至可以发展成为这两部分人之间的某种程度的对立和敌视，但是一旦发生任何实际冲突，即当这一阶级本身受到威胁的时候，当占统治地位的思想好像不是统治阶级的思想而且这种思想好像拥有与这一阶级的权力不同的权力这种假象也趋于消失的时候，这种对立和敌视便会自行消失。一定时代的革命思想的存在是以革命阶级的存在为前提的，关于这个革命阶级的前提所必须讲的，在前面（第［536—539，542—543］页）已经讲过了。①

---

① 《马克思恩格斯文集》第 1 卷，人民出版社，2009，第 550—551 页。

马克思恩格斯继承和发展了以往唯物主义的观点，肯定自然界的先在性，相对于人类及其思维活动，"外部自然界的优先地位仍然会保持着"①，而"自然界起初是作为一种完全异己的、有无限威力的和不可制服的力量与人们对立的，人们同自然界的关系完全像动物同自然界的关系一样"②。这个时候，人们头脑中的"意识"不过是"对自然界的一种纯粹动物式的意识"③。至于人类生命的生产，它"无论是通过劳动而生产自己的生命，还是通过生育而生产他人的生命，就立即表现为双重关系：一方面是自然关系，另一方面是社会关系"④。它们之间的关系是互相制约的："人们对自然界的狭隘的关系决定着他们之间的狭隘的关系，而他们之间的狭隘的关系又决定着他们对自然界的狭隘的关系，这正是因为自然界几乎还没有被历史的进程所改变。"⑤

（二）马克思恩格斯论述了在人类历史发展过程中物质生产的决定性作用以及生产力与生产关系的矛盾运动

最后，我们从上面所阐述的历史观中还可以得出以下的结论：（1）生产力在其发展的过程中达到这样的阶段，在这个阶段上产生出来的生产力和交往手段在现存关系下只能造成灾难，这种生产力已经不是生产的力量，而是破坏的力量（机器和货币）。与此同时还产生了一个阶级，它必须承担社会的一切重负，而不能享受社会的福利，它被排斥于社会之外，因而不得不同其他一切阶级发生最激烈的对立；这个阶级构成了全体社会成员中的大多数，从这个阶级中产生出必须实行彻底革命的意识，即共产主义的意识，这种意识当然也可以在其他阶级中形成，只要它们认识到这个阶级的状况。（2）那些使一定的生产力能够得到利用的条件，是社会的一定阶级实行统治的条件，这个阶级的由其财产状况产生的社会权力，每一次都在相应的国家形式中获得**实践**的观念的表现，因此一切革命斗争都

---

① 《马克思恩格斯文集》第 1 卷，人民出版社，2009，第 529 页。
② 《马克思恩格斯文集》第 1 卷，人民出版社，2009，第 534 页。
③ 《马克思恩格斯文集》第 1 卷，人民出版社，2009，第 534 页。
④ 《马克思恩格斯文集》第 1 卷，人民出版社，2009，第 532 页。
⑤ 《马克思恩格斯文集》第 1 卷，人民出版社，2009，第 534 页脚注①。

是针对在此以前实行统治的阶级的①。(3) 迄今为止的一切革命始终没有触动活动的性质，始终不过是按另外的方式分配这种活动，不过是在另一些人中间重新分配劳动，而共产主义革命则针对活动迄今具有的**性质**，消灭**劳动**②，并消灭任何阶级的统治以及这些阶级本身，因为完成这个革命的是这样一个阶级，它在社会上已经不算是一个阶级，它已经不被承认是一个阶级，它已经成为现今社会的一切阶级、民族等等的解体的表现。(4) 无论为了使这种共产主义意识普遍地产生还是为了实现事业本身，使人们普遍地发生变化是必需的，这种变化只有在实际运动中，在**革命**中才有可能实现；因此，革命之所以必需，不仅是因为没有任何其他的办法能够**推翻统治**阶级，而且还因为**推翻**统治阶级的那个阶级，只有在革命中才能抛掉自己身上的一切陈旧的肮脏东西，才能胜任重建社会的工作。③

由此可见，这种历史观就在于：从直接生活的物质生产出发阐述现实的生产过程，把同这种生产方式相联系的、它所产生的交往形式即各个不同阶段上的市民社会理解为整个历史的基础，从市民社会作为国家的活动描述市民社会，同时从市民社会出发阐明意识的所有各种不同的理论产物

---

① 马克思加了边注："这些人所关心的是维持现在的生产状况"。——编者注
② 手稿中删去以下这句话："消灭在……统治下活动的现代形式"。马克思在这里所说的"消灭劳动"，是指消灭资本主义私有制统治下的异化劳动。关于这种说法的含义，并见本卷第570—573、579—582页。关于异化劳动，可参看马克思《1844年经济学哲学手稿》。——编者注
③ 手稿中删去以下这段话："至于谈到革命的这种必要性，所有的共产主义者，不论是法国的、英国的或德国的，早就一致同意了，而圣布鲁诺却继续心安理得地幻想，认为'现实的人道主义'即共产主义所以取代'唯灵论的地位'（唯灵论根本没有什么地位）只是为了赢得崇敬。他继续幻想：那时候'灵魂将得救，人间将成为天国，天国将成为人间。'（神学家总是念念不忘天国）'那时候欢乐和幸福将要永世高奏天国的和谐曲'（第140页）。当末日审判——这一切都要在这一天发生，燃烧着的城市火光在天空的映照将是这一天的朝霞——突然来临的时候，当耳边响起由这种'天国的和谐曲'传出的有炮声为之伴奏、有断头台为之击节的《马赛曲》和《卡马尼奥拉曲》旋律的时候；当卑贱的'群众'高唱着ça ira, ça ira并把'自我意识'吊在路灯柱上的时候，我们这位神圣的教父将会大吃一惊。圣布鲁诺毫无根据地为自己描绘了一幅'永世欢乐和幸福'的振奋人心的图画。'费尔巴哈的爱的宗教的追随者'对这种'欢乐和幸福'似乎有独特的想法，他们在谈到革命的时候，强调的是与'天国的和谐曲'截然不同的东西。我们没有兴致来事先构想圣布鲁诺在末日审判这一天的行为。至于应当把进行革命的无产者了解为反抗自我意识的'实体'或想要推翻批判的'群众'，还是了解为还没有足够的浓度来消化鲍威尔思想的一种精神'流出体'，这个问题也确实难以解决。"——编者注

和形式，如宗教、哲学、道德等，而且追溯它们产生的过程。这样做当然就能够完整地描述事物了（因而也能够描述事物的这些不同方面之间的相互作用）。① 这种历史观和唯心主义历史观不同，它不是在每个时代中寻找某种范畴，而是始终站在现实历史的**基础**上，不是从观念出发来解释实践，而是从物质实践出发来解释各种观念形态，由此也就得出下述结论：意识的一切形式和产物不是可以通过精神的批判来消灭的，不是可以通过把它们消融在"自我意识"中或化为"怪影"、"幽灵"、"怪想"② 等等来消灭的，而只有通过实际地推翻这一切唯心主义谬论所由产生的现实的社会关系，才能把它们消灭；历史的动力以及宗教、哲学和任何其他理论的动力是革命，而不是批判。这种观点表明：历史不是作为"源于精神的精神"消融在"自我意识"③ 中而告终的，历史的每一阶段都遇到一定的物质结果，一定的生产力总和，人对自然以及个人之间历史地形成的关系，都遇到前一代传给后一代的大量生产力、资金和环境，尽管一方面这些生产力、资金和环境为新的一代所改变，但另一方面，它们也预先规定新的一代本身的生活条件，使它得到一定的发展和具有特殊的性质。由此可见，这种观点表明：人创造环境，同样，环境也创造人。每个个人和每一代所遇到的现成的东西：生产力、资金和社会交往形式的总和，是哲学家们想象为"实体"和"人的本质"的东西的现实基础，是他们加以神化并与之斗争的东西的现实基础，这种基础尽管遭到以"自我意识"和"唯一者"的身份出现的哲学家们的反抗，但它对人们的发展所起的作用和影响却丝毫也不因此而受到干扰。各代所遇到的这些生活条件还决定着这样的情况：历史上周期性地重演的革命动荡是否强大到足以摧毁现存一切的基础；如果还没有具备这些实行全面变革的物质因素，就是说，一方面还没有一定的生产力，另一方面还没有形成不仅反抗旧社会的个别条件，而且反抗旧的"生活生产"本身、反抗旧社会所依据的"总和活动"的革命群众，那么，正如共产主义的历史所证明的，尽管这种变革的**观念**已经表述过千百次，但这对于实际发展没有任何意义。

---

① 马克思加了边注："**费尔巴哈**"。——编者注
② 麦·施蒂纳《唯一者及其所有物》一书中的用语。——编者注
③ 布·鲍威尔《评路德维希·费尔巴哈》一文中的用语。——编者注

迄今为止的一切历史观不是完全忽视了历史的这一现实基础，就是把它仅仅看成与历史进程没有任何联系的附带因素。因此，历史总是遵照在它之外的某种尺度来编写的；现实的生活生产被看成是某种非历史的东西，而历史的东西则被看成是某种脱离日常生活的东西，某种处于世界之外和超乎世界之上的东西。这样，就把人对自然界的关系从历史中排除出去了，因而造成了自然界和历史之间的对立。因此，这种历史观只能在历史上看到重大政治历史事件，看到宗教的和一般理论的斗争，而且在每次描述某一历史时代的时候，它都不得不赞同**这一时代的幻想**。例如，某一时代想象自己是由纯粹"政治的"或"宗教的"动因所决定的——尽管"宗教"和"政治"只是时代的现实动因的形式——，那么它的历史编纂学家就会接受这个意见。这些特定的人关于自己的真正实践的"想象"、"观念"变成了一种支配和决定这些人的实践的唯一起决定作用的和积极的力量。印度人和埃及人借以实现分工的粗陋形式在这些民族的国家和宗教中产生了种姓制度，于是历史学家就以为种姓制度是产生这种粗陋的社会形式的力量。法国人和英国人至少抱着一种毕竟是同现实最接近的政治幻想，而德国人却在"纯粹精神"的领域中兜圈子，把宗教幻想推崇为历史的动力。黑格尔的历史哲学是整个这种德国历史编纂学的最终的、达到自己"最纯粹的表现"的成果。对于**德国**历史编纂学来说，问题完全不在于现实的利益，甚至不在于政治的利益，而在于纯粹的思想。这种历史哲学后来在圣布鲁诺看来也一定是一连串的"思想"，其中一个吞噬一个，最终消失于"自我意识"中。圣麦克斯·施蒂纳更加彻底，他对全部现实的历史一窍不通，他认为历史进程必定只是"骑士"、强盗和幽灵的历史，他当然只有借助于"不信神"才能摆脱这种历史的幻觉而得救。① 这种观点实际上是宗教的观点：它把宗教的人假设为全部历史起点的原人，它在自己的想象中用宗教的幻想生产代替生活资料和生活本身的现实生产。整个这样的历史观及其解体和由此产生的怀疑和顾虑，仅仅是德国人**本民族的**事情，而且对德国来说也只有**地域性**的意义。例如，近来不断讨论着如

---

① 马克思加了边注："所谓**客观的**历史编纂学正是脱离活动来考察历史关系。反动的性质。"——编者注

何能够"从神的王国进入人的王国"① 这样一个重要问题,似乎这个"神的王国"不是存在于想象之中,而是存在于其他什么地方;似乎那些学识渊博的先生们不是一直生活在——他们自己并不知道——他们目前正在寻找途径以求到达的那个"人的王国"之中;似乎这种科学的娱乐——这确实只是一种娱乐——就在于去说明这个理论上的空中楼阁多么奇妙,而不是相反,去证明这种空中楼阁是从现实的尘世关系中产生的。通常这些德国人总是只关心把既有的一切无意义的论调变为某种别的胡说八道,就是说,他们假定,所有这些无意义的论调都具有某种需要揭示的特殊**意义**,其实全部问题只在于从现存的现实关系出发来说明这些理论词句。如前所说,要真正地、实际地消灭这些词句,从人们意识中消除这些观念,就要靠改变了的环境而不是靠理论上的演绎来实现。对于人民大众即无产阶级来说,这些理论观念并不存在,因而也不用去消灭它们。如果这些群众曾经有过某些理论观念,如宗教,那么现在这些观念也早已被环境消灭了。②

对于生产劳动在内的人改造世界的实践活动,费尔巴哈提出:"功用主义、效用,乃是犹太教之至高原则"③。而"理论之立场,就意味着与世界和谐相处。在这里,只有感性的想象力,才是主观的活动,也即人满足自己、让自己自由地活动的那种活动。在这里,在满足自己的同时,人也让自然安静地存在下去……与此相反,如果人仅仅立足于实践的立场,并由此出发来观察世界,而使实践的立场成为理论的立场时,那他就跟自然不睦,使自然成为他的自私自利、他的实践利己主义之最顺从的仆人"④。

由此可知,在费尔巴哈看来,人改造世界的实践活动并不是什么高尚的活动。因为它追求功用主义、效用,所以实践活动本质上是一种自私自利的利己主义活动,是一种动物性的谋利活动。与此相关,费尔巴哈"没有看到,他周围的感性世界决不是某种开天辟地以来就直接存在的、始终如一的东西,而是工业和社会状况的产物,是历史的产物,是世世代代活

---

① 路·费尔巴哈《因〈唯一者及其所有物〉而论〈基督教的本质〉》。——编者注
② 《马克思恩格斯文集》第 1 卷,人民出版社,2009,第 542—547 页。
③ 〔德〕路德维希·费尔巴哈:《费尔巴哈哲学著作选集》下卷,荣震华、王太庆、刘磊译,商务印书馆,1984,第 145 页。
④ 〔德〕路德维希·费尔巴哈:《费尔巴哈哲学著作选集》下卷,荣震华、王太庆、刘磊译,商务印书馆,1984,第 144—145 页。

动的结果,其中每一代都立足于前一代所奠定的基础上,继续发展前一代的工业和交往,并随着需要的改变而改变他们的社会制度。甚至连最简单的'感性确定性'的对象也只是由于社会发展、由于工业和商业交往才提供给他的。大家知道,樱桃树和几乎所有的果树一样,只是在几个世纪以前由于商业才移植到我们这个地区。由此可见,樱桃树只是由于一定的社会在一定时期的这种活动才为费尔巴哈的'感性确定性'所感知"①。而费尔巴哈视域中的人,则丧失了生机勃勃的能动性。这样,无论是地久天长,还是海枯石烂,人都茫然无知地永远是奴隶,而现实世界却高高在上,一直是人的主人,一直是"一种异己的、同他对立的力量,这种力量压迫着人,而不是人驾驭着这种力量"②。费尔巴哈想使人摆脱这种不自由的奴隶状态,为此他还专门写了诸如《幸福论》等著作。但是,他只是从"自私自利的谋利活动"去理解人的实践活动,这使他始终未能真正认识到人能主动地发挥自己的"能动的方面"去从现实世界带给人的必然性中不断地争得自由。他能想到的最好的办法就是消极地等待,提出"比之于一切物,让我们重新恢复时间的荣誉吧。只是靠了时间,我们才免却了地质学上的怪物,免却了古生代的凶猛兽、大獭兽、鱼龙等的灾害,而现在这些动物界的巨人还有谁提起它们呢?如果我们什么时候能从与人类生存和幸福不相容的但现在还暂时存在的神学和人类学上的不合理状态中解放出来,那么我们也将归功于时间"③。

在"费尔巴哈"这一章中,马克思和恩格斯与"从前的一切唯物主义"划清界限,指出:"我们首先应当确定一切人类生存的第一个前提,也就是一切历史的第一个前提,这个前提是:人们为了能够'创造历史',必须能够生活。但是为了生活,首先就需要吃喝住穿以及其他一些东西。因此第一个历史活动就是生产满足这些需要的资料,即生产物质生活本身,而且,这是人们从几千年前直到今天单是为了维持生活就必须每日每

---

① 《马克思恩格斯文集》第 1 卷,人民出版社,2009,第 528 页。
② 《马克思恩格斯文集》第 1 卷,人民出版社,2009,第 537 页。
③ 〔德〕路德维希·费尔巴哈:《费尔巴哈哲学著作选集》上卷,荣震华、李金山等译,商务印书馆,1984,第 558—559 页。

时从事的历史活动，是一切历史的基本条件。"①

正是由于人们每日每时都在进行这种作为"一切历史的基本条件"的历史活动，因此，"历史的每一阶段都遇到一定的物质结果，一定的生产力总和，人对自然以及个人之间历史地形成的关系，都遇到前一代传给后一代的大量生产力、资金和环境，尽管一方面这些生产力、资金和环境为新的一代所改变，但另一方面，它们也预先规定新的一代本身的生活条件，使它得到一定的发展和具有特殊的性质。由此可见，这种观点表明：人创造环境，同样，环境也创造人"②。"这样一来，打个比方说，费尔巴哈在曼彻斯特只看见一些工厂和机器，而100年以前在那里只能看见脚踏纺车和织布机；或者，他在罗马的坎帕尼亚只发现一些牧场和沼泽，而在奥古斯都时代在那里只能发现罗马富豪的葡萄园和别墅。费尔巴哈特别谈到自然科学的直观，提到一些只有物理学家和化学家的眼睛才能识破的秘密，但是如果没有工业和商业，哪里会有自然科学呢？甚至这个'纯粹的'自然科学也只是由于商业和工业，由于人们的感性活动才达到自己的目的和获得自己的材料的。这种活动、这种连续不断的感性劳动和创造、这种生产，正是整个现存的感性世界的基础，它哪怕只中断一年，费尔巴哈就会看到，不仅在自然界将发生巨大的变化，而且整个人类世界以及他自己的直观能力，甚至他本身的存在也会很快就没有了。"③ 也就是说，虽然环境创造人，人在一定程度上和其他动物一样必须依赖于自然界，但是人却凭借自己的能动的生产活动或者感性劳动和创造，不断地主动而不是被动、积极而不是消极地逐步在摆脱自然界必然性的奴役而去创造环境，总体上呈现不断地在从相对里无限走向绝对、从暂时中无限接近永恒。并且，这种能动性的物质生产活动是如此重要，与它是整个现存的感性世界的基础相一致，它也是人解放的基础，"只有在现实的世界中并使用现实的手段才能实现真正的解放；没有蒸汽机和珍妮走锭精纺机就不能消灭奴隶制；没有改良的农业就不能消灭农奴制；当人们还不能使自己的吃喝住穿在质和量方面得到充分保证的时候，人们就根本不能获得解放。

---

① 《马克思恩格斯文集》第1卷，人民出版社，2009，第531页。
② 《马克思恩格斯文集》第1卷，人民出版社，2009，第544—545页。
③ 《马克思恩格斯文集》第1卷，人民出版社，2009，第529页。

'解放'是一种历史活动,不是思想活动,'解放'是由历史的关系,是由工业状况、商业状况、农业状况、交往状况促成的"①。

同时,处于基础性地位的"一定的生产方式或一定的工业阶段始终是与一定的共同活动方式或一定的社会阶段联系着的,而这种共同活动方式本身就是'生产力';由此可见,人们所达到的生产力的总和决定着社会状况,因而,始终必须把'人类的历史'同工业和交换的历史联系起来研究和探讨"②。这体现在最一般的社会基本矛盾规律层面,就是"生产力制约交往形式,随着生产力的发展,原来与生产力相适应的交往形式成为生产力发展的桎梏,从而必然由新的交往形式来代替,'一切历史冲突都根源于生产力和交往形式之间的矛盾'"③。例如,随着蒸汽机动力的广泛应用,新兴的资产阶级渐次打开了一片新的天地。他们与东方开展商贸,与美洲和非洲进行原材料、日用品和奴隶交易,这反过来又进一步刺激了商业与工业的飞速发展。这就让本已腐朽不堪的封建制生产关系中的革命性力量得到了前所未有的持续增强。先前僵化闭塞的封建制生产关系现在再也不能容纳下由新兴市场推动而一日千里地发展起来的生产力了。在生产力的最终决定作用下,封建行会逐渐让位于工场手工业。最后随着市场多层次、宽领域的魔幻般扩张,工场手工业也在急剧流动的生产力的面前成了一种束缚社会继续发展的障碍,因而在以蒸汽机为代表的机械动力引发的工业革命的带动下,资本主义生产关系以令人不可思议的速度取代了正在阻碍生产力发展的工场手工业。同时,资本主义大工业内在生成的残酷的竞争又促使人们尽一切可能扩大自己的既有生产。因此,受这种不断扩大的工业生产的宰制,封建时代的意识形态诸如宗教、道德、宗法制度等要么成为赤裸裸的谎言,要么干脆被消灭。不仅如此,生产的扩大终究会使之突破一国的国界走向他国,最后导致全球化的生产和生产的全球化。受此影响,各个国家的彼此孤立从此成了一种奢望,无论是一个国家还是这个国家范围内的所有的个人,他们现在也必须面向世界才能获得继续生存下去的权利。这即表明人类历史开始正式步入世界历史。当然,大

---

① 《马克思恩格斯文集》第 1 卷,人民出版社,2009,第 527 页。
② 《马克思恩格斯文集》第 1 卷,人民出版社,2009,第 532—533 页。
③ 《马克思恩格斯文集》第 1 卷,人民出版社,2009,第 806 页注释 182。

工业的扩张还使自然科学、自然性质的分工开始变成资本的附属物，自然形成的关系也转变成社会化的金钱关系。至于过去自然形成的封建城市，也被仿佛一夜之间就突兀出现的现代化都市所替代。甚至各民族自身千百年来就一直固有的与他者相差异的民族特殊性，也在轰隆隆的机器生产声中变成了人们之间大体一致的关系。

需要提及的是，与机器生产的决定作用相联系，当下有关空间生产的话题，在国内外似乎都是一个学术热点。谈论空间的生产，当然离不开"空间"这个基本概念。至于什么是空间，哲学家们有不同的看法，这里不去一一考察，只阐明辩证唯物主义的"空间"概念。辩证唯物主义的"空间"概念是大家熟知的：空间是物质的一种存在方式，指的是物质存在的伸张性、广延性。通俗点讲，空间就是事物存在的处所，事物存在的"那里""地方"。没有空间，就是不在"那里"存在；不在什么"地方"存在，就是不存在。空间是事物本身的存在方式，既没有没有空间的事物，也没有不是事物的存在方式的纯粹的、独立的空间。空间作为事物的存在方式是存在的，而纯粹的、独立的空间是不存在的。空间只是事物的一个内容，是它存在的一种方式或一种属性，事物还有其他的内容，还有其他的存在方式或属性，如时间、运动以及许多具体的属性。因此，不能把事物的空间和事物本身等同起来。

对于辩证唯物主义的"空间"概念，人们既可以赞同，也可以不赞同而提出新的"空间"概念，但不能既赞同它又违背它。例如，对于"空间是物质的一种存在方式"这一辩证唯物主义的"空间"概念，某个人既没有提出批评，也没有指出它的局限性，更没有提出与之不同的新的"空间"概念，这表明他在"空间"概念上没有脱离、超越辩证唯物主义的理论传统。但是，当这个人说空间具有主观性、意识性时，当他说除了物质空间之外还有"精神空间""观念空间""理论空间"时，当他说一切空间都是由人生产、创造、构建的时，他就背离了他自己所赞同的"空间是物质的一种存在方式"这一辩证唯物主义的"空间"概念。而当他说人类历史就是空间生产史、"发达国家"之所以能称霸世界是因为它们具有强大的空间生产能力时，他也偏离了历史唯物主义的道路。

关于空间是否具有主观性这个问题，我们既然承认"空间是物质的一种存在方式",承认空间具有"客观实在性",就在概念逻辑上排除了空间具有主观性、意识性的任何可能性。说空间作为物质的一种存在方式具有客观实在性,不就是说空间不是主观赋予的形式,不具有主观性、意识性吗?反过来,说空间具有主观性、意识性,不就否定了空间的客观实在性,否定了"空间是物质的一种存在方式"吗?既肯定空间具有客观实在性,又肯定空间具有主观性、意识性,这在概念逻辑上是矛盾的。主观性是意识的属性,历史性、社会性、实践性是人类活动的属性,自然界早在人类出现以前就存在,自然界的事物具有空间的形式,因而不能说空间作为自然界最初和直接的规定,总是既具有实在性、抽象的普遍性,也具有主观性、历史性、社会性和实践性,也不能说自然界及其空间形式"对于人说来也只是无"。实际上,空间作为物质的一种存在方式,是不依赖于概念、理性的。空间本来指的就是物质的一种存在方式而不是指事物本身,我们可以说空间与"质料"是统一的,却不能说空间"是质料与形式的统一"。事物是"质料"与形式的统一,而空间不等同于事物,它只是事物的一个方面、事物存在的一种方式,所以,不能说空间"是质料与形式的统一"。

承认空间是物质的一种存在方式,肯定空间作为物质的一种存在方式不依赖于意识,具有客观实在性而没有主观性,就是在空间理论上坚持唯物主义;而认为事物的空间依赖于人的意识,具有主观性,就是在空间理论上坚持唯心主义。对于坚持马克思主义哲学的人来说,甚至对于一切坚持唯物主义的人来说,空间具有客观实在性而不具有主观性,都是一种常识。但是现在流行一种"时髦思潮",避而不谈唯物主义与唯心主义的对立,有的人甚至公开主张"超越论",声称要超越唯物主义与唯心主义的对立。但"唯物主义""唯心主义"并不只是一些词语,并不是只要抹去、消灭了这些词语就可以没有或超越唯物主义与唯心主义的对立了。唯物主义、唯心主义不过是在思维和存在、精神和物质关系问题上的两种对立观点的名称。只要存在思维和存在、精神和物质的关系,只要对这种关系(何者为第一性)有对立的看法,就有唯物主义和唯心主义的对立,至于用什么名称、用什么词,都是次要的。在空间理论上,认为空间是物质的一种存在方式,具有客观实在性,就是唯物主义;相反,认为空间是主观赋予的形式，具有主观性，就是唯心主义，没有必要坚持某种观点而忌讳某个用语。理论应当彻底，应当反对折中主义。当某个人认为空间是物质的一种存在方式、具有客观实在性时，他是站在唯物主义的立场上理解空间的；当他认为空间依赖于意识、具有主观性时，他又站到唯心主义的立场上去理解空间了。他在唯物主义、唯心主义两个立场之间犹豫、动摇，就是理论上的折中主义的表现。

在关于空间是否具有社会性以及什么是"社会空间"的问题方面，说一切空间都具有社会性，肯定是不正确的，因为先于和外在于人类的自然事物的空间不可能具有社会性。那么，社会事物的空间（所谓"社会空间"）是否具有社会性呢？

粗略地看，社会事物的空间具有社会性，从"社会空间"的概念来看，这种空间具有社会性似乎是不言而喻的："社会空间"不是自然界已经存在的空间，而是社会存在的空间，是人们活动的空间，是人们"创造""生产"的空间，因而具有社会性。但是，仔细考察后发现，"空间的社会性"是一个虚假的概念，而"社会空间"的概念也不能表明这种空间具有社会性。

我们先考察一下什么是"社会性"，以及社会存在与自然存在是什么关系。

"社会性"是表示社会事物具有不同于自然事物的属性的概念。说一个事物具有社会性，就是说这一事物表现着一定的社会关系、人与人的关系，如经济关系、阶级关系、民族关系、师生关系、上下级关系等。其中，经济关系是其他各种社会关系的基础。一种社会事物表现着一定的社会关系，我们就说这种事物具有社会性。反过来说，正因为这种事物具有社会性，它就是区别于自然事物的社会事物；没有了社会性，它就只是自然事物。例如，商品是社会事物，具有社会性，这个社会性就是表现着一种劳动（价值）的交换关系。一个产品，如果不是商品，不作为财产来看，就其作为物质产品来看，就不表现一定的社会关系，就没有社会性，就是一个自然事物，尽管它是一定的社会的产物。资本是社会事物，具有社会性，它表现着占有他人劳动的一种特殊方式——雇佣劳动。国家是一种社会事物，表现着一种社会关系——统治阶级对被统治阶级的统治。战争是一种社会事物,它表现着一定的阶级关系、民族关系。奴隶是一种社会事物,它表现着奴隶主对奴隶的人身占有。社会事物的社会性随社会关系的变化而变化,一定的社会关系消失了,这一事物的某一社会属性就不存在了;当事物获得新的社会关系时,这一事物就有了新的社会属性。社会事物最根本、最主要的是社会存在。社会存在是物质的社会存在方式,也可以说是自然的人化方式。"社会存在"虽然是与"自然存在"相对的一个范畴,但它们的关系却并不是一种完全对立、排斥的关系。在社会出现之前,当然没有社会存在,没有社会存在和自然存在的关系。社会的出现,就表明物质有了新的存在方式——社会存在,从此就有了社会存在与自然存在的关系。社会存在和自然存在的区别,不在于社会存在只有社会属性、社会规律,没有自然属性、自然规律,而在于社会存在有了自然存在没有的属性和运动规律,即有了社会属性和社会运动规律。但当物质从自然存在形态发展为社会存在形态时,虽然获得了社会属性、社会规律,却并不失去其自然属性和自然规律。没有社会存在,仍有自然存在;而没有自然存在,也就没有社会存在。自然存在并不是社会存在,而社会存在必然同时是自然存在,正像动物并不就是人,而人必然同时是动物一样。没有自然属性、自然规律的"存在"是不存在的。自然存在并不是完全存在于社会存在之先和之外,社会存在也并不是存在于自然存在之外。社会存在是自然存在发展到一定阶段的产物,它和自然存在的关系是一种否定、扬弃的关系,是物质的高级存在方式和低级存在方式的关系——高级的存在方式包含着低级的存在方式。社会存在本身包含着自然存在,它同时也是自然存在。社会存在同时具有社会属性、社会规律和自然属性、自然规律。

这样看来,"社会空间"的概念是能够成立的。空间是物质的一种存在方式,无空间的"存在"是不存在的。社会存在是物质的高级存在方式,它必然也具有空间的存在方式,这个存在方式即社会空间。社会空间不是自然界原先存在的空间,而是人们活动的产物。一种生产方式,有它存在的区域,我们称这一区域为生产方式的存在空间;一个国家,有它的统治区域,我们称这一区域为国家的存在空间;一场战争,有它的活动区域,我们称这一区域为战争空间;等等。但是,社会空间是否具有社会性呢？"社会空间"的概念是否意味着社会空间具有社会性呢？笔者认为，社会空间并不具有社会性，它仍然是物质的自然属性、物质的自然存在方式，它不因社会关系的改变而改变。例一，奴隶是一种社会事物，表现着奴隶主对奴隶的人身占有关系，但他仍然是一个自然生命体，这个自然生命体具有空间形式；奴隶的存在空间也可以指这个奴隶的活动空间，这个活动空间就是他活动的地域空间。奴隶之所以为奴隶，并不是因为他的空间形式，而是因为他的人身为奴隶主占有。有一天，这个奴隶解放了，成为自由人，他仍然是一个社会事物，但他的生命体的空间形式并不随着他的社会关系的改变而改变。他作为一个自由人，活动空间会扩大，但也可能不扩大甚至缩小，活动空间的大小并不决定他是一个奴隶还是一个自由人。例二，一个人原来是农民，后来他进城了，成为一个雇佣劳动者，他的社会属性改变了，他的活动空间也改变了，而他的自然生命的空间形式并没有改变，他的活动空间的改变也不决定他是一个雇佣劳动者。例三，商品是社会事物，具有空间形式，这个空间形式就是商品作为使用价值的存在方式。商品的使用价值是一个自然存在。商品交换结束，产品所承载的社会关系改变了，产品的空间形式并没有改变。例四，北京的故宫，原来是皇帝的住所，具有社会属性，后来帝制被推翻了，皇帝被赶出了皇宫，皇宫成了参观的场所，皇宫不再是皇宫，而建筑物依旧，它所承载的社会属性改变了，而其空间形式并没有随社会属性的改变而改变。例五，国家是社会事物，作为社会事物，国家的本质是阶级统治的暴力工具。但国家也必须具有地理空间，国家的统治空间就是国家权力所达的地理空间。国家可以改朝换代，其地理空间却可以不变。例六，资本是社会事物，资本的空间就是资本关系存在的地域空间。在现在的世界上，存在富人区和穷人区，它们是不同的人们的活动空间。但决定富人区和穷人区的，不是这些区域的空间形式，而是所有权关系。富人区和穷人区的区别，实质上不是空间形式的区别，而是人们的社会关系上的区别。不是富人区的空间形式排斥穷人，而是富人区的财产权排斥穷人。所以，社会事物因其具有社会属性而被称为社会事物，但事物的属性不是事物本身；事物有空间形式，但事物的属性没有空间的存在方式。具有社会属性的事物仍然具有自然物质基础，仍然是一个自然事物，空间就是社会事物的自然物质基础的存在方式。空间是物质的自然属性而非社会属性。

正是因为"社会空间"是社会存在的空间形式，它仍是物质空间，所以我们不应认为有超越物质空间的空间。

至于精神是否具有空间形式这一问题，其实，如果肯定精神具有空间形式，那么物质空间就只是空间的一种方式而不是唯一的方式；除了物质空间外还有精神空间。也就是说，空间不只是物质的存在方式。这就与马克思主义哲学所说的"空间是物质的一种存在方式"的概念在逻辑上相矛盾。因为只要肯定空间是物质的一种存在方式，那就没有别的什么空间形式。对此，列宁说："世界上除了运动着的物质，什么也没有。"① 也就是说，除了物质空间外，没有别的什么空间。那种在与物质空间相对的意义上，把精神空间理解为一种与物质空间不同的空间形式是不恰当的，根本不存在什么精神空间。精神不具有空间的存在方式。精神不是独立于物质的存在，它不过是人脑的机能和属性。只有人脑才具有空间形式，人脑的机能、属性不具有空间形式。

从本质上来看，精神世界中的事物，并不是现实存在的事物，而只是现实世界的事物的反映。现实世界中的事物具有空间形式，它们反映到精神世界中，也就被想象为具有空间的形式。神话小说《西游记》中的事物，都具有空间的形式。当然，由于人的主观能动性，想象中的精神事物的空间形式既可能是三维的，也可能是一维的、"四维"的。精神空间如果是指精神世界中的事物的空间，那么，它就不是一种现实的空间而只是现实空间或多或少真实的或虚幻的反映，不是"超越物质空间"的另一种真实存在的空间形式。不能说除了物质空间，还有精神空间，正如我们不能（在本体论意义上）说"除了物质，还有精神""除了现实的人，还有想象中的人""除了活人，还有死人"等一样。

而当人们将精神空间（或理论空间）定义为"空间理论"，这从表面上看好像空间理论与空间是一回事。事实上，精神、理论是否具有空间形式，这是一个问题，但精神空间、理论空间指的是一种空间，而不是理论。空间理论是对空间的看法，是关于空间的理论，而不是空间，正如物

---

① 《列宁选集》第 2 卷，人民出版社，2012，第 137 页。

质观是对物质的看法而不是物质、历史观是对历史的看法而不是历史一样。认为空间理论和空间是一回事、关于对象的理论和对象是一回事、思维和存在是一回事，这实际上是在复活唯心主义。

由此可以说，太阳底下除了物质空间，不存在任何其他"超越物质空间"的空间，这才是唯物主义的结论。

另外，关于人在什么意义上创造、生产了空间，这也是需要厘清的问题。说人创造、生产了空间，在一定意义上是正确的。在人类出现以前，自然事物的空间形式不可能与人有关。人类出现以后，人就通过改造自然来获取自己的生活资料，创造了自然界原先不存在的事物。在此意义上，人也创造、生产了这些事物的空间形式。这些空间形式，也是自然界原先不存在的。

空间生产的理论，对于说明、理解人类历史是有意义的。一是空间生产表明了人与动物的一个重要区别，就是人不是简单地适应自然界，而是通过改造自然界来获得自己的生活资料。在这一过程中，人改变了自然事物的空间形式，创造了自然事物的新的空间形式，具有新的空间形式的事物是适于人类生存的。二是空间生产也表明了人与人的一个区别，就是不同关系中的人们会占有不同的空间，空间的争夺成为人与人关系的一个重要内容。与此同时，我们不能随意扩大空间生产的含义以及空间生产在人类历史上的意义。

第一，不能把空间生产理解为一切空间都是由人创造的。在人类出现以前及现在还未被人类改造的自然事物，它们的空间形式绝不是由人类创造的。人不是上帝。上帝创造一切，而人只能创造他们能够创造的事物。"上帝创造一切"不过是人的一个虚幻的观念，是对人创造世界这一现实的一个虚幻的反映。上帝不存在，也不能用人来代替上帝。说人是一种"规定时空的存在"，就是把人当作了上帝。

第二，不能把空间生产理解为人能创造所谓"一般空间""抽象空间"。所谓"一般空间"是不存在的，因而也不能创造它。所谓"抽象空间"也是不存在的，人们也不能创造出它来。我们只能改变物质的具体存在形态，因而，我们也只能创造、生产具体的空间形式。假如"一般空间"及"抽象空间"是人创造的，那么，人是从哪里来的呢？这样，就必然要回到不生、不死、万能的上帝的概念！

第三，不能离开具体的事物的生产去谈空间生产。我们创造、生产的是具体的事物，这些具体的事物必然地具有具体的空间形式。在此意义上，我们说人们创造、生产了具体的空间，但我们不能不创造具体的事物而去创造这些事物的单纯的空间形式。例如，从表面上看，在商品生产过程中空间的生产好像是在商品生产之外进行的，而实际的情况是，我们在生产商品时，必然地也就生产了商品的空间形式，因而不能将空间生产与商品生产相混淆。

第四，不能把人类历史的本质归结为空间生产史，不能用空间生产的概念代替"物质生活资料的生产""生产方式"的概念。如何认识人类历史的本质？这是一个历史观的大话题。伴随人类历史的发展出现了很多现象，包括意识的各种形式如宗教、哲学、科学、艺术、道德、情感、意志等，包括人类的各种活动形式如生产、商业、政治、战争、体育、教育、婚姻、语言、文字、迁徙、医疗等，还包括人类生存的地理环境的变迁如地震、洪涝灾害、大气变化等，所有这些因素都对历史的发展产生这样那样的影响，但要认识人类历史的本质、认识人类历史发展的基本规律，却不能随便抓住其中一个历史因素，不能研究什么就强调什么，把自己所研究的对象看作历史的决定性因素，把历史发展归结为这一因素发展的历史。这是因为马克思恩格斯创立的唯物主义历史观与其他历史观不同，它从一个最基本的历史因素着手来理解人类历史的本质和发展规律，这个最基本的因素就是：人类要生存和发展，就必须要有物质生活资料，而要获得物质生活资料，就必须生产。因此，唯物史观把人类历史的本质理解为生产的历史，生产力和生产关系的矛盾是人类历史的基本矛盾，生产力决定生产关系是人类历史发展的基本规律。因此，如果人们把人类历史归结为空间生产的历史，用空间生产去解释诸如霸权主义等问题是不妥当的。

其一，空间生产只是生产的一个方面——生产的自然形式方面，空间生产不是生产的全部内涵。凡是生产都有两个最基本的方面：人和自然的关系方面、人和人的关系方面，前者称为生产力，后者称为生产关系。一切生产，同时生产着自然产品和社会关系。生产的自然产品又称物质文明。生产的自然产品具有空间的形式，而生产的社会关系却并不具有空间的形式。因此，空间生产不能等同于生产。空间生产只是指自然产品的空间形式的生产这一方面，不能把空间生产和自然产品的生产相等同。即使把空间生产当作自然产品生产的同义语，它仍然和生产这个概念不同。一切生产不仅生产了自然产品，也生产了社会关系。空间生产只是生产产品的自然形式，不包括社会关系的生产，因而不能揭示生产中的社会关系，不能揭示人类社会的基本矛盾。

其二，不能用空间生产的能力直接去解释帝国主义、霸权主义。当代帝国主义、霸权主义的本质是资本的垄断。资本其垄断利益的本性，对外必然表现为帝国主义、霸权主义，表现为垄断资本的扩张。"帝国主义"一词淡出理论界，也是一种当代思潮，却是一种理论退步。用"发达国家"代替"帝国主义"的概念是错误的，因为发达国家不一定搞帝国主义、霸权主义，帝国主义、霸权主义是由垄断资本的私利决定的。用空间生产能力的强大来解释发达国家的霸权主义，掩盖了当代发达国家的帝国主义本性，掩盖了垄断资本的本性。

（三）马克思恩格斯论证了人类社会发展的一般规律，揭示了共产主义得以实现的历史必然性与无产阶级的历史使命

分工包含着所有这些矛盾，而且又是以家庭中自然形成的分工和以社会分裂为单个的、互相对立的家庭这一点为基础的。与这种分工同时出现的还有**分配**，而且是劳动及其产品的**不平等**的分配（无论在数量上或质量上）；因而产生了所有制，它的萌芽和最初形式在家庭中已经出现，在那里妻子和儿女是丈夫的奴隶。家庭中这种诚然还非常原始和隐蔽的奴隶制，是最初的所有制，但就是这种所有制也完全符合现代经济学家所下的定义，即所有制是对他人劳动力的支配。其实，分工和私有制是相等的表达方式，对同一件事情，一个是就活动而言，另一个是就活动的产品而言。

其次，随着分工的发展也产生了单个人的利益或单个家庭的利益与所有互相交往的个人的共同利益之间的矛盾；而且这种共同利益不是仅仅作为一种"普遍的东西"存在于观念之中，而首先是作为彼此有了分工的个

人之间的相互依存关系存在于现实之中。

正是由于特殊利益和共同利益之间的这种矛盾，共同利益才采取**国家**这种与实际的单个利益和全体利益相脱离的独立形式，同时采取虚幻的共同体的形式，而这始终是在每一个家庭集团或部落集团中现有的骨肉联系、语言联系、较大规模的分工联系以及其他利益的联系的现实基础上，特别是在我们以后将要阐明的已经由分工决定的阶级的基础上产生的，这些阶级是通过每一个这样的人群分离开来的，其中一个阶级统治着其他一切阶级。从这里可以看出，国家内部的一切斗争——民主政体、贵族政体和君主政体相互之间的斗争，争取选举权的斗争等，不过是一些虚幻的形式——普遍的东西一般说来是一种虚幻的共同体的形式——，在这些形式下进行着各个不同阶级间的真正的斗争（德国的理论家们对此一窍不通，尽管在《德法年鉴》和《神圣家族》中已经十分明确地向他们指出过这一点）。从这里还可以看出，每一个力图取得统治的阶级，即使它的统治要求消灭整个旧的社会形式和一切统治，就像无产阶级那样，都必须首先夺取政权，以便把自己的利益又说成是普遍的利益，而这是它在初期不得不如此做的。

正因为各个人所追求的**仅仅**是自己的特殊的、对他们来说是同他们的共同利益不相符合的利益，所以他们认为，这种共同利益是"异己的"和"不依赖"于他们的，即仍旧是一种特殊的独特的"普遍"利益，或者说，他们本身必须在这种不一致的状况下活动，就像在民主制中一样。另一方面，这些始终**真正地**同共同利益和虚幻的共同利益相对抗的特殊利益所进行的**实际**斗争，使得通过国家这种虚幻的"普遍"利益来进行**实际的**干涉和约束成为必要。

最后，分工立即给我们提供了第一个例证，说明只要人们还处在自然形成的社会中，就是说，只要特殊利益和共同利益之间还有分裂，也就是说，只要分工还不是出于自愿，而是自然形成的，那么人本身的活动对人来说就成为一种异己的、同他对立的力量，这种力量压迫着人，而不是人驾驭着这种力量。原来，当分工一出现之后，任何人都有自己一定的特殊的活动范围，这个范围是强加于他的，他不能超出这个范围：他是一个猎人、渔夫或牧人，或者是一个批判的批判者，只要他不想失去生活资料，他就始终应该是这样的人。而在共产主义社会里，任何人都没有特殊的活动范围，而是都可以在任何部门内发展，社会调节着整个生产，因而使我有可能随自己的兴趣今天干这事，明天干那事，上午打猎，下午捕鱼，傍晚从事畜牧，晚饭后从事批判，这样就不会使我老是一个猎人、渔夫、牧人或批判者。社会活动的这种固定化，我们本身的产物聚合为一种统治我们、不受我们控制、使我们的愿望不能实现并使我们的打算落空的物质力量，这是迄今为止历史发展中的主要因素之一。受分工制约的不同个人的共同活动产生了一种社会力量，即成倍增长的生产力。因为共同活动本身不是自愿地而是自然形成的，所以这种社会力量在这些个人看来就不是他们自身的联合力量，而是某种异己的、在他们之外的强制力量。关于这种力量的起源和发展趋向，他们一点也不了解；因而他们不再能驾驭这种力量，相反，这种力量现在却经历着一系列独特的、不仅不依赖于人们的意志和行为反而支配着人们的意志和行为的发展阶段。

这种"**异化**"（用哲学家易懂的话来说）当然只有在具备了两个**实际**前提之后才会消灭。要使这种异化成为一种"不堪忍受的"力量，即成为革命所要反对的力量，就必须让它把人类的大多数变成完全"没有财产的"人，同时这些人又同现存的有钱有教养的世界相对立，而这两个条件都是以生产力的巨大增长和高度发展为前提的。另一方面，生产力的这种发展（随着这种发展，人们的**世界历史性的**而不是地域性的存在同时已经是经验的存在了）之所以是绝对必需的实际前提，还因为如果没有这种发展，那就只会有**贫穷**、**极端贫困**的普遍化；而在极端贫困的情况下，必须重新开始争取必需品的斗争，全部陈腐污浊的东西又要死灰复燃。其次，生产力的这种发展之所以是绝对必需的实际前提，还因为：只有随着生产力的这种普遍发展，人们的**普遍**交往才能建立起来；普遍交往，一方面，可以产生一切民族中同时都存在着"没有财产的"群众这一现象（普遍竞争），使每一民族都依赖于其他民族的变革；最后，地域性的个人为**世界历史性的**、经验上普遍的个人所代替。不这样，（1）共产主义就只能作为某种地域性的东西而存在；（2）交往的**力量**本身就不可能发展成为一种**普遍的**因而是不堪忍受的力量：它们会依然处于地方的、笼罩着迷信气氛的"状态"；（3）交往的任何扩大都会消灭地域性的共产主义。共产主义只有作为占统治地位的各民族"一下子"同时发生的行动,在经验上才是可能的,而这是以生产力的普遍发展和与此相联系的世界交往为前提的。

共产主义对我们来说不是**应当确立**的**状况**,不是现实应当与之相适应的**理想**。我们所称为共产主义的是那种消灭现存状况的**现实的**运动。这个运动的条件是由现有的前提产生的。

此外,许许多多人**仅仅**依靠自己劳动为生——大量的劳力与资本隔绝或甚至连有限地满足自己的需要的可能性都被剥夺——,从而由于竞争,他们不再是暂时失去作为有保障的生活来源的工作,他们陷于绝境,这种状况是以**世界市场**的存在为前提的。因此,无产阶级只有**在世界历史意义上**才能存在,就像共产主义——它的事业——只有作为"世界历史性的"存在才有可能实现一样。而各个人的世界历史性的存在,也就是与世界历史直接相联系的各个人的存在。

否则,例如财产一般怎么能够具有某种历史,采取各种不同的形式,例如地产怎么能够像今天实际生活中所发生的那样,根据现有的不同前提而发展呢?——在法国,从小块经营发展到集中于少数人之手,在英国,则是从集中于少数人之手发展到小块经营。至于贸易——它终究不过是不同个人和不同国家的产品交换——又怎么能够通过供求关系而统治全世界呢?用一位英国经济学家的话来说,这种关系就像古典古代的命运之神一样,遨游于寰球之上,用看不见的手把幸福和灾难分配给人们,把一些王国创造出来,又把它们毁掉,使一些民族产生,又使它们衰亡;但随着基础即随着私有制的消灭,随着对生产实行共产主义的调节以及这种调节所带来的人们对于自己产品的异己关系的消灭,供求关系的威力也将消失,人们将使交换、生产及他们发生相互关系的方式重新受自己的支配。①

在《德意志意识形态》中,马克思和恩格斯指出:"分工立即给我们提供了第一个例证,说明只要人们还处在自然形成的社会中,就是说,只要特殊利益和共同利益之间还有分裂,也就是说,只要分工还不是出于自愿,而是自然形成的,那么人本身的活动对人来说就成为一种异己的、同

---

① 《马克思恩格斯文集》第 1 卷,人民出版社,2009,第 535—539 页。

他对立的力量,这种力量压迫着人,而不是人驾驭着这种力量。"① 至于人什么时候才能充分驾驭这种异化力量,马克思和恩格斯认为只有到了未来的共产主义社会才是可能的。

具体到共产主义,在"从前的哲学信仰"时期马克思恩格斯就有相关论述,不过那时他们坚持的共产主义是"哲学共产主义"。这种"哲学共产主义"或者"哲学的党"是恩格斯为他和马克思所属的共产主义派别所起的名称。"哲学共产主义"的总特征是站在"哲学基地"上,从某种哲学原则出发来理解共产主义的问题,它有以下三个基本特征。

第一,从哲学原则出发得出共产主义的结论,把共产主义看作某种哲学原则的实现。在马克思恩格斯思想发展的"从前的哲学信仰"阶段,他们特别重视哲学原则,把哲学原则作为思考问题的出发点,把现实的运动看作哲学原则的实现;他们的共产主义理论就是以黑格尔的或费尔巴哈的哲学原则为依据的。

恩格斯转向共产主义略早于马克思。还在青年黑格尔主义阶段,他就依据黑格尔哲学得出了共产主义的结论。恩格斯说:"德国的哲学经过长期的痛苦摸索过程,也终于达到了共产主义。"② 共产主义者在英、法、德三个国家产生的途径各不相同,"德国人则通过哲学,即通过对基本原理的思考而成为共产主义者"③。青年黑格尔运动中的许多人,"他们由于进一步发展自己的哲学结论,现在已经成为共产主义者了"④,"共产主义是新黑格尔派哲学的必然产物,任何反对行为都不能把它扼杀"⑤。"德国人是一个哲学民族;共产主义既是建立在健全的哲学原则的基础上,尤其因为它已是从德国人自己的哲学中得出的必然结论,德国人决不愿意也不可能摒弃共产主义。"⑥ "德国人是一个从不重利益的民族;在德国,当原则和利益发生冲突的时候,原则几乎总是使利益的要求沉默下来。对抽象原则的偏好,对现实和私利的偏废,使德国人在政治上毫无建树;正是上

---

① 《马克思恩格斯文集》第 1 卷,人民出版社,2009,第 537 页。
② 《马克思恩格斯全集》第 3 卷,人民出版社,2002,第 474 页。
③ 《马克思恩格斯全集》第 3 卷,人民出版社,2002,第 474—475 页。
④ 《马克思恩格斯全集》第 3 卷,人民出版社,2002,第 491 页。
⑤ 《马克思恩格斯全集》第 3 卷,人民出版社,2002,第 492 页。
⑥ 《马克思恩格斯全集》第 3 卷,人民出版社,2002,第 492 页。

述这些品质保证了哲学共产主义在这个国家的胜利。"① 1844 年，恩格斯转向费尔巴哈哲学，他又从费尔巴哈哲学的人本主义原则来思考共产主义的问题。他说："在公开主张这种改革的代表人物中，几乎没有一个不是通过费尔巴哈对黑格尔思辨的克服而走向共产主义的。"② "德国的社会主义和共产主义比起任何其他国家的社会主义和共产主义来，都更加是从理论前提出发的，因为我们，德国的理论家们，对现实世界了解得太少，以致现实的关系还不能直接推动我们去改造这个'丑恶的现实'。"③

在这个阶段，马克思也非常重视哲学原则，并把费尔巴哈哲学的人本主义原则作为自己共产主义理论的出发点、依据。他认为，德国的革命一直是"理论性"的，现在的革命即共产主义革命要"从哲学家的头脑开始"。费尔巴哈实现了这一哲学革命，他的哲学为共产主义奠定了原则基础。马克思在给费尔巴哈的一封信中说："您（我不知道是否有意地）给社会主义提供了哲学基础，而共产主义者也就立刻这样理解了您的著作。"④ 马克思把费尔巴哈的"人是人的最高本质"这一原则看作一个最高原则，一条"绝对命令"，他认为费尔巴哈"对宗教的批判最后归结为人是人的最高本质这样一个学说，从而也归结为这样的绝对命令：必须推翻使人成为被侮辱、被奴役、被遗弃和被蔑视的东西的一切关系"⑤。"德国唯一实际可能的解放是以宣布人是人的最高本质这个理论为立足点的解放。"⑥ 共产主义是一种"实现有原则高度的实践"⑦，即"要达到的人的高度的革命"⑧。正因如此，他把共产主义叫作"完成了的人道主义""实现了的人道主义""真正的人道主义"。

第二，从哲学原则出发来批判现实的不合理性与论证共产主义的合理性和历史必然性。马克思恩格斯转向费尔巴哈哲学以后，是以费尔巴哈哲

---

① 《马克思恩格斯全集》第 3 卷，人民出版社，2002，第 493 页。
② 《马克思恩格斯文集》第 1 卷，人民出版社，2009，第 386 页。
③ 《马克思恩格斯全集》第 2 卷，人民出版社，1957，第 279 页。
④ 《马克思恩格斯全集》第 27 卷，人民出版社，1972，第 450 页。
⑤ 《马克思恩格斯文集》第 1 卷，人民出版社，2009，第 11 页。
⑥ 《马克思恩格斯文集》第 1 卷，人民出版社，2009，第 18 页。
⑦ 《马克思恩格斯文集》第 1 卷，人民出版社，2009，第 11 页。
⑧ 《马克思恩格斯文集》第 1 卷，人民出版社，2009，第 11 页。

学的人本主义原则来批判现实与理解共产主义的合理性和历史必然性的。现实的各种制度之所以不合理，是因为它们蔑视人，不把人当人看。无产阶级为什么不满意于现实的各种制度呢？"是由于它的人类本性和它那种公开地、断然地、全面地否定这种本性的生活状况相矛盾。"[①] "由于在无产阶级的生活条件中现代社会的一切生活条件达到了违反人性的顶点，由于在无产阶级身上人失去了自己，同时他不仅在理论上意识到了这种损失，而且还直接由于不可避免的、无法掩饰的、绝对不可抗拒的贫困——必然性的这种实际表现——的逼迫，不得不愤怒地反对这种违反人性的现象。"[②] 而共产主义之所以合理、之所以必然实现，是因为这种制度是符合人性的制度，是向人性的复归："共产主义是对私有财产即人的自我异化的积极的扬弃，因而是通过人并且为了人而对人的本质的真正占有；因此，它是人向自身、也就是向社会的即合乎人性的人的复归。"[③]

第三，从哲学原则出发来思考共产主义所代表的利益，把共产主义看作超越阶级对立的事业，是代表"人"的利益的事业。共产主义是某种哲学原则的实现，而哲学原则体现的不是特殊阶级的利益，而是所有人的利益，因而，作为哲学原则实现的共产主义运动也就不是代表特定阶级的利益而是代表"人"的利益。

恩格斯认为，"在原则上，共产主义是超乎资产阶级和无产阶级之间的敌对的……它并不仅仅是工人的事业，而是全人类的事业"[④]。所以人人都可以成为共产主义者，而且由于有产者有教养，他们可以首先觉悟成为共产主义者。恩格斯认为："德国在有教养的社会阶级中建立共产党的条件，比其他任何一个国家都要优越。……英国人会觉得很奇怪，一个要消灭私有制的党，其绝大部分成员自身却是私有者，可是德国的情形恰恰就是这样。我们只能用受过较高教育的人，即用大学生和商人来充实我们的队伍；到现在为止，不论是在大学生或在商人中间，我们都没有遇到什

[①] 《马克思恩格斯全集》第2卷，人民出版社，1957，第44页。
[②] 《马克思恩格斯全集》第2卷，人民出版社，1957，第45页。
[③] 《马克思恩格斯文集》第1卷，人民出版社，2009，第185页。
[④] 《马克思恩格斯全集》第2卷，人民出版社，1957，第586页。

么重大的困难。"① 1845 年 2 月，在爱北斐特市曾召开过几次共产主义的集会，"整个爱北斐特和巴门，从金融贵族到小商人都有人参加，所缺少的只是无产阶级"②。由于德国的"哲学共产主义"主要依靠有教养的阶级，所以恩格斯也把这种共产主义叫作"德国在有教养的社会阶级中建立共产党的条件"③。

马克思还在《莱茵报》时期时，他就要求国家、法庭不要站在有产者的立场上而应站在理性的立场上和全体公民的立场上处理问题，虽然当时他还不是一个共产主义者。在成为共产主义者后，在 1843—1844 年，马克思认为，不仅无产阶级不是真正的人，资产阶级也不是真正的人："有产阶级和无产阶级同样表现了人的自我异化。"④ 共产主义就是消灭异化，把人解放成为"人"，因此，共产主义代表的是"人"的利益，而不是哪些人的特殊利益。

1845 年，马克思恩格斯开始认识到，费尔巴哈的哲学革命不仅在理论上不科学，而且从更深的层次上说，它还只是以一种哲学反对另一种哲学的革命，在"没有离开哲学基地"这一点上，费尔巴哈和以前的哲学家们没有什么区别。因此，马克思和恩格斯在 1845 年实现了一次更为深刻的革命：这次革命不仅以"新唯物主义"与"从前的一切唯物主义"相对立，而且根本放弃"哲学"立场，"离开哲学基地"，终结"哲学"，消灭"哲学"！为了批判"从前的哲学信仰"，马克思和恩格斯写了两厚册八开本的《德意志意识形态》，其中在第一章"费尔巴哈"中他们不再从任何哲学原则出发，而是从现实生活出发，通过对现实生活矛盾的深刻分析，创立了科学共产主义。和他们先前的"哲学共产主义"相比，科学共产主义有以下一些基本特征。

一是科学共产主义理论的出发点不是哲学原则而是现实生活。"哲学共产主义"是从哲学原则出发，而科学共产主义不再从任何哲学原则出发，科学共产主义的出发点是现实生活。马克思恩格斯在《德意志意识形

---

① 《马克思恩格斯全集》第 1 卷，人民出版社，1956，第 592 页。
② 《马克思恩格斯全集》第 27 卷，人民出版社，1972，第 23 页。
③ 《马克思恩格斯全集》第 1 卷，人民出版社，1956，第 592 页。
④ 《马克思恩格斯文集》第 1 卷，人民出版社，2009，第 261 页。

态》的"费尔巴哈"章中非常明确地指出:"我们的出发点是从事实际活动的人,而且从他们的现实生活过程中还可以描绘出这一生活过程在意识形态上的反射和反响的发展。甚至人们头脑中的模糊幻象也是他们的可以通过经验来确认的、与物质前提相联系的物质生活过程的必然升华物。"①"这种历史观就在于:从直接生活的物质生产出发阐述现实的生产过程,把同这种生产方式相联系的、它所产生的交往形式即各个不同阶段上的市民社会理解为整个历史的基础,从市民社会作为国家的活动描述市民社会,同时从市民社会出发阐明意识的所有各种不同的理论产物和形式,如宗教、哲学、道德等等,而且追溯它们产生的过程。"②

二是科学共产主义抛弃了超越阶级对立的幻想,肯定共产主义代表无产阶级的根本利益而不是代表"人"的利益。在"哲学共产主义"阶段,马克思恩格斯曾认为共产主义运动是超越阶级对立的。1845年以后,他们共同撰写《德意志意识形态》时抛弃了这一幻想。在"费尔巴哈"这一章中,马克思恩格斯指出:"我们从上面所阐述的历史观中还可以得出以下的结论:(1)生产力在其发展的过程中达到这样的阶段,在这个阶段上产生出来的生产力和交往手段在现存关系下只能造成灾难,这种生产力已经不是生产的力量,而是破坏的力量(机器和货币)。与此同时还产生了一个阶级,它必须承担社会的一切重负,而不能享受社会的福利,它被排斥于社会之外,因而不得不同其他一切阶级发生最激烈的对立;这个阶级构成了全体社会成员中的大多数,从这个阶级中产生出必须实行彻底革命的意识,即共产主义的意识。"③ 在这种意识的作用下,"共产主义革命则针对活动迄今具有的性质,消灭劳动,并消灭任何阶级的统治以及这些阶级本身"④,也即"共产主义对我们来说不是应当确立的状况,不是现实应当与之相适应的理想。我们所称为共产主义的是那种消灭现存状况的现实的运动"⑤。当然,这种"消灭现存状况的""革命之所以必需,不仅

---

① 《马克思恩格斯文集》第1卷,人民出版社,2009,第525页。
② 《马克思恩格斯文集》第1卷,人民出版社,2009,第544页。
③ 《马克思恩格斯文集》第1卷,人民出版社,2009,第542页。
④ 《马克思恩格斯文集》第1卷,人民出版社,2009,第543页。
⑤ 《马克思恩格斯文集》第1卷,人民出版社,2009,第539页。

是因为没有任何其他的办法能够推翻统治阶级,而且还因为推翻统治阶级的那个阶级,只有在革命中才能抛掉自己身上的一切陈旧的肮脏东西,才能胜任重建社会的工作"①。在这里,作为被统治阶级的"这个阶级"是指无产阶级,相应地,统治阶级是指资产阶级。因为共产主义意识和共产主义革命都是旨在推翻资产阶级的统治,让无产阶级"抛掉自己身上的一切陈旧的肮脏东西"去"重建社会",使人们普遍地发生变化,所以共产主义不代表资产阶级的利益,没有超越阶级对立去代表抽象的"人"的利益,这种革命的意识和革命的运动只代表无产阶级的利益。它通过消灭在资本主义统治下活动的现代形式,消灭资本主义私有制统治下的异化劳动,最终实现无产阶级解放。

三是科学共产主义不是从人的存在和人的本质的矛盾而是从现实生活的基本矛盾出发来理解共产主义的历史必然性。在转向费尔巴哈哲学后,"哲学共产主义"理解共产主义的历史必然性的依据是人的存在和人的本质的矛盾:在这一矛盾发展的一定阶段上,人的存在脱离自己的本质,这是人的自我否定、自我异化,它在制度方面的结果就是私有制;而在这一矛盾的进一步发展中,否定还会被否定,异化会得到扬弃,人的存在会回归到人的本质,它在制度方面的结果就是共产主义。马克思在"从前的哲学信仰"阶段,自认为已经找到了"对历史之谜的解答",认为解开"历史之谜"的钥匙就是"人的存在和人的本质"的矛盾运动。② 然而,"人的存在和人的本质"的矛盾是哲学家们头脑中虚构出来的,不是现实生活中的真实矛盾;关于人类自我异化和异化的自我扬弃的历史发展,是"用哲学的观点来考察"人的历史发展所得出的结论。马克思恩格斯结束思想发展的"从前的哲学信仰"阶段以后,就抛弃了这一虚构的矛盾,不再"用哲学的观点来考察"人的历史发展,而是深入地去研究现实生活中的真实的矛盾,通过揭示现实生活的基本矛盾来阐明共产主义的历史必然性。在《德意志意识形态》的"费尔巴哈"章中,马克思恩格斯通过对历史运动的研究,初步揭示了社会基本矛盾(生产力和生产关系的矛盾、

---

① 《马克思恩格斯文集》第1卷,人民出版社,2009,第543页。
② 参见《马克思恩格斯文集》第1卷,人民出版社,2009,第185页。

经济基础和上层建筑的矛盾）的运动，揭示了共产主义的历史必然性。马克思恩格斯认为，与一定的生产力的发展水平相联系，自然形成的社会中强制性的分工导致了"人本身的活动对人来说就成为一种异己的、同他对立的力量，这种力量压迫着人，而不是人驾驭着这种力量"①，因而"对实践的唯物主义者即共产主义者来说，全部问题都在于使现存世界革命化，实际地反对并改变现存的事物"②，这样作为无产阶级的事业，"共产主义将消灭旧的分工造成的限制，使每个人的才能得到自由全面的发展；到那时，单个人才能摆脱种种民族局限和地域局限，在历史完全转变为世界历史的进程中真正获得解放"③。

因此，以共产主义为最终归宿的人类社会的发展，不同于德意志意识形态家纯粹在思想领域中的喧嚣吵嚷，不是立足于黑格尔体系的基地上的"哲学叫卖"，而是由生产力、分工水平决定的各种不同形式的所有制依次更替的合规律性的过程。第一种所有制形式是部落所有制，第二种所有制形式是古典古代的公社所有制和国家所有制，第三种所有制形式是封建的或等级的所有制，再到大工业时代的资本主义所有制，最后通过无产阶级革命，"随着现存社会制度被共产主义革命所推翻（下面还要谈到这一点）以及与这一革命具有同等意义的私有制的消灭"④，"这样，单个人才能摆脱种种民族局限和地域局限而同整个世界的生产（也同精神的生产）发生实际联系，才能获得利用全球的这种全面的生产（人们的创造）的能力"⑤，这时共产主义也就会成为经验的存在。

三　延伸阅读

《德意志意识形态》作为系统论述历史唯物主义的经典著作，是成熟的马克思主义文献。这也意味着在马克思恩格斯的思想发展过程中，他们

---

① 《马克思恩格斯文集》第1卷，人民出版社，2009，第537页。
② 《马克思恩格斯文集》第1卷，人民出版社，2009，第527页。
③ 《马克思恩格斯文集》第1卷，人民出版社，2009，第807页注释182。
④ 《马克思恩格斯文集》第1卷，人民出版社，2009，第541页。
⑤ 《马克思恩格斯文集》第1卷，人民出版社，2009，第541—542页。

还有一些著作是不成熟的马克思主义文献。那么，面对庞杂的这两位学者、革命家的著作，我们该如何辨识出哪些是成熟的马克思主义文献，哪些是不成熟的马克思主义文献呢？这就需要充分厘清"马克思主义哲学"文本的定位问题及与此相关的诸如马克思恩格斯为什么否定"哲学"等一系列问题。

（一）"马克思主义哲学"文本的定位

研究马克思主义哲学的一个基本的任务，是要正确理解马克思主义哲学的思想内容，马克思主义哲学的思想内容，是通过"马克思主义哲学"文本来理解的，但什么是"马克思主义哲学"文本，实际上并不是一个确定无疑、无须思考的问题。一定的文本的存在，对于所有读者来说当然是确定无疑的；但文本所表达的内容具有什么样的思想性质，对于所有读者来说并不是一样确定无疑的。我们在理解一个文本时，实际上对于文本具有的思想性质已经有了一种理解，解释学上称之为前理解。前理解对文本思想性质的认定，并不能说是确定无疑的、是正确的。事实上，在马克思主义哲学理解史上对于同一文本是否具有马克思主义哲学的性质的认定是各不相同的。对"马克思主义哲学"文本的认定对于理解马克思主义哲学的内容有重大影响。例如，在前理解中，马克思主义哲学教科书就是马克思主义哲学，恩格斯、列宁、斯大林、毛泽东等人的著作就是马克思主义哲学，从中人们理解到的马克思主义哲学是"辩证唯物主义"或"辩证唯物主义和历史唯物主义"。一些人提出应当"回到马克思"，认为马克思的著作才是真正的"马克思主义哲学"文本。但是，在一些人的前理解中，马克思的著作就是马克思主义的著作，于是有些人根据马克思的早期著作得出马克思主义哲学是"人道主义"或"超越"的实践哲学的理解，另一些人根据马克思 1845 年以后的著作得出马克思主义哲学是实践唯物主义或历史唯物主义的理解，等等。由此可见，要正确理解马克思主义哲学，需要对"马克思主义哲学"文本做性质定位的工作。

在做"马克思主义哲学"文本定位时，需要有两种视野，一是解释学的视野，二是历史唯物主义的视野。在解释学的视野中，要把"理解"和原本区别开来；在历史唯物主义的视野中，要把马克思不同时期的著作区别开来。

1. 马克思主义哲学教科书的定位问题

通行于各社会主义国家的马克思主义哲学教科书,最早是在20世纪30年代的苏联形成的,是由苏联马克思主义哲学工作者根据马克思主义经典作家(恩格斯、列宁、斯大林)的著作编写的。后来,苏联的马克思主义哲学教科书又成为其他社会主义国家马克思主义哲学教科书的蓝本。这些马克思主义哲学教科书得到官方的支持、认同,具有很大的权威性,具有"准原著"的意义。在传统的观念中,马克思主义哲学教科书的体系,就是马克思主义哲学体系,人们完全可以从马克思主义哲学教科书来理解马克思主义哲学:谁不同意马克思主义哲学教科书的体系,谁就是反对马克思主义哲学。在解释学的视野中,把马克思主义哲学教科书体系和马克思主义哲学本身等同起来是"非法"的。这是因为,这种马克思主义哲学教科书体系只是一定的理解者在一定历史时期对马克思主义哲学的一种理解,是原本的马克思主义哲学的一种副本,甚至是副本的副本。苏联的马克思主义哲学教科书体系,主要是根据恩格斯、列宁、斯大林的著作来理解马克思主义哲学的,马克思的著作遭到了忽视,而后面将要指出,恩格斯、列宁、斯大林等人的马克思主义哲学也是对马克思创立的马克思主义哲学的一种理解,是一种副本。更不要说,以后各国又根据苏联马克思主义哲学教科书来理解马克思主义哲学,而同一国家各个地方又根据权威的马克思主义哲学教科书来理解、编写地方马克思主义哲学教科书,每一种副本又不断地产生新的副本。总之,马克思主义哲学教科书只是对马克思主义哲学的一种理解,而且只要理解,理解就会有不同,不仅不同理解者对同一对象的理解会有所不同,而且任何理解者对任何对象的理解也会有所不同,不可能达到完全的同一,不可能达到完全的复原,因而不能主要根据副本而应根据原本来理解马克思主义哲学。

当然,说在理解一种学说时主要应根据原本而不是根据副本来理解,这并不是说副本在思想理论水平上一定不高。副本在思想理论水平上也可能超出原本。但是,我们在理解某一种学说时,不论这种学说的思想理论水平如何,也不论我们对这种学说赞成与否,我们都必须根据这种学说的原本来理解它,根据副本来理解一种学说,不利于正确把握这种学说。我们过去坚持的马克思主义哲学，实际上是马克思主义哲学教科书的马克思主义哲学，其是否就是马克思创立的那个马克思主义哲学，这是可以思考的问题；同样，一些人批评马克思主义哲学，实际上批评的是马克思主义哲学教科书的观点，并不是对马克思主义哲学本身的批评，批评者仅仅根据马克思主义哲学教科书来批评马克思主义哲学。

2. 恩格斯、列宁、斯大林著作的定位问题

在传统的观念中，"马恩列斯"被看作同一个人，他们的著作都被看作具有完全意义的马克思主义原著。在解释学的视野中，这一传统观念也受到了挑战。不错，恩格斯、列宁、斯大林是伟大的马克思主义者，他们在理解、坚持、发展马克思主义哲学中具有特殊的地位，他们的著作被看作马克思主义的经典著作。但是，他们的著作的原著意义具有相对性。相对于马克思主义哲学教科书而言，他们的著作具有原著的意义，而相对于马克思的马克思主义著作而言，他们的著作又具有副本的意义。这是因为，马克思主义主要是由马克思创立的，恩格斯虽然参与了这一学说的创立工作，但他是"拉第二小提琴"的，他也是马克思主义哲学的理解者、解释者，此后的列宁、斯大林等马克思主义经典作家，又是马克思、恩格斯的理解者、解释者，而且主要是根据恩格斯的著作来理解马克思主义哲学的。

在马克思主义哲学理解史上，主要是从"西方马克思主义"开始对把"马恩列斯"看作同一个人的传统观念提出挑战的。卢卡奇开始了对恩格斯的批评，此后，对恩格斯、列宁、斯大林的批评日益增多。我们在这里不关心批评的内容，而只关心这样一种观念：不再把"马恩列斯"看作同一个人，必须对恩格斯、列宁、斯大林与马克思作出区分。葛兰西明确地提出了恩格斯和马克思的关系问题，他说："在研究独创的或新颖的思想时，人们只是在其次才考虑到其他人在这种思想文献记载过程中所作的贡献。正是在这方面，至少作为一般原则和作为方法，应当提出实践哲学的两位创始人［马克思和恩格斯］之间的同质的关系问题。当其中的一位或另一位根据他们的相互一致提出一个论断时，这个论断只在那个问题上才有效。甚至其中的一位为另一位的著作写了几章，这个事实也并不是应该把该书看成是他们完全一致的产物的绝对理由。不需要低估第二位［恩格

斯〕的贡献，但也不需要把第二位和第一位〔把恩格斯和马克思〕等同起来，人们也不应该认为〔恩格斯〕归诸〔马克思〕的一切东西都是绝对真实的，不渗入任何其他东西的。当然，〔恩格斯〕证明在著作史上是独一无二的无私的和没有个人虚荣心的，但这并不是问题所在；这也不是一个怀疑〔恩格斯〕在科学上的绝对的诚实的问题。问题在于〔恩格斯〕并不是〔马克思〕……"① 笔者赞同葛兰西的意见，恩格斯并不是马克思，恩格斯的著作相对于马克思的著作来说，不是原本而是副本。理解马克思主义哲学，应当重视恩格斯的思想，但根本的文本依据，应当是马克思的而不是恩格斯、列宁、斯大林等理解者的文本。

由于解释学不考察文本对象的思想内容的正确与否而只考察理解和文本意义的关系，因此，当我们把马克思主义哲学教科书甚至是恩格斯、列宁、斯大林的著作作为马克思所创立的马克思主义哲学的副本时，并不必然地包含着在理论观点上贬斥副本的意思，而只是说，要了解马克思主义哲学是什么，主要应当根据原本而不是副本来理解。

3. 马克思著作的定位问题

在马克思主义哲学理解史上，人们已经看到把恩格斯、列宁、斯大林的著作以及马克思主义哲学教科书当作理解马克思主义哲学的原本来看待的弊端，提出"回到马克思"的口号，在这一口号下，马克思的著作被真正重视起来了。

但是"回到马克思"的理解转向，并不能消除"马克思主义哲学"文本的定位问题。马克思的著作是否就是马克思主义的著作？是否存在不同的马克思？只要这些问题存在，"回到马克思"的口号就不能消除"马克思主义哲学"文本定位的问题。笔者认为，要在理解上真正回到马克思主义哲学，对马克思的著作也要做文本性质的定位工作。

在具体的定位上，马克思主义哲学理解史上存在两种基本的理解倾向。

一种基本的理解倾向是，不承认有"两个马克思的对立"，马克思就是马克思，马克思的思想就是马克思主义。马克思似乎是一粒"马克思主义者"的种子，从其出生时起，至少从其开始运用哲学思维时起，这粒种

---

① 〔意〕葛兰西：《实践哲学》，徐崇温译，重庆出版社，1990，第72—73页。

子就种下了，以后的发展不过是这粒种子的进一步发芽、开花、结果罢了。这一基本的理解倾向又有不自觉意识和自觉意识的区别。

作为一种不自觉的意识，这一基本的理解倾向在马克思主义哲学理解史上普遍存在。张一兵在《回到马克思——经济学语境中的哲学话语》一书中这样描述这种不自觉的意识："当代马克思主义哲学研究中的一个重大课题，是对马克思主义哲学本质的理解。本世纪30年代以前，对于这一问题的回答固然也存在着很大的差异，但在不同的论者那里只有一种文本依据，这就是马克思恩格斯公开发表的成熟论著，这也导致在传统的马克思主义哲学研究框架中，那个时代留给我们的可能也是一个隐性的'凡是'话语：马克思恩格斯所说的东西一定是真理。所以，一个马克思主义哲学的研究者，在他的论文和著述中面对一个讨论主题，可以不加任何历史性的特设说明就从《马克思恩格斯全集》的第1卷同质性地引述到第50卷。这种非法的研讨状态在今天我们一些论者的著述中还时常能看到。"[①] 以下一些情况，也表现出这种不自觉的意识：马克思的《〈黑格尔法哲学批判〉导言》《1844年经济学哲学手稿》等著作，被放在了《马克思恩格斯选集》中，而《马克思恩格斯选集》一般地被认为是马克思主义的经典著作的选集；马克思在《莱茵报》时期（这时马克思的哲学思想还处在黑格尔主义的时期）讲的"真正的哲学是时代精神的精华"，在《〈黑格尔法哲学批判〉导言》（这时马克思的思想还处在"费尔巴哈派"阶段）中讲的"人是人的最高本质"等命题，被经常地当作马克思主义的命题加以引用；马克思《1844年经济学哲学手稿》（这时马克思仍处在"费尔巴哈派"阶段）中的异化劳动理论，被看作马克思主义的异化理论，至多被认为是不成熟而已，在这一著作中表现出的某种"超越"的思想，也被看作马克思主义哲学是"超越"哲学的证据；等等。

如果说，一些人还是不自觉地把马克思的全部著作当作马克思主义的著作来对待的话，那么，从"西方马克思主义"开始，却发展出了一种自觉的意识，把马克思的全部著作视为马克思主义的著作，把马克思的后期思想看作其前期思想的一种进一步的发展，没有质的不同。卢卡奇开始了

[①] 张一兵：《回到马克思——经济学语境中的哲学话语》，江苏人民出版社，1999，第1页。

这种自觉意识，他在《历史和阶级意识——马克思主义辩证法研究》的再版序言中讲到，他在《历史和阶级意识——马克思主义辩证法研究》一书中"把马克思的早期著作包括在他的世界观的图像中，那时在我这样做时，大多数马克思主义者仅把马克思的早期著作看作只是对他个人的发展来说具有重要性的历史文献。此外，如果数十年之后，关系被颠倒了过来，马克思的早期著作被看成是真正的马克思主义的哲学作品，而马克思的后期著作却遭到了忽略，那么，《历史》并不能因此受到谴责，无论正确和错误，我始终把马克思的著作作为一个本质统一的整体来看待。"①确实，正如卢卡奇已经看到的，数十年之后，这个关系被颠倒了过来，马克思的早期著作被看成是真正的马克思主义的哲学作品，而马克思的后期著作却遭到了忽略，后来的"西方马克思主义"者大多把马克思的早期著作（1845年以前的著作）看作真正的马克思主义著作，从对马克思的早期著作的理解出发来理解马克思的后期著作，把马克思后期的思想看作马克思早期思想的进一步发展。"西方马克思主义"者大多不承认有两个马克思的对立，但是，他们更喜欢把青年马克思的思想看作真正的马克思主义思想。法兰克福学派成员弗洛姆这样说："假如别人有正当的理由主张，包含在《经济学-哲学手稿》中的'青年马克思'的思想，已被老年的成熟的马克思作为跟黑格尔的学说相联系的唯心主义的过去的残余而被抛弃了的话，那么我们所提出的马克思关于人的本性、异化、能动性等的思想就是非常片面的，并且实际上是会使人误解的。如果他们能够证明这种主张是有根据的话，那么人们可能还是宁愿要青年马克思，而不愿要老年马克思，还是希望把社会主义跟前者联系起来，而不是跟后者联系起来。然而十分幸运的是，并不需要这样把马克思一分为二。事实上，在《经济学-哲学手稿》中马克思所表达的关于人的基本的思想和在《资本论》中所表达的老年马克思的思想之间并没有发生根本的转变；马克思并没有像上面所提到的那些人所断言的那样抛弃了他的早期观点。"②

---

① 〔匈〕乔治·卢卡奇：《历史和阶级意识——马克思主义辩证法研究》，张西平译，重庆出版社，1989，第31页。
② 复旦大学哲学系现代西方哲学研究室编译《西方学者论〈一八四四年经济学—哲学手稿〉》，复旦大学出版社，1983，第78页。

另一种基本的理解倾向是，区别不同的马克思，承认马克思思想的历史发展进程特别是肯定马克思思想发展中的质的差别，肯定马克思只是在其思想发展到一定阶段时才成为真正的马克思主义者，因此，不能把马克思的所有著作看作马克思主义的著作，不能把马克思的所有思想看作马克思主义的思想，因而，在理解马克思主义哲学时，要做好马克思著作的解释学定位的工作，以便回到真正的马克思，回到真正的马克思主义哲学。

从自觉意识来说，在传统的马克思主义研究中也是肯定马克思有不同质的思想发展阶段的，不会承认马克思的所有著作都是马克思主义的著作（因为他们赞成历史唯物主义的观点）。人们都肯定马克思在思想发展进程中经历了一个黑格尔主义的阶段。梅林在区别马克思思想发展的不同质的阶段方面作了不少的工作。但是在传统的马克思主义研究中，自觉的区别意识常常被不自觉的混同意识所替代，马克思总是被不自觉地拔高，常常从马克思的后期思想出发来理解和解释马克思的早期思想。受这种"拔高"的不自觉意识的支配，传统的理解不承认马克思的思想发展有一个"费尔巴哈派"阶段。

在"西方马克思主义"者中，也有一些人提出要对马克思思想的性质做认定的工作。柯尔施提出了一个重要命题："把唯物史观应用于唯物史观本身。"① 他对马克思思想的发展作了历史阶段的划分。当然，他自己并没有把他提出的原则进一步用于马克思全部思想的发展进程，但是从原则上说，既然应当"把唯物史观应用于唯物史观本身"，也就应当"把唯物史观应用于马克思思想本身"，即具体地历史地看待马克思思想发展的进程，区分出马克思思想发展的不同质的阶段。

葛兰西进一步把唯物史观应用于马克思思想本身，提出要对马克思思想的发展作一种"弃牌"的工作，他说，在研究一个人的思想时，"首先必须重视这位思想家的思想发展进程，以便识别哪些因素成为稳定的和'永久的'：换句话说，就是那些成为思想家自己的思想，同他早先所研究过的和对他起过激励作用的'材料'有所不同并高于这些材料的因素。只

---

① 〔德〕卡尔·柯尔施：《马克思主义和哲学》，王南湜、荣新海译，张峰校，重庆出版社，1989，第59页。

有这些因素才是发展过程的主要方面。可以按照长度不同的时期来作出这种选择,这要由内部因素而不是由外部证据来确定(虽然对外部证据也可以利用),并造成一种'弃牌',就是说,抛弃掉这位思想家在某些时期可以曾表示过某种同情,甚至一度接受过它们并利用它们来进行他的批评工作,以及历史的科学的创造的局部的学说和理论"①。但是,葛兰西还主要是限于对马克思思想中的"因素"的质的区分,没有明确地提出要对马克思思想发展阶段作质的区分。

阿尔都塞明确地提出要对马克思思想的发展阶段作质的区分。他认为,"马克思"并不就是马克思,"马克思只有通过建立有关意识形态与科学之历史区别的历史和哲学理论才能成为马克思"②。阿尔都塞把马克思的全部著作分为两个时期,两个时期之间存在一个"认识论的断裂":"在马克思的著作中,确确实实存在有一个'认识论的断裂';据马克思自己说,这个断裂的位置就在他生前没有发表过的、用于批判他过去的哲学(意识形态)信仰的那部著作:《德意志意识形态》。总共只有几段话的《关于费尔巴哈的提纲》是这个断裂的前岸。"③阿尔都塞把"断裂"前的著作称为"意识形态时期的著作",这些著作还不是马克思主义的著作;断裂后的著作称为"科学时期的著作",它们才是马克思主义的著作。马克思主义哲学理解史上人们对马克思著作的定位尽管各有不同,但是,定位问题本身被提了出来,这是有重大意义的。不解决马克思著作的定位问题,仍然不能解决"什么是真正的马克思主义哲学"的问题。

因此,在对马克思的著作做定位工作时,同时需要两种视野,解释学的视野和历史唯物主义的视野,而后一种视野可能更为重要。解释学的视野要求我们对自己的前理解(对马克思著作性质的认定)重新反思,思考这种前理解是否正确;而解决这个问题,主要应用历史唯物主义的观点,即具体地历史地看待马克思。

---

① 〔意〕葛兰西:《实践哲学》,徐崇温译,重庆出版社,1990,第69—70页。
② 陈学明主编《二十世纪哲学经典文本:西方马克思主义卷》,复旦大学出版社,1999,第655页。
③ 〔法〕路易·阿尔都塞:《保卫马克思》,顾良译,杜章智校,商务印书馆,1984,第13—14页。

首先应当把"马克思"和马克思区别开来。一方面，马克思有其自然生命；另一方面，马克思又是一个社会存在物。作为自然生命，马克思和一切自然事物一样，从其诞生时起就开始了作为马克思的发展进程，马克思就是马克思。但我们通常讲到马克思时，主要是在社会意义上来谈的，是把他作为马克思主义的创始人来谈的。从这个意义上说，马克思并不就是马克思，或者说，有不同质的马克思。从历史唯物主义的观点来看，这一点本来是很好理解的；从实际情况来看，马克思确实大体经历了四个不同的发展阶段，也可以说存在"四个马克思"。第一个阶段是"理想主义"阶段，主要是在大学初期，马克思从"应有"出发来解释"现有"。第二个阶段是"青年黑格尔主义"阶段，从1837年到1842年底，马克思从"理念"出发来思考现实。第三个阶段是"费尔巴哈派"阶段，从1843年到1844年，马克思在这一阶段上的哲学思维方式存在矛盾，但占据主导地位的是费尔巴哈哲学的人本主义原则，从"人性"出发来理解现实。第四个阶段是从1845年开始到1883年马克思去世，马克思从人的现实的实践、从人的现实的历史存在出发来理解观念的东西，理解历史运动，这是马克思思想发展中的真正的马克思主义阶段，这时的马克思，才是我们通常所说的马克思，马克思这个阶段的著作，才是我们通常意义上所说的马克思的著作，它们是马克思主义的原本。

对马克思不同时期的著作作出不同的定位，并不意味着在马克思的早期著作中没有马克思主义的思想因素，而只是说，在阅读马克思的早期著作时，必须小心，必须做具体的分析，不能简单地把马克思早期著作中的思想都当作马克思主义的思想来看待。

对马克思作出上述区分，会不会陷入某些西方学者制造的"两个马克思的对立"的陷阱呢？笔者认为，首先不应一听到"两个马克思"的词句就神经紧张。对某些西方学者制造的"两个马克思的对立"，我们要采取具体分析的态度，不能一概加以否定。对某些西方学者制造的"两个马克思的对立"，我们应当批判，但问题是批判什么。不能在批判某些西方学者制造的"两个马克思的对立"的命题时，连存在不同的马克思这个事实也否定了。如果这样做，我们自己就陷入了另一种片面性，就不能坚持马克思主义的历史唯物主义观点。在西方，"两个马克思的对立"本身就具有不同的意义。有两种不同的"两个马克思的对立"观点。一种是在马克思《1844年经济学哲学手稿》发表以后,某些西方学者提出的"两个马克思的对立"观点,说存在两个马克思,即青年马克思和老年马克思、人道主义的马克思和革命的马克思,真正的马克思是青年马克思、人道主义的马克思。他们看到有两个不同的马克思的事实,这一点是值得肯定的,这倒是一个进步,其根本错误则是在于以人道主义否定马克思的历史唯物主义。还有一种"两个马克思的对立"观点,就是阿尔都塞提出的"两个马克思的对立"观点。阿尔都塞也看到了存在人道主义的马克思(或意识形态的马克思)和历史唯物主义的马克思(或科学的马克思)的区别,这一点与第一种"两个马克思的对立"观点是基本一致的;但是,阿尔都塞却持相反的立场,他肯定"老年马克思"而否定"青年马克思",肯定历史唯物主义的马克思而否定人道主义(作为理论者)的马克思。因此为了做好对"马克思主义哲学"文本的定位工作,我们应当承认存在"两个马克思"的事实。承认这个事实是做好马克思的文本定位工作的前提,不承认存在"两个马克思"的事实,就没有必要对马克思的文本做定位工作,如果凡是马克思的文本,就直接当作马克思主义的文本来读,那么会对我们正确理解马克思主义哲学产生有害的影响,会把马克思曾经有过的非马克思主义的思想,例如黑格尔主义的思想、费尔巴哈的人本主义思想,误当作马克思主义哲学的思想来理解。因此,应当在观念上肯定有不同的马克思。只要对"两个马克思"采取科学的态度,实事求是地对待马克思思想的发展进程,就决不会陷入西方某些学者用"青年马克思"来否定"老年马克思"的错误,也能克服阿尔都塞的"断裂说"所具有的片面性。

4. 翻译作品的定位问题

马克思写作和发表时的文本与它的翻译文本具有不同的意义。马克思写作和发表时的马克思主义著作具有最终意义上的马克思主义原著的意义。但是,一般人不可能根据马克思写作和发表时的原著来理解马克思主义哲学,这里有一个语言上的障碍,他们只能通过翻译作品来理解马克思主义哲学。这些翻译作品,对于我们阅读者来说具有原著的意义,但这种原著的意义是相对的。从解释学的观点来看,翻译已经是一种理解,是一种再创造。翻译时翻译者首先要理解作品的意义，然后用另一种语言文字把原作的意义表达出来，经过这种转换，原作的意义或失落或增加。所以，翻译作品和原本，是两个不同的文本，前者是后者的副本。

把马克思的原本和翻译作品区别开来，并不是要完全否定翻译作品的原著意义，而是提醒人们要注意两件事情：第一，要尽可能做好翻译工作；第二，在读译作时更要注意不停留在字面意义，而要通过"解释学循环"把握作品的真实意义。

除了以上四个方面的定位工作外，还有两个方面的文本定位工作已经有人提出，一是马克思写完和直接发表的著作与马克思没有写完并由后人发表的著作的区别，二是对马克思的笔记、摘录评注、书信和马克思为发表而写的著作的区别。葛兰西在这两个方面提出的意见，可以供我们参考，他说，在研究一个人的思想时，"还应在所研究的思想家的著作中进一步区分哪些是他写完以后自己发表的，哪些是因为没有写完而还没有发表的，以及哪些是由他的朋友和学生所发表，并且作了修正、重写、删节等。换句话说，是有出版者或编者的积极参与的。很明显，对于这些死后发表的著作的内容要特别注意和小心，因为不能把它看成是确定的，而只是还有待于推敲、仍然是暂时的材料。人们还不应排除这样的可能性，这些著作，特别是如果它们是在长时期内创作的，如果作者从来没有想完成它们，那就可能是被作者全部或部分地抛弃或被认为是不满意的"[1]。"甚至对于通信也应该相当小心地进行研究：在信札里提到的肯定论断在书里或许没有重复。信札在文体上的生动性，虽然从艺术上来说往往比书本中字斟句酌的和深思熟虑的文体更有实效，但有时却能导致论证的削弱。在信札里，也像在讲演和会话中一样，会比较经常地发生逻辑上的错误：思想的较大的快速性往往是以牺牲它的坚实性为代价而获致的。"[2]

（二）马克思恩格斯为什么要否定"哲学"

在《德意志意识形态》中，马克思和恩格斯对费尔巴哈、鲍威尔和施

---

[1] 〔意〕葛兰西：《实践哲学》，徐崇温译，重庆出版社，1990，第71页。
[2] 〔意〕葛兰西：《实践哲学》，徐崇温译，重庆出版社，1990，第72页。

蒂纳所代表的现代哲学进行了深刻的批判。与马克思恩格斯对哲学的这种态度相联系，似乎我们可以追问：马克思主义有没有哲学？当然，现在提出这个问题，许多人可能会觉得很可笑。自从列宁把马克思主义哲学看作马克思主义的三个组成部分之一后，"马克思主义有哲学"已经是一个常识，人们只是以各种不同的方式言说"马克思主义哲学"，而不会提出马克思主义有没有哲学的问题。

其实，关注一下马克思主义哲学史就可以发现，马克思主义有没有哲学的问题并不是一个新问题。且不说马克思恩格斯曾经反对过哲学（关于这一点，我们在下面会详细地指出来），在此后的马克思主义运动中，马克思主义有没有哲学的问题也以不同的方式提出过。第二国际时期的马克思主义理论家大多不讲"马克思主义哲学"，他们直接讲的是"历史唯物主义"，在他们看来，历史唯物主义是历史观，不是哲学。第二国际时期著名的马克思主义理论家梅林就谈到，马克思恩格斯已经"抛弃所有的哲学幻想"[①]。第二国际时期也有些马克思主义理论家觉得马克思主义缺少哲学是一个缺点，提出要用康德主义、杜林主义、狄慈根主义、马赫主义等哲学来补充马克思主义。普列汉诺夫在反对用其他各种哲学来补充马克思主义的时候明确指出，马克思主义本身就有哲学基础，并不需要为它补充什么哲学基础，辩证唯物主义就是马克思主义的哲学基础。列宁没有直接提出和讨论马克思主义有没有哲学的问题，而是说马克思主义哲学是马克思主义理论的三个组成部分之一。从此，在主流的马克思主义运动中，就不再提出和讨论马克思主义有没有哲学的问题了。然而这样一来，马克思恩格斯在他们创立马克思主义时反对哲学、否定哲学的事实也就长期被遮蔽了。在主流的马克思主义运动之外，"西方马克思主义"者柯尔施在20世纪20年代写了一篇长文《马克思主义和哲学》，重新提出"马克思主义有没有哲学"的问题。柯尔施是针对马克思主义运动内外都存在否定马克思主义有哲学的意见提出这一问题的，他的意见则是，马克思主义有哲学，马克思主义哲学是"辩证唯物主义"或"历史唯物主义"。柯尔施

[①] 转引自〔德〕卡尔·柯尔施《马克思主义和哲学》，王南湜、荣新海译，张峰校，重庆出版社，1989，第3页。

也注意到马克思恩格斯有一个"反哲学"的时期,对此他作出了两个主要的解释:第一,马克思反对哲学,实际上是反对资产阶级哲学而不是一般意义上的哲学,马克思用无产阶级哲学反对资产阶级哲学;第二,哲学的消亡是一个过程,正如国家的消亡是一个过程一样,只有在马克思主义哲学实现了自身、完成了自己的历史使命之后,哲学才会消亡。

我们今天重新提出马克思主义有没有哲学的问题,针对的是完全不同的背景。自从列宁把马克思主义哲学作为马克思主义理论的组成部分以后,人们只是以各种方式言说马克思主义哲学,而对于马克思恩格斯反对哲学的事实或者根本不了解,或者不能正确理解,出现了自觉不自觉地回到马克思恩格斯已经反对过的哲学立场上的情况。例如,被马克思恩格斯否定了的各种哲学如"自然哲学""历史哲学""法哲学""道德哲学"等又复活起来了。不仅如此,今天又新生出许多哲学来,如"发展哲学""管理哲学""经济哲学""政治哲学""教育哲学""货币哲学""体育哲学""科技哲学""环境哲学""生态哲学""人的哲学""文化哲学"等。至于要求用马克思主义哲学来解释种种现实问题,对现实问题提出种种"哲学反思"、提出解决现实问题的种种"哲学方案"的现象更是司空见惯。一篇"理论联系实际"的马克思主义哲学论文,若不给出对他所涉及的实际问题的解决方案,会被认为是不合格的论文。马克思主义哲学专业的硕士生、博士生纷纷转向对各种现实问题的研究,但许多研究并不是实证的科学研究,而是站在"哲学基地"上的思考。在他们的毕业论文中,总是"以马克思主义哲学为指导"给出对他所涉及的现实问题的解决方案,他们认为给出这种方案是马克思主义哲学的神圣职责。针对这种情况,我们认为今天仍有必要提出马克思主义有没有哲学的问题,仍然有必要去理解:马克思恩格斯为什么要反对哲学、"离开哲学基地"、"抛弃哲学幻想"。

毋庸讳言,当人们以各种方式言说"马克思主义哲学"的时候,一个重要的事实被遮蔽了,这个事实就是:作为马克思主义创立者的马克思恩格斯从1845年开始对哲学持否定的态度,他们也从来没有说过自己有什么哲学。用"哲学"这个术语来指称马克思主义的世界观,是后来的事。从1845年下半年开始,马克思恩格斯合作写了《德意志意识形态》这一巨著。这是为公开出版而写的著作，尽管后来由于种种原因未能在他们生前出版。马克思后来在《〈政治经济学批判〉序言》中说："当1845年春他也住在布鲁塞尔时，我们决定共同阐明我们的见解与德国哲学的意识形态的见解的对立，实际上是把我们从前的哲学信仰清算一下。"① 这一理论成果就是《德意志意识形态》。注意，马克思讲的是"我们的见解与德国哲学的意识形态的见解的对立"而不是"我们的哲学见解与德国哲学的意识形态的见解的对立"。这一反哲学的立场，可以在《德意志意识形态》中清楚地看到。在"费尔巴哈"这一章一开始，马克思恩格斯讲到青年黑格尔运动使德国在最近几年里所引起的"空前的变革"时，马克思恩格斯把这场"革命"称为"哲学骗局"。为什么这是一次"哲学骗局"呢？因为，"德国的批判，直至它最近所作的种种努力，都没有离开过哲学的基地"②，那些"青年黑格尔派的意识形态家们尽管满口讲的都是所谓'震撼世界的'词句，却是最大的保守派。如果说，他们之中最年轻的人宣称只为反对'词句'而斗争，那就确切地表达了他们的活动。不过他们忘记了：他们只是用词句来反对这些词句；既然他们仅仅反对这个世界的词句，那么他们就绝对不是反对现实的现存世界。这种哲学批判所能达到的唯一结果，是从宗教史上对基督教作一些说明，而且还是片面的说明。"③马克思恩格斯在谈到他们与"德国哲学"不同的思想路线时说："德国哲学从天国降到人间；和它完全相反，这里我们是从人间升到天国。这就是说，我们不是从人们所说的、所设想的、所想象的东西出发，也不是从口头说的、思考出来的、设想出来的、想象出来的人出发，去理解有血有肉的人。我们的出发点是从事实际活动的人。"④ 在这里，马克思恩格斯再一次把自己的见解和"德国哲学"相对立。马克思恩格斯明确指出，对现实生活的实证科学的研究使哲学失去了存在的余地："在思辨终止的地方，在现实生活面前，正是描述人们实践活动和实际发展过程的真正的实证科学开始的地方。关于意识的空话将终止，它们一定会被真正的知识所代

---

① 《马克思恩格斯文集》第2卷，人民出版社，2009，第593页。
② 《马克思恩格斯文集》第1卷，人民出版社，2009，第514页。
③ 《马克思恩格斯文集》第1卷，人民出版社，2009，第516页。
④ 《马克思恩格斯文集》第1卷，人民出版社，2009，第525页。

替。对现实的描述会使独立的哲学失去生存环境，能够取而代之的充其量不过是从对人类历史发展的考察中抽象出来的最一般的结果的概括。这些抽象本身离开了现实的历史就没有任何价值。它们只能对整理历史资料提供某些方便，指出历史资料的各个层次的顺序。但是这些抽象与哲学不同，它们绝不提供可以适用于各个历史时代的药方或公式。"[1]

马克思恩格斯反对"从哲学的观点"来理解历史的本质、人的本质："每个个人和每一代所遇到的现成的东西：生产力、资金和社会交往形式的总和，是哲学家们想象为'实体'和'人的本质'的东西的现实基础，是他们加以神化并与之斗争的东西的现实基础，这种基础尽管遭到以'自我意识'和'唯一者'的身份出现的哲学家们的反抗，但它对人们的发展所起的作用和影响却丝毫也不因此而受到干扰。"[2]"个人的这种发展是在历史地前后相继的等级和阶级的共同生存条件下进行的，也是在由此而强加于他们的普遍观念中进行的，如果用哲学的观点来考察这种发展，当然就很容易产生这样的臆想：在这些个人中，类或人得到了发展，或者说这些个人发展了人；这种臆想，是对历史的莫大侮辱。这样一来，就可以把各种等级和阶级看做是普遍表达方式的一些类别，看做是类的一些亚种，看做是人的一些发展阶段。"[3]

在谈到人本主义异化观念产生的原因时，马克思恩格斯说："哲学家们在不再屈从于分工的个人身上看到了他们名之为'人'的那种理想，他们把我们所阐述的整个发展过程看做是'人'的发展过程，从而把'人'强加于迄今每一历史阶段中所存在的个人，并把'人'描述成历史的动力。这样，整个历史过程就被看成是'人'的自我异化过程，实质上这是因为，他们总是把后来阶段的一般化的个人强加于先前阶段的个人，并且把后来的意识强加于先前的个人。借助于这种从一开始就撇开现实条件的本末倒置的做法，他们就可以把整个历史变成意识的发展过程了。"[4]

总之，马克思恩格斯在《德意志意识形态》中讲到"哲学"和"哲

---

[1] 《马克思恩格斯文集》第1卷，人民出版社，2009，第526页。
[2] 《马克思恩格斯文集》第1卷，人民出版社，2009，第545页。
[3] 《马克思恩格斯文集》第1卷，人民出版社，2009，第570页。
[4] 《马克思恩格斯文集》第1卷，人民出版社，2009，第582页。

学家"时,都表现出一种批判、否定的立场。

具体到哲学是什么的理解,在"从前的哲学信仰"时期,1837年下半年,马克思在给父亲的信中说:"先前我读过黑格尔哲学的一些片断,我不喜欢它那种离奇古怪的调子"①,"我从理想主义,——顺便提一提,我曾拿它同康德和费希特的理想主义比较,并从其中吸取营养"②。理想主义,是对"应有"和"现有"关系的一种哲学理解,"应有"决定"现有","应有"是理想主义世界观的基本出发点。由于从理想主义中吸取营养,1837年4月以前的马克思没有"向现实本身去寻求思想"③,他自我意识到的哲学是一种"应然"哲学,即认为"应有"决定"现有"的哲学。在这种哲学认识的指导下,马克思花了很大力气搞了一个法哲学体系,结果遇到了"严重的障碍",以失败而告终。他在总结这一失败时说:"这里首先出现的严重障碍正是现实的东西和应有的东西之间的对立,这种对立是唯心主义所固有的;它又成了拙劣的、错误的划分的根源。开头我搞的是我慨然称为法的形而上学的东西,也就是脱离了任何实际的法和法的任何实际形式的原则、思维、定义,这一切都是按费希特的那一套,只不过我的东西比他的更现代化,内容更空洞而已。在这种情况下,数学独断论的不科学的形式从一开始就成了认识真理的障碍,在这种形式下,主体围绕着事物转,这样那样议论,可是事物本身并没有形成一种多方面展开的生动的东西。"④

1837年4月,马克思因病来到柏林郊区施特拉劳休养。休养期间,马克思加入了"博士俱乐部",在"博士俱乐部"成员的影响下,马克思研究了黑格尔的著作,于1837年四五月间转向了黑格尔主义这一"现代世界哲学",开始从黑格尔的理念论的哲学观点出发来看待现实事物和批判旧事物以及论证新事物,形成了自己在黑格尔主义阶段关于哲学的自我理解。

首先,马克思认为哲学是结合"具体情况"并根据"现存条件"加

---

① 《马克思恩格斯全集》第40卷,人民出版社,1982,第15页。
② 《马克思恩格斯全集》第40卷,人民出版社,1982,第15页。
③ 《马克思恩格斯全集》第40卷,人民出版社,1982,第15页。
④ 《马克思恩格斯全集》第40卷,人民出版社,1982,第10页。

以阐明和发挥的理论。从理想主义向黑格尔主义的转变,虽然还没有突破唯心主义的范围,但这一转变对马克思哲学观的发展却具有重大意义。黑格尔哲学非常强调"客观性"而反对主观性,列宁称之为"颠倒的唯物主义"。马克思在转向黑格尔主义后,也确立了"客观性"的思想。他说:"在研究国家生活现象时,很容易走入歧途,即忽视各种关系的客观本性,而用当事人的意志来解释一切。但是存在着这样一些关系,这些关系决定私人和个别政权代表者的行动,而且就像呼吸一样地不以他们为转移。只要我们一开始就站在这种客观立场上,我们就不会忽此忽彼地去寻找善意或恶意,而会在初看起来似乎只有人在活动的地方看到客观关系的作用。"① 因此,马克思强调要从理想主义转向现实本身去寻求思想,"正确的理论必须结合具体情况并根据现存条件加以阐明和发挥"②,真正的哲学也必须是结合"具体情况"并根据"现存条件"加以阐明和发挥的理论。只是囿于黑格尔的理念论,马克思也还是"颠倒的唯物主义"者,即认为"具体情况"和"现存条件"不过是"世界精神的异化"。

其次,马克思提出,"那种曾用工人的双手建筑起铁路的精神,现在在哲学家的头脑中树立哲学体系"③,哲学是精神(作为主体的理念)通过哲学家的头脑对自己的最高的自我意识,所以,"任何真正的哲学都是自己时代精神的精华"④。这里的"时代精神"是作为理念的"世界精神"在一定历史阶段上的具体表现,哲学就是对理念的一定发展阶段的自我意识。现在有一部分人把马克思的"任何真正的哲学都是自己时代精神的精华"直接当作马克思主义的命题来引用,这是不严谨的。在其本来的意义上,马克思的这个命题是黑格尔主义的命题,是直接来自黑格尔的。黑格尔早就指出:"每一哲学都是它的时代的哲学"⑤,"是时代精神的实质的知识"⑥,"是对时代精神的实质的思想"⑦,"是这样一个形式:什么样的

---

① 《马克思恩格斯全集》第1卷,人民出版社,1956,第216页。
② 《马克思恩格斯全集》第47卷,人民出版社,2004,第35页。
③ 《马克思恩格斯全集》第1卷,人民出版社,1956,第120页。
④ 《马克思恩格斯全集》第1卷,人民出版社,1956,第121页。
⑤ 〔德〕黑格尔:《哲学史讲演录》第1卷,贺麟、王太庆译,商务印书馆,1959,第48页。
⑥ 〔德〕黑格尔:《哲学史讲演录》第1卷,贺麟、王太庆译,商务印书馆,1959,第48页。
⑦ 〔德〕黑格尔:《哲学史讲演录》第1卷,贺麟、王太庆译,商务印书馆,1959,第57页。

形式呢？它是最盛开的花朵。它是精神的整个形态的概念，它是整个客观环境的自觉和精神本质，它是时代精神，作为自己正在思维的精神"①。把马克思的命题和黑格尔的命题一比较，很容易发现二者的一致性，就连文字也是极其相似。

最后，哲学是文明的活的灵魂，具有能动性、创造性。在黑格尔主义阶段，由于对"现实"问题的关注，马克思十分重视能动性、创造性的思想，十分重视对"现实"的批判和改造。他坚决反对以鲍威尔为代表的"自由人"的空谈，主张把理论和"现实"斗争结合起来。他说："必然会出现这样的时代：那时哲学不仅从内部即就其内容来说，而且从外部即就其表现来说，都要和自己时代的现实世界接触并相互作用。那时……它是文明的活的灵魂，哲学已成为世界的哲学，而世界也成为哲学的世界。"②"世界也成为哲学的世界"，就是说哲学要按自己的要求改造世界，要具有能动性、创造性。

1843 年 3 月 17 日，马克思声明退出《莱茵报》编辑部，标志着马克思思想发展中黑格尔主义阶段的结束和新的阶段的开始。因为《基督教的本质》"的解放作用，只有亲身体验过的人才能想象得到。那时大家都很兴奋：我们一时都成为费尔巴哈派了"③。

在"费尔巴哈派"阶段，马克思对哲学的看法处于一种矛盾状态之中。一方面，从对费尔巴哈的态度来说，马克思对费尔巴哈还是崇拜、"迷信"的，因而此时马克思关于哲学的自我意识受到费尔巴哈哲学的人本主义原则的深刻影响，还没有自觉地在方法上把自己的哲学和费尔巴哈的哲学区别开来：

第一，他认为哲学是思考人自身的、外化的科学。马克思说："劳动是人在外化范围之内的或者作为外化的人的自为的生成。黑格尔唯一知道并承认的劳动是抽象的精神的劳动。因此，黑格尔把一般说来构成哲学的本质的那个东西，即知道自身的人的外化或者思考自身的、外化的科学，

---

① 〔德〕黑格尔:《哲学史讲演录》第 1 卷，贺麟、王太庆译，商务印书馆，1959，第 57 页。
② 《马克思恩格斯全集》第 1 卷，人民出版社，1956，第 121 页。
③ 《马克思恩格斯文集》第 4 卷，人民出版社，2009，第 275 页。

看成劳动的本质。"① 由此可见，在马克思看来，哲学就是思考人自身的、外化的科学。

关于人，费尔巴哈"假定有一种抽象的——孤立的——人的个体"②，"因此，本质只能被理解为'类'，理解为一种内在的、无声的、把许多个人自然地联系起来的普遍性"③，而人的存在能够与自己的本质即抽象的普遍性相分离，这就是人的自我异化或自我外化。说哲学是思考人自身的、外化的科学，实际上就是说哲学思考的是人的自我异化或自我外化，虽然具体探索方面还包括这种自我异化或自我外化的自我克服或扬弃，但这正是典型的费尔巴哈哲学的人本主义原则的具体运用。

第二，彻底的哲学，即"彻底的自然主义或人道主义，既不同于唯心主义，也不同于唯物主义，同时又是把这二者结合起来的真理"④。费尔巴哈曾说："唯物主义、唯心主义、生理学、心理学都不是真理"⑤。因此，"既不应当称费尔巴哈为唯物主义者，也不应当称他为唯心主义者，又不应当称他为同一哲学家。那他究竟是什么呢？在思想中的他，便就是现实中的他，在精神中的他，便就是在肉体、在自己的感性实体中的他：他是人"⑥。以旧唯物主义者身份出场的马克思此时也没有完全克服"不反对事情本身而反对唯物主义这个名称的偏见"⑦ 而赞同费尔巴哈的这种人本主义观点，认为"唯灵论和唯物主义过去在各方面的对立已经在斗争中消除，并为费尔巴哈永远克服"⑧，"只有自然主义能够理解世界历史的行动"⑨，"彻底的自然主义或人道主义"超越了唯物主义和唯心主义的对立，是"二者结合的真理"。

---

① 《马克思恩格斯文集》第1卷，人民出版社，2009，第205页。
② 《马克思恩格斯文集》第1卷，人民出版社，2009，第505页。
③ 《马克思恩格斯文集》第1卷，人民出版社，2009，第501页。
④ 《马克思恩格斯文集》第1卷，人民出版社，2009，第209页。
⑤ 〔德〕路德维希·费尔巴哈：《费尔巴哈哲学著作选集》上卷，荣震华、李金山等译，商务印书馆，1984，第205页。
⑥ 〔德〕路德维希·费尔巴哈：《费尔巴哈哲学著作选集》上卷，荣震华、李金山等译，商务印书馆，1984，第435页。
⑦ 《马克思恩格斯文集》第4卷，人民出版社，2009，第281页。
⑧ 《马克思恩格斯全集》第2卷，人民出版社，1957，第120页。
⑨ 《马克思恩格斯文集》第1卷，人民出版社，2009，第209页。

另一方面，这个时期的马克思又在不断地超越费尔巴哈，新唯物主义这个"腹中胎儿"正在日益成长而接近"临产"，因此他关于哲学的自我理解中又增添了不同于费尔巴哈的新的内容：

其一，哲学是无产阶级的精神武器。在"费尔巴哈派"阶段，马克思从批判封建主义、宗教转向批判资本主义，从一般地关心人民转而诉诸无产阶级。此时的马克思背叛了原有的资产阶级立场而彻底转到无产阶级的立场或共产主义的立场上来。这种立场的确立，使马克思的整个理论活动一直关注现实生活，围绕现实问题展开。因此，马克思主张理论要从"骨子里都卷入了斗争的漩涡……要对现存的一切进行无情的批判"[1]，要"把我们的批判和实际斗争结合起来，并把批判和实际斗争看做同一件事情"[2]。因而"哲学把无产阶级当做自己的物质武器，同样地，无产阶级也把哲学当做自己的精神武器"[3]。

其二，哲学是现实世界的理论表现。马克思批判了黑格尔主义的唯心主义性质，说："哲学精神不过是在它的自我异化内部通过思维方式即通过抽象方式来理解自身的、异化的世界精神。"[4] 也就是说，马克思反对把哲学精神理解为"异化的世界精神"。他坚定地认为"思维和存在虽有区别，但同时彼此又处于统一中"[5]，理论和实践是统一的，因此哲学指导实践又必须符合实践。正因为哲学必须符合实践，因而它是现实世界的理论表现而不是世界精神的异化。

1845年后，马克思恩格斯批判了"从前的哲学信仰"，他们一是揭示了哲学是包罗万象的科学之科学。在《德意志意识形态》中，马克思提出"这些抽象与哲学不同，它们绝不提供可以适用于各个历史时代的药方或公式"[6]，所以，以新唯物主义者身份出场的马克思此时实际上是在向"在场者"表示哲学提供可以适用于各个历史时代的药方或公式，是"一

---

[1] 《马克思恩格斯全集》第1卷，人民出版社，1956，第416页。
[2] 《马克思恩格斯全集》第1卷，人民出版社，1956，第417—418页。
[3] 《马克思恩格斯全集》第1卷，人民出版社，1956，第467页。
[4] 《马克思恩格斯文集》第1卷，人民出版社，2009，第202页。
[5] 《马克思恩格斯文集》第1卷，人民出版社，2009，第189页。
[6] 《马克思恩格斯文集》第1卷，人民出版社，2009，第526页。

把万能钥匙"①，幻想能够打开人类在漫长的历史过程中筑起的形形色色的智慧之门，是知识的总汇，妄求完全囊括古往今来所有文明的成果。因此，哲学在"自然的等级秩序"中被哲学家们认为是高高在上的，一举登上了科学之科学的王座，不切实际地追求把握和解释世界的全体自由性。二是认为哲学是抽象的思辨。马克思在说明自己和"德国哲学"相对立时指出："然而，事情被思辨地扭曲成这样：好像后期历史是前期历史的目的，例如，好像美洲的发现的根本目的就是要促使法国大革命的爆发。于是历史便具有了自己特殊的目的并成为某个与'其他人物'（像'自我意识'、'批判'、'唯一者'等等）'并列的人物'。"② 在这里，"思辨"就是指哲学，它与从"历史中得出的抽象"相对立，由于它离开现实的历史，言说着"无根"的纯思维中的空话，因而也使自己成为抽象的思辨活动。

由此可见，从对哲学的自我理解来看，在"从前的哲学信仰"时期，马克思恩格斯对哲学持肯定态度，只是到了1845年后，他们才以否定的态度看待哲学。也就是说，马克思和恩格斯并不是在自己思想发展的任何时期都否定哲学，在他们两人的思想发展过程中，有一个对哲学从肯定到否定的转变，有一个站在"哲学基地"上思考问题到"离开哲学基地"走向实证科学研究的变革。这一变革的意义何在呢？

这一变革的根本意义在于：反对从任何原则出发来解决对现实世界的认识问题和实践问题，必须从现实出发，通过对现实世界的实证科学的研究来解决这些问题。

在马克思恩格斯以后的马克思主义运动中，通常把"哲学"理解为世界观的理论体系。从对"哲学"的这一理解出发，就无法理解马克思恩格斯反对哲学的意义。如果"哲学"是世界观，那么，马克思恩格斯反对哲学就是反对世界观。但是，马克思恩格斯并不反对世界观，他们肯定自己的唯物主义是世界观，但不是哲学。可见，马克思恩格斯不是在反对世界观理论的意义上反对哲学的。他们反对的哲学，必定另有含义。如前所述，从马克思恩格斯对哲学的反对中，我们可以看出他们所反对的哲学是

---

① 《马克思恩格斯文集》第3卷，人民出版社，2009，第467页。
② 《马克思恩格斯文集》第1卷，人民出版社，2009，第540页。

"以往所理解的哲学""从前的哲学信仰"。这种哲学提供解释世界的总原则、总公式，从原则出发去解释世界被看作哲学的任务，因而具有包罗万象的性质，具有科学的科学性质；而从原则出发来解释世界，必然具有幻想的性质。这些也体现在诸如共产主义等一系列学理的论证中。1845 年以前，与马克思恩格斯肯定的思辨性哲学相一致，他们的共产主义是"哲学共产主义"，这种共产主义是从抽象的哲学原则出发得出的结论，马克思和恩格斯根据事物的"自我否定"（否定和否定之否定）来证明共产主义实现的必然性。到了 1845 年，马克思和恩格斯认识到了作为科学的科学的哲学的无用，从而开始反对哲学，离开哲学基地，转向实证科学研究。受此影响，1845 年以后马克思恩格斯的共产主义是科学共产主义。在《德意志意识形态》中，他们特别指出："共产主义对我们来说不是应当确立的状况，不是现实应当与之相适应的理想。我们所称为共产主义的是那种消灭现存状况的现实的运动。这个运动的条件是由现有的前提产生的。"① 这就表明，在科学共产主义阶段，马克思和恩格斯紧密结合现实运动，紧扣现实的前提，通过实证科学的研究揭示资本主义运动的规律，揭示共产主义实现的历史必然性，同时证明在这里存在否定之否定的规律（参见恩格斯《反杜林论》）。

马克思恩格斯反对哲学，是反对从原则出发，反对用哲学来代替实证科学研究。由于原来意义上的哲学总是从原则出发，用哲学幻想来代替实证科学研究，所以马克思恩格斯不再承认自己是哲学家，不再承认自己有哲学，不再用"哲学"这一术语而用"世界观"这一术语来指称自己的有关理论。由此也可以明白：马克思反对哲学，是反对以往的哲学所具有的某种性质，而不是对以往哲学作为世界观理论的内容的全部否定。马克思恩格斯用"世界观""新唯物主义""辩证法"这些术语来表述自己的思想就表明，他们决不是在"世界观"的意义上反对哲学、否定哲学。以往的哲学除了具有作为科学的科学的性质外，同时也含有世界观的内容，对以往哲学所包含的世界观内容，马克思恩格斯在创立马克思主义的时候，是批判地吸收到自己的世界观理论中的。例如，马克思恩格斯吸取了

---

① 《马克思恩格斯文集》第 1 卷，人民出版社，2009，第 539 页。

以往哲学中的唯物主义的基本原则,克服了以往唯物主义的直观性,把唯物主义发展为"新唯物主义""现代唯物主义"。再如,马克思吸取了以往哲学特别是黑格尔哲学中的辩证法思想,克服了黑格尔辩证法的唯心主义性质,使辩证法转变为唯物主义的辩证法。马克思说:"我公开承认我是这位大思想家(指黑格尔——引者注)的学生,并且在关于价值理论的一章中,有些地方我甚至卖弄起黑格尔特有的表达方式。辩证法在黑格尔手中神秘化了,但这决没有妨碍他第一个全面地有意识地叙述了辩证法的一般运动形式。在他那里,辩证法是倒立着的。必须把它倒过来,以便发现神秘外壳中的合理内核。"①

由此也可以明白,只要赋予"哲学"以世界观的意义,而不再使其具有作为"科学的科学"的意义,我们今天仍然可以讲"马克思主义哲学",而不必拘泥于在用语上和马克思恩格斯的不一致。普列汉诺夫、柯尔施肯定马克思主义有哲学,在肯定马克思主义有世界观理论这一点上是对的。列宁把马克思主义哲学看作马克思主义理论的组成部分,在肯定马克思主义包括它的世界观理论这一点上也是对的。在世界观的意义上讲马克思主义有哲学,这和马克思恩格斯反对哲学、否定哲学的事实并不矛盾。关键不在于用语,而在于用语的真实含义。另外,在我们今天讲"马克思主义哲学"的时候,也必须警惕向旧哲学的倒退。在人们不理解马克思恩格斯反对哲学、否定哲学的真实意义的情况下,恢复使用"哲学"这一用语,向旧哲学的倒退是很容易发生的。"世界观"和原来意义上的哲学不同,它不再提供解答现实世界的总原则、总公式,也决不提供改造现实世界的方案,马克思主义的世界观对人们认识世界和改造世界的意义仅在于它提供一种思维方式,这一思维方式要求人们在认识世界和改造世界时,要从实际出发和辩证地思考,而对现实世界的具体的认识和改造方案,只能通过实证科学的研究才能得出。要求马克思主义哲学解决具体科学问题和现实问题,就是使马克思主义哲学倒退到马克思恩格斯已经反对了的原来意义上的哲学去。那么,《德意志意识形态》作为马克思恩格斯系统论述新唯物主义的文献,它阐发的这种与哲学相对立的新唯物主义到

---

① 《马克思恩格斯文集》第 5 卷,人民出版社,2009,第 22 页。

底新在何处呢？

在哲学史上，对于"马克思的新唯物主义新在何处"这个问题，马克思主义哲学界已经研究了一个半世纪还多，虽然在一个相当长的时期内，人们有过比较统一的理解，但总的说来，人们的理解还是不统一的，特别是在东西方马克思主义者之间和我国的"反思哲学"时期。关于马克思新唯物主义的创新之处，有以下几种主要的理解：

第一，"辩证唯物主义"的理解。这种理解方式认为，旧唯物主义之所以为旧，是因为这种唯物主义是和辩证法分家的唯物主义，是机械的、形而上学的唯物主义，并由于这个缺陷，它们都不能把唯物主义原则贯彻于历史领域，在历史观上陷入唯心主义。马克思新唯物主义之新就在于实现了唯物主义和辩证法的结合，创立了辩证的唯物主义，并把它贯彻于各个方面，在历史观上创立了历史唯物主义。对马克思新唯物主义的这种理解，是马克思主义运动史上长期占据统治地位的一种理解方式，在很长的一段时期内，人们对这种理解的正确性不存疑问、不再反思。造成这一状况的一个重要原因是，这种理解方式正是被称为"马克思主义经典作家"的恩格斯、列宁、斯大林等人的理解方式；另一个重要原因是，这种理解方式得到苏联等社会主义国家官方的认可，并以教科书的形式推及全社会。以上两个基本原因赋予了这种理解方式极大的权威性，在那个年代，人们的解释学意识并未觉醒，人们很自然地认为，恩格斯、列宁等伟大的马克思主义者对马克思新唯物主义的理解不可能有缺陷，官方的理论权威在这方面也不可能有缺陷。

第二，狭义"历史唯物主义"的理解。这种理解方式认为，旧唯物主义之所以为旧，是因为这种唯物主义主要关注自然界、关注整个世界，而忽视人的问题、社会历史问题，因而没有历史唯物主义；而马克思的唯物主义之所以为新，是因为它实现了哲学主题的转换，从关注自然界转换到关注人、关注社会历史，创立了历史唯物主义。这种理解方式首先出现在第二国际时期，梅林、拉法格、拉普里奥拉、考茨基等人及后来的一些马克思主义理论家都这样来理解马克思主义哲学。在普列汉诺夫、列宁提出和论证了"辩证唯物主义"的理解方式之后，这种理解方式就没有多少影响了，人们把历史唯物主义当作马克思新唯物主义的创新点之一，在整个马克思主义哲学理论体系中，历史唯物主义具有局部的和派生的意义，真正具有全局的、原创意义的还是辩证的唯物主义，历史唯物主义不过是辩证唯物主义世界观推广、应用于社会历史领域的结果。经过"辩证唯物主义"理解方式的长期统治以后，在"西方马克思主义"者那里，重新提出了对马克思主义哲学的狭义"历史唯物主义"的理解。他们更明确地提出，马克思的新唯物主义仅仅关心人的问题、社会历史问题，而把"世界是什么、世界怎么样"的问题当作抽象的形而上学的问题加以否定，因而，马克思的新唯物主义哲学没有物质本体论，而只是历史唯物主义。在我国"反思哲学"时期，也有许多人赞同这种理解方式。

第三，实践唯物主义的理解。1978年"真理标准问题"大讨论以后，我国马克思主义哲学理论界开始反思过去对马克思新唯物主义的理解方式，很多人认为，"辩证唯物主义"的理解方式源自苏联，主要文本根据是恩格斯、列宁、斯大林的著作，这种理解方式存在很多缺陷，不能算是对马克思创立的新唯物主义的正确理解。理解马克思的新唯物主义，主要应根据马克思主义哲学的主要创立者马克思的著作。于是，"重读马克思""回到马克思""走进马克思"等口号提出来了，各种不同的理解方式也提出来了。除了狭义"历史唯物主义"的理解方式，还提出了"实践唯物主义"的理解方式。但是，严格说来，"实践唯物主义"并不是一种有统一思想的理解方式，而只是有共同名称、共同理论特征的一种思潮，在"实践唯物主义"的旗帜下，表现着对马克思新唯物主义之新的种种不同的理解，其中主要的理解有三种，根据它们对实践的意义、地位的不同理解，可以称之为"实践中介基础论"的实践唯物主义理解、"实践本体论"的实践唯物主义理解、"实践物质基础论"的实践唯物主义理解。

"实践中介基础论"的实践唯物主义理解认为，旧唯物主义之所以为旧，在于缺乏科学的实践观，而马克思的新唯物主义之所以为新，在于它是立足于科学实践观的唯物主义。旧唯物主义离开实践去思考思维和存在、意识和物质的关系，把意识看作对物质对象的直接的反映。马克思则把实践引进认识论，把实践看作连接、沟通思维和存在、意识和物质、主观和客观的中介、桥梁。这种理解方式肯定实践是认识的基础，但实践的基础作用是一种中介、桥梁的作用，所以这种理解方式可以称为"实践中介基础论"的实践唯物主义理解。

"实践本体论"的实践唯物主义理解。在"实践唯物主义"思潮中，"实践本体论"的实践唯物主义是最有影响力的一种理解。这种理解方式认为，旧唯物主义之所以为旧，在于它坚持了物质本体论，马克思的新唯物主义之所以为新，在于它把人类实践提高到哲学的对象世界的"本体"的地位，以实践本体论代替物质本体论。细分起来，还有两种有差别的实践本体论。一种是把实践理解为人类社会的"本体"，马克思的哲学不关心整个世界的一般本质。一些人看到了这种实践本体论的不彻底性（例如，它把世界分成两个世界：自然世界和人类世界，却不回答这两个世界的统一性问题），于是提出了另一种实践本体论，认为整个世界自从出现了人类以后都是人的世界，实践是整个世界的"本体"。这两种"实践本体论"的差别是次要的，它们的共同观点是，马克思新唯物主义的本体论不是物质本体论而是实践本体论。

"实践物质基础论"的实践唯物主义理解。在"实践唯物主义"思潮中，还存在一种不为广泛注意的理解，这种理解认为旧唯物主义之所以为旧，不是因为它是和辩证法分离的唯物主义，也不是因为它主张物质本体论，而是因为这种唯物主义的根本出发点是自然存在，旧唯物主义是一种从自然存在出发来解释观念的东西的唯物主义，按马克思的说法，是"不能把感性理解为实践活动的唯物主义"，马克思把它称为"直观的唯物主义"。马克思的新唯物主义之所以为新，根本新在转变了唯物主义的出发点，不是从自然存在而是从"人们的存在""人们的实际生活"即实践出发来解释观念的东西，是"把感性理解为实践活动的唯物主义""从物质实践出发来解释观念的东西"的唯物主义。

那么，哪种理解真正把握了马克思新唯物主义的真正创新点呢？哪种理解更正确、更深刻地把握了马克思新唯物主义的实质呢？我们对这些问题的回答，离不开对旧唯物主义的根本缺点的理解。辩证唯物主义认为，旧唯物主义的主要缺点是其机械性、形而上学性，与此相应，新唯物主义就是辩证的唯物主义。但是，辩证唯物主义对旧唯物主义主要缺点的理解是不正确、不深刻的。

哲学史的事实表明，马克思以前的唯物主义并不都是机械的或形而上学的唯物主义，机械性、形而上学性并不是从前的一切唯物主义的共同的缺点。机械的或形而上学的唯物主义主要形成和盛行于17、18世纪。机械的或形而上学的唯物主义的形成，是与科学的发展状况相关的。当时，发展成熟的科学是力学，科学是分化的，分门别类地研究自然界，相互之间缺乏联系和统一。哲学家们把当时科学的思维方式搬到哲学中，就形成了那个时期特有的机械的、形而上学的思维方式，这也影响了唯物主义的形态。但是在古代，当时科学尚处于萌芽时期，人们反而能从总体上理解自然界，把自然界看作普遍联系和运动变化着的。所以，古代的唯物主义是一种辩证的唯物主义，当然其具有原始朴素的性质。到了19世纪，科学有了更充分的发展，而且出现了综合发展的趋势，这样，科学的发展本身揭示了自然界的普遍联系和运动发展。第一个打开形而上学世界观缺口的是康德，而对世界普遍联系和运动发展变化规律进行系统揭示的则是黑格尔，马克思称他是第一个系统地阐述了辩证法一般理论的人。但是，黑格尔的辩证法是唯心主义的辩证法。费尔巴哈曾是黑格尔的学生，他听过黑格尔的哲学讲座，而且黑格尔的"逻辑学"一课，他还听了两遍。后来，费尔巴哈起来批判黑格尔。费尔巴哈对黑格尔的批判，主要是批判其哲学的唯心主义性质，而不是批判其辩证的性质。从费尔巴哈的著作可以看出，费尔巴哈并没有抛弃辩证法而返回机械的、形而上学的世界观，他的唯物主义是辩证的而不是机械的、形而上学的唯物主义。这样说有以下六个方面的原因。

一是费尔巴哈肯定物质的运动、发展变化及其条件性。他说："地球并不是一直就像现在这个样子，它只是经过一系列的发展和变革以后，才达到现在这个状况。地质学已经考查出来，在这些不同的发展阶段里，还曾经存在过许多现在或早已不复存在的动植物。……这又是什么缘故呢？显然是因为它们的存在条件已经不复存在。如果一个生命的终结与它的条件的终结联系在一起，那么一个生命的开始、发生也是与它的条件的发生联系在一起的。"① "发生的意思就是个体化；个体的东西是发生出来的……生，

---

① 〔德〕路德维希·费尔巴哈：《费尔巴哈哲学著作选集》下卷，荣震华、王太庆、刘磊译，商务印书馆，1984，第449—450页。

的确是羞耻的,死,的确是痛苦的;但是谁要是不愿生与死,那就是放弃做一个生物。永恒排斥生命,生命排斥永恒。"①"我们不能永远说人是人生的,地球某种形态是前期同种形态造成的,我们最后必然要达到一点,那里我们看到人是从自然界产生出来的,地球也是由那行星质体或其他什么原素形成起来的。"②

二是费尔巴哈肯定事物的普遍联系,事物的相互依赖、相互作用。他说:"自然到处活动,到处化育,都只是在内在联系之下,凭着内在联系而进行的。"③"不仅人类的起源问题是如此,构成这个感性世界的一切其他的事物和本质也都是如此。这个以那个为前提,那个以这个为前提,这个依赖那个,那个依赖这个;一切都是有限的,一切都是彼此互相产生的。"④自然界的事物,"它们本是互相吸引着的,你需要我,我需要你,这个没有那个就不行的,因此它们是由于自身的力量而互相联系起来,譬如氧和氢结合为水,氧和氮结合为空气,如此造成了那种使人惊奇的联系,使得那些没有认识自然界本质而把一切都依照自己来思想的人,觉得这是一个依照计划和目的活动而创造的实体所做成的事业"⑤。"有机和无机的生命是密切结合着的。……有机物和无机物成立一种必然的联系。"⑥

三是费尔巴哈肯定因果间的辩证关系。他说:"有了条件或原因,就不会没有效果。"⑦"自然界中,一切都在交互影响,一切都是相对的,一切同时是效果与原因,一切都是各方面的和对方面的;自然界并不构成一个

---

① 〔德〕路德维希·费尔巴哈:《费尔巴哈哲学著作选集》下卷,荣震华、王太庆、刘磊译,商务印书馆,1984,第452页。
② 〔德〕路德维希·费尔巴哈:《费尔巴哈哲学著作选集》下卷,荣震华、王太庆、刘磊译,商务印书馆,1984,第596页。
③ 〔德〕路德维希·费尔巴哈:《费尔巴哈哲学著作选集》下卷,荣震华、王太庆、刘磊译,商务印书馆,1984,第484页。
④ 〔德〕路德维希·费尔巴哈:《费尔巴哈哲学著作选集》下卷,荣震华、王太庆、刘磊译,商务印书馆,1984,第595页。
⑤ 〔德〕路德维希·费尔巴哈:《费尔巴哈哲学著作选集》下卷,荣震华、王太庆、刘磊译,商务印书馆,1984,第629页。
⑥ 〔德〕路德维希·费尔巴哈:《费尔巴哈哲学著作选集》下卷,荣震华、王太庆、刘磊译,商务印书馆,1984,第630页。
⑦ 〔德〕路德维希·费尔巴哈:《费尔巴哈哲学著作选集》下卷,荣震华、王太庆、刘磊译,商务印书馆,1984,第632页。

君主国的金字塔,它是一个共和国。"① "每个东西同时是效果又是原因。"②

四是费尔巴哈承认肯定与否定之间的辩证关系。他说:"我的目的决不是一种消极的、否定的目的,而是一种积极的目的;我否定只是为着肯定;我否定的只是神学和宗教的荒诞的、虚幻的本质,为的是肯定人的实在的本质。"③ "人否定自己,可见不是为着否定自己,人否定自己,至少在人性的意义之下,乃是为着借这否定来肯定自己。否定,不过是自我肯定、自爱的一种形式、手段罢了。"④ 在这里,费尔巴哈表面上是在研究关于人的辩证关系,但是由于费尔巴哈认为自然和人"这两种东西是属于一体的"⑤,并且"自然是人的根据"⑥,所以在费尔巴哈的视野中,所谓人并不具有真正独立的人的地位。费尔巴哈研究人,就是研究自然。因此,他肯定关于人的肯定与否定之间的辩证关系,就是肯定自然界肯定与否定之间的辩证关系。

五是费尔巴哈肯定偶然与必然的辩证关系。他认为,必然的规律"在特殊现象和偶然现象中"⑦。偶然不是必然,但有必然蕴藏其中,偶然表现着必然。例如,"人依照不同的年龄,有一定的死亡率,如一岁的婴儿三个到四个死一个,五岁的二十五个死一个,七岁的五十个中死一个,十岁的一百个中死一个,乃是一条自然中的'神圣秩序的法则',亦即自然原因的一个结果,可是,恰好这一个婴儿死掉,而那三个或四个活下来,却是偶然的,并不是由这条规律决定的,而是有赖于一些别的偶然原

---

① 〔德〕路德维希·费尔巴哈:《费尔巴哈哲学著作选集》下卷,荣震华、王太庆、刘磊译,商务印书馆,1984,第602页。
② 〔德〕路德维希·费尔巴哈:《费尔巴哈哲学著作选集》下卷,荣震华、王太庆、刘磊译,商务印书馆,1984,第602页。
③ 〔德〕路德维希·费尔巴哈:《费尔巴哈哲学著作选集》下卷,荣震华、王太庆、刘磊译,商务印书馆,1984,第525页。
④ 〔德〕路德维希·费尔巴哈:《费尔巴哈哲学著作选集》下卷,荣震华、王太庆、刘磊译,商务印书馆,1984,第568页。
⑤ 〔德〕路德维希·费尔巴哈:《费尔巴哈哲学著作选集》上卷,荣震华、李金山等译,商务印书馆,1984,第115页。
⑥ 〔德〕路德维希·费尔巴哈:《费尔巴哈哲学著作选集》上卷,荣震华、李金山等译,商务印书馆,1984,第116页。
⑦ 〔德〕路德维希·费尔巴哈:《费尔巴哈哲学著作选集》上卷,荣震华、李金山等译,商务印书馆,1984,第460页。

因的"①。

六是费尔巴哈认为矛盾的观点、矛盾对立面统一的观点，是辩证法的核心。在这方面，费尔巴哈也有不少闪光的思想。他肯定矛盾的存在，肯定对立面的相互依存及在一定条件下的相互转化。例如他说："单一是不能生产的，只有二元、对立、不同才是多产的。……精神、机智、聪明、判断，只是在对立之中、只是在冲突之中发展和生产出来的，生命也只有在许多不同的而且相反的质料、力量和事物的冲突中产生出来。"②"灾祸所从来的地方也是福利所从来的地方；畏怖所从来的地方也是欢乐所从来的地方。"③"'吸引'和'排斥'，是物质本质上所具有的，人在他的理智中才把它从物质分离出来罢了。"④"东方人见到统一而忽略了差异，西方人则见到差异而遗忘了统一。"⑤"对立的东西就是这样互相补充。"⑥

我们还可以间接地通过马克思对费尔巴哈哲学的看法来了解费尔巴哈哲学。1843—1844 年，马克思还"迷信"费尔巴哈，在这个时期，马克思并不认为费尔巴哈的唯物主义是机械的、形而上学的唯物主义，反而提到过"费尔巴哈辩证法"，指出："费尔巴哈是唯一对黑格尔辩证法采取严肃的、批判的态度的人；只有他在这个领域内作出了真正的发现，总之，他真正克服了旧哲学。"⑦ 此外，马克思区分了两种唯物主义：机械唯物主义与人道主义吻合的唯物主义。马克思认为费尔巴哈唯物主义属于后一种。自 1845 年起，马克思开始批判费尔巴哈，并通过这一批判创立了新唯物主义，但马克思并未把费尔巴哈哲学当作机械的、形而上学的唯

---

① 〔德〕路德维希·费尔巴哈:《费尔巴哈哲学著作选集》上卷，荣震华、李金山等译，商务印书馆，1984，第 488 页。
② 〔德〕路德维希·费尔巴哈:《费尔巴哈哲学著作选集》上卷，荣震华、李金山等译，商务印书馆，1984，第 453 页。
③ 〔德〕路德维希·费尔巴哈:《费尔巴哈哲学著作选集》下卷，荣震华、王太庆、刘磊译，商务印书馆，1984，第 531 页。
④ 〔德〕路德维希·费尔巴哈:《费尔巴哈哲学著作选集》上卷，荣震华、李金山等译，商务印书馆，1984，第 631 页。
⑤ 〔德〕路德维希·费尔巴哈:《费尔巴哈哲学著作选集》上卷，荣震华、李金山等译，商务印书馆，1984，第 45 页。
⑥ 〔德〕路德维希·费尔巴哈:《费尔巴哈哲学著作选集》上卷，荣震华、李金山等译，商务印书馆，1984，第 116 页。
⑦ 《马克思恩格斯文集》第 1 卷，人民出版社，2009，第 199 页。

物主义来批判，马克思所明确指出的包括费尔巴哈的唯物主义在内的从前的一切唯物主义的主要缺点也不是机械的、形而上学的。

旧唯物主义并不都是机械的、形而上学的唯物主义，这一事实对于"辩证唯物主义"的理解来说，是一个打击，使它失去了证明自己理解正确性的一个逻辑前提，这个逻辑前提是：旧唯物主义都是机械的、形而上学的唯物主义。旧唯物主义中已经有辩证的唯物主义，特别是有了费尔巴哈的辩证唯物主义，这也表明：辩证的唯物主义并不是马克思的创造，新唯物主义之新，并不在于它是辩证的唯物主义。费尔巴哈的辩证的唯物主义，相对于17、18世纪的机械的、形而上学的唯物主义而言是新唯物主义，但相对于马克思的唯物主义而言，仍然是旧唯物主义。

那么，马克思在什么意义上批判了旧唯物主义呢？关于这个问题，在当下诸多学者都承认马克思是通过批判以费尔巴哈为代表的旧唯物主义而创立新唯物主义的前提条件下，我们了解马克思对旧唯物主义批判的内容，对于理解马克思新唯物主义的创新点具有十分重要的意义。

马克思对以费尔巴哈为代表的旧唯物主义的批判，主要集中在1845年至1848年，其中最主要的著作之一就是《德意志意识形态》。那么，在《德意志意识形态》的"费尔巴哈"这一章中，马克思是在什么意义上批判了以费尔巴哈为代表的旧唯物主义呢？

在"费尔巴哈"这一章中，马克思没有把旧唯物主义当作机械的、形而上学的唯物主义来批判。马克思并不认为机械性、形而上学性是旧唯物主义的共同的、主要的缺点。这一事实，对于"辩证唯物主义"的理解来说，又是一个打击，使它失去了证明自己理解正确性的又一个逻辑前提。这个逻辑前提是：马克思通过批判机械的、形而上学的唯物主义而创立了辩证的唯物主义。

在"费尔巴哈"这一章中，马克思并没有批判过物质本体论。唯物主义经过长期的发展，特别是发展到费尔巴哈的唯物主义，已经确立了这样的一种世界观：世界是物质的，意识是物质长期发展的产物。这就是人们所说的"物质本体论"。对旧唯物主义在发展中已经达到的这一哲学成果，马克思并未当作抽象的形而上学世界观而加以批判否定，而是作为先前哲学的积极成果加以继承。马克思在"费尔巴哈"这一章中批判了费尔巴哈的直观自然观,同时又肯定:即使有了人类的实践活动,使得人的现实的自然界是人类创造的(或人化了的)自然界,"在这种情况下,外部自然界的优先地位仍然会保持着"①。在马克思的新唯物主义哲学中,一直使用着物质范畴,而马克思所说的物质,只能是指不依赖于意识的客观实在,它既不能被创造,也不能被消灭。这一事实,对于狭义"历史唯物主义"理解和"实践本体论"的实践唯物主义理解是一个打击。狭义"历史唯物主义"理解和"实践本体论"的实践唯物主义理解都认为,马克思的新唯物主义就新在抛弃物质本体论,仅仅关注人类社会的特殊本质,创立狭义的历史唯物主义,不再回答世界的一般本质问题。这一理解,不能理解马克思新唯物主义哲学的本体论。

在这些著作中,马克思没有批判旧唯物主义缺乏"实践中介"的观念,马克思认为旧唯物主义的主要缺点不是没有把实践理解为意识和对象之间的中介,而是没有把实践本身理解为意识的现实对象。这表明,"实践中介基础论"的实践唯物主义对马克思新唯物主义创新点的理解是不深刻的。

那么,马克思在批判以费尔巴哈为代表的旧唯物主义时,究竟批判了些什么呢?在马克思看来,旧唯物主义旧在哪里呢?

在马克思看来,旧唯物主义的主要缺点是其直观性。马克思在"费尔巴哈"这一章中指出,"费尔巴哈对感性世界的'理解'一方面仅仅局限于对这一世界的单纯的直观,另一方面仅仅局限于单纯的感觉"②。而"在对感性世界的直观中,他不可避免地碰到与他的意识和他的感觉相矛盾的东西,这些东西扰乱了他所假定的感性世界的一切部分的和谐,特别是人与自然界的和谐。为了排除这些东西,他不得不求助于某种二重性的直观,这种直观介于仅仅看到'眼前'的东西的普通直观和看出事物的'真正本质'的高级的哲学直观之间"③。因此,"他没有看到,他周围的感性世界决不是某种开天辟地以来就直接存在的、始终如一的东西,而是工业和社会状况的产物,是历史的产物,是世世代代活动的结果,其中每

---

① 《马克思恩格斯文集》第 1 卷,人民出版社,2009,第 529 页。
② 《马克思恩格斯文集》第 1 卷,人民出版社,2009,第 527—528 页。
③ 《马克思恩格斯文集》第 1 卷,人民出版社,2009,第 528 页。

一代都立足于前一代所奠定的基础上，继续发展前一代的工业和交往，并随着需要的改变而改变他们的社会制度。甚至连最简单的'感性确定性'的对象也只是由于社会发展、由于工业和商业交往才提供给他的"①。这也使费尔巴哈没有认识到他生活所在的整个现存的感性世界的基础是"连续不断的感性劳动和创造"②，"它哪怕只中断一年，费尔巴哈就会看到，不仅在自然界将发生巨大的变化，而且整个人类世界以及他自己的直观能力，甚至他本身的存在也会很快就没有了"③。

由此可见，马克思所指出的旧唯物主义的直观性，不是像以前人们理解的那样是指机械性、形而上学性，而是指对感性对象的一种理解方式。费尔巴哈作为唯物主义者，不满意唯心主义哲学把抽象的思维当作意识的现实对象，而是把感性事物作为意识的现实对象，这一点是正确的，马克思也没有在这个意义上批判费尔巴哈。但是，费尔巴哈所理解的感性是自然感性而不是"人的感性活动"（实践）。把感性理解为自然感性而不是人的感性活动（实践），这就是马克思所说的对感性的直观理解方式。

旧唯物主义的直观性的缺点，也就是这种唯物主义的根本出发点的缺点。旧唯物主义之所以为旧，就旧在它的根本出发点上。旧唯物主义是从自然存在出发来理解问题的直观唯物主义。

旧唯物主义从自然存在出发来理解问题，表现于各个方面，这些方面，马克思都指出了。除了从自然存在出发来理解意识的现实对象外，马克思还指出旧唯物主义存在以下六个缺点：

第一，它不能理解人的活动和环境的关系问题。马克思指出："青年黑格尔派同意老年黑格尔派的这样一个信念，即认为宗教、概念、普遍的东西统治着现存世界。不过一派认为这种统治是篡夺而加以反对，另一派则认为这种统治是合法的而加以赞扬。"④ 而实际上，"这些哲学家没有一个想到要提出关于德国哲学和德国现实之间的联系问题，关于他们所作的

---

① 《马克思恩格斯文集》第 1 卷，人民出版社，2009，第 528 页。
② 《马克思恩格斯文集》第 1 卷，人民出版社，2009，第 529 页。
③ 《马克思恩格斯文集》第 1 卷，人民出版社，2009，第 529 页。
④ 《马克思恩格斯文集》第 1 卷，人民出版社，2009，第 515 页。

批判和他们自身的物质环境之间的联系问题"①。

第二，它不能真正揭示宗教的根源。马克思指出："整个德国哲学批判都局限于对宗教观念的批判。他们的出发点是现实的宗教和真正的神学。至于什么是宗教意识，什么是宗教观念，他们后来下的定义各有不同。"② 因而在费尔巴哈先生那里，人们需要做的"还要根据它们的不同发展阶段，清除实体、主体、自我意识和纯批判等无稽之谈，正如同清除宗教的和神学的无稽之谈一样"③。并且从其表现来看，"'费尔巴哈的爱的宗教的追随者'对这种'欢乐和幸福'似乎有独特的想法，他们在谈到革命的时候，强调的是与'天国的和谐曲'截然不同的东西"④。

第三，它不能理解人的本质。马克思指出："我们举出《未来哲学》中的一个地方作为例子，来说明费尔巴哈既承认现存的东西同时又不了解现存的东西，这一点始终是费尔巴哈和我们的对手的共同之点。费尔巴哈在那里阐述道：某物或某人的存在同时也就是某物或某人的本质。"⑤ 这也就是说，在费尔巴哈的视域中，"他把人只看做是'感性对象'，而不是'感性活动'，因为他在这里也仍然停留在理论领域，没有从人们现有的社会联系，从那些使人们成为现在这种样子的周围生活条件来观察人们——这一点且不说，他还从来没有看到现实存在着的、活动的人，而是停留于抽象的'人'，并且仅仅限于在感情范围内承认'现实的、单个的、肉体的人'，也就是说，除了爱与友情，而且是理想化了的爱与友情以外，他不知道'人与人之间'还有什么其他的'人的关系'"⑥。

第四，它不能真正理解意识的目的、功能。与其他哲学家没有什么不同，费尔巴哈也只是满足于"解释世界"。对此马克思和恩格斯批判"费尔巴哈关于人与人之间的关系的全部推论无非是要证明：人们是互相需要的，而且过去一直是互相需要的。他希望确立对这一事实的理解，也就是

---

① 《马克思恩格斯文集》第1卷，人民出版社，2009，第516页。
② 《马克思恩格斯文集》第1卷，人民出版社，2009，第514—515页。
③ 《马克思恩格斯文集》第1卷，人民出版社，2009，第527页。
④ 《马克思恩格斯文集》第1卷，人民出版社，2009，第543页脚注②。
⑤ 《马克思恩格斯文集》第1卷，人民出版社，2009，第549页。
⑥ 《马克思恩格斯文集》第1卷，人民出版社，2009，第530页。

说，和其他的理论家一样，他只是希望确立对现存的事实的正确理解"①，而不是"改变世界"。

第五，它不能真正理解人的周围感性世界。费尔巴哈所理解的人的周围感性世界是单纯的自然界，人只是这个自然界的一个单纯部分。尽管"费尔巴哈特别谈到自然科学的直观，提到一些只有物理学家和化学家的眼睛才能识破的秘密，但是如果没有工业和商业，哪里会有自然科学呢？甚至这个'纯粹的'自然科学也只是由于商业和工业，由于人们的感性活动才达到自己的目的和获得自己的材料的"②。

第六，它不可能有唯物主义的历史观。"当费尔巴哈是一个唯物主义者的时候，历史在他的视野之外；当他去探讨历史的时候，他不是一个唯物主义者。在他那里，唯物主义和历史是彼此完全脱离的。这一点从上面所说的看来已经非常明显了。"③ "因而比方说，当他看到的是大批患瘰疬病的、积劳成疾的和患肺痨的穷苦人而不是健康人的时候，他便不得不求助于'最高的直观'和观念上的'类的平等化'，这就是说，正是在共产主义的唯物主义者看到改造工业和社会结构的必要性和条件的地方，他却重新陷入唯心主义。"④

以上就是马克思对费尔巴哈哲学批判的真实意义。从马克思的这一批判我们可以看出，旧唯物主义之所以为旧，并不在于它具有机械性、形而上学性，不在于它的本体论是物质本体论，也不在于它没有把实践理解为意识和对象的中介，而在于它对感性对象的理解是直观的，因而它的根本出发点是自然存在。

了解了旧唯物主义的根本缺点，了解了马克思对旧唯物主义批判的真实意义，我们也就了解了马克思在哲学上的创新之处，以及他对于哲学的伟大贡献。

马克思在唯物主义哲学发展史上的伟大贡献，不是在于把唯物主义和辩证法结合起来，创立辩证的唯物主义；不是在于抛弃物质本体论而创立

---

① 《马克思恩格斯文集》第 1 卷，人民出版社，2009，第 548—549 页。
② 《马克思恩格斯文集》第 1 卷，人民出版社，2009，第 529 页。
③ 《马克思恩格斯文集》第 1 卷，人民出版社，2009，第 530—531 页。
④ 《马克思恩格斯文集》第 1 卷，人民出版社，2009，第 530 页。

实践本体论或创立狭义历史唯物主义；也不是在于仅仅把实践引进认识论，把实践理解为沟通、连接主观和客观的中介、桥梁，而是在于把作为意识现实对象、基础的感性理解为人的感性活动、人们的存在、社会存在，也就是人们的实践，从而创立了从实践出发来理解问题的实践唯物主义或广义历史唯物主义。

马克思在"费尔巴哈"这一章中批判费尔巴哈"从来没有把感性世界理解为构成这一世界的个人的全部活生生的感性活动"①。这样，马克思就实现了唯物主义出发点的根本转换。旧唯物主义从自然存在出发去理解问题，而马克思则从实践，也就是人们的存在、社会存在出发去理解问题。对感性的不同理解方式、哲学出发点的不同，就把马克思的唯物主义和从前的一切唯物主义区分开了。旧唯物主义是把感性理解为自然存在，从自然存在出发理解问题的直观唯物主义、自然唯物主义，马克思的新唯物主义是"把感性世界理解为构成这一世界的个人的全部活生生的感性活动"的唯物主义，是"从物质实践出发来解释观念的东西"的唯物主义，根据这种唯物主义的出发点，可以把新唯物主义叫作实践唯物主义或历史唯物主义。

马克思从实践出发来理解观念的东西。在"费尔巴哈"这一章中，马克思揭示了观念的东西的现实对象是人们的实践；观念的东西发展的根本动力是人们的实践，也即"道德、宗教、形而上学和其他意识形态，以及与它们相适应的意识形式便不再保留独立性的外观了。它们没有历史，没有发展，而发展着自己的物质生产和物质交往的人们，在改变自己的这个现实的同时也改变着自己的思维和思维的产物"②；意识的根本目的、根本功能在于指导实践、改变世界，例如"语言也和意识一样，只是由于需要，由于和他人交往的迫切需要才产生的"③。

马克思从实践出发来理解人的本质、社会生活的本质。他提出人区别于动物的真正本质在于人是实践的存在物，说道："可以根据意识、宗教或随便别的什么来区别人和动物。一当人开始生产自己的生活资料，即迈

---

① 《马克思恩格斯文集》第 1 卷，人民出版社，2009，第 530 页。
② 《马克思恩格斯文集》第 1 卷，人民出版社，2009，第 525 页。
③ 《马克思恩格斯文集》第 1 卷，人民出版社，2009，第 533 页。

出由他们的肉体组织所决定的这一步的时候，人本身就开始把自己和动物区别开来。"① 人们的实践是在一定社会关系中的活动，因此，不能根据人的自然存在来理解人的本质，而应当根据他们所处的社会关系来理解人的本质，社会是人们的活动，既然人的本质是他们的具体的实践，因此，"社会生活在本质上是实践的"②。

马克思从实践出发来理解人的现实自然界。人的现实自然界不是先在自然，而是人化自然，它们是人们实践活动的产物。因为"一切历史的第一个前提，这个前提是：人们为了能够'创造历史'，必须能够生活。但是为了生活，首先就需要吃喝住穿以及其他一些东西。因此第一个历史活动就是生产满足这些需要的资料，即生产物质生活本身，而且，这是人们从几千年前直到今天单是为了维持生活就必须每日每时从事的历史活动，是一切历史的基本条件"③，所以，在人的生产劳动的作用下，现存感性世界不是"先于人类历史而存在的那个自然界，不是费尔巴哈生活于其中的自然界"④。

马克思从实践出发来理解人的活动和环境的改变的关系。他"打个比方说，费尔巴哈在曼彻斯特只看见一些工厂和机器，而100年以前在那里只能看见脚踏纺车和织布机；或者，他在罗马的坎帕尼亚只发现一些牧场和沼泽，而在奥古斯都时代在那里只能发现罗马富豪的葡萄园和别墅。"⑤ 这一切都说明不是环境决定人，而是人的生产劳动，是工业和商业、生活必需品的生产和交换改变了人们的生活环境。

马克思从实践出发来理解宗教的根源。他和恩格斯认为："人们的想象、思维、精神交往在这里还是人们物质行动的直接产物。表现在某一民族的政治、法律、道德、宗教、形而上学等的语言中的精神生产也是这样。"⑥ 这样，"这里立即可以看出，这种自然宗教或对自然界的这种特定关系，是由社会形式决定的"⑦。他们的新唯物主义"这种历史观就在于：

---

① 《马克思恩格斯文集》第 1 卷，人民出版社，2009，第 519 页。
② 《马克思恩格斯文集》第 1 卷，人民出版社，2009，第 505 页。
③ 《马克思恩格斯文集》第 1 卷，人民出版社，2009，第 531 页。
④ 《马克思恩格斯文集》第 1 卷，人民出版社，2009，第 530 页。
⑤ 《马克思恩格斯文集》第 1 卷，人民出版社，2009，第 529 页。
⑥ 《马克思恩格斯文集》第 1 卷，人民出版社，2009，第 524 页。
⑦ 《马克思恩格斯文集》第 1 卷，人民出版社，2009，第 534 页脚注①。

从直接生活的物质生产出发阐述现实的生产过程，把同这种生产方式相联系的、它所产生的交往形式即各个不同阶段上的市民社会理解为整个历史的基础，从市民社会作为国家的活动描述市民社会，同时从市民社会出发阐明意识的所有各种不同的理论产物和形式，如宗教、哲学、道德等等，而且追溯它们产生的过程。"①

马克思从实践出发来理解每个时代占统治地位的思想。"统治阶级的思想在每一时代都是占统治地位的思想。这就是说，一个阶级是社会上占统治地位的物质力量，同时也是社会上占统治地位的精神力量。支配着物质生产资料的阶级，同时也支配着精神生产资料，因此，那些没有精神生产资料的人的思想，一般地是隶属于这个阶级的。占统治地位的思想不过是占统治地位的物质关系在观念上的表现，不过是以思想的形式表现出来的占统治地位的物质关系。"②

马克思从实践出发来说明历史的根本动力，说明社会冲突的根源。马克思揭示了生产力和生产关系的基本矛盾，以及经济基础和上层建筑的矛盾，这一矛盾运动是人类历史发展的根本动力，是社会冲突的根源："按照我们的观点，一切历史冲突都根源于生产力和交往形式之间的矛盾。"③

马克思从实践出发来说明共产主义的历史必然性。共产主义并不是人向人的"类本质"的复归，"共产主义对我们来说不是应当确立的状况，不是现实应当与之相适应的理想。我们所称为共产主义的是那种消灭现存状况的现实的运动。这个运动的条件是由现有的前提产生的"④。

马克思从实践出发来理解异化。异化曾被哲学家们看作一种神秘的力量，马克思在转向历史唯物主义之后，并没有抛弃"异化"这个用语，而是赋予这一用语以新的含义，成为历史唯物主义的范畴。异化不再被理解为"人的存在"与"人的类本质"的分离，而是指这样一种历史现象：在生产力相对不发达，特别是在存在私有制、分工的历史条件下，人们作为活动者与自己的活动及其结果相对立和分离，人们不能驾驭自己的活动

---

① 《马克思恩格斯文集》第 1 卷，人民出版社，2009，第 544 页。
② 《马克思恩格斯文集》第 1 卷，人民出版社，2009，第 550—551 页。
③ 《马克思恩格斯文集》第 1 卷，人民出版社，2009，第 567—568 页。
④ 《马克思恩格斯文集》第 1 卷，人民出版社，2009，第 539 页。

及其结果，反过来受自己的活动及其结果的控制。也就是说，人们的活动还不是真正自主的活动，而是被迫、不自主的活动。

马克思恩格斯在"费尔巴哈"这一章中这样描述异化现象："最后，分工立即给我们提供了第一个例证，说明只要人们还处在自然形成的社会中，就是说，只要特殊利益和共同利益之间还有分裂，也就是说，只要分工还不是出于自愿，而是自然形成的，那么人本身的活动对人来说就成为一种异己的、同他对立的力量，这种力量压迫着人，而不是人驾驭着这种力量。原来，当分工一出现之后，任何人都有自己一定的特殊的活动范围，这个范围是强加于他的，他不能超出这个范围：他是一个猎人、渔夫或牧人，或者是一个批判的批判者，只要他不想失去生活资料，他就始终应该是这样的人。"① "因为共同活动本身不是自愿地而是自然形成的，所以这种社会力量在这些个人看来就不是他们自身的联合力量，而是某种异己的、在他们之外的强制力量。关于这种力量的起源和发展趋向，他们一点也不了解；因而他们不再能驾驭这种力量，相反，这种力量现在却经历着一系列独特的、不仅不依赖于人们的意志和行为反而支配着人们的意志和行为的发展阶段。"② 马克思恩格斯把这种力量称为"异化"。

在后来撰写经济学手稿时，马克思更为详细地描述了异化现象。他提出："交换关系固定为一种对生产者来说是外在的、不依赖于生产者的权力。最初作为促进生产的手段出现的东西，成了一种对生产者来说是异己的关系。"③ "活动的社会性，正如产品的社会形式以及个人对生产的参与，在这里表现为对于个人是异己的东西，表现为物的东西；不是表现为个人互相间的关系，而是表现为他们从属于这样一些关系，这些关系是不以个人为转移而存在的，并且是从毫不相干的个人互相冲突中产生出来的。活动和产品的普遍交换已成为每一单个人的生存条件，这种普遍交换，他们的互相联系，表现为对他们本身来说是异己的、无关的东西，表现为一种物。在交换价值上，人的社会关系转化为物的社会 ［Ⅰ—21］ 关

---

① 《马克思恩格斯文集》第1卷，人民出版社，2009，第537页。
② 《马克思恩格斯文集》第1卷，人民出版社，2009，第538页。
③ 《马克思恩格斯全集》第46卷上册，人民出版社，1979，第91页。

系；人的能力转化为物的能力。"① "货币存在的前提是社会联系的物化；这里指的是货币表现为抵押品，一个人为了从别人那里获得商品，他就必须把这种抵押品留在别人手里。在这种场合，经济学家自己就说，人们信赖的是物（货币），而不是作为人的自身。但为什么人们信赖物呢？显然，仅仅是因为这种物是人们互相间的物化的关系……货币所以能拥有社会的属性，只是因为各个人让他们自己的社会关系作为物同他们自己相异化。"② "因此，这种个人自由（指资本主义社会中的自由——引者注）同时也是最彻底地取消任何个人自由，而使个性完全屈从于这样的社会条件，这些社会条件采取物的权力的形式，而且是极其强大的物，离开彼此发生关系的个人本身而独立的物。"③ "随着资本的发展，劳动条件同劳动相异化"④，"在劳动生产力发展的过程中，劳动的物的条件即物化劳动，同活劳动相比必然增长，——这其实是一个同义反复的命题，因为，劳动生产力的增长无非是使用较少的直接劳动创造较多的产品，从而社会财富越来越表现为劳动本身创造的劳动条件，——这一事实，从资本的观点看来，不是社会活动的一个要素（物化劳动）成为另一个要素（主体的、活的劳动）的越来越庞大的躯体，而是（这对雇佣劳动是重要的）劳动的客观条件对活劳动具有越来越巨大的独立性（这种独立性就通过这些客观条件的规模而表现出来），而社会财富的越来越巨大的部分作为异己的和统治的权力同劳动相对立。关键不在于物化，而在于异化，外化，外在化，在于巨大的物的权力不归工人所有，而归人格化的生产条件即资本所有，这种物的权力把社会劳动本身当作自身的一个要素而置于同自己相对立的地位"⑤。"从资本和雇佣劳动的角度来看，活动的这种物的躯体的创造是在同直接的劳动能力的对立中实现的，这个物化过程实际上从工人方面来说表现为劳动的异化过程，从资本方面来说，则表现为对他人劳动的占有，——就这一点来说，这种错乱和颠倒是真实的，而不单是想象的，

---

① 《马克思恩格斯全集》第46卷上册，人民出版社，1979，第103—104页。
② 《马克思恩格斯全集》第46卷上册，人民出版社，1979，第106—107页。
③ 《马克思恩格斯全集》第46卷下册，人民出版社，1980，第160—161页。
④ 《马克思恩格斯全集》第46卷下册，人民出版社，1980，第360页。
⑤ 《马克思恩格斯全集》第46卷下册，人民出版社，1980，第360页。

不单是存在于工人和资本家的观念中的。"① "不需要有什么特殊的洞察力就可以理解：例如，如果把从农奴制的解体中产生的自由劳动即雇佣劳动当作出发点，那么，机器只有在同活劳动的对立中，作为活劳动的异己的财产和敌对的力量，才能产生出来；换句话说，机器必然作为资本同活劳动相对立。"② "他们是作为社会的个人，在社会里生产并为社会而生产，但同时这仅仅表现为使他们的个性物化的手段。因为他们既不从属于某一自然发生的共同体，另一方面又不是作为自觉的共同体成员使共同体从属于自己，所以这种共同体必然作为同样是独立的、外在的、偶然的、物的东西同他们这些独立的主体相对立而存在。这正是他们作为独立的私人同时又发生某种社会关系的条件。"③

关于异化的根源，人本主义的异化观把异化看作"自我异化"，异化的根源在人自身，在于人自身的存在与本质的矛盾。在马克思和恩格斯的历史唯物主义的异化观中，异化也可以被看作人的自我异化，异化的根源在人自身，在于人自身的物质生产活动中生产力与生产关系的矛盾。

马克思和恩格斯认为，异化的最深刻的根源在于生产力的相对不发达。在生产力极其低下的原始社会，人们活动的目的是谋生，人是物和自发形成的社会关系的奴隶。因此，原始社会中的人们虽然还没有生活于后来出现的强迫性的社会分工和私有制之中，但他们也是处于异化的生存状态中。不过，马克思恩格斯所说的人的异化，主要限于存在私有制和分工的社会，特别是资本主义社会。

在生产力有了一定的提高，但仍然是相对不发达的基础上，人类社会在私有制、分工下生活，而私有制、分工则成了异化的直接根源。

应当指出的是，第一，作为异化根源的分工是指强迫性的社会分工，是由于一定的社会关系迫使人们不得不在一定范围内活动，从事某种职业活动这样的分工，这种分工是一种暂时的历史现象，是会被消灭的；第二，马克思恩格斯在"费尔巴哈"这一章中认为，"分工和私有制是相等的表达方式，对同一件事情，一个是就活动而言，另一个是就活动的产品

---

① 《马克思恩格斯全集》第 46 卷下册，人民出版社，1980，第 360—361 页。
② 《马克思恩格斯全集》第 46 卷下册，人民出版社，1980，第 362 页。
③ 《马克思恩格斯全集》第 46 卷下册，人民出版社，1980，第 470 页。

而言"①。人们在一定的社会制度下从事着一定的职业,在一定的范围内活动,这是分工;人们活动的结果、产品,为生产资料的占有者所占有,这就是私有制。

那么,异化被消灭的历史条件有哪些呢?最基本的是:第一,生产力的高度发展;第二,交往的普遍发展;第三,在生产力高度发展和交往的普遍发展的基础上消灭私有制和分工。

马克思恩格斯在"费尔巴哈"这一章中谈到异化被消灭的历史条件时指出:"这种'异化'(用哲学家易懂的话来说)当然只有在具备了两个实际前提之后才会消灭。要使这种异化成为一种'不堪忍受的'力量,即成为革命所要反对的力量,就必须让它把人类的大多数变成完全'没有财产的'人,同时这些人又同现存的有钱有教养的世界相对立,而这两个条件都是以生产力的巨大增长和高度发展为前提的。另一方面,生产力的这种发展(随着这种发展,人们的世界历史性的而不是地域性的存在同时已经是经验的存在了)之所以是绝对必需的实际前提,还因为如果没有这种发展,那就只会有贫穷、极端贫困的普遍化;而在极端贫困的情况下,必须重新开始争取必需品的斗争,全部陈腐污浊的东西又要死灰复燃。其次,生产力的这种发展之所以是绝对必需的实际前提,还因为:只有随着生产力的这种普遍发展,人们的普遍交往才能建立起来;普遍交往,一方面,可以产生一切民族中同时都存在着'没有财产的'群众这一现象(普遍竞争),使每一民族都依赖于其他民族的变革;最后,地域性的个人为世界历史性的、经验上普遍的个人所代替。不这样,(1)共产主义就只能作为某种地域性的东西而存在;(2)交往的力量本身就不可能发展成为一种普遍的因而是不堪忍受的力量:它们会依然处于地方的、笼罩着迷信气氛的'状态';(3)交往的任何扩大都会消灭地域性的共产主义。共产主义只有作为占统治地位的各民族'一下子'同时发生的行动,在经验上才是可能的,而这是以生产力的普遍发展和与此相联系的世界交往为前提的。"②

至于对异化的价值评价,与人本主义总是把异化看作不好的东西而加

---

① 《马克思恩格斯文集》第1卷,人民出版社,2009,第536页。
② 《马克思恩格斯文集》第1卷,人民出版社,2009,第538—539页。

以反对、否定（因为异化使人不成其为人，异化的人是非人）不同，在"费尔巴哈"这一章中，马克思和恩格斯认为异化是一定历史阶段的产物，是人们一定生活条件的产物，是在某种生活条件下必然的生存状态、生存性质。人们不能跳过某种生存条件，即不能跳过谋生劳动的阶段，不能跳过分工、私有制的阶段，那么，人们也就不能跳过异化的生存阶段。我们不能对人类过去的历史，对谋生劳动、分工、私有制采取简单否定的态度，也就不能对异化采取简单否定的态度，因为异化正是人类在这些生存条件下的生存状态。为此马克思恩格斯没有对异化采取简单否定的态度，而是对异化的历史作用作了积极的肯定，他们说："社会活动的这种固定化，我们本身的产物聚合为一种统治我们、不受我们控制、使我们的愿望不能实现并使我们的打算落空的物质力量，这是迄今为止历史发展中的主要因素之一。"①

与此相联系，与异化如同一面镜子的内外一样，马克思在论述异化思想的同时也阐发了他关于实现人的自由全面发展的理论。应当承认，当今时代这一学理正受到越来越多的关注，但也受到越来越多的曲解。诸多论者首先是并未认真理解马克思所说的人的"自由全面发展"的含义，把"生存论"意义上的"自由"和认识论、政治学意义上的"自由"相混淆，并将"生存论"意义上的"全面发展"和素质教育所要求的"全面发展"相混淆，以为在今天的历史条件下可以实现人的自由全面发展。同时，也未正确区分马克思前后两种关于实现人的自由全面发展的理论，把马克思早期关于实现人的自由全面发展的人道主义理论当成马克思主义的理论来看待，而马克思后期关于实现人的自由全面发展的历史唯物主义理论则被当成人道主义的理论来看待。在提出我们今天的活动是为了实现人的自由全面发展时，他们不是从现实生活的历史条件出发来理解人的生存状态，而是从人的抽象原则的要求出发来看待现实的人的生存状态，生硬地武断人应当得到自由全面的发展。为了澄清这些曲解，我们必须深入研究马克思关于实现人的自由全面发展的理论，并在历史唯物主义的视野中理解今天人的生存状态。

---

① 《马克思恩格斯文集》第 1 卷，人民出版社，2009，第 537 页。

首先，我们必须梳理清楚什么是马克思所说的人的"自由全面发展"。

有些学者在论述今天人们的活动是为了实现人的自由全面发展时，似乎都是以马克思关于实现人的自由全面发展的理论为根据的。但是，他们对马克思的理论往往采取实用主义的态度，只是抓住"自由发展""全面发展""自由全面发展"这些词句，而不是全面、准确地理解马克思的理论，甚至不了解马克思所说的人的"自由发展""全面发展""自由全面发展"的真实意义。

其实，"自由"这一术语，可以在三种不同意义上使用，可以是三种不同的概念。

一是认识论意义上的"自由"，其相对的概念是"必然"。在认识论中，"必然"是指客观世界自身的运动规律，"自由"是指人们对必然的认识和利用这种认识来改造客观世界。对此，恩格斯指出："黑格尔第一个正确地叙述了自由和必然之间的关系。在他看来，自由是对必然的认识。'必然只有在它没有被理解时才是盲目的。'自由不在于幻想中摆脱自然规律而独立，而在于认识这些规律，从而能够有计划地使自然规律为一定的目的服务。"① 恩格斯这里讲的"自由"，就是认识论意义上的自由概念。人们还把人不能认识必然因而在实践上带有盲目性的状态称为处于"必然王国"之中，把人认识了必然并利用这种认识来改造世界的状态称为处于"自由王国"之中。在认识论的视域中，人类在任何阶段都获得了某种自由，生活于自由王国之中，但这种自由王国是相对的。我们不能把人类实践和认识的历史划分为两个不同的时期：必然王国时期和自由王国时期。在历史发展的各个阶段上，人类总是既自由又不自由，同时生活于自由王国和必然王国之中。人类实践和认识的进步，只是表现为自由王国领域的不断扩大，即不断地从必然王国走向自由王国。

二是政治学意义上的"自由"，其相对的概念是"纪律""统治""奴役""压迫""专制""独裁"等，相近的概念是"民主"。当人们说"为争取民主自由而斗争"时，这里的"自由"就是政治学意义上的自由。"自由"是指一定的社会赋予人们能够从事某些活动的权利，这种权利是

---

① 《马克思恩格斯选集》第 3 卷，人民出版社，2012，第 491 页。

具体的和历史的。在阶级社会中,自由主要由统治阶级以法律的形式加以规定,因而统治阶级本身具有最大的自由。社会革命,就是新的阶级通过革命推翻旧的阶级的统治、压迫,获得自己的自由。在政治学的视域中,不能把人类历史发展划分为"不自由"和"自由"两个时期,也不能简单地把人类历史看成是从"自由"到"不自由"再到"自由"的否定之否定的发展过程,因为在任何一个历史发展阶段,人们总是有某种具体的自由,又有某种具体的不自由。

三是"生存论"意义上的自由。应当指出,马克思关于实现人的自由全面发展理论中的"自由"概念,既不是认识论意义上的自由,也不是政治学意义上的自由,而是一种可称之为"生存论"意义上的自由,其对立的概念是"异化"。在马克思的思想发展中,有两种不同的自由和异化理论(这一点下文再讨论),"自由全面发展"的概念总是相对于"异化"概念而言的。人不能获得自由全面发展,就是异化;只有消除异化,人才能真正获得自由全面发展。

马克思在创立历史唯物主义时,用"异化"和"自由全面发展"这两个术语来指称人的两种不同性质的生存状态。与"异化"相对立,"自由全面发展"是指人们的另一种生存状态:人们活动的最高目的是发展自己的本质能力,劳动成为第一需要,人们的活动不再被限制在某种特殊的领域,没有社会分工,没有职业,人们不再受自己的活动及其结果的控制,而是能够支配驾驭自己的活动及其结果,人的能力由此得到全面发展。马克思恩格斯在谈到这两种不同性质的生存状态时指出:"当分工一出现之后,任何人都有自己一定的特殊的活动范围,这个范围是强加于他的,他不能超出这个范围:他是一个猎人、渔夫或牧人,或者是一个批判的批判者,只要他不想失去生活资料,他就始终应该是这样的人。而在共产主义社会里,任何人都没有特殊的活动范围,而是都可以在任何部门内发展,社会调节着整个生产,因而使我有可能随自己的兴趣今天干这事,明天干那事,上午打猎,下午捕鱼,傍晚从事畜牧,晚饭后从事批判,这样就不会使我老是一个猎人、渔夫、牧人或批判者。"[1]

---

[1] 《马克思恩格斯文集》第1卷,人民出版社,2009,第537页。

"自由"是与"自愿""自主"同等的概念,自由发展也可以看成是自愿发展、自主发展,与人的"依赖性""被迫性"相对立。不过,这里的"自愿""自主"不能从法律的意义上来理解,而必须从"生存论"的意义上来理解。雇佣劳动者受雇于资本家,他们从事某种职业,从法律意义上来说,是完全自愿、自主的行为,没有任何人强迫他们这样做。但从"生存论"意义上来说,这种行为是被迫的,是被自己的生活条件迫使的行为。马克思指出,在资本主义社会中,工人可以自由地出卖自己的劳动力,但是,"这种个人自由同时也是最彻底地取消任何个人自由,而使个性完全屈从于这样的社会条件,这些社会条件采取物的权力的形式,而且是极其强大的物,离开彼此发生关系的个人本身而独立的物"①。同样,资本家的行为从法律的角度看也是自愿、自主、自由的行为,但从"生存论"意义上看,他的行为并非如此,因为他不过是资本的人格化,受资本的驱使,是资本的奴隶。从"生存论"意义来说,只有不是为了某种外在的需要而是出于发展自己的本质能力的内在需要的行为才是自愿、自主、自由的。

"自由发展"和"全面发展"也是同等的概念,自由发展也就是全面发展,全面发展必定是自由发展。"自由发展"着重从人的活动目的、意愿来说明人的生存状态,而"全面发展"则着重从人的能力发展的结果来说明人的生存状态。在"生存论"的意义上,"全面发展"只能是"自由发展"的结果,没有自由发展就谈不上全面发展;自由发展必定表现为全面发展,没有全面发展也就谈不上自由发展。"全面发展"不能理解为什么都行、什么都会,而只能理解为自由发展的结果。

需要指出的是,这种"生存论"意义上的"全面发展"和我们的教育方针所提倡的"全面发展"具有不同的意义,不能混为一谈。为了培养有用的人才,我们的教育应该使受教育者在德育、智育、体育等各方面得到全面发展,但这种"全面发展"还不是"生存论"意义上的"全面发展"。教育方针,是由一定的阶级、政党、国家制定的,是为了培养有用的人才。在这里,能力的发展还不是表现为目的而是表现为手段。培养学生的活动,也是被局限在有限的范围之内。从"生存论"的视野来看,无

---

① 《马克思恩格斯文集》第 8 卷,人民出版社,2009,第 180—181 页。

论是培养者还是被培养者,所从事的都还不是真正意义上的自由活动,他们的能力的发展还是片面的而不是全面的,还不是真正自由发展的结果。

在"生存论"视域中,"异化"和"自由全面发展"是人类历史发展中两个性质根本不同的状态,从前者到后者是人的生存状态的质的飞跃,是从"必然王国"向"自由王国"的飞跃。"生存论"意义上的"必然王国"是人类生存的异化状态,"自由王国"是人类生存的高级状态,是自觉、自由地创造自己的历史的状态。马克思说:"自由王国只是在必要性和外在目的规定要做的劳动终止的地方才开始;因而按照事物的本性来说,它存在于真正物质生产领域的彼岸。"[1] 必然王国的终结和自由王国的开始是人类告别"史前时期"而进入人类自觉地创造历史的时期。马克思指出:"人类社会的史前时期就以这种社会形态(指资本主义社会——引者注)而告终。"[2] 恩格斯也指出:"一旦社会占有了生产资料,商品生产就将被消除,而产品对生产者的统治也将随之消除。社会生产内部的无政府状态将为有计划的自觉的组织所代替。个体生存斗争停止了。于是,人在一定意义上才最终地脱离了动物界,从动物的生存条件进入真正人的生存条件。人们周围的、至今统治着人们的生活条件,现在受人们的支配和控制,人们第一次成为自然界的自觉的和真正的主人,因为他们已经成为自身的社会结合的主人了。人们自己的社会行动的规律,这些一直作为异己的、支配着人们的自然规律而同人们相对立的规律,那时就将被人们熟练地运用,因而将听从人们的支配。人们自身的社会结合一直是作为自然界和历史强加于他们的东西而同他们相对立的,现在则变成他们自己的自由行动了。至今一直统治着历史的客观的异己的力量,现在处于人们自己的控制之下了。只是从这时起,人们才完全自觉地自己创造自己的历史;只是从这时起,由人们使之起作用的社会原因才大部分并且越来越多地达到他们所预期的结果。这是人类从必然王国进入自由王国的飞跃。"[3]

正确地理解历史唯物主义视域中的"自由全面发展"理论,就可以明白,把实现人的自由全面发展当成今天人们活动的目的并不合适。

---

[1] 《马克思恩格斯文集》第7卷,人民出版社,2009,第928页。
[2] 《马克思恩格斯选集》第2卷,人民出版社,2012,第3页。
[3] 《马克思恩格斯选集》第3卷,人民出版社,2012,第815页。

其次,我们应当厘清马克思是否有两种不同性质的"自由全面发展"理论。

许多人之所以把实现人的自由全面发展当成今天人们活动的目的,另一个原因是没有区分马克思思想发展中的两种不同性质的"自由全面发展"理论,误把马克思早期的人本主义理论当成马克思主义的理论。若以马克思关于实现人的自由全面发展的人本主义理论为指导,人们当然可以在某种程度上说:今天人们活动的目的是实现人的抽象的人本主义本质,即实现人的自由全面发展。

毋庸置疑,在马克思的思想发展的进程中,曾经有个"理想主义"阶段,有个"黑格尔主义"阶段,还有个"费尔巴哈派"阶段。在这些阶段上,马克思还不是马克思主义者。1843—1844 年,马克思的思想处于"费尔巴哈派"阶段,在人本主义的视野中考察了人的自由全面发展。同费尔巴哈一样,这时的马克思设定了人的抽象的"类本质"。与费尔巴哈不同的只是,他把"自由自觉的劳动"视为人的"类本质"。马克思在设定人的"类本质"的同时也就设定了人的存在与本质的矛盾,并将这一矛盾视为"人本身"的内在矛盾。这一矛盾的发展在一定阶段上表现为人的存在与人的本质的分离,这时人的存在是一种异化的存在;在另一阶段上表现为人的存在向人的本质的复归,人的异化得到克服,人成为人,达到人的自由全面发展的状态。

其实,这一时期马克思关于实现人的自由全面发展的理论,已经包含了来源于黑格尔的某种历史性的观点。人的异化状态是人类发展的必然的历史阶段,必须经过人的存在和人的本质的矛盾的自身发展阶段,才能达到否定的否定,即达到人向人的本质的复归。在这个人的本质完全复归的阶段上,私有制、阶级、国家已经被消灭,人和自然、个体和"类"之间的冲突已经被消除。因此,根据马克思的这一历史性观点,也不能说我们今天能实现人的自由全面发展。只有经过"人本身"的矛盾的发展,我们才能实现人向人的本质的复归,同时消除作为异化结果的私有制,进入人的自由全面发展的社会。

1845 年,马克思超越了人本主义,创立了历史唯物主义。马克思恩格斯在这一时期的著作中批评以人本主义为哲学基础的"'真正的'社会主义"理论时说:"它必然表现为关于真正的社会、关于实现人的本质的无谓思辨。"①"真正的"社会主义者,"他们不代表真实的要求,而代表真理的要求,不代表无产者的利益,而代表人的本质的利益,即一般人的利益,这种人不属于任何阶级,根本不存在于现实界,而只存在于云雾弥漫的哲学幻想的太空"②。对"真正的"社会主义者的这一批评,实际上也是马克思恩格斯的一种自我批评,是对他们"从前的哲学信仰"③的"清算"。

从人本主义到历史唯物主义的转变,最根本的是研究立场的转变或研究出发点的转变。人本主义从头脑出发、从想象的人出发、从设想的原则出发,而历史唯物主义则从人们的现实生活出发。创立了历史唯物主义的马克思抛弃了对人的"类本质"和人的存在与本质的矛盾的设定,从历史事实本身出发来观察历史、观察人的发展,不再把人的存在与人的本质这一设想出来的矛盾作为人类历史发展的根本动力,而是把人类生产所包含的真实矛盾即生产力和生产关系的矛盾看成是历史发展的根本动力。

创立了历史唯物主义的马克思,从现实生活出发来思考人的本质和人的生存状态。

人为了生活,就必须有物质生活资料,而为了有物质生活资料,就必须生产。生产是人的基本的存在方式,人是怎样的,是由他的生产决定的,不能离开生产去说明人是什么。生产的基本矛盾是生产力和生产关系的矛盾。人是怎样的,不仅要看他生产什么,更重要的是看他在什么样的关系下进行生产。生产关系是全部社会关系中最基础的关系。在历史唯物主义视野中,人的存在没有人和非人的区别,只有这种人和那种人的区别、这一阶段上的人和那一阶段上的人的区别。离开具体的历史条件,离开具体的社会关系,不存在人应当是什么或是怎样的问题。

从人的生活的历史条件来看人的生存状态,马克思指出,在生产力相对不发达的条件下,在私有制、分工的条件下进行生产,人们的生存状态是异化的。异化不再被理解为人的存在与人的本质的分离,而是看成由人

---

① 《马克思恩格斯文集》第 2 卷,人民出版社,2009,第 58 页。
② 《马克思恩格斯文集》第 2 卷,人民出版社,2009,第 58 页。
③ 《马克思恩格斯文集》第 2 卷,人民出版社,2009,第 593 页。

们生存的历史条件决定的一种生存状态。异化不再被抽象地看成是不好的和应当加以消灭的东西，而是看成人类历史发展进程中由一定生活条件决定的人的生存状态，是"迄今为止历史发展中的主要因素之一"①。

异化当然是要消灭的，但不能靠头脑来消灭，而是要依赖于人们现实生活条件的改变来消灭。生产力的发展，私有制、分工的消灭，个别利益和社会公共利益的矛盾的消除，是消除异化的基本历史条件。这些基本历史条件是由社会本身的发展提供的。马克思曾把人类生存状态的发展分为三个阶段，第一个是"人的依赖关系"的阶段，第二个是"以物的依赖性为基础的人的独立性"阶段，"建立在个人全面发展和他们共同的社会生产能力成为他们的社会财富这一基础上的自由个性，是第三个阶段。第二个阶段为第三个阶段创造条件"②。在一定的意义上，我们也可以说，异化的发展为异化的消除即人的自由全面发展创造条件。

以上说明，在关于人的自由全面发展的理论上，存在"两个马克思的对立"，存在人本主义和历史唯物主义的对立。我们只能让历史唯物主义的马克思"回到当代"，即用马克思的历史唯物主义来观察当代人的生存条件和生存状态。

最后，我们应该阐明当代人们的生存条件与人的自由全面发展的关系。

从历史唯物主义的视野看，人的生存状态取决于人的生存条件。只要生产力还不发达，只要人们还生活于存在私有制、分工的社会中，只要劳动还是作为谋生手段而不是人的第一需要，只要能力的发展还不是目的而是谋生手段，只要社会还存在个别利益和公共利益的对立，只要人们的联合还是自发的而不是自由人的联合，人们的生存状态就是异化的而不是自由全面发展的。相反，只有当生产力高度发达，并在此基础上彻底消灭了私有制和社会分工，彻底消灭了个别利益与公共利益的矛盾，彻底消灭了作为谋生手段的劳动，人们才能摆脱异化的生存状态而达到自由全面发展的状态。

那么，当代人们的生存条件如何呢？相对不发达的生产力和市场经

---

① 《马克思恩格斯文集》第 1 卷，人民出版社，2009，第 537 页。
② 《马克思恩格斯全集》第 46 卷上，人民出版社，1979，第 104 页。

济，是我们今天生活的基本历史条件。

在生产力相对不发达的条件下，"谋生"或"谋富"是人们活动的目的，劳动是"谋生"或"谋富"的手段。当人们还在为"谋生""谋富"而活动时，他们的生存状态就不是真正意义上的自由全面发展。

为了发展经济，我们实行改革开放，从计划经济体制走向了市场经济体制。市场经济体制把人们对物质利益的追求最大限度地调动起来，这是它的活力所在，也必然会给社会带来诸如贪污腐败等消极现象。市场经济使人们在获得个人的独立性的同时又在一定程度上为物所束缚。在市场经济中，劳动力进入市场，成为可以自由买卖的商品。劳动是谋生的手段，人们不得不从事某种职业，或者成为一个农民，或者成为一个工人、企业主，或者成为一个教师、官员，等等。总之，人的活动暂时还被限于固定的领域，人的才能暂时还只能得到片面的发展。市场经济本身对于每一个人来说，是一种在他之外的、独立于他的、控制着他的异己的力量。同时，个别利益与公共利益的分化，容易阻碍生态环境建设。

应该承认，当下一些论者喜欢生活于"抽象的思辨"之中，在一定程度上疏离了社会生活的现实。他们"赞同"历史唯物主义，却不肯从事实出发去思考问题，他们的理论和实践是分离的。例如，他们赞同发展市场经济和利用资本等，但他们又说这些直接都是为了使人获得自由全面的发展！这实际上亦是说：我们培养足球运动员是为了让他不当足球运动员，我们招工人是为了让他不当工人，我们提干部是为了让他不当干部，等等。反过来说，他们陷于这样一种矛盾：我们要让农民自由全面发展，却要将他们束缚于土地上；我们要让工人自由全面发展，却要让他们在车间里长时间地重复机械的动作；我们要让学生自由全面发展，却要令他们背着沉重的书包无休无止地内卷。我们只能要求人们当一个好农民、好工人、好老板、好干部、好学生、好教师、好演员、好警察，却不能要求他们不当农民、工人、老板、干部、学生、教师、演员、警察。什么是"好"？在今天的历史条件下，就是做好自己的本职工作，遵纪守法，多创造财富等；对先进分子的要求则是，个人利益要服从集体、国家、阶级、民族的利益。然而，在"生存论"的视野中，不管他们干得好与坏，只要还有职业化，还有工作的固定化，还有个别利益和公共利益的矛盾，还在追求个别利益或需要牺牲个人利益服从集体利益,他们的发展就还不是真正意义上的自由全面发展。我们在实践方面提倡劳动致富,然而在"生存论"的视野中,人们只要追求致富,他的生存状态就不是自由全面发展的。

这样,当我们真正进入马克思主义哲学的视域时,我们就会注意到决不能离开具体历史条件去评价事物。我们不能抽象地说资本等不好,它们本身是在一定历史条件下的存在,在一定历史条件下,它们有自身存在的理由,有促进历史进步的一面。同样,我们也不能离开具体历史条件去评价异化与自由全面发展。我们只能说,在一定的生存条件下,人们的生存状态是异化的;在另一种生存条件下,人们的生存状态是自由全面发展的。从人的历史发展来看,人的自由全面发展是人的高级的生存状态。人们的生存条件是历史运动的客观结果,是不能由人们随意选择的。人们不可能在生产力相对不发达和存在私有制、分工的历史条件下选择自由全面发展,同样,随着生产力的高度发展以及私有制、分工的彻底消灭,人们将必然进入自由全面发展的生存状态。

马克思还从实践出发,公开申明新唯物主义是无产阶级的世界观,解决了新唯物主义为谁服务的问题。

马克思主义以前的哲学,虽然实际上都是特定阶级的世界观,是为特定阶级的利益服务的,但在理论上,它们又都否定自己有阶级性,否定自己是为特定阶级的利益服务的,它们把自己看作代表整个人类利益的思维,是为整个人类服务的,是为了人的。这一特征也为马克思主义以后的各种西方哲学所共有,而各种形式的人道主义哲学,最鲜明地具有旧哲学的这一特征。

人道主义是近代产生的一种社会思潮,表现于近现代的哲学、经济学、政治学、文学艺术等各个观念领域,其基础是人道主义哲学。人道主义哲学理论可以用三个基本命题来概括,那就是:人是人,人是人的最高本质;人是目的而不是手段,人是人的最高价值;尊重人、爱人。这三个基本命题中的核心是第一个命题,其他两个命题是由这个命题派生的。人道主义所谈论的人,是无差别的人,是"人本身"。不管现实生活中人们的性别、年龄、种族、民族、职业、阶级、信仰等的差别如何,人道主义仅仅把他们当作人来看待,也要求每个人这样看待自己。对人的这种无差别的理解,是人道主义的基本理论前提,这个前提规定了人道主义的合理界限,同时也规定了人道主义的不合理界限。在需要把人仅仅当作人来看待的地方,人道主义是合理的;而在需要注意现实的人的种种差别,注意人们的现实的社会关系的地方,人道主义就是不合理的。

生活于西方文化传统中的马克思恩格斯,早年曾受到过人道主义思潮的重大影响。从马克思中学毕业作文中,我们可以看到这种影响,他在《青年在选择职业时的考虑》一文中这样写道:"如果我们选择了最能为人类而工作的职业,那么,重担就不能把我们压倒,因为这是为大家作出的牺牲;那时我们所享受的就不是可怜的、有限的、自私的乐趣,我们的幸福将属于千百万人,我们的事业将悄然无声地存在下去,但是它会永远发挥作用。"① 马克思1843年在革命立场上转向共产主义以后,在历史观上仍然受费尔巴哈哲学的人本主义原则的重大影响,他不仅认为费尔巴哈的著作"给社会主义提供了哲学基础"②,而且在这一时期的著作中不断地表现出费尔巴哈哲学的人本主义原则的影响,例如,他在《〈黑格尔法哲学批判〉导言》中提出,"德国唯一实际可能的解放是以宣布人是人的最高本质这个理论为立足点的解放"③,"德国人的解放就是人的解放"④。

1845年,马克思恩格斯彻底摆脱了种种旧哲学的影响,创立了新唯物主义的世界观,这时,他们一切从现实实践出发,自觉而清醒地意识到了哲学和其他各种社会意识形态的阶级性,而对否定哲学和其他意识形态的阶级性的观念进行无情的批判。他们在《德意志意识形态》中明确指出,把哲学和其他意识形态看作代表全人类的思想不过是"统治阶级总是自己为自己编造出诸如此类的幻想"⑤。当以费尔巴哈哲学的人本主义原则为基础的"真正的社会主义"者克利盖在美国报纸上大肆宣扬人道主义的共产主义理论时,马克思恩格斯写了《反克利盖的通告》,揭露克利盖"把共产主义变成关于爱的呓语"⑥。恩格斯在为"共产主义者同盟"起草

---

① 《马克思恩格斯全集》第1卷,人民出版社,1995,第459页。
② 《马克思恩格斯文集》第10卷,人民出版社,2009,第13页。
③ 《马克思恩格斯文集》第1卷,人民出版社,2009,第18页。
④ 《马克思恩格斯文集》第1卷,人民出版社,2009,第18页。
⑤ 《马克思恩格斯文集》第1卷,人民出版社,2009,第552页。
⑥ 《马克思恩格斯选集》第1卷,人民出版社,1972,第87页。

的纲领《共产主义原理》中说:"共产主义是关于无产阶级解放的条件的学说。"① 在《共产党宣言》中,马克思恩格斯指出:"你们(资产者——引者注)的观念本身是资产阶级的生产关系和所有制关系的产物,正像你们的法不过是被奉为法律的你们这个阶级的意志一样,而这种意志的内容是由你们这个阶级的物质生活条件来决定的。"②"任何一个时代的统治思想始终都不过是统治阶级的思想。"③ 他们揭露"真正的社会主义"者"不代表真实的要求,而代表真理的要求,不代表无产者的利益,而代表人的本质的利益,即一般人的利益,这种人不属于任何阶级,根本不存在于现实界,而只存在于云雾弥漫的哲学幻想的太空"④。恩格斯在批评圣西门、傅立叶、欧文的空想社会主义理论时说道:"所有这三个人有一个共同点:他们都不是作为当时已经历史地产生的无产阶级的利益的代表出现的。他们和启蒙学者一样,并不是想解放某一个阶级,而是想解放全人类。"⑤

应当承认,哲学具有阶级性,马克思主义哲学是无产阶级的世界观,这一认识被过去的马克思主义者承认为常识,但是,现在有些人却认为,这一认识已经过时了,需要实现理论创新。某些人说,在今天的现实生活中,大家都是有财产的人了,无产阶级不存在了,因此,今天不应当再讲哲学的阶级性,不应当再讲马克思主义哲学是无产阶级的世界观,而应当强调马克思主义是全人类利益的代表,是关于人的解放的学说,应当强调"人是出发点""人是人的最高本质""人是人的最高价值"等关心人的理论命题。

我们认为,否认马克思主义哲学的阶级性,强调马克思主义不是代表无产阶级的利益而是代表"人"的利益,这不是一种创新而是向旧哲学的复归。只有旧哲学才否定哲学的阶级性,以"人"的利益的代表出现。哲学意识的这一虚假性已经被马克思主义哲学创始人揭穿,马克思主义创始

---

① 《马克思恩格斯文集》第 1 卷,人民出版社,2009,第 676 页。
② 《马克思恩格斯文集》第 2 卷,人民出版社,2009,第 48 页。
③ 《马克思恩格斯文集》第 2 卷,人民出版社,2009,第 51 页。
④ 《马克思恩格斯文集》第 2 卷,人民出版社,2009,第 58 页。
⑤ 《马克思恩格斯文集》第 9 卷,人民出版社,2009,第 21 页。

人公开承认马克思主义是关于无产阶级解放的条件的学说,它代表无产阶级的根本利益。新唯物主义是无产阶级的世界观,这是马克思主义哲学的本质规定之一。我们并不认为马克思主义理论会永世长存,它和所有其他的理论体系一样,总是要过时、要灭亡的,而其过时、灭亡的基本条件之一,就是无产阶级连同一切阶级差别的消灭,到那时,作为无产阶级的解放条件的学说的马克思主义理论就不再存在了,它没有什么阶级利益可以代表了。如果像某些人所认为的那样,在我们的时代,已经不存在无产阶级了,那么,就必然会得出一个结论:马克思主义理论现在就过时了。在这种情况下,我们还谈什么坚持和发展马克思主义理论的问题呢?还谈什么马克思主义理论创新的问题呢?所以,否定马克思主义的阶级性,不仅不是什么马克思主义理论的创新,恰恰是从根本上取消了马克思主义理论的创新问题。

总之,马克思理解一切问题的哲学思维,就是从人们的现实物质生活出发来理解,我们称这种历史唯物主义为广义历史唯物主义。马克思新唯物主义之新,确实在于它是历史的唯物主义。但这个"历史的",不是说明这种唯物主义的范围,而是说明这种唯物主义的出发点。广义历史唯物主义不是关于历史的唯物主义,而是从人们的历史存在(实践)出发来理解问题的唯物主义。狭义历史唯物主义是广义历史唯物主义的一个理论组成部分,并且是最主要的理论组成部分。

四 问题拓展

《德意志意识形态》作为系统阐述历史唯物主义的文献,理解它与理解马克思主义哲学运动中的术语、范畴问题紧密相关。

第一,理论、概念、范畴与术语。任何一种理论,在逻辑形式上都是由它的概念、判断、推理构成的,而概念是理论的细胞。概念本身就是思想、理论、观点,同时,又是组成判断、推理的最小逻辑单位。

一种理论的基本概念通常又称为范畴。而概念的本质是思想、理论、观点,是事物本质的主观反映。但概念的形成和使用又必须有物质形式,语词就是概念的物质形式。人们形成和表达自己的理论的学术用语就叫术语。对一种理论来说，概念是本质的，术语是非本质的，但又是必要的。术语是概念的物质形式，确定了意义的术语就是概念。同一概念可以有不同的术语，同一术语也可以是不同的概念。

思想、理论的发展，本质上是概念、判断、推理的发展，同时也会伴随术语的变化。一种新理论的出现，必然是新概念的产生，而表达这些新概念，可以使用新术语，也可以使用旧术语，赋予旧术语以新的意义。虽然术语对理论来说是非本质的，但是，由于概念必须由术语来表达，一定的术语在一定的思想传统中具有其社会意义，常常被看作特定的概念，因此，新理论会淘汰一些旧术语，提出新术语。术语的使用对于一个理论来说不是完全无所谓的，确切的术语有助于形成和表达思想，而不确切的术语会使思想混乱。

以上说的是作者理论本身的术语和概念的关系，还存在他人对作者理论的理解、表述作者理论时术语和概念的使用问题，以及发展作者的理论时术语和概念的使用问题。在表述一个作者的理论时，术语的使用应当以正确表达作者的思想为原则，要避免因术语的混乱而导致理论的混乱。恩格斯曾批评施达克在表述费尔巴哈理论时由于术语使用的混乱而导致理论的混乱，他说，施达克在表述费尔巴哈哲学时"哲学用语堆砌得太多了。作者愈是不保持同一学派或者哪怕是费尔巴哈本人的用语，愈是把各种学派、特别是在今天像传染病一样流行的、自称为哲学派别的那些学派的用语混在一起，这种堆砌所造成的混乱就愈大"[1]。在发展一种理论时，原来理论的基本术语及其意义规定会被保留下来，同时也会提出新的术语、概念，但新术语、新概念的提出要注意两点：一是意义要明确，二是概念要科学。

第二，马克思主义哲学创立前后术语、范畴的变化。马克思恩格斯并不是天生的马克思主义者，他们也有过非马克思主义的思想时期，只是在思想发展到一定阶段上才创立了马克思主义。非马克思主义的思想时期也经历过不同的阶段。从这一阶段到下一阶段的发展、从非马克思主义到马克思主义的发展，本质是概念、判断、推理的变化，表现在术语的使用

---

[1] 《马克思恩格斯选集》第 4 卷，人民出版社，1972，第 223 页。

上，既有旧术语的废弃、新术语的产生，也有旧术语有了新的意义、成为新范畴。

1845年以前，是马克思恩格斯思想发展中的非马克思主义时期。这当然指的是总体性质为非马克思主义，而不是说在这一时期没有马克思主义的因素。就马克思来说，他的非马克思主义的思想时期经历了三个阶段，第一个阶段为"理想主义"，1837年以前的中学时期和大学初期；第二个阶段为黑格尔主义，1837年春夏至1842年底；第三个阶段为"费尔巴哈派"，1843年初至1844年底。马克思思想发展三个阶段的变化，也表现在他使用的术语、范畴的变化上。"理想主义"阶段的主要术语、范畴是"应有""现有"，黑格尔主义阶段的主要术语、范畴是"理念""概念"，"费尔巴哈派"阶段的主要术语、范畴是"人本身""人的最高本质""人的类本质""人的类生活""异化""人向人的类本质的复归""人道主义""自然主义"，等等。在这三个阶段上，"哲学"是使用频率很高的一个术语，其不只是指世界观理论，而且具有解释世界的最高原则的意思。在第三个阶段上，马克思在表述自己的理论时不使用"唯物主义"这个术语而使用"人道主义""自然主义"这些术语。

1845年，马克思恩格斯告别他们思想发展中的非马克思主义时期，创立了新唯物主义的世界观，他们使用的术语、范畴也发生了重大变化。

一是废弃旧术语、旧范畴，如"应有""现有""理念""人本身""人的最高本质""人的类生活""人的类本质""人向人的类本质的复归""人道主义""自然主义""哲学"等。其中，"应有""现有"这两个术语、范畴在转向黑格尔主义时就废弃了，"理念"这个术语、范畴在转向"费尔巴哈派"时就废弃了，"人本身""人的最高本质""人的类生活""人的类本质""人向人的类本质的复归""人道主义""自然主义""哲学"等术语、范畴，是在转向历史唯物主义后废弃的。

"哲学"这个术语、范畴的废弃需要特别说一下。马克思恩格斯废弃"哲学"这个术语的事实，为许多后人所不知或视而不见、见而不明。当人们以各种不同的方式言说马克思主义哲学的时候，他们并不知道，马克思主义创始人是不用"哲学"这个术语来指称自己的有关理论的。废弃"哲学"这个术语，不是一个术语的问题，而是否定一个范畴、否定一种思想，表征着马克思恩格斯新世界观的诞生和他们科学研究立场的根本转变。千百年来，哲学一直被人们看作最高智慧，它提供解释世界的基本原则，人们可以根据哲学原则来解释现实生活中遇到的各种问题，各种知识体系也就成了哲学的分支、应用。马克思恩格斯在 1845 年以前，也是从哲学原则出发去解释现实生活的。例如，在理想主义阶段，马克思从"应有决定现有"的哲学原则出发去解决现实的法的问题；在黑格尔主义阶段，马克思从"事物是概念的运动"的哲学原则出发去说明国家、自由、平等等运动；在"费尔巴哈派"阶段，马克思从"人是人的最高本质"这一原则、这一"绝对命令"出发去解释世界。由于人们不知道或不理解马克思恩格斯废弃"哲学"术语的事实，在恢复"哲学"这个术语时自觉或不自觉地产生了向旧思想复归的倾向。

二是保留原有术语，但赋予其新的含义，使其成为马克思主义的范畴，主要有"现实""实践""异化""唯物主义""概念"等。此外，黑格尔辩证法的术语也保留下来并成为新的范畴。

"现实"是贯穿马克思告别"理想主义"以后整个思想发展过程的术语，但这个术语在各个不同阶段上有不同的意义。马克思在脱离"理想主义"转向黑格尔主义之后告诉父亲："我从理想主义……转而向现实本身去寻求思想。"① 马克思这里所说的"现实"，就是黑格尔意义上的现实，即理念的运动。1843 年，马克思又转向费尔巴哈，认为黑格尔所说的现实不是现实，真正的现实是人和自然。创立了历史唯物主义的马克思恩格斯，认为费尔巴哈所说的人和自然仍然是抽象的，不是对人来说的真正的现实，真正的现实是人们自己的实际生活、物质生活，一切思想、观念都是人们自身实际生活的反映。

以往的思想家特别是德国古典哲学家都已经使用过"实践"这个术语了，马克思保留了这个术语并赋予其新的意义，使其成为新唯物主义的奠基范畴。黑格尔、费希特等唯心主义哲学家所说的实践，是精神创造外部世界的活动。费尔巴哈所说的实践是人们改造外部世界的物质活动，但他却贬斥实践，认为实践不是真正的人的活动而是动物式的活动，真正的人

---

① 《马克思恩格斯全集》第 40 卷，人民出版社，1982，第 15 页。

的活动是理性的活动。在"费尔巴哈派"阶段,马克思已经具有了科学实践观的萌芽,但科学实践观在马克思当时总的思想发展中还没有居于自觉的、支配的地位。1845年,"实践"成为马克思主义新世界观奠基的范畴。在新唯物主义中,"实践"是与"现实""实际生活""人们的存在""社会存在"同等的范畴,指的是人们创造人的世界的物质活动,与"精神生活"相对。新唯物主义把实践看作人的根本存在方式,是全部社会生活的本质,是决定人们的精神生活的现实物质基础。在新唯物主义实践范畴的形成过程中,马克思吸取了唯心主义哲学实践范畴中的主体创造性、能动性的思想,克服其唯心主义的性质;吸取了费尔巴哈实践范畴中的物质活动的思想,克服其贬斥人的物质生活的思想。

"异化"是马克思"费尔巴哈派"阶段中据以解答"历史之谜"的一个基本范畴。马克思恩格斯创立新唯物主义时,为了让哲学家们"易懂"而保留了"异化"这一术语,后来也继续使用,但用得不多,"异化"不再是历史唯物主义的基本范畴。"异化"不再被理解为人的存在与人的本质的分离,而被理解为一种历史现象、人在分工和私有制的历史条件下的一种生存状态。在"费尔巴哈派"阶段,马克思是用异化来说明历史;在历史唯物主义阶段,马克思是用历史来说明异化。

"唯物主义"这个术语在近代哲学史上已经被使用了,但其含义十分混乱。马克思在"费尔巴哈派"阶段,曾经肯定过费尔巴哈的唯物主义,但没有明确地用"唯物主义"这一术语表达自己的理论,而是把自己的理论叫作"人道主义"或"自然主义",并认为这种人道主义或自然主义是既不同于唯心主义,也不同于唯物主义,同时又是把这二者结合起来的真理。从1845年起,马克思就非常明确地用"唯物主义""新唯物主义"这类术语来表述自己的世界观理论。马克思恩格斯非常明确地肯定自己是唯物主义者,而"唯物主义"被确切地规定为"建立在对物质和精神关系的特定理解上的一般世界观"①。马克思把唯物主义分为两种形态:"从前的一切唯物主义"或"旧唯物主义"、"新唯物主义"。马克思把旧唯物主义称作"直观唯物主义",并把"直观唯物主义"规定为"不是把感性

---

① 《马克思恩格斯选集》第4卷,人民出版社,1972,第223—224页。

理解为实践活动的唯物主义"①。

黑格尔辩证法术语几乎全部被保留,但它们不再指理念、概念自身的运动,而是指不依赖于意识的事物自身的运动。

马克思把"概念"理解为移入人的头脑并在人的头脑中改造过的物质的东西,而作为意识对象的"物质的东西"是"人们的存在""社会存在""人们的实际生活"。

三是提出新术语,形成新范畴,其中最具革命意义的是"社会存在"这一术语、范畴。

在马克思主义创立以前,无论是唯心主义哲学还是唯物主义哲学,都使用过"存在"这一术语,但都没有提出"社会存在"这个术语,"社会存在"这个术语是马克思独创的。马克思用"社会存在"这个术语指称人们的现实的物质生活,首先是物质生活资料的生产。在马克思主义创立以前,唯物主义哲学家特别是费尔巴哈所说的"存在"是物质,而物质的唯一存在方式就是自然,他们不可能提出"社会存在"这一术语、范畴,所以这种唯物主义只能是自然唯物主义而不可能是历史唯物主义。自然唯物主义虽然找到了意识的自然物质基础,但意识不能单纯由自然物质基础来说明,从物质的自然形态来说明意识的旧唯物主义理论仍然是抽象的,马克思把它称作"直观唯物主义"。马克思的哲学(世界观理论)革命,最根本的就是克服了旧唯物主义的直观性,找到了意识的最贴近的物质基础,那就是人们创造(改造)世界同时也创造(改造)自己的物质生活,首先是物质生活资料的生产。用以前的唯物主义的"存在""物质"这些术语无法指称这种特殊的物质存在,无法表述新唯物主义世界观,马克思就提出了"社会存在"这个术语、范畴。旧唯物主义是从自然存在出发来解释观念的东西的自然唯物主义,新唯物主义是从社会存在出发来解释观念的东西的历史唯物主义。

第三,马克思主义哲学理解运动中术语、范畴的变化。马克思主义新世界观创立后,就存在对这一新世界观的理解、表述的问题,也存在发展这一理论的问题,在这一过程中,还存在术语的使用和概念的规定问题。

---

① 《马克思恩格斯选集》第1卷,人民出版社,1972,第18页。

这里着重谈谈对这一新世界观的理解、表述中术语、范畴的变化问题。

一是被马克思恩格斯废弃了的一些术语得到了复活，主要有"哲学""本体论""理念""人的类生活""人的类本质""人道主义"等。

因为"哲学"这个术语前面已有详述，在此不再赘述。这里主要阐述"理念""人的类本质""人的类生活""人道主义""本体论"等术语。

"理念"是旧哲学中某些客观唯心主义哲学（如柏拉图哲学、黑格尔哲学）的基本术语、范畴，是指决定事物、成为事物本质的概念。马克思在黑格尔主义阶段使用过这一术语、范畴，此后就不再使用了。这一传统一直为马克思主义理解运动长期坚持。但在我国，近些年来，"理念"这一术语恢复使用了，而且使用频率很高。在某些情况下，人们所说的"理念"其实就是指思想、观念。马克思主义把思想、观念看作事物在人脑中的反映。把对事物的反映的思想、观念说成是"理念"，只是术语上的变化，并不增加新的含义，恢复"理念"这个曾经是客观唯心主义哲学的基本用语就没有什么意义。而在有些情况下，人们所说的"理念"则是指作为事物自身本质的概念，如"国家的理念""法的理念"等。在这种情况下，"理念"这一术语的恢复使用就不只是术语的问题了，而是恢复旧的思想的问题了。

"人的类生活""人的类本质""人道主义"等是人道主义（人本主义）使用的术语、范畴，马克思在其思想发展的"费尔巴哈派"阶段比较多地使用这些术语、范畴，1845年以后就废弃不用了。马克思在《关于费尔巴哈的提纲》中曾指出，费尔巴哈的所谓人的本质是指单个人所固有的抽象物。而实际上，脱离一定的社会关系的单个人是不存在的，马克思主义从人的具体的社会关系出发去理解人的本质，不同历史阶段的人们、同一历史阶段中处于不同社会关系中的人们，有着不同的本质。"人的类本质"的概念是不科学的，建立在"人的类本质""人的类生活""异化"（人的存在与人的本质的分离）这些不科学的范畴基础上的人道主义也就不是科学的历史观。马克思明确地把人道主义的历史观看作唯心主义历史观。马克思在否定"人的类生活""人的类本质""人道主义"这些概念的时候，也废弃了这些术语，不再用这些术语来表达自己的理论。但是，人道主义历史观及其术语、范畴在后来的马克思主义理解运动中得到了某种复活。先是某些"西方马克思主义"者恢复使用"人的类本质""人的类生活""异化""人道主义"这些术语来表达马克思主义的理论，他们认为，马克思主义是一种新型的人道主义，是用人的存在和本质的矛盾运动即异化和异化的扬弃来说明历史运动的。"西方马克思主义"中的"人道主义马克思主义"思潮也影响到苏联、东欧以及中国等国家和地区的马克思主义运动。20世纪80年代，我国有过关于异化和人道主义的大讨论，认为马克思主义是人道主义的看法占了上风。后来由于众所周知的原因，"人道主义的马克思主义"思潮退到后台，但其影响一直存在，近来又有加强的趋势。在"人道主义的马克思主义"思潮受到批判后，"人道主义"这一术语在历史观的领域便不太使用了，但"异化""人的类生活""人的类本质"这些人道主义的术语、范畴仍然被一些人在历史观的领域使用着。在这里，旧术语的恢复使用同样伴随着旧范畴的复活。

在关于马克思主义哲学体系的讨论中，"本体论"这一旧哲学的术语也恢复使用了。即使在旧哲学中，"本体论"也不是一个被广泛使用的术语，马克思恩格斯在他们思想发展的哲学时期，似乎也不使用这个术语，而在他们思想发展的实证科学时期就更不使用了。在旧哲学中，"本体论"这一术语的含义并不统一，也并不都是科学的。"本体论"如果是"关于本体的理论"，那么这一概念本身就是不科学的，因为"本体"的概念就是不科学的。"本体论"也可以指"关于存在的学说"，研究存在是什么（存在对意识来说是第一性的还是第二性的）、存在怎么样（存在的所有个别形态的存在状态怎么样）、存在是否可知（存在与思维是否有同一性），它相当于马克思主义所说的一般世界观。如果"本体论"是指一般世界观，那么在这个意义上恢复"本体论"这个术语的使用也不是不可以，只是术语上的差别，不是概念上的差别。但由于在哲学史中，以及参与马克思主义哲学体系讨论的人们赋予"本体论"以各种不同的意义，因此，恢复"本体论"这个术语并用以讨论马克思主义哲学的体系，实际上已经造成了许多的理论混乱，引起了不必要的麻烦，笔者认为还是用"一般世界观"这个术语为好。我们应当直接讨论：马克思主义哲学有没有一般世界观？如果有，它的一般世界观是什么？这样问题会更清楚些，避免了不必要的名词、概念之争。

二是马克思恩格斯表达历史唯物主义理论的一些术语被赋予了别的含义，但仍然当作历史唯物主义的基本范畴使用，如"社会存在""实践""生产力"等。术语是同一的，范畴却不同一了。

前面说了，"社会存在"是马克思恩格斯新唯物主义的基本范畴，是指人们的物质生活，与"实践""人们的存在""实际生活"等是同等的范畴。在概念的规定上，我们的教科书的规定基本上是正确的，说"社会存在"是指人们的社会物质生活条件。但在实际理解中，一些人往往无法脱离直观性，把"社会存在"理解为社会生活中的物而不是人们的物质生活。这一错误理解也或多或少地表现于"社会存在"概念的规定上。我们的马克思主义哲学教科书在正确地指出"社会存在是指人们的社会物质生活条件"后往往会说，社会存在"包括地理环境、人口因素、生产方式"。"包括"这一用语既可以用来概括事物的构成要素，也可以用来概括某一类事物的个别形态。就社会存在的构成要素来说，可以说社会存在包括地理环境、人口因素，但不能说包括生产方式，生产方式不是任何一种社会存在的构成要素，它本身就是社会存在，而且是最基本的社会存在。另外，任何一种社会存在不仅包括自然事物的要素，而且包括社会关系的要素，但社会关系的要素并未"包括"在上述"社会存在"的概念规定中。就社会存在的个别形态来说，可以说社会存在包括生产方式，但不能说包括地理环境、人口因素，因为这二者是社会存在的构成要素而不是社会存在的个别形态。总之，撇开逻辑错误不谈，在"社会存在"的概念规定中也显露出人们对社会存在的直观的理解，把社会存在理解为社会生活中的自然事物，而马克思恩格斯则是把社会存在理解为人们的物质生活、人们的物质活动，这一物质生活、物质活动包含着双重的关系：人和自然的关系、人和人的社会关系。

在马克思那里，"实践"是与"社会存在"同等的范畴，也是指人们的物质生活、物质活动，与人们的思想、观念等精神活动相对。马克思恩格斯曾用实践与意识的关系来表达他们的历史观的基本路线："这种历史观和唯心主义历史观不同，它不是在每个时代中寻找某种范畴，而是始终站在现实历史的基础上，不是从观念出发来解释实践，而是从物质实践出发来解释各种观念形态。"① 这一基本路线和"不是意识决定生活，而是生活决定意识"②，"不是人们的意识决定人们的存在，相反，是人们的社会存在决定人们的意识"③ 是同等的。在后来的马克思主义哲学理解运动中，"实践"和"社会存在"范畴却失去了同一性。一方面，它们被看作不同理论部分的范畴，"实践"是认识论的基本范畴，"社会存在"是历史观的基本范畴；另一方面，更为重要的是，它们的内涵也不同了。虽然人们对社会存在在理解上还有直观性的缺点，但在自觉意识的层面总还是把社会存在理解为一种特殊的物质运动形式即物质的社会运动形式，人们的思想、观念等精神因素不仅不被看作社会存在的形式，也不被看作社会存在的内在构成要素。而"实践"这一术语，特别是在我国的"反思哲学"时期，在大多数人那里，就不再用来指人们的物质生活，而是用来指"主观与客观统一的活动"了，目的、理论、思想、情感、意志等被看作实践的内在要素。人们从没有说社会存在不是"纯粹客观的"物质存在，却说实践不是"纯粹客观的"物质存在；人们从没有批评把社会存在理解为一种特殊的物质存在的观点"太客观了"，却有许多人在批评把实践理解为一种特殊的物质存在的观点"太客观了"；没有人说对社会存在要"从主观方面去理解"，却有不少人主张对实践要"从主观方面去理解"，而所谓"从主观方面去理解"实践，就是把实践理解为"主观与客观统一的活动"，主观因素是实践的内在要素。可见，"实践"与"社会存在"不再是同一的范畴了。但是，如果"实践"不是指与人们的精神生活相对的物质生活，那么"实践"就失去了作为哲学范畴的意义了，再也不能用它来表达马克思恩格斯的新唯物主义世界观了。虽然人们仍然把作为"主观与客观统一的活动"的"实践"作为马克思主义哲学的基本范畴来使用，但由此导致的却是理论上的极度混乱。这种混乱情况在这里不能一一去说明，只举两个例子：如果实践不是人们客观的物质活动而是"主观与客观统一的活动"，主观因素是实践的内在要素，那么，"实践决定理论""实践是检验认识真理性的标准"就不再是唯物主义的认识论，而"实践

---

① 《马克思恩格斯文集》第 1 卷，人民出版社，2009，第 544 页。
② 《马克思恩格斯文集》第 1 卷，人民出版社，2009，第 525 页。
③ 《马克思恩格斯文集》第 2 卷，人民出版社，2009，第 591 页。

本体论"也不可能是唯物主义的本体论。"生产力"作为历史唯物主义的基本范畴，是指人们生产自己的物质生活时人与自然的关系，是人们改造自然的物质能力。"生产力"范畴是"社会存在"范畴的深化。马克思恩格斯在考察社会生活时，把社会生活区分为精神生活和物质生活，把物质生活看作全部社会生活的本质，看作人之为人的本质，社会生活的根本动力不是来自人们的精神生活而是来自人们的物质生活。为了更深入地揭示社会生活的本质、历史发展的根本动力，马克思恩格斯进一步把人们的物质生活、人们的存在区分为物质生产和其他多种物质生活领域，指出物质生产是人们最基本的物质生活、最基本的社会存在方式，是人之为人的根本存在方式，社会生活的根本动力来自社会物质生产。作为社会生活基础的生产，包括人"自身生命的生产"和"他人生命的生产"。无论哪种生产，都有双重的关系：人与自然的关系和人与人的关系即社会关系。对这两种生产在历史发展中的作用，马克思恩格斯都有所论述，但大量的论述集中在"自身生命的生产"即物质生活资料的生产上。马克思恩格斯用"生产力"这一术语指称物质生产中人与自然的关系，用"生产关系"（一开始是用"交往"）指称物质生产中人与他人的关系。这两种关系又发生相互制约的关系：生产力决定生产关系，生产关系也反过来作用于生产力。这一原理深化了唯物主义的历史观：不是人们的意识决定历史的运动，而是人们生产自身的物质生产力的发展最终决定历史的运动。

由此我们也可以明白，"生产力"作为历史唯物主义的基本范畴，是标志人们物质生活资料生产中人与自然的物质关系的范畴，是揭示社会发展的最终动力的范畴，一切意识，既不是生产力，也不是生产力的内在要素。当然，这并不是说意识是与生产力无关的要素。人们的意识或者通过指导人们改造自然的活动直接作用于生产力，或者通过指导人们改造社会关系的活动而间接作用于生产力。但不能因为意识是生产力的相关要素而把意识看作生产力或生产力的内在要素，正如不能因为生产关系、政治关系等是生产力的相关要素而把它们看作生产力或生产力的内在要素一样。

然而，近些年来，"生产力"这一术语、范畴的使用却极其混乱，远离了历史唯物主义。人们不仅把科学看作生产力，而且简直把历史的所有要素都看作生产力，只要是能对生产力的发展起推动作用的要素，人们都把它看作生产力。例如说：教育是生产力、道德是生产力、美是生产力、爱是生产力、政治是生产力、改革和开放是生产力、和谐是生产力、稳定是生产力、团结是生产力、环境是生产力，等等。这种情况的出现，与人们对"科学技术是第一生产力"这一科学命题的误解有关。恩格斯晚年在致博尔吉乌斯的一封信中，专门谈了科学和技术的关系，他说："如果像您所说的，技术在很大程度上依赖于科学状况，那么，科学则在更大得多的程度上依赖于技术的状况和需要。社会一旦有技术上的需要，这种需要就会比十所大学更能把科学推向前进。……可惜在德国，人们撰写科学史时习惯于把科学看做是从天上掉下来的。"[①] 在历史唯物主义的视野中，生产力属于社会存在方面的要素，科学属于社会意识的形式，如果因为科学对生产力的发展起着重大的作用而把科学看作生产力，那么就会把社会的各种要素都看作生产力，正如人们已经做的那样。但是这样一来，生产力就不再是社会有机体中的一种要素、一种归根到底起决定作用的要素，而是社会本身，是全部社会要素的总和，在社会生活的范围内，生产力就是一切，一切都属于生产力。生产力不再决定什么，在它之外，没有别的要素可以由它来决定。然而，这样的历史观绝不是马克思恩格斯的唯物主义历史观！

三是提出了一些新的术语、范畴，如"辩证唯物主义""实践唯物主义"等。

"辩证唯物主义"这一术语是在马克思恩格斯以后的马克思主义运动中提出来的，最早是狄慈根，接着是普列汉诺夫，而影响最大的是列宁。人们用"辩证唯物主义"这一术语指称马克思恩格斯创立的新唯物主义哲学。作为范畴，"辩证唯物主义"是对新唯物主义的一种理解：新唯物主义就新在它的唯物主义是辩证的。作为对新唯物主义的一种理解，"辩证唯物主义"是不深刻的。新唯物主义确实是辩证的唯物主义，但辩证的唯物主义并不一定是马克思恩格斯创立的新唯物主义。辩证的唯物主义并不是由马克思恩格斯创立的，在他们之前，已经有了辩证的唯物主义（如古代原始朴素的辩证唯物主义、费尔巴哈的辩证唯物主义）；马克思恩格斯在创立新唯

[①] 《马克思恩格斯文集》第 10 卷，人民出版社，2009，第 668 页。

物主义之前的 1843—1844 年也已经是辩证的唯物主义者，但他们还没有创立新唯物主义，新唯物主义是在 1845 年创立的。新唯物主义之新，不是新在它是辩证的，而是新在它的出发点——它不是从自然存在出发而是从社会存在出发来解释观念的东西。普列汉诺夫认为，"辩证唯物主义"是能够用来揭示马克思哲学变革的最好的术语，国内也有人持这种观点。但就实际来看，"实践唯物主义"这一术语或许比"辩证唯物主义"这一术语能更好地揭示马克思的哲学变革。

"实践唯物主义"这一术语是从《德意志意识形态》中马克思恩格斯的一个提法演变来的，他们在那里说："而且对**实践的**唯物主义者即**共产主义者**来说，全部问题都在于使现存世界革命化，实际地反对并改变现存的事物。"① （黑体为原文所有）所以也有人认为"实践唯物主义"这个术语在马克思主义哲学创始人那里已经有了，不是一个新术语。不过从原文来看，马克思恩格斯讲的是"**实践的**唯物主义者"，而不是"**实践的唯物主义**者"，因此，也可以说，马克思恩格斯在表述他们的新唯物主义时，并没有使用"实践唯物主义"这个术语，现在一些人在理解新唯物主义的实质时提出的"实践唯物主义"是从马克思恩格斯的某种提法演变而来的一个新术语。现在马克思主义哲学界有许多人赞同用"实践唯物主义"这个术语指称马克思恩格斯创立的新唯物主义，但含义很不统一。有些人把"实践唯物主义"理解为强调改变世界的唯物主义，有些人把"实践唯物主义"理解为"从物质本体论转变为实践本体论"的唯物主义。笔者认为，把新唯物主义理解为强调改变世界的唯物主义是不全面、不深刻的，而把新唯物主义理解为"从物质本体论转变为实践本体论"的唯物主义是错误的。笔者也赞成用"实践唯物主义"这一术语指称新唯物主义，其基本含义是：新唯物主义是"从物质实践出发来解释观念的东西"的唯物主义，这种唯物主义把实践理解为意识的最贴近的现实基础，它从实践出发去说明意识的对象和源泉、意识发展的根本动力、意识真理性的标准、意识的社会功能等。

---

① 《马克思恩格斯文集》第 1 卷，人民出版社，2009，第 527 页。

第四章 《路德维希·费尔巴哈和德国古典哲学的终结》导读

一 写作背景

19 世纪后期，随着第二次技术革命的兴起，世界资本主义生产得到了进一步的发展。据载，在 19 世纪的最后 30 年里，西方国家的工业生产总产值在原有的基础上提升了 2 倍多，仅石油生产量就从 80 万吨增加到 2000 万吨，钢生产量从 52 万吨增加到 2830 万吨。与此相关，铁路的修筑也成效显著，其长度从 21 万多千米一举扩展到 79 万千米。工业和交通运输这两方面的迅猛发展，极为强劲地推动了国际贸易的增长，促进了资本主义在全球范围的扩展，它们在使世界各国、各地区在经济上日益紧密地联结在一起的同时，也事实上形成了囊括全球的资本主义世界经济体系。[1]作为生产和资本高度集中的结果，诸如卡特尔、辛迪加、托拉斯和康采恩等各种垄断组织纷纷建立，资本主义开始由自由竞争阶段进入垄断阶段。在这一阶段，不仅资本主义国家与经济落后的国家的矛盾日益显现，即使是在资本主义国家内部，社会矛盾也愈趋尖锐，工人阶级反对资产阶级统治的呼声日益高涨。在这个过程中，各国无产阶级之间的相互联系不断加强，工人政党不断得以巩固强化和发展壮大，面对新的形势，他们也更加迫切需要科学的革命理论的指导。

与此同时，资产阶级思想家逐渐改变了先前针对德国古典哲学的态度，他们采取将其庸俗化的方式，以所谓"新康德主义""新黑格尔主

---

[1] 参见袁征主编《世界近代史》（修订本），华东师范大学出版社，1997，第 285—286 页。

义"的"新"形式试图复活德国古典哲学,实际上是在抽空了康德哲学中的唯物主义因素,鼓吹其中的不可知论与唯心主义的同时,也阉割掉了黑格尔哲学的辩证法,极力张扬其"意识的空话"。这些本质庸俗低劣的唯心主义和折中主义虽然在具体看法上有所不同,但是它们都站在费尔巴哈唯物主义的对立面,不断攻击马克思和恩格斯创立的唯物主义历史观。

此外,当时一些新近加入工人政党的受过高等教育的青年知识分子,他们因对无产阶级政治斗争的实际条件缺少真实的感知,而自觉或不自觉地把马克思主义哲学庸俗化或简单化,甚至一度歪曲历史唯物主义为似乎可以剪裁各种历史事实的经济唯物主义,并在其中经常性地偷运唯心主义,在很大程度上也给无产阶级政党内部造成了一定的思想浑浊。

受此影响,恩格斯写了《路德维希·费尔巴哈和德国古典哲学的终结》(以下简称《终结》),以阐明历史唯物主义的真理性内容,捍卫其革命精神,同时厘清它与德国古典哲学的内在关系。

二 内容简介

写于1886年初的《终结》最早被刊载在德国社会民主党的理论杂志《新时代》1886年第4年卷第4、5期,由恩格斯专门写了序言的单行本于1888年在斯图加特出版。作为恩格斯阐述马克思主义哲学基本原理的重要著作,其内容主要包括以下几个方面。

(一) 哲学的基本问题

全部哲学,特别是近代哲学的重大的基本问题,是思维和存在的关系问题。在远古时代,人们还完全不知道自己身体的构造,并且受梦中景象的影响[1],于是就产生一种观念:他们的思维和感觉不是他们身体的活动,而是一种独特的、寓于这个身体之中而在人死亡时就离开身体的灵魂的活动。从这个时候起,人们不得不思考这种灵魂对外部世界的关系。如果灵

---

[1] 在蒙昧人和低级野蛮人中间,现在还流行着这样一种观念:梦中出现的人的形象是暂时离开肉体的灵魂;因而现实的人要对自己出现于他人梦中时针对做梦者而采取的行为负责。例如伊姆·特恩于1884年在圭亚那的印第安人中就发现了这种情形。

魂在人死时离开肉体而继续活着,那就没有理由去设想它本身还会死亡;这样就产生了灵魂不死的观念,这种观念在那个发展阶段出现决不是一种安慰,而是一种不可抗拒的命运,并且往往是一种真正的不幸,例如在希腊人那里就是这样。关于个人不死的无聊臆想之所以普遍产生,不是因为宗教上的安慰的需要,而是因为人们在普遍愚昧的情况下不知道对已经被认为存在的灵魂在肉体死后该怎么办。由于十分相似的原因,通过自然力的人格化,产生了最初的神。随着各种宗教的进一步发展,这些神越来越具有了超世界的形象,直到最后,通过智力发展中自然发生的抽象化过程——几乎可以说是蒸馏过程,在人们的头脑中,从或多或少有限的和互相限制的许多神中产生了一神教的唯一的神的观念。

因此,思维对存在、精神对自然界的关系问题,全部哲学的最高问题,像一切宗教一样,其根源在于蒙昧时代的愚昧无知的观念。但是,这个问题,只是在欧洲人从基督教中世纪的长期冬眠中觉醒以后,才被十分清楚地提了出来,才获得了它的完全的意义。思维对存在的地位问题,这个在中世纪的经院哲学中也起过巨大作用的问题:什么是本原的,是精神,还是自然界?——这个问题以尖锐的形式针对着教会提了出来:世界是神创造的呢,还是从来就有的?

哲学家依照他们如何回答这个问题而分成了两大阵营。凡是断定精神对自然界说来是本原的,从而归根到底承认某种创世说的人(而创世说在哲学家那里,例如在黑格尔那里,往往比在基督教那里还要繁杂和荒唐得多),组成唯心主义阵营。凡是认为自然界是本原的,则属于唯物主义的各种学派。

除此之外,唯心主义和唯物主义这两个用语本来没有任何别的意思,它们在这里也不是在别的意义上使用的。下面我们可以看到,如果给它们加上别的意思,就会造成怎样的混乱。

但是,思维和存在的关系问题还有另一个方面:我们关于我们周围世界的思想对这个世界本身的关系是怎样的?我们的思维能不能认识现实世界?我们能不能在我们关于现实世界的表象和概念中正确地反映现实?用哲学的语言来说,这个问题叫做思维和存在的同一性问题,绝大多数哲学家对这个问题都作了肯定的回答。例如在黑格尔那里,对这个问题的肯定回答是不言而喻的，因为我们在现实世界中所认识的，正是这个世界的思想内容，也就是那种使世界成为绝对观念的逐步实现的东西，这个绝对观念是从来就存在的，是不依赖于世界并且先于世界而在某处存在的；但是思维能够认识那一开始就已经是思想内容的内容，这是十分明显的。同样明显的是，在这里，要证明的东西已经默默地包含在前提里面了。但是，这决不妨碍黑格尔从他的思维和存在的同一性的论证中作出进一步的结论：他的哲学因为对他的思维来说是正确的，所以也就是唯一正确的；而思维和存在的同一性要得到证实，人类就要马上把他的哲学从理论转移到实践中去，并按照黑格尔的原则来改造整个世界。这是他和几乎所有的哲学家所共有的幻想。

但是，此外，还有其他一些哲学家否认认识世界的可能性，或者至少是否认彻底认识世界的可能性。在近代哲学家中，休谟和康德就属于这一类，而他们在哲学的发展上是起过很重要的作用的。对驳斥这一观点具有决定性的东西，凡是从唯心主义观点出发所能说的，黑格尔都已经说了；费尔巴哈所增加的唯物主义的东西，与其说是深刻的，不如说是机智的。[①]

在《终结》中，恩格斯提出："全部哲学，特别是近代哲学的重大的基本问题，是思维和存在的关系问题。"[②] 提出这个问题是因为最初的先民对自己身体的构造不了解，而将精神性的"灵"和物质性的"肉"二分对立，从而不得不思考这种灵魂对外部世界的关系。"由于十分相似的原因，通过自然力的人格化，产生了最初的神。随着各种宗教的进一步发展，这些神越来越具有了超世界的形象。"[③] 它们和与之相对应的自然事物也被人为地二分对立起来，同"灵"与"肉"一样经过长期的纠缠交错也需要人们去澄明其关系。由此恩格斯总结了全部哲学史，作出思维和存在的关系问题是哲学的基本问题的著名论断，这一论断对于理解全部哲学史包括马克思主义哲学具有重要的指导意义。

显而易见，长期以来，人们把恩格斯针对全部哲学的论断简单地移用于马克思主义哲学，认为马克思主义哲学的基本问题也就是思维和存在的关系问题，而没有进一步去探究思维和存在的关系问题在马克思主义哲学中有

---

① 《马克思恩格斯文集》第4卷，人民出版社，2009，第277—279页。
② 《马克思恩格斯文集》第4卷，人民出版社，2009，第277页。
③ 《马克思恩格斯文集》第4卷，人民出版社，2009，第277页。

何特殊表现，马克思主义哲学的特殊的基本问题是什么。这一做法的一个直接的后果就是，人们在理解马克思主义哲学的性质时，仅仅强调马克思主义哲学的一般唯物主义性质，而不能深刻地认识马克思主义哲学的特殊唯物主义性质。这一做法还导致一个间接的后果，即后来那些强调具体哲学的特殊性的人们，又否定思维和存在的关系问题也是马克思主义哲学的基本问题，从而导致出现否定马克思主义哲学的唯物主义性质的倾向。否定了马克思主义哲学的唯物主义性质，当然也就无从再说马克思主义哲学的特殊唯物主义性质。看来，正确地理解马克思主义哲学中的基本问题，对于正确认识马克思主义哲学的性质具有重要的意义。这就需要明确以下三点。

第一，必须提出哲学基本问题在具体哲学中的特殊表现形式问题。

辩证法早就揭示了一般与个别、普遍与特殊、绝对与相对的关系。思维和存在的关系问题作为哲学的基本问题是对全部哲学共性的概括，它仅仅指出，一切哲学事实上都围绕思维和存在的关系这个基本问题展开自己的理解，或者说，任何哲学都建立在对思维和存在关系问题的回答的基础上。但是，并不存在一般哲学，存在的只是特殊的、具体的哲学。在特殊的、具体的哲学中，对思维和存在的关系问题进行解答必然要采取特殊的方式。只有研究了这些特殊形式，才能概括出它们的共同形式，才能提出"思维和存在的关系问题是全部哲学的基本问题"这样的论断，也才能认识各种具体哲学的特殊的本质。

让我们简要地回顾一下西方哲学史，看看西方哲学史上各种哲学的基本问题的特殊表现形式。

哲学起源于非哲学，哲学基本问题也有自己的起源，有自己的萌芽形式。梦和现实生活的关系，或灵魂和肉体的关系问题，是哲学基本问题的萌芽形式。恩格斯在提出哲学基本问题时，揭示了哲学基本问题的起源、它的萌芽形态。恩格斯说："思维对存在、精神对自然界的关系问题，全部哲学的最高问题，像一切宗教一样，其根源在于蒙昧时代的愚昧无知的观念。"[1]

具体到古希腊哲学中，哲学基本问题表现为世界的"基质"问题，或世界的最终构成元素问题。世界的"基质"或最终构成元素是什么呢？泰

---

[1] 《马克思恩格斯文集》第4卷，人民出版社，2009，第278页。

勒斯认为是水，阿那克西曼德认为是"无限者"，阿那克西米尼认为是"气"，德谟克利特认为是原子，毕达哥拉斯认为是数，柏拉图认为是理念，等等。世界的"基质"问题或最终构成元素问题本身是一个科学问题，但在当时也是一个哲学问题。为什么世界的"基质"问题或最终构成元素问题作为一个哲学问题也表现为哲学基本问题（思维和存在的关系问题）呢？因为这里表现出这样一个问题：是把思维当作世界的最终"基质"还是把思维之外的存在物当作世界的"基质"？

中世纪哲学主要是经院哲学。在经院哲学中，哲学基本问题表现为上帝和现实世界的关系问题，作为神学婢女的经院哲学，论证了上帝创世说。

近代哲学在同宗教神学和经院哲学的斗争中，提出了思维和外部自然界的关系问题，唯物主义哲学认为，自然界是本来就存在的，我们的意识是自然界长期发展的产物，是对自然界的反映。恩格斯说，思维和存在的关系问题，"只是在欧洲人从基督教中世纪的长期冬眠中觉醒以后，才被十分清楚地提了出来，才获得了它的完全的意义"[①]。但是，这只是从形式上说，哲学基本问题的提法获得了它的普遍的形式。从对思维和存在关系的实际理解来说，从法国唯物主义到费尔巴哈唯物主义，思维和存在的关系问题实际上被理解为思维和自然存在的关系问题，而没有被理解为人们的意识和人们的存在的关系问题，因而这种唯物主义只能从自然存在出发去说明人们的意识，而不能从人们的存在出发去说明人们的意识。在近代唯心主义哲学那里，思维和存在的关系问题也有多种形式，如感知和存在的关系问题（贝克莱）、自我和非我的关系问题（费希特）、绝对精神和世界的关系问题（黑格尔）等。

与马克思主义哲学并存的现代西方哲学，其基本问题也有自己的特殊表现形式。例如，一切经验主义哲学的基本问题是经验和实在的关系问题，意志哲学的基本问题是意志和世界的关系问题，实用主义哲学的基本问题是"真理"和外部世界的关系问题，现象主义哲学的基本问题是现象和本质的关系问题，科学哲学的基本问题是科学理论和科学对象的关系问题，语言哲学的基本问题是语词和意义、指称和指称对象的关系问题，解

---

① 《马克思恩格斯文集》第4卷，人民出版社，2009，第278页。

释学的基本问题是理解和文本、读者和作者的关系问题,等等。

既然哲学基本问题在马克思主义创立以前及其以后的哲学中都有特殊的表现形式,而这种特殊表现形式(包括特殊理解方式)正表现了不同哲学的特殊本质,那么,马克思主义哲学作为一种特殊的哲学,它提出哲学基本问题的方式、它对哲学基本问题的实际理解,也不能没有自己的特殊性,只有认识了这种特殊性,才能认识马克思主义哲学的特殊本质。

第二,马克思主义哲学的特殊的基本问题是社会意识和社会存在的关系问题。

任何问题的提法本身就表明了提问者的一种视域。在旧唯物主义哲学中,不管它们的具体提法有何不同,却都有一个共同的视域,那就是把思维和存在的关系仅仅当作人的思维和人之外的自然存在的关系去理解,而不是把二者关系现实地当作人们的意识和人们的存在的关系去理解,当作社会意识和社会存在的关系去理解。主观唯心主义哲学对问题的提法及其实际理解,表现了一个视域上的长处,那就是不离开主体人的意识和主体人的存在的关系问题,这个关系问题在客观唯心主义哲学中采取了更加歪曲的形式,但仍然是把思维和存在的关系问题理解为思维主体和作为思维主体外化的存在的关系问题。总之,从前的一切哲学都没有正确地提出人们的思维和人们的实际存在之间的关系问题。马克思注意到了旧唯物主义提出问题的视域的局限性,也注意到了唯心主义提出问题的合理性及局限性,他在《关于费尔巴哈的提纲》中说:"从前的一切唯物主义(包括费尔巴哈的唯物主义)的主要缺点是:对对象、现实、感性,只是从客体的或者直观的形式去理解,而不是把它们当做感性的人的活动,当做实践去理解,不是从主体方面去理解。因此,和唯物主义相反,唯心主义却把能动的方面抽象地发展了,当然,唯心主义是不知道现实的、感性的活动本身的。"[1] 这表明,马克思在哲学上已经有了新的视域,在新的视域中,哲学基本问题将以新的形式呈现。

接着,在《德意志意识形态》中,马克思恩格斯实际上已经提出了自己哲学的基本问题,并对这一基本问题作了科学的回答。马克思恩格斯

---

[1] 《马克思恩格斯选集》第1卷,人民出版社,2012,第133页。

说:"这些哲学家没有一个想到要提出关于德国哲学和德国现实之间的联系问题,关于他们所作的批判和他们自身的物质环境之间的联系问题。"① 如果说,在提法的具体形式上,这里还是针对德国哲学,讲了德国哲学和批判与德国的物质环境(德国的现实物质生活条件)的关系问题,那么《德意志意识形态》的以下一些提法则以一般的形态提出了马克思主义哲学的基本问题:"意识 [das Bewuβtsein] 在任何时候都只能是被意识到了的存在 [das bewuβteSein],而人们的存在就是他们的现实生活过程。"② "我们的出发点是从事实际活动的人,而且从他们的现实生活过程中还可以描绘出这一生活过程在意识形态上的反射和反响的发展。甚至人们头脑中的模糊幻象也是他们的可以通过经验来确认的、与物质前提相联系的物质生活过程的必然升华物。因此,道德、宗教、形而上学和其他意识形态,以及与它们相适应的意识形式便不再保留独立性的外观了。它们没有历史,没有发展,而发展着自己的物质生产和物质交往的人们,在改变自己的这个现实的同时也改变着自己的思维和思维的产物。不是意识决定生活,而是生活决定意识。"③ 后来,马克思又在《〈政治经济学批判〉序言》中这样表达他的哲学基本观点:"物质生活的生产方式制约着整个社会生活、政治生活和精神生活的过程。不是人们的意识决定人们的存在,相反,是人们的社会存在决定人们的意识。"④ 人们的意识和人们的存在的关系、人们的意识和人们的实际生活的关系、社会意识和社会存在的关系,这就是马克思提出的并作为他的哲学要加以解决的基本问题。这是一个重大的进步,这是一次飞跃。哲学的视域改变了,问题的提法改变了,对问题的回答也改变了。

然而人们一定会提出这样的问题:社会意识和社会存在的关系问题不是马克思主义哲学中的唯物史观的基本问题吗,怎么能把它说成是整个马克思主义哲学的基本问题呢?这是站在"辩证唯物主义"或"辩证唯物主义和历史唯物主义"理解方式上提出的而且必然会提出的问题。从"辩

---

① 《马克思恩格斯选集》第 1 卷,人民出版社,2012,第 145—146 页。
② 《马克思恩格斯选集》第 1 卷,人民出版社,2012,第 152 页。
③ 《马克思恩格斯选集》第 1 卷,人民出版社,2012,第 152 页。
④ 《马克思恩格斯选集》第 2 卷,人民出版社,2012,第 2 页。

证唯物主义"的理解视域来说，社会意识只是意识的一部分，社会存在只是存在的一部分，因此，社会意识和社会存在的关系问题只能是马克思主义哲学的历史观的基本问题，马克思主义哲学还要回答本体论问题、自然观问题、认识论问题，它们不是历史观，所以不能把仅仅属于历史观的基本问题当作整个马克思主义哲学的基本问题。然而，这正表明了人们在马克思主义哲学理解视域上有重大差异。

从马克思主义哲学的视域来看，"社会意识"并不是意识的一部分，而是意识的全部，全部意识都是社会意识。意识之所以都是社会意识，不仅是因为一切意识都具有社会属性（在此意义上，"辩证唯物主义"似乎也可以承认一切意识都是社会意识），更主要的是在于，一切意识都是对社会存在的意识。马克思说要把对象、现实、感性当作人的感性活动，当作实践去理解，说意识总是被意识到了的存在，而这个作为对象的存在是人们的存在，这都表明，意识的一切现实对象都只能是人们的存在，即社会存在。社会存在是意识的唯一的现实对象，单纯的自然存在，即不是作为社会存在的自然存在，并不是意识的现实对象。

这同时也表明，从意识的现实对象的意义上说，社会存在并不是存在的一部分，而是存在的全部。在马克思看来，并不存在自然存在和社会存在两类现实对象，作为意识现实对象的只能是社会存在。这并不是说在存在的一般意义上（指自然、物质事物）说社会存在是存在的全部（某些"实践本体论"者正是这样理解"存在"的），而是说在存在的一般意义上，社会存在只是存在的一种特殊方式，是物质或自然的社会存在方式，马克思是肯定自然的先在性、物质的本原性的。但是从思维和存在的现实关系来看，与思维发生现实关系的只是人们的存在——人们的思维反映的对象是人们的存在，人们的思维作用的对象也是人们的存在。因此，从思维和存在的现实关系上说，思维和存在的关系问题现实地是社会意识和社会存在的关系问题。这也是马克思能够以新形式提出哲学基本问题的根本原因：他不停留在对思维和存在的抽象的理解上而是抓住思维和存在的真实的、现实的关系，这种关系恰恰是为旧唯物主义所忽视而被唯心主义片面地、抽象地发展的。马克思主义哲学也承认思维和存在的一般的抽象的关系，但这一关系是从思维和社会存在这一现实关系中抽象出来的，因此，不是抽象的或一般的思维和存在的关系问题是马克思主义哲学的特殊的基本问题，而是人们的意识和人们的存在的关系问题，或社会意识和社会存在的关系问题是马克思主义哲学的特殊的基本问题。

第三，正确把握马克思主义哲学的特殊的基本问题具有重要意义。

今天为什么要重新思考马克思主义哲学的基本问题？这也是在理论上正确认识马克思主义哲学的需要。

需要不断地理解马克思主义哲学的实质。一个半世纪以来，人们一直在努力理解马克思主义哲学的实质。从辩证的解释学立场来看，理解永远是一个开放的历史过程，每一个理解者都有一个独特的视域，只能看到自己视域中的东西，而看不到自己视域外的东西。"辩证唯物主义"由于停留在思维和存在的一般关系来理解马克思主义哲学的基本问题，虽然能正确地理解马克思主义哲学与唯心主义相对立的唯物主义性质和与形而上学相对立的辩证性质，但不能理解马克思主义哲学区别于旧唯物主义的特殊性质。后来的"西方马克思主义"思潮和我国"反思哲学"时期的一些新思潮，强调了马克思主义哲学的特殊问题域，强调了马克思主义哲学的实践性，但又总是这样或那样地否定思维和存在的关系问题也是马克思主义哲学的基本问题，把马克思主义哲学或者归结为"超越"的哲学，或者归结为主张"实践本体论"的"实践唯物主义"，或者归结为狭义的历史唯物主义，或者归结为主体性哲学，或者归结为人道主义，等等。而这些理解，都这样或那样地否定、模糊、弱化了马克思主义哲学的唯物主义性质。因此，正确地理解马克思主义哲学的基本问题，有利于纠正以上两个偏向，能够更接近马克思的视域。

"辩证唯物主义"对马克思主义哲学基本问题的理解方式，没有从根本上超越旧唯物主义的理解方式。前述已经指出，旧唯物主义只是把思维和存在的关系理解为人的思维和人之外的自然存在的关系，这种唯物主义只是自然唯物主义或直观唯物主义。"辩证唯物主义"仅仅从思维和存在（物质或自然）的一般关系上去理解马克思主义哲学的观点，把辩证的唯物主义一般世界观（物质第一性，世界是运动着的物质的世界）看作马克思主义哲学的实质、灵魂，这就把马克思主义哲学降到了费尔巴哈唯物主义的水平。因为，费尔巴哈在一般世界观上已经基本达到了辩证唯物主义的水平，肯定世界的物质性，肯定物质世界的辩证运动。在认识论中，认识和对象的关系问题是基本问题。正是在这个基本问题上，"辩证唯物主义"也没有超越直观唯物主义，因为它虽然把实践理解为认识的源泉，但不是对象意义上的源泉，而仅仅是中介、途径意义上的源泉，实践只是沟通主客观的桥梁而不是客观对象本身，这与马克思主张要把对象理解为人的感性活动、理解为实践的思想相距甚远。它把历史唯物主义仅仅看作"辩证唯物主义"一般世界观的推广应用，虽然它也正确地阐述了唯物史观的许多内容，但也带有许多直观性的痕迹，例如它对"社会意识""社会存在"的理解解释，它对历史规律的理解解释，等等。同时，由于它把社会意识和社会存在的关系仅仅理解为历史观的基本问题，把思维和存在的关系问题理解为整个马克思主义哲学的基本问题，就限制了自己的理解视野，对自"西方马克思主义"思潮以来的一些新思潮强调实践是马克思主义哲学的基本出发点的观点不能加以吸收，不能理解马克思的实践唯物主义或历史唯物主义哲学。

如果能够认识到思维和存在的关系问题在马克思主义哲学中采取的是意识和实践、社会意识和社会存在的关系问题的新形式，那么，"辩证唯物主义"理解方式的缺陷就能被克服。如果说，社会意识和社会存在的关系问题是马克思主义哲学的基本问题，那么，它在本质上就是历史唯物主义。当然，这里所说的历史唯物主义并不仅仅是指关于社会历史特殊本质的唯物主义观点，而是指从人们的历史存在（社会存在）出发来解释观念的东西的唯物主义。马克思主义哲学的全部内容，都是从人们的实践、人们的历史存在出发来解释观念的东西，它的社会历史观是如此，它的认识论、自然观、本体论也是如此。这样理解的马克思主义哲学，就与自然唯物主义或直观唯物主义有了本质的区别。

马克思主义哲学理解中的新思潮的优点是肯定了马克思主义哲学与人、人的存在、社会历史的直接关联，强调实践的观点在马克思主义哲学中的首要地位。但是，由于他们否定了思维和存在的关系问题也是马克思主义哲学的基本问题，也就使他们没有能力在马克思的科学实践观的基础上正确理解马克思主义哲学的实质。否定马克思主义哲学的唯物主义性质，当然也就谈不上存在马克思主义哲学的特殊的唯物主义性质。

如果能够认识到，人们的意识和人们的存在的关系问题、社会意识和社会存在的关系问题是马克思主义哲学的基本问题，那么，也就有助于克服"新思潮"中否定马克思主义哲学的唯物主义性质的缺陷。人们的意识和人们的存在的关系、社会意识和社会存在的关系、意识和实践的关系仍然是思维和存在的关系，而且均是思维和存在关系的现实表现。肯定马克思主义哲学有自己的特殊的基本问题，并不是否定而是进一步证实了思维和存在的关系问题是全部哲学的基本问题。肯定马克思主义哲学的基本问题是社会意识和社会存在的关系问题，完全没有必要否定物质本体论。在这方面，具体说来，本体论或一般世界观，通常被理解为关于一般存在或存在一般的理论，或对整个世界的一般本质的理解，回答三个基本方面的问题：世界是什么？世界的状态怎么样？世界是否可知？这一理解在原则上并没有错，但人们（无论是赞成还是反对物质本体论）却有一种误解，认为本体论不是关于人的存在的一般本质的理论，它只是关于人的外部世界的理论，或如反物质本体论的人们所说，是关于无人世界的理论。笔者认为人们对本体论的这种误解应当消除。真实的情况是，本体论是对社会意识和社会存在关系中的一般关系的抽象层次的回答，是关于人的存在的一般本质的理论。问世界是什么，实际上是问我们自己存在的这个世界是什么，我们自己的存在与这个世界的存在是一种什么样的关系；问这个世界怎么样，实际上是问我们自己存在的这个世界怎么样，我们处于一种什么样的世界中；问世界是否可知，实际上是问我们自己的思维和我们存在的这个世界是否有"同一性"。本体论形式上是对外部世界的认识，实质上是对我们自己的存在世界的认识，是对我们自己和这个世界关系的认识；形式上是对外部世界的关心，实质上是对我们自己存在的这个世界的关心，是对我们自己存在的关心，是对我们自己怎样生活的关心。本体论所要解决的就是我们的存在与这个世界的存在的一般关系，与这个世界的共性或共同的本质。这个共同的本质就是物质本体论所揭示的：物质的运动或运动的物质。这是人的存在的一般本质，也就是我们存在的这个世界的一般本质，在此意义上，我们才可以说，本体论是对思维和存在最一般关系的回答，是关于世界的一般本质的理论。

本体论与人的存在的一般本质的联系，在以前的各种哲学中都是或明或暗地存在的。在古代，这种联系虽然不是很明确，但在逻辑上是存在的，例如，泰勒斯的"水本体论"表明人所存在的这个世界的本质是水，人的一般本质也是水，所以"水本体论"就是关于人的存在的一般本质的理论。中世纪的"上帝本体论"则直接与人的存在的一般本质联系起来了：人是上帝的产物，上帝是人的本质，人的世俗存在是无足轻重的，回到上帝那里，是人生的最终归宿。所以"上帝本体论"其实就是关于人的存在的一般本质和人怎样生活的理论。各种主观唯心主义的本体论认为人的意识是一切存在的本质，这直接就是关于人的存在的一般本质、人在世界上的地位和作用的学说。17、18世纪的唯物主义哲学，反对"上帝本体论"和唯心主义的本体论，提出"自然本体论"，即我们所存在的这个世界是自然，人是自然界的产物，人的本质是自然，顺应自然、发挥人的自然本性是人的最好的生活方式。可见，这种"自然本体论"就是关于人的存在的自然本质和关于人应当怎样生活的学说。康德哲学的本体论是二元的。一方面，他肯定物自体的存在；另一方面，他又割断物质与认识的内在联系，使物自体成为不可知的存在。康德的这种二元论的和不可知论的本体论，以及休谟的不可知论的本体论，实际上也都是关于人的存在的一般本质的理论，是关于人的认识能力、认识本质的学说。黑格尔哲学的本体论是"理念本体论"，从形式上看，似乎不是关于人的存在的一般本质的理论，其实，这种"理念本体论"也是关于人的存在的一般本质的理论。从实质上看，所谓理念，实际上是人的思想、观念，只不过在黑格尔那里采取了"客观"的形式，人的思想采取了非人的形式。理念通过劳动创造世界，不过是人类劳动创造世界的思辨的抽象的表现。费尔巴哈的自然本体论或物质本体论与人的关系是极其密切的，他非常重视人，强调人在自己哲学中的重要地位，并因此而把自己的哲学称作人本主义。费尔巴哈把自己的哲学以及其他哲学（包括本体论）同人的存在的关系揭示得十分明白，他说："新哲学将人连同作为人的基础的自然当作哲学唯一的普遍的最高的对象——因而也将人本学连同生理学当作普遍的科学。"[①] 费

[①] 〔德〕路德维希·费尔巴哈:《费尔巴哈哲学著作选集》上卷，荣震华、李金山等译，商务印书馆，1984，第23页。

尔巴哈哲学的本体论是自然本体论或物质本体论，这种本体论揭示的是人的存在的自然本质。他又说："神学的本质是超越的，被排除于人之外的人的本质。黑格尔逻辑学的本质是超越的思维，是被看成在人以外的人的思维。"① 神学的本体论是"上帝本体论"，它是关于人的存在的一般本质的理论，当然是被歪曲了的。黑格尔的本体论是"理念本体论"，是关于人的存在的一般本质的理论，当然也是被歪曲了的。

马克思是从黑格尔哲学出发经过费尔巴哈哲学而创立自己的新唯物主义哲学的。从马克思思想发展史可以看出，无论是在黑格尔主义阶段还是在"费尔巴哈派"阶段，人的问题、社会历史问题一直是马克思哲学思想的主题，但他并不因此就反对本体论思想，他的本体论思想也是关于人的存在的一般本质的理论，因而是为思考人的问题服务的。在黑格尔主义阶段，马克思的本体论是服务于对社会问题的思考的，例如，马克思从理念论出发，认为国家是政治的和法的理性的实现，所以真正的国家应当体现、保障人的自由、平等，不能体现、保障人的自由平等的国家就是离开了自己的概念的存在而应当灭亡。在"费尔巴哈派"阶段，马克思接受费尔巴哈的自然（物质）本体论，并以此为解决人的问题服务。在1843年，马克思认为德国的解放是以人是人的最高本质为根据的解放。1844年，马克思认为"只有自然主义能够理解世界历史的行动"②。他还认为，彻底的（或完成了的）自然主义也就是人道主义，而彻底的自然主义或人道主义是"历史之谜"的解答。为什么呢？因为它揭示了人的自然（本然）本质：自然"是人的无机的身体"③。这里我们暂时不去讨论马克思在这两个发展阶段中的思想的正确性问题，而只是表明：本体论并不和关心人的问题相矛盾，恰恰相反，本体论实际上是对人的存在的一般本质或根据的认识，本体论是服务于对人的问题、社会历史问题的研究的，而自然主义的本体论也可以走向人道主义。实际上，人道主义的实质是自然主义。

1845年，马克思开始批判费尔巴哈的人本主义哲学而创立了新唯物

---

① 〔德〕路德维希·费尔巴哈：《费尔巴哈哲学著作选集》上卷，荣震华、李金山等译，商务印书馆，1984，第103页。
② 《马克思恩格斯文集》第1卷，人民出版社，2009，第209页。
③ 《马克思恩格斯文集》第1卷，人民出版社，2009，第161页。

主义哲学。马克思主义哲学中的物质本体论也是来说明人的存在的一般本质和教导人们如何活动的理论。人也是自然存在物，也是物质存在，人只能改变物质的形式而不能创造物质的本质，人只能认识自己所处的物质世界的规律而不能创造、改变这些规律。总之，马克思主义哲学中的物质本体论也是关于人的存在的一般本质和教人怎样生活的哲学理论。

由此可见，否认马克思主义哲学有物质本体论的观点是不对的。马克思主义哲学的主题确实是研究人的存在，是为了阐明人的存在的一般本质和发展规律。但是，研究人的存在，就包括研究人的存在的一般本质这一理论层次，而研究人的存在的一般本质这一理论层次就是本体论。物质本体论就是对人的存在的物质本性的研究。仅仅研究人的存在的物质本性，当然还不能说是认识了人的存在，因为它还没有解决人的存在的特殊本质问题，但不了解人的存在的物质本性，不了解人与物质世界的共性，也必不能实现对人的存在的理解。所以，物质本体论是完全必要的，作为研究人的存在的一般本质和发展规律的马克思主义哲学，应当包括物质本体论。

同时，一些肯定马克思主义哲学有物质本体论的人把马克思主义哲学中的物质本体论看作不是关于人的存在的一般本质的理论的观点也是不对的，这样理解物质本体论，就会脱离马克思主义哲学的真正主题，也会授予否定马克思主义哲学有物质本体论的人以根据。只有把物质本体论理解为关于人的存在的一般本质的理论，我们才能有力地反对否认物质本体论的观点，维护马克思主义哲学中的物质本体论。

当然，说物质本体论是关于人的存在的一般本质的理论，不仅意味着物质本体论的任务是探讨人的存在的物质本性，更意味着，物质本体论是以人的存在为感性现实对象的理论。说物质本体论的任务是探讨人的存在的物质本性，只是说了物质本体论与人的存在的关系的一个方面，说了物质本体论对说明人的存在的一般本质的意义，说了物质本体论何以必要。物质本体论与人的存在的关系还有另一个方面，即物质本体论的认识是以人的存在为感性现实对象所得的认识。这一方面更为重要，因为说明了物质本体论与人的现实生活的对象性关系，也就说明了物质本体论对人的现实生活的意义，即价值性关系。

在以往，无论是赞成还是反对马克思主义哲学有物质本体论的人，都没有正确理解物质本体论认识的真实对象，把物质本体论的对象理解为整个世界或整个世界的一般本质。赞成者据此说，物质本体论有确定的对象，可以成立；反对者据此说，整个世界或整个世界的一般本质都不是现实的感性存在物，它们都不能成为认识的现实对象，所以物质本体论不能成立。这里两者所说的"对象"其实不是同一意义。赞成者所说的对象，不是指感性现实对象，而只是指的认识的任务，它并没有解决物质本体论认识的感性现实对象问题。在感性现实对象的意义上，反对者们的意见是对的：对象总是有限的而不能是无限的，整个世界或整个世界的一般本质，不能成为认识的感性现实对象。但是反对者却不理解，认识的任务、认识的本性恰恰是从个别把握一般、从特殊把握普遍、从有限把握无限，因此，只要肯定人的存在是人的感性现实对象，就应当肯定物质本体论的认识是有确定的对象的。

认识的感性现实对象问题，在马克思以前是没有人科学地解决了的，马克思第一次科学地解决了这个问题。马克思的意识对象观，能帮助我们科学地理解物质本体论认识的感性现实对象问题，解决物质本体论的认识何以可能的问题。马克思在1845年哲学革命后提出了哲学对认识感性现实对象的三种理解方式，其中一种方式，就是马克思的意识对象观。

马克思提出的第一种理解方式是从前的一切唯物主义的直观理解方式。这种理解方式有两个基本点：一是认识的对象是感性存在物，这一点体现了意识对象观上的唯物主义；二是从直观的形式去理解感性现实对象，实际上，就是把对象理解为自然存在物（一切存在物在直观的理解中总是自然存在物）。因而，在这种理解方式中，对象是先在的、既成的，不是在人的活动中历史地生成和历史地发展的，是无主体性的。对这种理解方式中的第一点，马克思是肯定的，马克思批评的是这种理解方式中的第二点，即对感性现实对象的直观的理解，并把这一理解看作从前的一切唯物主义的主要缺点。联系到本体论问题，旧唯物主义物质本体论的缺点不是其理论内容，而是其思考物质本体论的方式：它离开人的存在去思考物质本体论的对象问题。

马克思提出的第二种理解方式是唯心主义的能动的理解方式，这种理解方式也有两个基本点：一是认识的对象是主体的能动的创造性的活动；

二是主体是精神,因而,从本质上说,对象是一种精神的存在物。对于这种理解方式,马克思也是既有肯定又有否定。对于能动的理解方式,马克思是肯定的,指出唯心主义发展了能动的方面。这个"能动的方面"不能理解为是意识方面或主观方面,而是指主体的能动的创造性的活动方面,即实践方面。对于这种理解的唯心主义性质,马克思是批评、否定的,马克思指出这种理解方式只是抽象地发展了的能动的方面,因为唯心主义当然是不知道真正现实的、感性的活动本身的。联系到本体论问题,唯心主义的本体论的优点正是在于从主体的活动去理解世界的本质,但其缺点在于,把主体的活动理解为精神活动,因而把精神理解为世界的本质。

这样,从马克思的意识对象观来看,一切认识的感性现实对象都是现实的人的感性物质活动即实践。实践也就是"人们的存在"。物质本体论作为哲学意识,其认识的感性现实对象也只能是人们的实践、人们的存在。以往赞成物质本体论的人们忽略的、授人以柄的,正是忽略了物质本体论认识的感性现实对象问题,因此不能科学地说明物质本体论的认识何以可能的问题。

但是,用认识的感性现实对象的有限性来反对物质本体论的观点也是不能成立的。有限包含无限,这对于辩证思维来说,是不言而喻的。人的存在、实践是有限的,但正是这个有限的存在,包含着无限的本性,这个无限的本性,就是物质性,这是人的存在和世界存在的共性。把握人的存在的物质本性,正是物质本体论的内容。物质本体论所反映的内容,不在认识的感性现实对象之外(如果是在感性现实对象之外,那当然是不能认识的),而正是在感性现实对象之中,因而是能够为思维所把握的。其实正如恩格斯所说,思维的真正的本性,是把握个别中的一般、有限中的无限,认识总是对无限的认识。认识人的存在这个个别中的最大的一般,就是物质本体论的认识。所以,物质本体论的认识是现实可能的。

现在我们来谈物质本体论和人的存在问题的关系的第三个方面,即物质本体论在解释人的存在方面的限度问题。

前面我们说了,物质本体论是关于人的存在的一般本质的认识,关于人的存在与世界存在共同本质的认识。对物质本体论性质的这种规定,同时也就规定了物质本体论在解释人的存在方面的功能限度,解决了物质本体论在马克思主义哲学中的地位问题。

物质本体论只是对人的存在的一般本质的理解，也就是对人的存在和世界存在的共同本质的理解，不能解决人区别于自然存在的特殊本质。否认物质本体论对认识人的存在的一般本质的意义是不对的，但夸大物质本体论对解决人的存在的一般本质的意义也是不对的。在物质本体论的理解视野中，人是一种物质的存在，与其他存在物没有本质的不同。如果说人与其他存在物有区别，那么，人只不过是一种最高等的动物罢了。它只能在自然存在的范围内来区别人和其他存在物，不能超越自然存在形态来理解人的存在。即使是辩证的物质本体论，也只能理解到人的存在的自然意义上的联系、运动发展及规律，不能理解到超越自然存在的辩证运动。实际上，在马克思创立新唯物主义以前，旧唯物主义早就从物质本体论（当然它有不同的形态）来理解人的存在的一般本质了：人也是一种自然存在、物质存在。这是唯物主义的，但只是自然唯物主义的，不是历史唯物主义的。旧唯物主义作为唯物主义，在考察人的存在的一般本质时，从来就没有超越物质本体论的视界。马克思的功绩，就在于超越（扬弃）了物质本体论的视界，他从实践活动来理解人的本质，既看到了人的自然本质，同时也看到了人的历史本质。马克思的唯物主义不是自然唯物主义而是历史唯物主义。

正确理解物质本体论对说明人的存在的限度，有利于正确对待物质本体论。一方面，物质本体论是有意义的，它解决的是人的存在的物质本性问题。任何理论的意义都是有限度的，它的意义就是在它的解释范围内的意义。不理解人的存在的物质本性，就不能正确认识人的存在。有人认为，物质本体论是旧唯物主义的理论，不是马克思主义的理论，所以我们要放弃物质本体论。这种观点其实只说出了三分之一的真理：物质本体论是旧唯物主义达到的水平，不是马克思的功绩，不是马克思主义的特质。但是，真理不分新旧。问题不在于物质本体论是谁的理论，而在于它是否具有真理性。在解释人的存在的一般本质限度内，旧唯物主义的物质本体论，特别是费尔巴哈的自然本体论（或物质本体论）是真理，马克思对此从未批评过。在这一限度内，马克思和费尔巴哈是一致的。马克思主义哲学对旧唯物主义哲学的超越是一种扬弃，它是继承了旧唯物主义中的真理成分的物质本体论，是马克思从旧唯物主义哲学中继承下来的真理之一。如果因为物质本体论是旧唯物主义的理论我们就放弃它，实际上就是否定了马克思主义哲学对旧唯物主义的继承，在现实生活中就会为唯心主义的、宗教神学的本体论让路。

另一方面，我们不能夸大物质本体论的意义，拔高物质本体论在马克思主义哲学中的地位，物质本体论只能解决人的存在的一般本质的问题，不能解决人的存在的特殊本质的问题。如前所述，在物质本体论的视界中，人只是物质存在。从一般不能推出个别的特殊性。只有马克思的实践唯物主义或历史唯物主义，才既解决了人的存在的一般本质，又解决了人的存在的特殊本质、特殊的运动规律。不能从物质本体论的理论内容来理解马克思主义哲学的全部理论，例如，把马克思主义哲学的实践观、认识论和历史观看作辩证唯物主义物质本体论的推广应用。应当从马克思的科学实践观来理解马克思主义哲学的全部理论，包括理解它的物质本体论。物质本体论不是马克思主义哲学的特质，不是马克思主义哲学的核心、灵魂。马克思主义哲学的特质是实践论，马克思主义哲学是实践唯物主义或历史唯物主义。物质本体论体现的是马克思主义哲学与从前的唯物主义，特别是费尔巴哈唯物主义的一致的地方。物质本体论，从其理论内容、理论结论来说，不是马克思的功绩，在马克思以前，唯物主义经过长期的发展，到了费尔巴哈，已经基本解决了物质本体论的理论内容，即达到这样一种认识：世界是物质的，物质是运动的，物质的运动是有规律的，物质的运动规律是可知的。这也就可以理解，为什么马克思很少直接去谈物质本体论的问题。有人把这解释为马克思反对物质本体论，这是不太恰当的。在笔者个人的理解中，物质本体论的问题，在其理论内容上已经由前人解决了，马克思着力去解决的，是前人没有解决的问题。这不是说马克思在物质本体论上没有什么特殊贡献，而是说，马克思的贡献不是在物质本体论的理论内容、结论上，而是提供了思考物质本体论的科学的立足点：从人的存在、从实践的角度来解决物质本体论的问题。而这样的解决，就是历史唯物主义的解决。在以前，物质本体论构成自然唯物主义的核心；在马克思主义哲学中，物质本体论被奠定在唯物主义的基础之上，构成历史唯物主义理论的一部分。因此，把物质本体论（这里是指它的理论内容）看作马克思主义哲学的最高理论、核心理论是不恰当的，这会在一定程度上把马克思主义哲学降低到费尔巴哈唯物主义的水平。

（二）马克思主义哲学同德国古典哲学的批判继承关系

施特劳斯、鲍威尔、施蒂纳、费尔巴哈，就他们没有离开哲学这块土地来说，都是黑格尔哲学的分支。施特劳斯写了《耶稣传》和《教义学》以后，就只从事写作勒南式的哲学和教会史的美文学作品；鲍威尔只是在基督教起源史方面做了一些事情，虽然他在这里所做的也是重要的；施蒂纳甚至在巴枯宁把他同蒲鲁东混合起来并且把这个混合物命名为"无政府主义"以后，依然是一个怪物；唯有费尔巴哈是个杰出的哲学家。但是，不仅哲学这一似乎凌驾于一切专门科学之上并把它们包罗在内的科学的科学，对他来说，仍然是不可逾越的屏障，不可侵犯的圣物，而且作为一个哲学家，他也停留在半路上，他下半截是唯物主义者，上半截是唯心主义者；他没有批判地克服黑格尔，而是简单地把黑格尔当做无用的东西抛在一边，同时，与黑格尔体系的百科全书式的丰富内容相比，他本人除了矫揉造作的爱的宗教和贫乏无力的道德以外，拿不出什么积极的东西。

但是，从黑格尔学派的解体过程中还产生了另一个派别，唯一的真正结出果实的派别。这个派别主要是同马克思的名字联系在一起的。①

同黑格尔哲学的分离在这里也是由于返回到唯物主义观点而发生的。这就是说，人们决心在理解现实世界（自然界和历史）时按照它本身在每一个不以先入为主的唯心主义怪想来对待它的人面前所呈现的那样来理解；他们决心毫不怜惜地抛弃一切同事实（从事实本身的联系而不是从幻想的联系来把握的事实）不相符合的唯心主义怪想。除此以

---

① 请允许我在这里作一点个人的说明。近来人们不止一次地提到我参加了制定这一理论的工作，因此，我在这里不得不说几句话，把这个问题澄清。我不能否认，我和马克思共同工作40年，在这以前和这个期间，我在一定程度上独立地参加了这一理论的创立，特别是对这一理论的阐发。但是，绝大部分基本指导思想（特别是在经济和历史领域内），尤其是对这些指导思想的最后的明确的表述，都是属于马克思的。我所提供的，马克思没有我也能够做到，至多有几个专门的领域除外。至于马克思所做到的，我却做不到。马克思比我们大家都站得高些，看得远些，观察得多些和快些。马克思是天才，我们至多是能手。没有马克思，我们的理论远不会是现在这个样子。所以，这个理论用他的名字命名是理所当然的。

外，唯物主义并没有别的意义。不过在这里第一次对唯物主义世界观采取了真正严肃的态度，把这个世界观彻底地（至少在主要方面）运用到所研究的一切知识领域里去了。

黑格尔不是简单地被放在一边，恰恰相反，上面所阐述的他的革命方面即辩证方法被接过来了。但是这种方法在黑格尔的形式中是无用的。在黑格尔那里，辩证法是概念的自我发展。绝对概念不仅是从来就存在的（不知在哪里？），而且是整个现存世界的真正的活的灵魂。它通过在《逻辑学》中详细探讨过的并且完全包含在它自身中的一切预备阶段而向自身发展；然后它使自己"外化"，转化为自然界，它在自然界中并没有意识到它自己，而是采取自然必然性的形式，经过新的发展，最后在人身上重新达到自我意识；这个自我意识，在历史中又从粗糙的形式中挣脱出来，直到绝对概念终于在黑格尔哲学中又完全地达到自身为止。因此，在自然界和历史中所显露出来的辩证的发展，即经过一切迂回曲折和暂时退步而由低级到高级的前进运动的因果联系，在黑格尔那里，只是概念的自己运动的翻版，而这种概念的自己运动是从来就有的（不知在什么地方），但无论如何是不依任何能思维的人脑为转移的。这种意识形态上的颠倒是应该消除的。我们重新唯物地把我们头脑中的概念看做现实事物的反映，而不是把现实事物看做绝对概念的某一阶段的反映。这样，辩证法就归结为关于外部世界和人类思维的运动的一般规律的科学，这两个系列的规律在本质上是同一的，但是在表现上是不同的，这是因为人的头脑可以自觉地应用这些规律，而在自然界中这些规律是不自觉地、以外部必然性的形式、在无穷无尽的表面的偶然性中实现的，而且到现在为止在人类历史上多半也是如此。这样，概念的辩证法本身就变成只是现实世界的辩证运动的自觉的反映，从而黑格尔的辩证法就被倒转过来了，或者宁可说，不是用头立地而是重新用脚立地了。而且值得注意的是，不仅我们发现了这个多年来已成为我们最好的工具和最锐利的武器的唯物主义辩证法，而且德国工人约瑟夫·狄慈根不依靠我们，甚至不依靠黑格尔也发现了它。[①]

而这样一来，黑格尔哲学的革命方面就恢复了，同时也摆脱了那些曾

[①] 见《人脑活动的实质。一个手艺人的描述》汉堡迈斯纳出版社版。

经在黑格尔那里阻碍它贯彻到底的唯心主义装饰。一个伟大的基本思想，即认为世界不是既成**事物**的集合体，而是**过程**的集合体，其中各个似乎稳定的事物同它们在我们头脑中的思想映象即概念一样都处在生成和灭亡的不断变化中，在这种变化中，尽管有种种表面的偶然性，尽管有种种暂时的倒退，前进的发展终究会实现——这个伟大的基本思想，特别是从黑格尔以来，已经成了一般人的意识，以致它在这种一般形式中未必会遭到反对了。但是，口头上承认这个思想是一回事，实际上把这个思想分别运用于每一个研究领域，又是一回事。如果人们在研究工作中始终从这个观点出发，那么关于最终解决和永恒真理的要求就永远不会提出了；人们就始终会意识到他们所获得的一切知识必然具有的局限性，意识到他们在获得知识时所处的环境对这些知识的制约性；人们对于还在不断流行的旧形而上学所不能克服的对立，即真理和谬误、善和恶、同一和差别、必然和偶然之间的对立也不再敬畏了；人们知道，这些对立只有相对的意义，今天被认为是合乎真理的认识都有它隐蔽着的、以后会显露出来的错误的方面，同样，今天已经被认为是错误的认识也有它合乎真理的方面，因而它从前才能被认为是合乎真理的；被断定为必然的东西，是由纯粹的偶然性构成的，而所谓偶然的东西，是一种有必然性隐藏在里面的形式，如此等等。①

在《终结》1888年单行本序言中，恩格斯在阐述该书的写作目的时，论及了自己的学说和黑格尔、费尔巴哈两人思想之间的内在联系。他指出："关于我们和黑格尔的关系，我们曾经在一些地方作了说明，但是无论哪个地方都不是全面系统的。至于费尔巴哈，虽然他在好些方面是黑格尔哲学和我们的观点之间的中间环节，我们却从来没有回顾过他。"② 这说明，恩格斯自觉意识到，他和马克思共同创立的现代唯物主义在理论上的最直接来源是黑格尔哲学和费尔巴哈哲学。

黑格尔在自己的思想中，通过主观设定从"逻辑学"开始上升到"自然界"最后跃迁到"人的精神"的发展路径，以极为丰富的内涵展现

---

① 《马克思恩格斯文集》第 4 卷，人民出版社，2009，第 296—299 页。
② 《马克思恩格斯文集》第 4 卷，人民出版社，2009，第 265 页。

了绝对精神追求圆满的辩证运动。在黑格尔看来，这个绝对精神就是能动的一般，是世间万物的内在根据和本质核心，不可言说，无法描述。而一切现存的对象都只是个别的东西，都不过是绝对精神在发展过程中的外化物，仅仅是绝对精神外在表现出来的外壳或者皮囊。当绝对精神运动时，在它发展的三个环节，分别以逻辑、自然和人的精神的形式表现出来。正是在这个意义上，黑格尔是"断定精神对自然界说来是本原的，从而归根到底承认某种创世说的人"①，因而毫无疑问，他是唯心主义阵营的一员。

然而，黑格尔的辩证法虽然是唯心主义辩证法，但是在这种辩证法保守腐朽的形式下，却还是内在地隐含了革命的精神。例如黑格尔曾提出"凡是现实的都是合理的"这一命题。对这一命题，当时正处于风雨飘摇当中的普鲁士封建王朝感激不已，因为它明显是在为普鲁士封建统治当局的腐朽统治作辩护，因而也遭到了海涅等进步人士的坚决反对。面对人们的质疑，黑格尔指出，其实也可以这样理解，即"凡是合理的都是现实的"。这样，缘于辩证法的流动变化性，前一句给封建统治者的祝福一当运动就转到了后一句，它就发展到了它的反面，辩证否定了自身。其意谓人头脑中产生的思想只要与人们不懈追求的理性精神相一致，那么随着时间的推移理想最终会变为现实。

不过，黑格尔这个坚持改良主义道路的学者的保守性、妥协性让他始终对诸如"凡是合理的都是现实的"革命性内容带有一种惊慌失措的感受，因而他最后纵其想象、别出心裁地构建出了一个表征绝对精神运动的唯心主义哲学体系，把生机勃勃的辩证运动人为地局限在他建立的封闭的哲学体系中，让其在人的精神中完成复归而自杀，由此其辩证法的革命的方面就被黑格尔的保守性窒息了。所以，黑格尔的辩证法本身也需要进行辩证的否定，要把它彻底颠倒过来，去其糟粕，留其精华，克服这种辩证法的唯心主义的形式，保留它追求运动、变化、发展、前进、上升的革命性的内容。

而这时，费尔巴哈通过对世俗宗教的批判机智地揭示了宗教世界中所谓上帝、诸神它们本质上与人自身的联系，这就一针见血地戳穿了宗教神

---

① 《马克思恩格斯文集》第 4 卷，人民出版社，2009，第 278 页。

学的谎言，重新显现了唯物主义的真理性。但是，费尔巴哈的唯物主义还是与 18 世纪法国诸如霍尔巴赫等学者的唯物主义一样，都是机械的、形而上学的唯物主义。作为一个哲学学者，他对黑格尔哲学的批判是形而上学的，他只是按照形而上学的思维方式单纯地去简单否定黑格尔主张的唯心主义，因而也一并将黑格尔革命性的辩证法否定掉了。因此，面对黑格尔的思想内容，费尔巴哈形而上学唯物主义只有一些浅陋的宣讲，只有对对象凝固静止的理解。

为此，一方面，"黑格尔不是简单地被放在一边，恰恰相反，上面所阐述的他的革命方面即辩证方法被接过来了"①；另一方面，"我们重新唯物地把我们头脑中的概念看做现实事物的反映，而不是把现实事物看做绝对概念的某一阶段的反映"②。这样，黑格尔哲学的"合理内核"辩证法和费尔巴哈哲学的"基本内核"唯物主义在马克思恩格斯坚持的新唯物主义中得到了完美的结合，从而开创了哲学发展的新纪元。

（三）关于实践观的阐述

对这些以及其他一切哲学上的怪论的最令人信服的驳斥是实践，即实验和工业。既然我们自己能够制造出某一自然过程，按照它的条件把它生产出来，并使它为我们的目的服务，从而证明我们对这一过程的理解是正确的，那么康德的不可捉摸的"自在之物"就完结了。动植物体内所产生的化学物质，在有机化学开始把它们一一制造出来以前，一直是这种"自在之物"；一旦把它们制造出来，"自在之物"就变成为我之物了，例如茜草的色素——茜素，我们已经不再从地里的茜草根中取得，而是用便宜得多、简单得多的方法从煤焦油里提炼出来了。哥白尼的太阳系学说有 300 年之久一直是一种假说，这个假说尽管有 99%、99.9%、99.99% 的可靠性，但毕竟是一种假说；而当勒维烈从这个太阳系学说所提供的数据中，不仅推算出必定存在一个尚未知道的行星，而且还推算出这个行星在太空中的位置的时候，当后来加勒确实发现了这个行星③的时候，哥白尼

---

① 《马克思恩格斯文集》第 4 卷，人民出版社，2009，第 297 页。
② 《马克思恩格斯文集》第 4 卷，人民出版社，2009，第 298 页。
③ 德国天文学家约·加勒于 1846 年 9 月 23 日发现了海王星。——编者注

的学说就被证实了。如果新康德主义者企图在德国复活康德的观点，而不可知论者企图在英国复活休谟的观点（在那里休谟的观点从来没有绝迹），那么，鉴于这两种观点在理论上和实践上早已被驳倒，这种企图在科学上就是开倒车，而在实践上只是一种暗中接受唯物主义而当众又加以拒绝的羞羞答答的做法。

但是，在从笛卡儿到黑格尔和从霍布斯到费尔巴哈这一长时期内，推动哲学家前进的，决不像他们所想象的那样，只是纯粹思想的力量。恰恰相反，真正推动他们前进的，主要是自然科学和工业的强大而日益迅猛的进步。在唯物主义者那里，这已经是一目了然的了，而唯心主义体系也越来越加进了唯物主义的内容，力图用泛神论来调和精神和物质的对立；因此，归根到底，黑格尔的体系只是一种就方法和内容来说唯心主义地倒置过来的唯物主义。

由此可以明白，为什么施达克在他对费尔巴哈的评述中，首先研究费尔巴哈对思维和存在的关系这个基本问题的立场。在简短的导言里，作者对以前的，特别是从康德以来的哲学家的见解，都是用不必要的晦涩难懂的哲学语言来阐述的，并且由于过分形式主义地拘泥于黑格尔著作中的个别词句而大大贬低了黑格尔。在这个导言以后，他详细地叙述了费尔巴哈的有关著作中相继表现出来的这位哲学家的"形而上学"本身的发展进程。这一部分叙述得很用心、很明白，不过像整本书一样，哲学用语堆砌得太多，而这决不是到处都不可避免的。作者越是不保持同一学派或者哪怕是费尔巴哈本人的用语，越是把各种流派，特别是现在流行的自封的哲学派别的用语混在一起，这种堆砌所造成的混乱就越大。

费尔巴哈的发展进程是一个黑格尔主义者（诚然，他从来不是完全正统的黑格尔主义者）走向唯物主义的发展进程，这一发展使他在一定阶段上同自己的这位先驱者的唯心主义体系完全决裂了。他势所必然地终于认识到，黑格尔的"绝对观念"之先于世界的存在，在世界之前就有的"逻辑范畴的预先存在"，不外是对世界之外的造物主的信仰的虚幻残余；我们自己所属的物质的、可以感知的世界，是唯一现实的；而我们的意识和思维，不论它看起来是多么超感觉的，总是物质的、肉体的器官即人脑的产物。物质不是精神的产物，而精神本身只是物质的最高产物。这自然是纯粹的唯物主义。但是费尔巴哈到这里就突然停止不前了。他不能克服通常的哲学偏见,即不反对事情本身而反对唯物主义这个名称的偏见。他说:

  在我看来,唯物主义是人的本质和人类知识的大厦的基础;但是,我认为它不是生理学家、狭义的自然科学家如摩莱肖特所认为的而且从他们的观点和专业出发所必然认为的那种东西,即大厦本身。向后退时,我同唯物主义者完全一致;但是往前进时就不一致了。

  费尔巴哈在这里把唯物主义这种建立在对物质和精神关系的特定理解上的一般世界观同这一世界观在特定的历史阶段即18世纪所表现的特殊形式混为一谈了。不仅如此,他还把唯物主义同它的一种肤浅的、庸俗化了的形式混为一谈,18世纪的唯物主义现在就以这种形式继续存在于自然科学家和医生的头脑中,并且被毕希纳、福格特和摩莱肖特在50年代拿着到处叫卖。但是,像唯心主义一样,唯物主义也经历了一系列的发展阶段。甚至随着自然科学领域中每一个划时代的发现,唯物主义也必然要改变自己的形式;而自从历史也得到唯物主义的解释以后,一条新的发展道路也在这里开辟出来了。

  上一世纪的唯物主义主要是机械唯物主义,因为那时在所有自然科学中只有力学,而且只有固体(天上的和地上的)力学,简言之,即重力的力学,达到了某种完善的地步。化学刚刚处于幼稚的燃素说的形态中。生物学尚在襁褓中;对植物和动物的机体只作过粗浅的研究,并用纯粹机械的原因来解释;正如在笛卡儿看来动物是机器一样,在18世纪的唯物主义者看来,人是机器。仅仅运用力学的尺度来衡量化学性质的和有机性质的过程(在这些过程中,力学定律虽然也起作用,但是被其他较高的定律排挤到次要地位),这是法国古典唯物主义的一个特有的,但在当时不可避免的局限性。

  这种唯物主义的第二个特有的局限性在于:它不能把世界理解为一种过程,理解为一种处在不断的历史发展中的物质。这是同当时的自然科学状况以及与此相联系的形而上学的即反辩证法的哲学思维方法相适应的。

人们已经知道，自然界处在永恒的运动中。但是根据当时的想法，这种运动是永远绕着一个圆圈旋转，因而始终不会前进；它总是产生同一结果。这种想法在当时是不可避免的。康德的太阳系起源理论刚刚提出，而且还只是被看做纯粹的奇谈。地球发展史，即地质学，还完全没有人知道，而关于现今的生物是由简单到复杂的长期发展过程的结果的看法，当时还根本不可能科学地提出来。因此，对自然界的非历史观点是不可避免的。根据这一点大可不必去责备18世纪的哲学家，因为连黑格尔也有这种观点。在黑格尔看来，自然界只是观念的"外化"，它不能在时间上发展，只能在空间扩展自己的多样性，因此，它把自己所包含的一切发展阶段同时地、并列地展示出来，并且注定永远重复始终是同一的过程。黑格尔把发展是在空间以内，但在时间（这是一切发展的基本条件）以外发生的这种谬论强加于自然界，恰恰是在地质学、胚胎学、植物和动物生理学以及有机化学都已经建立起来，并且在这些新科学的基础上到处都出现了对后来的进化论的天才预想（例如歌德和拉马克）的时候。但是，体系要求这样，于是，方法为了迎合体系就不得不背叛自己。

这种非历史观点也表现在历史领域中。在这里，反对中世纪残余的斗争限制了人们的视野。中世纪被看做是千年普遍野蛮状态造成的历史的简单中断；中世纪的巨大进步——欧洲文化领域的扩大，在那里一个挨着一个形成的富有生命力的大民族，以及14世纪和15世纪的巨大的技术进步，这一切都没有被人看到。这样一来，对伟大历史联系的合理看法就不可能产生，而历史至多不过是一部供哲学家使用的例证和图解的汇集罢了。[①]

在论述人的思维能否正确认识对象世界时，针对怀疑和否定人认识世界可能性的观点恩格斯指出，"对这些以及其他一切哲学上的怪论的最令人信服的驳斥是实践，即实验和工业。既然我们自己能够制造出某一自然过程，按照它的条件把它生产出来，并使它为我们的目的服务，从而证明我们对这一过程的理解是正确的，那么康德的不可捉摸的'自在之物'就

---

① 《马克思恩格斯文集》第4卷，人民出版社，2009，第279—283页。

完结了"①。

可见，在恩格斯看来，实践即实验和工业，是人改造世界的物质性活动。人的认识是否具有真理性，最令人信服的检验方式是实践。只要我们能够制造出某一自然过程，那就可以证明我们对这一过程的理解是正确的。

关于实践，黑格尔将之抽象为绝对精神的劳作。绝对精神最初作为纯粹的概念存在，没有对象，因而为了追求自身完善，外化为自然界，继而表现为人类社会，通过向人的精神的复归，达到自我认识。这种理念或绝对精神外化创造外部世界的活动，就是黑格尔视域中的实践活动。它本质上就是一种精神活动，只不过披上了一件客观性的"外衣"。正是由于黑格尔这种实践活动的观念化操作，马克思批判道："当然，唯心主义是不知道现实的、感性的活动本身的。"②

费尔巴哈"对于实践则只是从它的卑污的犹太人的表现形式去理解和确定"③。在《基督教的本质》一文中，费尔巴哈认为："理论之立场，就意味着与世界和谐相处。在这里，只有感性的想象力，才是主观的活动，也即人满足自己、让自己自由地活动的那种活动。在这里，在满足自己的同时，人也让自然安静地存在下去……与此相反，如果人仅仅立足于实践的立场，并由此出发来观察世界，而使实践的立场成为理论的立场时，那他就跟自然不睦，使自然成为他的自私自利、他的实践利己主义之最顺从的仆人。"④ 由此可知，在费尔巴哈看来，人改造自然的活动——实践活动，并不是什么高尚的活动。缘于它追求功用主义、效用，因而实践活动本质上是一种自私自利的利己主义活动，是一种谋利活动，这样，费尔巴哈"仅仅把理论的活动看做是真正人的活动"⑤。

恩格斯把实践理解为物质性的能动的实验和工业，就从德国古典哲学的藩篱中突围出来，在黑格尔和费尔巴哈的基础上进行了革命性的跃迁。从大工业制造自然过程这一点来看，恩格斯也注意到了我们生活的这个物

---

① 《马克思恩格斯文集》第4卷，人民出版社，2009，第279页。
② 《马克思恩格斯选集》第1卷，人民出版社，2012，第133页。
③ 《马克思恩格斯选集》第1卷，人民出版社，2012，第137页。
④ 〔德〕路德维希·费尔巴哈：《费尔巴哈哲学著作选集》下卷，荣震华、王太庆、刘磊译，商务印书馆，1984，第144—145页。
⑤ 《马克思恩格斯选集》第1卷，人民出版社，2012，第133页。

质世界的实践生成性。不过从总体上来看，恩格斯并不是从实践出发，而是从运动着的物质出发来解释观念的东西，这在坚持了唯物主义的同时，也使恩格斯难以把实践理解为意识的现实物质基础，把现实、感性理解为人的感性活动，理解为实践，并在这个意义上把实践理解为马克思主义哲学的根本出发点。恩格斯对实践观的重视，也就只能局限在认识论上，他仍然局限于把实践范畴作为认识论的基本范畴。在本体论上，恩格斯把物质范畴作为最基本的范畴，他没有真正认识到本体论的对象不是整个世界或整个世界的一般本质，而是人们的存在即实践。在历史观上，虽然恩格斯也把社会存在作为基本范畴，但他还是没有真正理解社会存在就是人们的实践活动。即使在认识论上，恩格斯也主要是把实践理解为认识的中介，并在这个意义上肯定实践对于认识的源泉、动力、真理标准的意义。他没有真正理解实践对于认识的根本意义首先在于它提供认识的感性现实对象，并且这种感性现实对象本身不是既成的而是通过能动的实践活动历史地生成的。而正因为实践构成认识的感性现实对象，因此它也是认识发展的根本动力和检验认识真理性的标准。

（四）马克思主义哲学产生的自然科学基础

50年代在德国把唯物主义庸俗化的小贩们，根本没有突破他们的老师们的这些局限。自然科学后来获得的一切进步，仅仅成了他们否认有世界创造主存在的新证据；实际上，他们所做的事情决不是进一步发展理论。如果说唯心主义当时已经智穷才竭，并且由于1848年革命受到了致命的打击，那么，它感到满足的是，唯物主义在这个时候更是江河日下。费尔巴哈拒绝为这种唯物主义负责是完全对的；只是他不应该把这些巡回传教士的学说同一般唯物主义混淆起来。

但是，这里应当注意两种情况。第一，费尔巴哈在世时，自然科学也还处在剧烈的酝酿过程中，这一过程只是在最近15年才达到了足以澄清问题的相对完成的地步；新的认识材料以空前的规模被提供出来，但是，只是到最近才有可能在纷纷涌来的这一大堆杂乱的发现中建立起联系，从而使它们有了条理。虽然三个决定性的发现——细胞、能量转化和以达尔文命名的进化论的发现，费尔巴哈在世时全看到了，但是，这位在乡间过着孤寂生活的哲学家怎么能够对科学充分关注,给这些发现以足够的评价呢?何况对这些发现就连当时的自然科学家有的还持有异议,有的还不懂得充分利用。这里只能归咎于德国的可怜状况,由于这种状况,当时哲学讲席都被那些故弄玄虚的折中主义的小识小见之徒占据了,而比所有这些人高明百倍的费尔巴哈,却不得不在穷乡僻壤中过着农民式的孤陋寡闻的生活。因而,现在已经成为可能的、排除了法国唯物主义的一切片面性的、历史的自然观,始终没有为费尔巴哈所了解,这就不是他的过错了。

第二,费尔巴哈说得完全正确:纯粹自然科学的唯物主义虽然

"是人类知识的大厦的基础,但不是大厦本身"。

因为,我们不仅生活在自然界中,而且生活在人类社会中,人类社会同自然界一样也有自己的发展史和自己的科学。因此,问题在于使关于社会的科学,即所谓历史科学和哲学科学的总和,同唯物主义的基础协调起来,并在这个基础上加以改造。但是,这一点费尔巴哈是做不到的。他虽然有"基础",但是在这里仍然受到传统的唯心主义的束缚,这一点他自己也是承认的,他说:

向后退时,我同唯物主义者是一致的;但是往前进时就不一致了。

但是在这里,在社会领域内,正是费尔巴哈本人没有"前进",没有超过自己在1840年或1844年的观点,这仍旧主要是由于他的孤寂生活,这种生活迫使这位比其他任何哲学家都更爱好社交的哲学家从他的孤寂的头脑中,而不是从同与他才智相当的人们的友好或敌对的接触中产生出自己的思想。费尔巴哈在这个领域内究竟在多大程度上仍然是唯心主义者,我们将在下面加以详细的考察。

这里还应当指出,施达克在找费尔巴哈的唯心主义时找错了地方。他说:

> 费尔巴哈是唯心主义者，他相信人类的进步。（第19页）唯心主义仍旧是一切的基础、根基。在我们看来，实在论只是在我们追求自己的理想的意图时使我们不致误入迷途而已。难道同情、爱以及对真理和正义的热诚不是理想的力量吗？（第Ⅷ页）

第一，在这里无非是把对理想目的的追求叫做唯心主义。但这些目的至多同康德的唯心主义及其"绝对命令"有必然联系；然而康德自己把他的哲学叫做"先验的唯心主义"，决不是因为那里也讲到道德的理想，而完全是由于别的理由，这是施达克会记得的。有一种迷信，认为哲学唯心主义的中心就是对道德理想即对社会理想的信仰，这种迷信是在哲学之外产生的，是在那些把席勒诗歌中符合他们需要的少数哲学上的只言片语背得烂熟的德国庸人中产生的。没有一个人比恰恰是十足唯心主义者的黑格尔更尖锐地批评了康德的软弱无力的"绝对命令"（它之所以软弱无力，是因为它要求不可能的东西，因而永远达不到任何现实的东西），没有一个人比他更辛辣地嘲笑了席勒所传播的那种沉湎于不能实现的理想的庸人习气（见《现象学》①）。

第二，决不能避免这种情况：推动人去从事活动的一切，都要通过人的头脑，甚至吃喝也是由于通过头脑感觉到饥渴而开始，并且同样由于通过头脑感觉到饱足而停止。外部世界对人的影响表现在人的头脑中，反映在人的头脑中，成为感觉、思想、动机、意志，总之，成为"理想的意图"，并且以这种形态变成"理想的力量"。如果一个人只是由于他追求"理想的意图"并承认"理想的力量"对他的影响，就成了唯心主义者，那么任何一个发育稍稍正常的人都是天生的唯心主义者了，怎么还会有唯物主义者呢？

第三，关于人类（至少在现时）总的说来是沿着进步方向运动的这种信念，是同唯物主义和唯心主义的对立绝对不相干的。法国唯物主义者同自然神论者伏尔泰和卢梭一样，几乎狂热地抱有这种信念，并且往往为它付出最大的个人牺牲。如果说有谁为了"对真理和正义的热诚"（就这句

---

① 即黑格尔《精神现象学》。——编者注

话的正面的意思说）而献出了整个生命，那么，例如狄德罗就是这样的人。由此可见，施达克把这一切说成是唯心主义，这只是证明：唯物主义这个名词以及两个派别的全部对立，在这里对他来说已经失去了任何意义。

事实上，施达克在这里向那种由于教士的多年诽谤而流传下来的对唯物主义这个名称的庸人偏见作了不可饶恕的让步，虽然这也许是不自觉的。庸人把唯物主义理解为贪吃、酗酒、娱目、肉欲、虚荣、爱财、吝啬、贪婪、牟利、投机，简言之，即他本人暗中迷恋着的一切龌龊行为；而把唯心主义理解为对美德、普遍的人类爱的信仰，总之，对"美好世界"的信仰。他在别人面前夸耀这个"美好世界"，但是他自己至多只是在这样的时候才相信这个"美好世界"，这时，他由于自己习以为常的"唯物主义的"放纵而必然感到懊丧或遭到破产，并因此唱出了他心爱的歌：人是什么？一半是野兽，一半是天使。

在其他方面，施达克极力保护费尔巴哈，反对现今在德国以哲学家名义大吹大擂的大学教师们的攻击和学说。对关心德国古典哲学的这些不肖子孙的人们来说，这的确是很重要的；对施达克本人来说，这也许是必要的。不过我们就怜惜怜惜读者吧。①

在《终结》中，恩格斯指出："像唯心主义一样，唯物主义也经历了一系列的发展阶段。甚至随着自然科学领域中每一个划时代的发现，唯物主义也必然要改变自己的形式。"② 在 18 世纪，因为化学、生物学尚未完全发展起来，自然科学中只有力学，并且只有重力的力学达到了某种完善的地步，所以那时的唯物主义主要是机械唯物主义。唯物主义学者们"仅仅运用力学的尺度来衡量化学性质的和有机性质的过程"③，想当然地断定"人是机器"。而且在当时自然科学以及与之相联系的反辩证法的哲学思想的双重束缚下，这些机械唯物主义者也"不能把世界理解为一种过程，理解为一种处在不断的历史发展中的物质"④。

随着地质学、胚胎学、植物和动物生理学以及有机化学的建立，"这

---

① 《马克思恩格斯文集》第 4 卷，人民出版社，2009，第 283—286 页。
② 《马克思恩格斯文集》第 4 卷，人民出版社，2009，第 281 页。
③ 《马克思恩格斯文集》第 4 卷，人民出版社，2009，第 282 页。
④ 《马克思恩格斯文集》第 4 卷，人民出版社，2009，第 282 页。

一过程只是在最近 15 年才达到了足以澄清问题的相对完成的地步；新的认识材料以空前的规模被提供出来，但是，只是到最近才有可能在纷纷涌来的这一大堆杂乱的发现中建立起联系，从而使它们有了条理"①。站在这些新科学的基础上，特别是细胞学说、能量转化和生物进化论这三个决定性的发现，排除了法国机械唯物主义的一切片面性的，历史的自然观现在就已经成为可能。

需要提及的是，对于这种"历史的自然观"中阐述的自然界的辩证性，从 20 世纪 20 年代开始兴起的"西方马克思主义"诸多学者并不认为纯粹自然本身有辩证法。他们提出，如果"不再把自我实现的绝对概念作为矛盾的推动力，而只剩下受历史制约的人作为精神的承担者，那么也就谈不上什么不依赖于人的自然辩证法，因为自然界不存在辩证法中最本质的一切要素"②。由此可见，"只有对自然的认识过程才是辩证的，而自然本身并不是辩证法的……辩证法的关系只有在人与自然之间才是可能的"③。

应当承认，按照"西方马克思主义"者提出的把辩证法"限制在历史和社会领域"④ 的观点，与人分离的自然本身确实不是辩证法的，辩证法的关系只有在人与自然之间才是可能的。但恩格斯肯定自然辩证法，他视域中的辩证法与"西方马克思主义"者视域中的辩证法是大相径庭的。

从人类思想史来看，辩证法出自古希腊哲学中的"dialego"一词，本义是与论战、交谈相关的技艺。后来，随着时间的推移，这一原本意谓一种特殊技艺的辩证法其意义逐渐走向多元化。例如，中世纪经院哲学作为神学的奴婢，它对诸如"亚当被创造时几岁？"等荒诞问题的争论，以及脱离实际进行的冗长烦琐的推论等也被称为辩证法。18 世纪末至 19 世纪初，康德把理性认识世界遇到的矛盾称为"二律背反"，开启了德国古典

---

① 《马克思恩格斯文集》第 4 卷，人民出版社，2009，第 283 页。
② 〔联邦德国〕A. 施密特：《马克思的自然概念》，欧力同、吴仲昉译，赵鑫珊校，商务印书馆，1988，第 56 页。
③ 〔联邦德国〕A. 施密特：《马克思的自然概念》，欧力同、吴仲昉译，赵鑫珊校，商务印书馆，1988，第 211 页。
④ 〔匈〕卢卡奇：《历史与阶级意识——关于马克思主义辩证法的研究》，杜章智、任立、燕宏远译，商务印书馆，1992，第 51 页。

哲学的辩证法传统。在黑格尔看来，辩证法既是一种思维方法，也是普遍的原则、规律和宇宙观，因而他把自然、社会和思维都贯穿起来，认为它们历史的每一个阶段都与辩证法的一个环节相对应。

到19世纪中叶，恩格斯批判性地扬弃了德国古典哲学的辩证思想，提出"辩证法不过是关于自然界、人类社会和思维的运动和发展的普遍规律的科学"①。因此，只要承认自然界有运动、联系、变化和发展，就必然会肯定自然界本身有辩证法。

与之相对立，"西方马克思主义"者却不认为辩证法"是关于自然界、人类社会和思维的运动和发展的普遍规律的科学"②。在他们看来，"辩证法的决定性因素，即主体和客体的相互作用、理论和实践的统一、在作为范畴基础的现实中的历史变化是思想中的变化的根本原因等等，并不存在于我们对自然界的认识中"③。因此，西方马克思主义之所以断定自然本身不是辩证的，一个重要原因在于他们和恩格斯对辩证法的理解不同，也即恩格斯视域中的辩证法并不是"西方马克思主义"者视域中的辩证法。二者是同一个名词，但却有不同的含义。

另外，因为"随着自然科学领域中每一个划时代的发现，唯物主义也必然要改变自己的形式"，所以在这个意义上，与自然科学紧密相关的科学技术就是推动社会前进的生产力。

当然，正如黑格尔指出的熟知并非真知，关于科学技术是生产力的论断也是如此。当今时代，随着科学技术的飞速发展，科学技术对人们社会生活的推动作用也越来越大。对此，我国提出了"科学技术是第一生产力"的命题，它深刻地揭示了科学技术在当代社会生产力中的重要地位与巨大作用，是对马克思主义唯物史观的继承和丰富发展。但这一命题在发挥着巨大的真理作用，推动着社会发展的同时，它又被一些人在一定程度上误解。一些人在理解"科学技术是第一生产力"命题时把"科学技术"理解为科学与技术，从而把科学看作属于生产力甚至是第一生产力的范

---

① 《马克思恩格斯选集》第3卷，人民出版社，2012，第520页。
② 《马克思恩格斯选集》第3卷，人民出版社，2012，第520页。
③ 〔匈〕卢卡奇：《历史与阶级意识——关于马克思主义辩证法的研究》，杜章智、任立、燕宏远译，商务印书馆，1992，第51页。

畴，同时他们又承认唯物史观，没有意识到二者的矛盾与对立；而另一些人则自觉地利用了人们对"科学技术是第一生产力"命题的误解，用其来反对唯物史观，提倡"智能史观"。还有一种误解，认为只要是对生产力发展有推动作用的因素就是生产力（一些人正是在科学推动生产力的意义上肯定科学是生产力的），因而，"教育是生产力""道德是生产力""哲学是生产力"等口号也提出来了。所有这些误解，都涉及"科学技术是第一生产力"的命题与唯物史观的关系问题："科学技术是第一生产力"的命题，应当是体现唯物史观还是否认唯物史观？如果"科学技术是第一生产力"的命题体现唯物史观，与唯物史观不矛盾，那么，我们应当在唯物史观中理解和解释"科学技术是第一生产力"的命题，消除对这一命题的违背唯物史观的理解和解释；如果"科学技术是第一生产力"的命题否认唯物史观，那么，我们就不能同时肯定唯物史观和"科学技术是第一生产力"的命题。

关于唯物史观，这里不必去详述其理论，而是要搞清楚唯物史观的最根本的意义、唯物史观的最基本的观点。

对此，马克思恩格斯提出："这种历史观和唯心主义历史观不同，它不是在每个时代中寻找某种范畴，而是始终站在现实历史的基础上，不是从观念出发来解释实践，而是从物质实践出发来解释各种观念形态。"[1] "我所得到的，并且一经得到就用于指导我的研究工作的总的结果，可以简要地表述如下：人们在自己生活的社会生产中发生一定的、必然的、不以他们的意志为转移的关系，即同他们的物质生产力的一定发展阶段相适合的生产关系。这些生产关系的总和构成社会的经济结构，即有法律的和政治的上层建筑竖立其上并有一定的社会意识形式与之相适应的现实基础。物质生活的生产方式制约着整个社会生活、政治生活和精神生活的过程。不是人们的意识决定人们的存在，相反，是人们的社会存在决定人们的意识。"[2]

马克思恩格斯的表述告诉我们什么呢？第一，唯物史观是与唯心史观

---

[1] 《马克思恩格斯选集》第1卷，人民出版社，2012，第171—172页。
[2] 《马克思恩格斯选集》第2卷，人民出版社，2012，第2页。

对立的历史观。唯心史观是从观念出发解释实践，唯物史观是从物质实践出发解释观念。从"心"出发解释历史还是从"物"出发解释历史，这是唯心史观和唯物史观的根本对立所在。第二，唯物史观中的"物"不是自然存在物，而是人们的物质生活、物质活动、物质实践，是物质的社会存在形态。从"心"出发解释历史固然不是唯物史观而是唯心史观，从自然存在物出发解释历史也不是唯物史观。第三，精神生活本身必须从人们的物质生活中得到说明。不是人们的社会意识决定人们的社会存在，相反，是人们的社会存在决定人们的社会意识。

上面我们了解到，唯物史观是从社会物质生活出发来说明历史的本质、历史发展的动力、社会精神生活的根源的。为了能更为具体、深刻地作出这种说明，马克思进而对社会物质生产进行了分析，指出社会物质生产"表现为双重关系：一方面是自然关系，另一方面是社会关系"[①]。马克思用"生产力"一词来指称生产中人与自然的关系，用"生产关系"一词来指称生产中人与人的社会关系。生产力、生产关系的矛盾是社会最基本的矛盾。社会基本矛盾理论的提出是唯物史观的展开、深化。离开社会基本矛盾就不能理解唯物史观中的"物"为何物。唯物史观中的"物"最根本的是指生产力和生产关系的统一，即生产方式。

在生产方式的内在矛盾中，生产力是生产方式的根本内容，生产关系是生产力得以展开的社会形式，生产力决定生产关系，生产关系必须适应生产力的水平。在这个意义上，我们又可以说，生产力是社会发展的最终动力。

唯物史观从社会存在出发解释社会的本质、社会发展的动力，解释社会意识。最基本的社会存在是生产方式。在生产方式中，最根本的是生产力。这表明，"生产力"范畴在唯物史观中占有极其重要的地位，它是说明社会运动的最基本的范畴之一。

至于科学和技术，人们通常把它们看作同一系列的概念。科学与技术确实有不可分割的联系，但是，在唯物史观的视野内，科学与技术是属于不同系列的概念，它们与生产力的关系也具有不同的性质。

科学属于社会意识，是社会意识的形式之一。科学就其反映的对象、

[①] 《马克思恩格斯选集》第 1 卷，人民出版社，2012，第 160 页。

内容来说，有自然科学和社会科学。自然科学的任务是揭示自然的属性、规律，社会科学的任务是揭示社会的属性、规律。不论科学的具体内容如何，科学总是人们的精神生活的内容之一。科学的存在形态是概念、判断、推理，表现为一定的理论。科学是人们头脑中的存在，是意识的存在。

由此可以得出结论：科学不是生产力，或更确切地说，科学不属于生产力的范畴。理由是十分明显的：科学属于社会意识的范畴，生产力属于社会存在的范畴。在唯物史观中，生产力是说明社会生活的基本依据，科学是要由人们的物质实践来说明的东西。

但是，在通常的理解中，科学即是生产力。人们在论证科学是生产力的时候，通常有以下几种方法：科学对生产力有巨大的推动作用；科学知识是生产者的素质，而生产者是生产力的基本要素；科学是资本，而资本是生产的要素。其实这些论证都存在严重的逻辑问题。我们不能因为科学对生产力的发展具有巨大的推动作用就说科学属于生产力。确实，科学对生产力的发展具有巨大的推动作用，在当代社会更是如此。人们之所以要有科学，就是为了指导自己的实践，其中包括指导最基本的实践，即生产实践。自然科学对生产力的发展具有直接的指导意义，社会科学对生产关系的发展具有直接的指导意义并间接地影响生产力的发展。但不能因科学对生产力的发展具有推动作用就把科学归于生产力范畴，把科学看作生产力。按照唯物史观，社会的各种因素之间存在相互作用，如果把对某一因素有作用的其他因素看作这一因素，那么，唯物史观的所有范畴就都不能成立，唯物史观也就不能表达了。社会意识对社会存在有作用，社会意识就成了社会存在；社会存在对社会意识有作用，社会存在就成了社会意识；生产力对生产关系有作用，生产力就成了生产关系；生产关系对生产力有作用，生产关系就成了生产力；经济基础对上层建筑有作用，经济基础就成了上层建筑；上层建筑对经济基础有作用，上层建筑就成了经济基础；等等。这样一来，哪还有唯物史观范畴的确定性呢？哪还有唯物史观呢？

能否在科学是生产者的素质的意义上讲科学是生产力的要素呢？也不行。第一，劳动者的素质是多方面的，除了科学理论的素质，还有理想、政治觉悟、道德品质、艺术修养、世界观等方面的素质，如果可以把科学理论素质看作生产力的要素，那么同样可以把理想、政治觉悟、道德品质、艺术修养、世界观等看作生产力，这显然是违背唯物史观的。第二，根本的原因是，唯物史观的生产力范畴，仅仅指称劳动者与自然之间的物质关系，不指称劳动者与自然之间的其他关系，例如认知关系、价值关系、审美关系等，也不指称劳动者的社会关系，虽然劳动者改造自然的能力与劳动者和自然的其他关系及劳动者所处的社会关系具有不可分割的联系。

能否在科学是资本的意义上讲科学是生产的必要要素，因而讲科学是生产力呢？也不行。第一，科学并不等同于资本，它只有在一定社会条件下才成为资本，正如马克思所说，机器并不就是资本，只有在一定社会关系中才成为资本。现在所谓"拥有知识，就是拥有资本"的口号，正是忽视了知识转化为资本的社会历史条件。第二，当科学知识在一定历史条件下成为资本，因而成为生产（不是任何生产，而是商品生产）的要素的时候，这时所讲的"科学"，才是作为知识产权的"科学"，才是作为一种社会关系的"科学"而并不是科学知识本身。第三，"生产的要素"和"商品生产的要素"、"生产力的要素"是不同的概念。当我们讲生产的要素的时候，是指一般生产的要素，适合于所有生产的要素，而资本作为生产的要素仅仅是商品生产的要素，不能说成是一般生产的要素。另外，"生产"与"生产力"也是不同的范畴，生产包括生产力和生产关系，因此，生产关系是生产的必不可少的要素，但不是生产力的要素。因此，即使对商品生产而言，也只能说资本是生产的要素而不能说其是生产力的要素。

总之，作为知识形态的科学，是社会意识形式之一，不能归属于作为社会存在构成要素的生产力。

否认科学是生产力，并不会导致否认、忽视、低估科学对生产力发展的巨大推动作用。唯物史观肯定科学是一种革命性力量。科学通过转变为技术而促进生产力的巨大发展，而生产力的发展又要求变革旧的生产关系，旧的生产关系的变革又要求变革旧的上层建筑，从而对整个社会的发展起革命性的推动作用。

科学不是生产力，那么技术呢？具体而言，技术是人们改造自然的物质能力，它以两种形态存在，一是以主体的形态存在，即主体能力；二是以主体肉体以外的物质存在，即技术装备，特别是工具系统。技术装备是主体能力的客观化，是主体能力的物化，是主体器官的延长、扩大。其中，物化的技术系统即技术装备具有更重要的意义。不论技术以何种形态存在，它们都是人们改造自然能力的体现，直接属于生产力。

按照技术的形成途径，技术又可以区分为经验性技术和科学性技术。经验性技术是人们在改造自然的活动中依据经验的积累而形成的，科学性技术则是通过实践上升为科学理论，又在科学理论指导下形成的用以改造自然的技术装备。科学性技术是科学的外化、物化，没有科学，就不会有科学性技术。从人类社会的发展来看，近代以前的生产主要依靠经验性技术，而近代以来，特别是进入现代社会以来，生产主要依靠科学性技术。技术是生产力水平的批示器。在现代社会中，科学性技术不仅是生产力，而且是"第一生产力"，因为正是科学性技术真正体现了人类改造自然的巨大力量。

通过以上的分析，我们可以看到，在唯物史观的视野中，不能把"科学技术是第一生产力"命题中的"科学技术"理解为科学与技术，从而把科学也理解为生产力、第一生产力。因为如上所述，不能把科学与技术等同看待，它们属于不同性质的存在，属于不同系列的概念，科学不属于生产力范畴，而技术属于生产力范畴。把科学看作生产力、第一生产力，必然会动摇唯物史观。"科学技术是第一生产力"命题中的"科学技术"应当理解为"科学性技术"，"科学"是用以说明"技术"的。这样，"科学技术是第一生产力"命题的真实意义在于：科学性技术是生产力，在现代社会中，其是第一生产力。这样，"科学技术是第一生产力"的命题就体现了唯物史观，是在唯物史观指导下根据当代社会的特点作出的科学论断。在这个科学论断中，同时也肯定了科学对生产力发展的巨大推动作用，因为科学性技术离不开科学，没有科学的发展，就不会有科学性技术，就不会有现代社会，因此，肯定了科学性技术的第一生产力地位，也就是肯定了科学对生产力发展的巨大推动作用。

（五）关于辩证唯物主义的自然观和社会历史观的关系

旧的研究方法和思维方法，黑格尔称之为"形而上学的"方法，主要是把**事物**当做一成不变的东西去研究，它的残余还牢牢地盘踞在人们的头脑中，这种方法在当时是有重大的历史根据的。必须先研究事物，尔后才能研究过程。必须先知道一个事物是什么，尔后才能觉察这个事物中所发生的变化。自然科学中的情形正是这样。认为事物是既成的东西的旧形而上学，是从那种把非生物和生物当做既成事物来研究的自然科学中产生的。而当这种研究已经进展到可以向前迈出决定性的一步，即可以过渡到系统地研究这些事物在自然界本身中所发生的变化的时候，在哲学领域内也就响起了旧形而上学的丧钟。事实上，直到上一世纪末，自然科学主要是**搜集材料的**科学，关于既成事物的科学，但是在本世纪，自然科学本质上是**整理材料的**科学，是关于过程、关于这些事物的发生和发展以及关于联系——把这些自然过程结合为一个大的整体——的科学。研究植物机体和动物机体中的过程的生理学，研究单个机体从胚胎到成熟的发育过程的胚胎学，研究地壳逐渐形成过程的地质学，所有这些科学都是我们这个世纪的产儿。

但是，首先是三大发现使我们对自然过程的相互联系的认识大踏步地前进了：第一是发现了细胞，发现细胞是这样一种单位，整个植物体和动物体都是从它的繁殖和分化中发育起来的。这一发现，不仅使我们知道一切高等有机体都是按照一个共同规律发育和生长的，而且使我们通过细胞的变异能力看出有机体能改变自己的物种从而能完成比个体发育更高的发育的道路。——第二是能量转化，它向我们表明了一切首先在无机界中起作用的所谓力，即机械力及其补充，所谓位能、热、辐射（光或辐射热）、电、磁、化学能，都是普遍运动的各种表现形式，这些运动形式按照一定的度量关系由一种转变为另一种，因此，当一种形式的量消失时，就有另一种形式的一定的量代之出现，因此，自然界中的一切运动都可以归结为一种形式向另一种形式不断转化的过程。——最后，达尔文第一次从联系中证明，今天存在于我们周围的有机自然物，包括人在内，都是少数原始单细胞胚胎的长期发育过程的产物，而这些胚胎又是由那些通过化学途径产生的原生质或蛋白质形成的。

由于这三大发现和自然科学的其他巨大进步，我们现在不仅能够说明自然界中各个领域内的过程之间的联系，而且总的说来也能说明各个领域之间的联系了,这样,我们就能够依靠经验自然科学本身所提供的事实,以近乎系统的形式描绘出一幅自然界联系的清晰图画。描绘这样一幅总的图画,在以前是所谓自然哲学的任务。而自然哲学只能这样来描绘:用观念的、幻想的联系来代替尚未知道的现实的联系,用想象来补充缺少的事实,用纯粹的臆想来填补现实的空白。它在这样做的时候提出了一些天才的思想,预测到一些后来的发现,但是也发表了十分荒唐的见解,这在当时是不可能不这样的。今天,当人们对自然研究的结果只要辩证地即从它们自身的联系进行考察,就可以制成一个在我们这个时代是令人满意的"自然体系"的时候,当这种联系的辩证性质,甚至违背自然科学家的意志,使他们受过形而上学训练的头脑不得不承认的时候,自然哲学就最终被排除了。任何使它复活的企图不仅是多余的,而**是倒退**。①

一方面,恩格斯在《终结》中论述了辩证唯物主义的自然观和社会历史观的一致性。他提出:"我们不仅生活在自然界中,而且生活在人类社会中,人类社会同自然界一样也有自己的发展史和自己的科学。"②

在这里,恩格斯注意到,人来到世间,在像其他物种一样依赖于自然界而生活,除了要吃要喝,还要有住房和衣服等以抵御寒冷和潮湿的同时,人的能动性还使人不是单纯地依赖自然界,他们自己生产、制造最广义的生活资料。最初人类是去采集淀粉质的根和块茎;接着打猎也成了常规的劳动部门;随后人们开始驯养家畜、播种五谷、种植树木和葡萄、纺纱、织布、冶金、制陶器和航行;等等。在人类这些劳动的作用下,之前那个纯粹的自然界也开始以劳动材料的形式不断地进入人的生活,从而被人类活动打上了人类特有的印记,即改变了自己的运动形式而转化成了属人的自然,或者是人类社会的物质部分。在这种情况下,自然的历史与历史的自然现实地融合在一起,由物质运动转化而来的物质性的人类社会是特殊的"第二自然",它内在地包含着一般形式的"第一自然",因而同自然界一样,人类社会发展同时也是一个自然过程,"适用于自然界的,同样适用于社会历史"③。

---

① 《马克思恩格斯文集》第 4 卷,人民出版社,2009,第 299—301 页。
② 《马克思恩格斯文集》第 4 卷,人民出版社,2009,第 284 页。
③ 《马克思恩格斯文集》第 4 卷,人民出版社,2009,第 301 页。

另一方面，恩格斯阐述了社会发展史不同于自然发展史的特点。恩格斯指出："在自然界中（如果我们把人对自然界的反作用撇开不谈）全是没有意识的、盲目的动力，这些动力彼此发生作用，而一般规律就表现在这些动力的相互作用中。在所发生的任何事情中，无论在外表上看得出的无数表面的偶然性中，或者在可以证实这些偶然性内部的规律性的最终结果中，都没有任何事情是作为预期的自觉的目的发生的。相反，在社会历史领域内进行活动的，是具有意识的、经过思虑或凭激情行动的、追求某种目的的人；任何事情的发生都不是没有自觉的意图，没有预期的目的的。"[①]

当然，无论社会发展史在上述这一点上与自然发展史如何不同，它都如自然发展史一样，也受到现实的联系规约。"因此，在这里也完全像在自然领域里一样，应该通过发现现实的联系来清除这种臆造的人为的联系。"[②]

三 延伸阅读

在马克思主义研究中，无法回避恩格斯与马克思的关系问题。马克思主义是由马克思和恩格斯共同创立的，但马克思恩格斯毕竟不是同一个人，他们是两个独立的思维主体。这一事实必然地产生了马克思和恩格斯的关系问题：第一，他们两人在马克思主义创立过程中的作用、地位问题；第二，不论他们在马克思主义创立中的地位如何，都会产生理解、解释者与被理解、被解释者的关系问题。

事实上，作为马克思主义创始人的马克思恩格斯（特别是恩格斯）已经提出并论述过他们的关系问题，而马克思主义研究界也一直在研究他们之间的关系问题。人们对恩格斯与马克思关系的看法，总的可以分为"一致论"和"对立论"两类。在"一致论"内部，按照恩格斯与马克思思想内容的关系来看，又有"一体论"和"差异论"两种不同的看法；而

---

① 《马克思恩格斯文集》第 4 卷，人民出版社，2009，第 301—302 页。
② 《马克思恩格斯文集》第 4 卷，人民出版社，2009，第 301 页。

按照恩格斯与马克思在马克思主义创立过程中的地位、作用来看，又有马克思"拉第一小提琴"和恩格斯"拉第一小提琴"两种不同的看法。

　　对恩格斯与马克思关系的研究，从来都不是出于对恩格斯马克思纯粹个人关系的兴趣，而总是与对马克思主义理论的理解和把握联系在一起的。对恩格斯与马克思关系的研究，总涉及对马克思主义的理解问题，涉及"什么是马克思主义"这个重大问题，例如，"对立论"通过否定恩格斯、肯定"青年马克思"的思想而否定马克思主义的一些重大基本原理；"一体论"的观念，实际上会把恩格斯的著作摆到马克思主义研究的真正源泉的首位，而马克思主义的真正的首要的源泉——马克思的著作——反而被忽视了，由此对马克思主义产生一些不正确、不深刻的理解；认为恩格斯在马克思主义创立中是起主导作用的这一观念，会进一步加强"一体论"已经造成的后果，即主要通过恩格斯的著作来理解马克思主义，从而忽视马克思的一些重要思想；等等。因此，关于恩格斯与马克思关系的研究、争论，并不是脱离马克思主义研究的总课题的无谓之举，而是服务于这一总课题的分课题。本部分对恩格斯与马克思的关系提出一些看法，希望能有助于正确理解马克思主义。

（一）恩格斯与马克思不是对立的而是一致的

　　"对立论"实际上是由于把"青年马克思"作为马克思的真正原型而产生的。"对立论"者以1845年以后的恩格斯为恩格斯的原型，以1845年以前的马克思为马克思的原型，于是得出结论说：恩格斯与马克思是对立的。这里确实存在对立。但这不是恩格斯与马克思这两个马克思主义者的对立，而是作为马克思主义者的恩格斯与"青年马克思"的某些思想的对立。因此，恩格斯与马克思的"对立论"是"两个马克思"的对立论的另一种表现形式。当然，从形式上看，坚持恩格斯与马克思的"对立论"并不直接要求坚持"两个马克思"的对立论，有些学者在坚持恩格斯与马克思的"对立论"的同时，否定"两个马克思"的对立论，他们认为马克思是统一的，但统一于"青年马克思"。而以"青年马克思"为马克思的原型，正是西方学者的"两个马克思"的对立论的基本思想。因此，要驳倒恩格斯与马克思的"对立论"，就必须批判"两个马克思"的对立论；而批判"两个马克思"的对立论，不是要去否定"两个马克思"的对立的事实，而是要否定以"青年马克思"为马克思的真正原型。只有承认"两个马克思"的对立这一事实，同时肯定"老年马克思"是马克思主义者的马克思，我们才能有力地反对"两个马克思"的对立论，也才能反对恩格斯与马克思的"对立论"。当我们不是去考察 1845 年以后的恩格斯与"青年马克思"的关系而是考察 1845 年以后的恩格斯与马克思的关系时，我们就看不到恩格斯与马克思的对立，他们的基本思想是一致的。恩格斯与马克思的"对立论"的依据是错位的。

反对恩格斯与马克思的"对立论"的真正意义在于：反对将"青年马克思"作为理解马克思主义的真正源泉，反对对马克思主义哲学的"超越"的理解、"人道主义"的理解、"存在主义"的理解、"选择论"的理解，等等；坚持马克思主义哲学的唯物主义路线，坚持历史唯物主义，坚持历史决定论，等等。在这些重大问题上，马克思与恩格斯的看法、立场是一致的。

（二）恩格斯与马克思不是"一体"的而是有差异的

传统的马克思主义研究是肯定恩格斯与马克思关系的一致性而否定"对立论"的，这一立场是正确的。但是也应当看到，传统的马克思主义研究对恩格斯与马克思（以及列宁与恩格斯和马克思等）的一致关系的看法带有绝对化的倾向，把一致、统一看作无差异的一致、统一，"一致论"变成了"一体论"。在传统的理解中，"马恩列斯"似乎是一个人的名字，共用一个思维头脑。在"一体论"观念的实际支配下，人们认为完全可以根据恩格斯、列宁、斯大林的著作来理解马克思主义。哲学方面的情况尤其是如此，我们过去理解马克思主义哲学的原著根据主要是恩格斯、列宁等人的著作，而马克思创立马克思主义时期的著作，马克思主义哲学的首要源泉，反而被忽视了。在"一体论"观念的统治下，人们是不能提出恩格斯与马克思在思想上的差异问题的，谁提出这个问题，谁就会被指责为制造"对立论"。直到现在，"一体论"的观念还支配着某些人的头脑。而实际上，一个研究者如果看不到恩格斯与马克思在哲学理解上的差异，就不能推进马克思主义哲学理解运动，就不能突破"辩证唯物主义"或

"辩证唯物主义和历史唯物主义"的理解体系。当然，如果把恩格斯、列宁的著作作为马克思主义哲学的真正源泉，那么，"辩证唯物主义"或"辩证唯物主义和历史唯物主义"的理解基本上是正确的，那是几代马克思主义者依据恩格斯、列宁的著作努力理解的结果。如果人们认为这种理解与马克思创立的哲学还有一定的差距，那么，就必须从根源上去寻找造成这种理解上的差异的原因。造成对马克思主义哲学的"辩证唯物主义"理解的原因之一，就是把恩格斯、列宁的著作放在了源泉的首位，而真正的首要的源泉——马克思的著作——却被忽视了。

在马克思主义理解史上，在"一致论"的基础上严肃认真地从思想方法的角度提出恩格斯与马克思差异关系的，葛兰西可算是第一个人，他的意见值得我们重视。葛兰西说："在研究独创的或者新颖的思想时，人们只是在其次才考虑到其他人在这种思想文献记载过程中所作的贡献。正是在这方面，至少作为一般原则和作为方法，应当提出实践哲学的两位创始人〔马克思和恩格斯〕之间的同质的关系问题。当其中的一位或另一位根据他们的相互一致提出一个论断时，这个论断只在那个问题上才有效。甚至其中的一位为另一位的著作写了几章，这个事实也并不是应该把该书看成是他们完全一致的产物的绝对理由。不需要低估第二位〔恩格斯〕的贡献，但也不需要把第二位和第一位〔把恩格斯和马克思〕等同起来，人们也不应该认为〔恩格斯〕归诸〔马克思〕的一切东西都是绝对真实的，不渗入任何其他东西的。当然，〔恩格斯〕证明在著作史上是独一无二的无私的和没有个人虚荣心的，但这并不是问题所在；这也不是一个怀疑〔恩格斯〕在科学上的绝对的诚实的问题。问题在于〔恩格斯〕并不是〔马克思〕，而如果人们要知道〔马克思〕，人们就须首先在他的真正的著作中，在那些由他直接负责发表的著作中去寻找他。……的确，〔恩格斯〕的阐释（其中有些是相对的系统的）现在被提到作为一种真正的源泉、而且是唯一真正的源泉的首位"[1]。葛兰西这里批评的"〔恩格斯〕的阐释（其中有些是相对的系统的）现在被提到作为一种真正的源泉、而且是唯一真正的源泉的首位"的做法，实际上正是我们过去的做法，这种做法是

---

[1] 〔意〕葛兰西：《实践哲学》，徐崇温译，重庆出版社，1990，第72—73页。

以"一体论"为依据的。葛兰西是反对"对立论"而赞成"一致论"的，但也不同意"一体论"，而是主张"差异论"，提出了"恩格斯不是马克思"这个著名论断。对这一论断，不能理解为"对立论"，而只能理解为"差异论"。

现代解释学为理解恩格斯与马克思思想的差异提供了新的视角。马克思主义是马克思与恩格斯共同创立的，但由于马克思恩格斯是两个独立的思维主体，他们在创立马克思主义的过程中就有一个主从的关系。这样，从属者（这里不包含被动接受的含义）对于主导者就有一个理解与被理解、解释与被解释的关系。从理解与被理解、解释与被解释的关系出发来考察恩格斯与马克思的关系，就进入了解释学的视野。现代解释学指出，理解和对象（被理解者）之间具有一种从根本上说不能消除的"间距"，也称"疏异化""远化"，说的是理解不可能与对象（被理解者）完全一致，总存在某种差异。如果肯定马克思在马克思主义的创立中是"拉第一小提琴"的，那么，恩格斯就具有了双重身份：他既是马克思主义的创立者之一，又是马克思思想的理解者、解释者，他对马克思思想的理解、解释与马克思的思想之间，就会存在一种"间距"，即一种差异。如果像广松涉那样把恩格斯和马克思的关系颠倒过来，恩格斯是"拉第一小提琴的"，马克思是向恩格斯学习的，那么，只是改变了理解者的角色，而不能改变理解和对象（被理解者）之间的差异关系。

对于恩格斯的理解、解释与马克思思想之间的具体差异，当然必须作实事求是的研究分析。这里要特别强调这样一种观念、一种思想方法，即不能把恩格斯对马克思思想的理解、解释看作对马克思思想的完全"复原"，毕竟"恩格斯不是马克思"。在解释学的视野中考察恩格斯与马克思的关系，不涉及他们的思想谁高谁低、谁对谁错的问题，而只涉及理解者和被理解者之间的同一性关系问题。

反对"一体论"的真正意义在于：改变过去主要以恩格斯、列宁等人的著作理解马克思主义的做法，把马克思的著作摆到马克思主义的真正源泉的首位，反思、超越对马克思主义的传统理解，推进对马克思主义的科学理解。

（三）在马克思主义的创立中，马克思是"拉第一小提琴"的

一般都认为，在马克思和恩格斯共同创立马克思主义的过程中，马克思是"拉第一小提琴"的，即马克思起了主要作用。日本学者广松涉通过对《德意志意识形态》创作的原始进程的研究，把传统的观念颠倒过来，认为在马克思主义的创立过程中，恩格斯才是"第一小提琴手"，马克思是向恩格斯学习的。他的主要根据是：恩格斯晚年关于他和马克思关系的说明不过是一种自谦之词，不足为凭；《德意志意识形态》的写作，是由恩格斯执笔的；在《德意志意识形态》写作以前，恩格斯的思想一直领先于马克思。广松涉的这种结论是值得商榷的。

考察恩格斯与马克思在马克思主义创立过程中的地位、作用问题，应当注意这样几个方面：一是马克思恩格斯对他们在马克思主义创立中的地位、作用的说明；二是马克思恩格斯在《德意志意识形态》写作前的思想进程；三是《德意志意识形态》的写作过程；四是在《德意志意识形态》写作后马克思恩格斯的思想进程。通过对以上方面的考察，我们完全可以维持原来的结论：在马克思主义的创立中，马克思是"拉第一小提琴"的。

第一，马克思恩格斯对他们在马克思主义创立过程中的地位、作用，是有过明确的说明的，这表明，一方面，马克思主义是由马克思恩格斯两人共同创立的；另一方面，马克思在马克思主义的创立过程中起主要作用。

马克思在《〈政治经济学批判〉序言》中谈到了他的思想发展进程，他说："为了解决使我苦恼的疑问，我写的第一部著作是对黑格尔法哲学的批判性的分析……我的研究得出这样一个结果：法的关系正像国家的形式一样，既不能从它们本身来理解，也不能从所谓人类精神的一般发展来理解，相反，它们根源于物质的生活关系，这种物质的生活关系的总和，黑格尔按照18世纪的英国人和法国人的先例，概括为'市民社会'，而对市民社会的解剖应该到政治经济学中去寻求。我在巴黎开始研究政治经济学，后来因基佐先生下令驱逐而移居布鲁塞尔，在那里继续进行研究。我所得到的，并且一经得到就用于指导我的研究工作的总的结果，可以简要

地表述如下……"① 引文中的省略部分就是众所周知的对历史唯物主义基本原理的经典表述。在《〈政治经济学批判〉序言》中，马克思也肯定恩格斯"从另一条道路（参看他的《英国工人阶级状况》）得出同我一样的结果。当1845年春他也住在布鲁塞尔时，我们决定共同阐明我们的见解与德国哲学的意识形态的见解的对立，实际上是把我们从前的哲学信仰清算一下"②。马克思的说法能直接表明的是：马克思主义是马克思和恩格斯共同创立的，他们是一致的而不是对立的；马克思的观点是他独立研究的结果，而不是像广松涉所说的那样，是向恩格斯学习的结果。

在马克思在世时特别是去世之后，恩格斯对他和马克思在马克思主义创立过程中的作用、地位问题有过多次说明，肯定马克思在马克思主义创立过程中是"拉第一小提琴"的，马克思主义主要是由马克思创立的。下面把恩格斯的说明按时间顺序摘录如下。1877年，恩格斯在《卡尔·马克思》一文中说："第一个给社会主义、因而也给现代整个工人运动提供了科学基础的人——卡尔·马克思，于1818年生在特里尔。"③ "在马克思使自己的名字永垂科学史册的许多重要发现中，这里我们只能谈两点。……"④ 1883年3月14日，马克思刚逝世，恩格斯在给李卜克内西的信中说："我们之所以有今天的一切，都应当归功于他；现代运动当前所取得的一切成就，都应归功于他的理论活动和实践活动；没有他，我们至今还会在黑暗中徘徊。"⑤ 1884年10月，恩格斯在给贝克尔的信中说："我一生所做的是我注定要做的事，就是拉第二小提琴，而且我想我做得还不错。我很高兴我有像马克思这样出色的第一小提琴手。当现在突然要我在理论问题上代替马克思的地位去拉第一小提琴时，就不免要出漏洞，这一点没有人比我自己更强烈地感觉到。而且只有在时局变得更动荡一些的时候，我们才会真正感受到失去马克思是失去了什么。我们之中没有一个人像马克思那样高瞻远瞩，在应当迅速行动的时刻，他总是作出正确的决定，并立即切中要

---

① 《马克思恩格斯选集》第2卷，人民出版社，2012，第2页。
② 《马克思恩格斯选集》第2卷，人民出版社，2012，第3—4页。
③ 《马克思恩格斯选集》第3卷，人民出版社，2012，第328页。
④ 《马克思恩格斯选集》第3卷，人民出版社，2012，第722页。
⑤ 《马克思恩格斯选集》第4卷，人民出版社，2012，第558页。

害。诚然,在风平浪静的时期,有时事件证实正确的是我,而不是马克思,但是在革命的时期,他的判断几乎是没有错误的……"① 1885 年,恩格斯在为马克思的《路易·波拿马的雾月十八日》第三版所写的序言中说:"正是马克思最先发现了重大的历史运动规律。根据这个规律,一切历史上的斗争,无论是在政治、宗教、哲学的领域中进行的,还是在其他意识形态领域中进行的,实际上只是或多或少明显地表现了各社会阶级的斗争,而这些阶级的存在以及它们之间的冲突,又为它们的经济状况的发展程度、它们的生产的性质和方式以及由生产所决定的交换的性质和方式所制约。"② 恩格斯还在《反杜林论》第三版序言中说:"顺便指出:本书所阐述的世界观,绝大部分是由马克思确立和阐发的,而只有极小的部分是属于我的,所以,我的这种阐述不可能在他不了解的情况下进行。"③ 1886 年初,恩格斯在《终结》中说:"从黑格尔学派的解体过程中还产生了另一个派别,唯一的真正结出果实的派别。这个派别主要是同马克思的名字联系在一起的。"④ 他还为这一段话加了这样一个很长的说明:"请允许我在这里作一点个人的说明。近来人们不止一次地提到我参加了制定这一理论的工作,因此,我在这里不得不说几句话,把这个问题澄清。我不能否认,我和马克思共同工作 40 年,在这以前和这个期间,我在一定程度上独立地参加了这一理论的创立,特别是对这一理论的阐发。但是,绝大部分基本指导思想(特别是在经济和历史领域内),尤其是对这些指导思想的最后的明确的表述,都是属于马克思的。我所提供的,马克思没有我也能够做到,至多有几个专门的领域除外。至于马克思所做到的,我却做不到。马克思比我们大家都站得高些,看得远些,观察得多些和快些。马克思是天才,我们至多是能手。没有马克思,我们的理论远不会是现在这个样子。所以,这个理论用他的名字命名是理所当然的。"⑤ 1888 年 1 月,恩格斯在为《共产党宣言》英文版所写的序言中说:"虽然《宣言》

---

① 《马克思恩格斯选集》第 4 卷,人民出版社,2012,第 571—572 页。
② 《马克思恩格斯选集》第 1 卷,人民出版社,2012,第 667 页。
③ 《马克思恩格斯选集》第 3 卷,人民出版社,2012,第 383 页。
④ 《马克思恩格斯文集》第 4 卷,人民出版社,2009,第 296 页。
⑤ 《马克思恩格斯文集》第 4 卷,人民出版社,2009,第 296—297 页脚注①。

是我们两人共同的作品，但我认为自己有责任指出，构成《宣言》核心的基本思想是属于马克思的。"①"在我看来这一思想（指历史唯物主义基本思想——引者注）对历史学必定会起到像达尔文学说对生物学所起的那样的作用，我们两人早在1845年前的几年中就已经逐渐接近了这个思想。当时我个人独自在这方面达到什么程度，我的《英国工人阶级状况》一书就是最好的说明。但是到1845年春我在布鲁塞尔再次见到马克思时，他已经把这个思想考虑成熟，并且用几乎像我在上面所用的那样明晰的语句向我说明了。"② 1892年，恩格斯在他的《英国工人阶级状况》一书的再版序言中说："1844年还没有现代的国际社会主义，从那时起，首先是并且几乎完全是由于马克思的功绩，社会主义才发展成为科学。"③ 1893年7月14日，恩格斯在给梅林的信中说："我从末尾（指梅林的《莱辛传奇》一书的末尾——引者注），即从《论历史唯物主义》这篇附录谈起。在这里主要的东西您都论述得很出色，对每一个没有成见的人都是有说服力的。如果说我有什么异议，那就是您加在我身上的功绩大于应该属于我的，即使我把我经过一定时间也许会独立发现的一切都计算在内也是如此，但是这一切都已经由眼光更锐利、眼界更开阔的马克思早得多地发现了。如果一个人能有幸和马克思这样的人一起工作40年之久，那么他在后者在世时通常是得不到他以为应当得到的承认的；后来，伟大的人物逝世了，那个平凡的人就很容易得到过高的评价——在我看来，现在我的处境正好是这样。历史最终会把一切都纳入正轨，到那时那个人已经幸运地长眠于地下，什么也不知道了。"④ 以上的材料并不全面，但足以说明问题。广松涉认为，恩格斯的上述说法只是恩格斯的谦虚之词，不符合事实。我们认为，恩格斯的上述说法，当然表现了恩格斯的谦虚，但这种谦虚是实事求是的。广松涉把恩格斯的谦虚理解为不顾他和马克思的真实关系的"谦虚"，这就产生了双重的贬低：既贬低了恩格斯，也贬低了马克思。一方面，把恩格斯的谦虚说成是不顾事实的虚假之言，这是对恩格斯

---

① 《马克思恩格斯选集》第1卷，人民出版社，2012，第385页。
② 《马克思恩格斯选集》第1卷，人民出版社，2012，第385—386页。
③ 《马克思恩格斯选集》第1卷，人民出版社，2012，第69页。
④ 《马克思恩格斯选集》第4卷，人民出版社，2012，第641—642页。

的贬低。另一方面，又在双重意义上贬低了马克思：由于给了恩格斯在马克思主义创立过程中的作用以"过高的评价"，把马克思看作恩格斯的学生，从而贬低了马克思；说恩格斯"谦虚"，就是说马克思"不谦虚"，从而贬低了马克思。

第二，对《德意志意识形态》创作的原始过程的研究，不仅表明了马克思主义是由马克思恩格斯共同创立的，而且表明马克思在这一创立过程中起主要作用。

《德意志意识形态》第一章手稿的主要部分是由恩格斯执笔的，这一事实已经得到确认。广松涉由这一事实得出《德意志意识形态》的基本思想是由恩格斯独立提出的，马克思只是向恩格斯学习这一结论，我们认为是缺乏说服力的。对《德意志意识形态》写作的原始过程的研究表明，马克思在《德意志意识形态》的写作中处于主导的地位。

首先，《德意志意识形态》写作时，马克思和恩格斯是共同在场的，而不是由恩格斯独立写作后让马克思看的。直接的证据至少有两点：其一，有一个地方，马克思接着恩格斯写下的内容写了一段话，恩格斯再接着马克思的话往下写；其二，在手稿的空白处，两人在休息时画了一些人物，马克思在恩格斯画的人物上加了一些东西。以上两种情况，只有当两人共同在场创作时才会出现。既然是共同在场，就会有讨论，就会有一种可能是马克思表述了他的基本思想，由恩格斯执笔。这当然还只是推论，只是提出一种可能性，还不是表明马克思起主要作用的直接证据。

其次，马克思对《德意志意识形态》的手稿进行了直接的删改、补充，而且不是限于语法意义上的语言修改，而是有思想观点上的表达；马克思还为第一章写了序言，而恩格斯对马克思写的序言没有作出任何修改。这些事实是马克思在《德意志意识形态》创作过程中处于主导地位的直接证据。两人合作创作某一作品，执笔者可以是主导者，也可以不是主导者，但一般说来，对作品的修改者总是主导者。作品如果是由主导者执笔创作的，从属者一般不会直接修改主导者的作品；作品如果是由从属者执笔的，则主导者可以直接加以修改。

最后，《德意志意识形态》的创作是一个较长的过程，在写作过程中，马克思恩格斯对原写作计划进行了调整。在两人合作的情况下，调整写作计划通常是由主导者进行的。我们可以看到,《德意志意识形态》的分编符号(将初稿中的有关材料放到新计划中的哪一部分的符号)是由马克思写的,这是表明马克思在《德意志意识形态》创作中处于主导地位的又一直接证据。

第三,对马克思恩格斯在《德意志意识形态》前的思想发展进程的研究表明,在《德意志意识形态》写作前,马克思的思想处于领先的地位,《德意志意识形态》体现的主要是马克思已经形成的思想。

《德意志意识形态》的创作不是一个孤立的事件,它是马克思恩格斯此前思想发展的一个结果。要确定马克思恩格斯在《德意志意识形态》的创作中谁处于主导的地位,不能简单地看《德意志意识形态》是由谁执笔的,而要看此前两人思想发展的水平,要看《德意志意识形态》中主要体现了谁的思想。如果如广松涉所说,此前恩格斯的思想总的来说是领先于马克思的,《德意志意识形态》主要体现了恩格斯先前的思想,那么,我们当然有根据说,恩格斯在《德意志意识形态》的创作中处于主导地位。但如果事实并非如此而是相反,即此前马克思思想的发展总的来说是处于领先地位,《德意志意识形态》体现的主要是马克思的思想,那么,我们只能说,《德意志意识形态》的创作不管是由谁执笔,马克思在《德意志意识形态》的创作上实际是处于主导地位的。笔者认为,事实与广松涉所说的情况相反。

从共产主义立场和理论方面来说,恩格斯确实在时间上比马克思较早转向共产主义。恩格斯在1842年底至1843年初就转向共产主义,而马克思大概要到1843年下半年才转向共产主义(顺便指出,广松涉认为马克思在1844年初,即发表《〈黑格尔法哲学批判〉导言》和《论犹太人问题》时还不是共产主义者,这是没有根据的。这两篇文章已经提出了共产主义的两个基本标准,即消灭私有制和诉诸无产阶级的问题,而这两篇文章是在1843年下半年写的,恩格斯在1843年下半年写的介绍大陆社会主义运动的文章中,提到了大陆上的共产主义者的名单,其中就有马克思的名字)。但是应当指出,后来转向共产主义的马克思在理论基础上领先于较早转向共产主义的恩格斯。恩格斯转向共产主义的哲学基础是黑格尔主义,而马克思的共产主义则是以费尔巴哈哲学的人本主义原则为基础的;

恩格斯的共产主义思想中较多地体现了三大空想社会主义的成分，例如，恩格斯把他们的社会主义叫作"德国有教养的阶级的共产主义"，实现共产主义主要通过说服教育、试验、高额累进税等手段，而革命只是作为不得已的手段，等等。马克思的人道主义的共产主义理论虽然说还不是科学共产主义理论，但更具理论性，通过对异化劳动的分析来论证共产主义的合理性和必然性。马克思对异化劳动的分析，使他找到了唯物史观的入口。

从哲学思想的发展来说，马克思一直是领先于恩格斯的。马克思在1837年初夏受"博士俱乐部"（这是青年黑格尔运动的核心组织）的影响转向黑格尔主义，而恩格斯在1839年受施特劳斯作品的影响转向黑格尔主义；马克思有一个以《莱茵报》为阵地运用黑格尔主义分析社会问题从而展现他的世界观的经历，恩格斯这一时期的理论活动相对来说没有马克思那样活跃；马克思1843年初就脱离黑格尔主义而转向费尔巴哈，而恩格斯脱离黑格尔的影响转向费尔巴哈的时间较晚，从《神圣家族》中可以明显地看出其转向费尔巴哈，但在此前则不明显，有证据表明，恩格斯在1843年底还持一种黑格尔主义的立场；马克思在1845年初就写作了《关于费尔巴哈的提纲》，通过批判以费尔巴哈为代表的旧唯物主义而创立了新唯物主义，而恩格斯在1844年底至1845年初仍在崇拜费尔巴哈，他在1845年2月发表的《共产主义在德国的迅速发展》一文中还称费尔巴哈是"德国当代最杰出的天才的哲学家"[①]。当然，这一文章的写作时间要早一些。

只要把《德意志意识形态》和马克思的《关于费尔巴哈的提纲》比较一下，我们就可以明显地看到，《德意志意识形态》中所体现的对人的历史唯物主义理解、对社会生活本质的历史唯物主义理解、对意识的现实基础的历史唯物主义理解等，是和《关于费尔巴哈的提纲》相一致的，而其思想萌芽，还可以更进一步追溯到《黑格尔法哲学批判》《〈黑格尔法哲学批判〉导言》《论犹太人问题》《1844年经济学哲学手稿》《神圣家族》等著作。恩格斯自己也说，在他和马克思1845年初在布鲁塞尔会面

---

① 《马克思恩格斯全集》第2卷，人民出版社，1957，第594页。

时，马克思已经以十分清晰、准确的语言向他表述了历史唯物主义的基本思想。

第四，在《德意志意识形态》之后，马克思主义新世界观主要是通过马克思的著作而问世的，这从另一个侧面证明马克思在马克思主义的创立中居于主导地位。

在当时，《德意志意识形态》由于种种原因没有写完，也没有出版，因而，马克思主义新世界观未能通过这一著作公开问世。马克思恩格斯必须通过别的著作的出版来使自己的新世界观公开问世。马克思主义新世界观的第一次公开问世是在马克思的《哲学的贫困》中，接着，在更完整的意义上是在马克思恩格斯合著的《共产党宣言》中。大家知道，《共产党宣言》虽是马克思恩格斯的共同作品，但主要是马克思的，它是作为恩格斯提供的《共产主义原理》的替代物而成为共产主义者同盟第二次代表大会通过的宣言的。

（四）恩格斯在马克思主义的创立和发展过程中有独特的贡献

我们说马克思在马克思主义的创立、发展中起主要作用，并不意味着恩格斯只是马克思思想的简单解释者。在马克思主义的创立、发展中，恩格斯有自己的独特贡献，他无愧为马克思主义的创立者之一，无愧为马克思的伟大战友。受篇幅的限制，本文不能详细地说明恩格斯的独特贡献，而只能简要地指出几个要点。其一，恩格斯不依赖于马克思而是通过"另一条道路"达到了与马克思大体相同的理论水平，即达到了历史唯物主义，这是马克思也肯定的。其二，恩格斯执笔写作了《德意志意识形态》的最重要的一章，即"费尔巴哈"章，阐述了马克思主义新世界观的基本原理。其三，恩格斯在《反杜林论》《自然辩证法》《费尔巴哈论》等著作中，系统地阐发了马克思主义的物质一元论的世界观，加固了马克思主义哲学的一般世界观（本体论）基础。在马克思恩格斯创立新唯物主义的时候，他们主要强调的是科学实践观和唯物主义历史观，而对于物质一元论的思想则较少论及，这是一个薄弱部分，后来杜林等人正是利用这一薄弱点，从一般世界观上发起向马克思主义的进攻，恩格斯在驳斥杜林的时候，就出色地阐发了马克思主义哲学的一般世界观（本体论）部分，使马克思主义哲学体系更加巩固。其四，恩格斯专门研究了自然科学，阐述了马克思主义的自然观，从而以自然科学的成果加固了马克思主义哲学。其五，恩格斯写作了《家庭、私有制和国家的起源》，完成了马克思的遗愿，以原始史的研究成果为依据，进一步阐发了历史唯物主义的基本原理。其六，恩格斯在其晚年著作特别是在书信中，纠正了他和马克思先前的"错误"（在强调经济因素的首要的决定作用时缺乏对历史过程中其他因素作用的系统说明），对历史过程中各种因素的相互作用作了系统的阐述，特别是阐述了社会意识的相对独立性原理。

四　问题拓展

《终结》阐明了在社会发展基本规律的作用下，社会发展具有合规律性、决定性的一面，但社会是人的社会，因而与人的能动性相一致，社会发展又体现出选择性的一面。

关于社会发展的选择性方面，对于社会发展中人是否具有选择性的问题，大多数人是持肯定的回答的。但也有人持否定的回答，各种形式的宿命论就是否认社会发展中人是具有选择性的。宿命论认为有一种人之外的神秘力量决定着社会的发展和个人的命运。这种神秘的力量或者是神，或者是所谓的客观理念，朝代的兴衰更替、世事的离奇巧合、人事的升迁沉浮，均由某种神秘力量决定，任何人都无力改变这些"命运"。只有通晓这种神秘力量的"异人"才能对世事、人事作出预言。在这种宿命论的历史观中，人面对自己的命运不能选择，面对社会的发展也不能选择，一切都只能"听天由命"。

马克思主义的历史观坚决反对各种形式的宿命论，肯定社会发展中人的选择性、能动性。

社会发展中人的选择性表现为两个相互联系的方面：观念的选择和行为（实践）方式的选择。

观念的选择包括三个层次：价值目标的选择，理论的选择，计划、方案的选择。

价值目标的选择是对行为结果的预期选择。人们想成为什么样的人，从事什么样的职业，为什么样的社会理想而奋斗，想获得何种实际的结果，等等，都属于价值目标的选择，也可以叫作理想的选择。例如，中国共产党人选择的最终价值目标是实现共产主义，而在此前，在各个不同时期，还会选择不同时期的阶段性的价值目标。

理论的选择是对预期结果可能成为现实的原因、根据在观念中的选择。为了改造世界达到某种预期的结果，人们必须认识世界，认识世界的客观属性、客观规律，也就是认识行为（实践）与结果之间的必然联系。存在解释世界的种种不同的理论，包括不同的世界观、方法论和具体科学的理论，人们在不同的解释理论中会作出一定的选择（包括对原有理论的选择和创造新的理论）。例如，中国共产党人选择马克思列宁主义、毛泽东思想和中国特色社会主义理论体系为自己的指导思想。

计划、方案的选择是根据解释理论对将要为实现价值目标而采取的行为（实践）的预期选择。在一定的价值目标和理论的指导下，人们对实现价值目标的行为（实践）事先在观念中作出安排，制定出行动的计划、方案。人们往往会设想多种计划、方案并选择比较理想的计划、方案去执行。

观念的选择中的三个层次是相互联系的。一定的价值目标影响对理论和计划、方案的选择，而理论的选择也会影响价值目标和计划、方案的选择，而在具体计划、方案的选择中，常常也会修改原有的价值目标和理论根据。例如，中国共产党人的最终价值目标规定着它对指导思想的选择，而党的指导思想的每一次与时俱进又改变着中国共产党人在社会主义初级阶段上的价值目标（一定阶段上的价值目标而非最终的价值目标），这两者又规定着社会主义实践的计划、方案的制定。

社会发展中人的选择性的最根本的表现是行为（实践）方式的选择。行为（实践）方式的选择对推动社会发展具有根本的意义，因为社会生活在本质上是实践的。虽然行为（实践）方式的选择已经在观念中作出了，但只要不实际地采取某种行动，这种选择还不能对社会发展产生实际的影响。只有把选择的计划、方案付诸实践，观念的选择才能转化为现实的选择，才真正是社会发展中人的选择。只有实际的行为（实践）才能实现或部分地实现或不实现在观念中选择的价值目标、理论、计划、方案。

行为（实践）方式的选择不仅是指人们为了实现某一价值目标而采取的具体行动，还包括社会制度、社会发展道路的选择。例如，中国共产党人在新民主主义革命胜利后选择了社会主义制度，在相当长的一个时期中，在经济体制方面选择了高度集中的计划经济体制，现在又选择了社会主义市场经济体制，走改革开放的道路等，这些也都属于行为（实践）方式的选择。

行为（实践）方式的选择中有一个机遇选择的问题要特别地提一下。机遇是人们进行行为（实践）方式选择时的某种偶然的内外部条件，这种条件对于选择某种行为（实践）方式及实现理想的结果有重要的意义，但这种条件的出现在时间上往往是短暂的，易于消失。抓住这个条件果断地选择某种行为（实践）方式，就是抓住了机遇，就能对社会发展产生重大影响。机遇的选择需要敏锐而深刻的洞察力和坚强果断的意志力。

在观念的选择和行为（实践）方式的选择之间存在相互作用。行为（实践）方式的选择首先是在观念中实现的。选择首先是观念的选择。没有观念，就谈不上选择的问题。但选择停留在观念中，还不是现实历史的选择，还不能对社会发展起作用。"思想本身根本不能实现什么东西。思想要得到实现，就要有使用实践力量的人。"① 此外，实际的行为（实践）方式的选择将会不断地修正观念的选择，观念的选择归根到底是由人们的现实生活决定的。

为什么社会发展中的人会具有选择性呢？社会发展中人的选择性有三个方面的根据。一是作为选择主体的人的特性，二是历史活动本身的有规律性，三是现实发展的多种可能性。缺少任何一个方面的根据，社会发展中的人都不可能有选择性。

人是创造历史的主体，因而也是选择的主体。人之所以对自己创造历史的活动具有选择的能力，是与人具有理性、意志自由和实践改革能力相关的。

---

① 《马克思恩格斯文集》第 1 卷，人民出版社，2009，第 320 页。

人的本质虽然不是理性，但人确实是有理性的存在物。理性就是认识客观世界本质的能力。选择是以对客观世界的本质认识为根据的。自然界事物没有理性，所以谈不上选择。高等动物具有了理性的萌芽，因而也表现出某种选择的能力，但只是萌芽而已，谈不上真正的选择。即使高等动物的历史也不是动物自身创造的，而是"自然选择"的客观结果。说"自然选择"只具有比喻的意义，是把自然自身的客观运动造成的结果与人有选择的历史活动所造成的结果相比附，其实自然并不选择什么。只有人在长期的实践活动中形成和发展了理性的能力，也就是认识外部世界本质的能力，因而也就形成了依据理性的认识选择自己的活动方式的能力。选择本质上应是理性的选择，"跟着感觉走"并不是选择而是盲目的活动。

人的本质虽然不是意志，但人确实是有意志的存在物。意志就是作出选择的能力。选择表现了意志的自由，无自由即无意志。没有意志自由，就没有选择。一切不是出自意志自由的活动并不是选择性的活动。

从根本上说，人是实践的存在物。实践是人的根本存在方式，实践性是人的根本特性。实践作为人改造世界的客观能力，是人的本质能力。选择本质上是人们改造世界的行为（实践）方式的选择，因此，没有改造世界的能力，也就谈不上选择的问题。动物只是适应自然界，不能改造自然界，因此，在动物那里就不存在选择。

人之所以要对自己的行为（实践）方式作出选择，是因为在人们的实践活动中存在客观的规律，在活动方式和活动结果之间存在必然的联系。如果在活动方式和活动结果之间不存在必然的联系，人们就不会在不同的活动方式之间作出选择，因为这时的选择是无意义的，因而也是不必要的。前面已经指出，选择首先是价值目标的选择，价值目标的选择是活动结果在头脑中的预期选择。为了达到这个预期的结果，人们就要选择一定的活动方式。虽然选择的活动方式与预期的结果之间会出现这样那样的差距，但人们认识到在一定的活动方式与结果之间是有某种必然联系的。对这种必然联系把握得愈正确、愈精确，人们就愈能作出合理的选择，实现预期的结果。

人之所以要对自己的行为（实践）方式作出选择，还因为社会发展存在多种可能性。人们的活动方式不同，结果也会不同。社会发展不是只有一种可能性。社会发展的多种可能性的存在就为人们的选择性，为人们的主动性、创造性的发挥提供了广阔的空间。如果社会发展只有一种可能性，只有唯一的一条路，人们就绝无选择的必要和可能。

人们在社会活动中的选择性是人们在社会活动中的主动性、创造性的表现。历史是人自己创造的，人是历史的主体，而选择性是作为历史主体的重要规定性。选择性使社会发展呈现出无比的丰富性、多样性、复杂性。肯定了社会发展中人的选择性，就反对了各种形式的历史宿命论。

选择性既是人们主动性、创造性的表现，也是对人们的历史行为（实践）进行评价的前提。人们总是对一定的社会活动（人们的活动）进行各方面的评价，例如作出成功与失败、合理与不合理、进步与退步、道德与不道德等的评价，同时要求从事活动的主体对自己的活动所产生的结果承担一定的社会责任。历史的评价是以人们的活动是主体的选择为前提的。没有价值目标的选择，就无所谓成功与失败。没有主体对自己所从事的社会活动的选择能力，也不能作合理与不合理、进步与退步、道德与不道德的评价。正因为人们的活动方式是选择的，也就是说，人们可以这样做，也可以那样做，这才有了对他们的行为（实践）进行评价的问题。如果人们的一切行为（实践）是无法选择的，那么，行为（实践）主体也就不必承担一定的社会责任，也就不能对社会活动中的主体作出各种评价。因此，人们在社会活动中的选择性是相对的。

关于社会发展中的决定性方面，在社会发展中，除了存在相对的选择性外，还存在绝对的决定性，即非选择性。

肯定社会发展中的决定性，即肯定社会发展中有不以人的意志为转移的客观力量，这就是决定论的历史观。与此相反的历史观就是非决定论的历史观。

历史决定论有多种表现形式。宿命论的历史观就是一种历史决定论，它肯定历史的发展是被决定的。自然决定论也可以看作一种历史决定论，它肯定历史的发展同自然界一样也是被决定的。马克思的唯物主义历史观也是一种历史决定论，认为社会生活本质上是实践的，实践是历史发展的根本的决定力量。在马克思主义哲学发展史上，存在对马克思的历史决定论的一种机械的理解，把生产力的因素、经济的因素看作历史中唯一起作用的因素，否认社会意识、上层建筑在社会发展中的积极作用，否认人们的历史主动性、创造性。马克思的唯物主义历史观不仅是反对非决定论的，同时也是反对宿命论、自然决定论和机械论的决定论的。

各种形式的主观唯心主义的历史观是非决定论的历史观。这些历史观可以统称为意识决定论。从形式和名称上看，似乎这种历史观也是一种历史决定论，即历史的发展是由思想、意志决定的。实际上，意识决定论是一种非决定论的历史观。意识决定论否认历史有自身的不以人的意志为转移的决定力量。人们的思想、意志是各不相同的，这些各不相同的思想、意志不可能都决定历史；单个人的思想、意志也是变化不定的。如果历史是由意识决定的，那么历史就完全是随意的、偶然的，没有一定的秩序、没有一定的规律。所以意识决定论实际上是一种非决定论的历史观。

马克思主义主张物质实践决定论。马克思主义认为，历史是人们自己创造的，但不是任意创造的，而是在一定历史条件下创造的；历史的发展有不以人的意志为转移的规律。选择性是相对的，而决定性是绝对的。

第一，人们的思想、观念、意志不是绝对自由的，而是被决定的。从历史发展的角度看，处于不同时代的人有不同的思想、观念、意志，这是由不同时代的人的现实生活（实践）决定的。生活于古代的人没有现代的思想、观念、意志，是因为古代人的生活条件和现代人的生活条件是不同的。从同一时代来看，人们从事着不同的实践，在实践中处于不同的社会关系之中，有不同的利益，所以人们的思想、观念、意志也不一样。人们可以选择自己的价值目标，但这种价值目标本身又只有在一定物质生活条件下才能产生，而且人们作出选择的背后也有其物质生活条件在起作用。人们可以选择一定的理论，但这种理论也只能在一定的实践阶段产生，而且，人们对某种理论的选择的背后也有他们的一定物质生活条件、一定的利益在起着作用。人们有选择的意志自由，但没有绝对的自由，其意志本身是由一定的物质生活条件决定的。人们可以制定种种计划、方案，但计划、方案的制定不仅受到一定的理论的制约，而且受到物质生活条件的制约。

第二，人们能够采取的行为（实践）方式是受制约的。人们的行为（实践）方式是可选择的，但这种选择是受种种实际的条件制约的，这些实际的条件有人们的价值观念、道德观念、传统习惯、社会制度、认识水平、物质生活条件等，其中，物质生活条件是制约人们行为（实践）方式选择的根本条件。人们不能自由地选择生产力，人们只能在既有生产力的条件下创造新的生产力，而这种创造，也只能在一定物质生活条件允许的情况下去创造，而不能超越客观物质生活条件去创造更高的生产力。人们创造新的生产力是在一定的社会关系下实现的，而一定的社会关系具有既成性，对于这种既成的社会关系，人们不能自由选择。人们可以通过自己的努力去改变既成的社会关系，但一定社会关系的建立一定受现有生产力水平的制约，必须与一定的生产力水平相适应，一旦建立的社会关系不适合生产力的发展，这种社会关系就不能维持。从世界范围内来看，在一国的历史成为世界历史的一个有机组成部分的情况下，一国的发展必定受到世界历史发展状况的制约，这种世界历史发展状况也是不能自由选择的。

第三，人们的行为（实践）方式中存在不可选择的规律性。规律是物质运动中自身固有的本质的联系。社会运动是物质的特殊运动方式。社会运动有不同于自然物质运动的规律，但在这些规律的不可选择性上，二者却是共同的。有些论者认为自然规律具有不可选择性，社会规律是人活动的规律，因而具有主观性和可选择性，这是对社会规律的误解。人们能够选择的是自己的一定的活动方式（如前所述，这种选择也是相对的、有条件的），而不是规律。有人说，既然行为（实践）方式是可以选择的，那么规律也是可以选择的；我选择了某种行为（实践）方式，也就选择了这种行为（实践）方式中的规律。这样说是没有意义的。选择是具有多种可能性的选择。人们可能采取多种行为（实践）方式，所以我们说行为（实践）方式是可以选择的。但一旦采取某种实际的行动，就必定有某种（些）规律在起作用，我们不能抛弃某种（些）规律而遵循另外的不属于这种行为（实践）方式所有的规律。规律是不能选择的。我们甚至不能说行为（实践）要符合规律，或不能说行为（实践）能违背规律（我们经常听到"某种行为违背了规律因而受到规律的惩罚"的说法）。我们只能说，只要采取某种实际的行动，就必定有这种行动固有的规律在起作用，这种规律是根本不能违背的，因而也是不可选择的。

第四，人们不能选择自己行为（实践）的实际结果。这是由活动的条件性和规律性得出的必然结论。人们可以在观念中选择某种追求的结果,并在观念中选择达到这种结果的行为(实践)方式(表现为计划、方案),但人们一旦采取实际的行动[也就是选择了某种行为(实践)方式],就不能选择这种实际行动产生的结果。实际的行动是各种实际条件的总和,是这些实际条件的相互作用。事物的运动是有规律的,这种规律是不能选择的,所以实际行动的结果也是不能选择的。实际行动的结果在许多情况下甚至是不能预期的,也就是说,即使在观念中也不是可选择的。原始社会末期人们改进工具提高了生产力,在产品有了剩余的情况下进行产品交换,这种行为导致了原始社会的解体,这种结果不是人们预期的,是在观念中也不可选择的。商品经济的发展导致了资本主义制度的确立,这也不是进行商品生产和商品交换的人们的预期目的。我们今天选择了社会主义市场经济的道路,其实际的行动产生了众多的结果,有些是预期的,有些是非预期的甚至与预期的结果相反的,这些结果不管是不是预期的,都是不能选择的。从价值的角度来看,有积极的结果和消极的结果,它们都是不可选择的。在资本主义条件下,已经有不少人看到了资本主义带来的种种消极的结果,有些人想在保留资本主义基本制度[制度是人们的一种基本的行为(实践)方式]的前提下,选择资本主义的好的结果,消除资本主义带来的坏的结果,这是一种幻想。我们的社会主义市场经济同样带来积极的和消极的结果,这些结果是由一定具体的行为(实践)方式产生的,是不能选择的。要避免某种结果,只有改变人们的行为(实践)方式。行为(实践)方式是分不同的层次的,在哪一个层次上改变行为(实践)方式,就在哪一层次上改变行为(实践)的结果。

总之,在社会发展中,在人们的社会活动中,同时存在选择性和决定性。选择性和决定性,这二者不是分立的和互相排斥的,而是相互依存、相互渗透的。选择性以决定性为基础,选择不是离开决定性的选择,任何选择都是有决定性在其中起作用的选择。另外,决定性表现于人们的选择之中,离开有选择的社会活动,也就没有历史决定性。历史的决定性使历史的发展成为一个客观的过程,是一种"自然历史过程"。认识了历史的决定性,就能更自觉、更合理地选择社会活动的方式。社会活动的选择性使人成为社会活动的主体,成为历史的创造者,并使社会发展具有丰富多样性、不确定性、复杂性。认识社会发展中的选择性与决定性的统一，对于反对宿命论和非决定论的历史观具有重要的意义。我们既要尊重客观的历史规律，又要充分发挥能动性、创造性，不墨守成规，抓住机遇，坚持改革，大胆创造，积极进取，推进建设中国特色社会主义事业。

第五章 《唯物主义和经验批判主义》导读

一 写作背景

《唯物主义和经验批判主义》是列宁对马克思的新世界观进行系统阐释的重要理论篇章，同时也重点阐释了历史唯物主义这一重要原理，是关于认识论的重要哲学著作，是马克思主义思想史特别是哲学发展史上的标志性成果之一，是列宁最重要的哲学代表作之一。《唯物主义和经验批判主义》是列宁于 1908 年 2 月至 10 月撰写的。1908 年 5 月，列宁从日内瓦到达伦敦，在英国博物馆的阅览室深入阅读了大量相关的自然科学与哲学文献，并完成写作，1909 年 5 月按秘密地址秘密转到莫斯科环节出版社出版。列宁写作这本著作的主要目的是批判那些"马赫主义者"，揭露他们在革命低潮期妄图否定当时的主流思想，从而捍卫当时指导革命的马克思主义，加强俄国社会民主工党的思想理论建设。因此，这不仅是一本重要的哲学著作，而且是一本重要的论战檄文。

（一）时代背景

19 世纪末 20 世纪初，资本主义进入国际垄断资本主义即帝国主义阶段，资本主义国家经济、政治形势发生深刻变化，无产阶级与资产阶级的政治和思想斗争更加激烈。1905 年俄国革命失败后，当局统治阶级进行了更加丧失人性的制度统治，白色恐怖笼罩整个社会，革命者更是被任意虐杀，流放所和苦役牢房遍布全国各地，沙皇大臣斯托雷平在全国各地布满绞架。当时人们把绞架叫作"斯托雷平的领带"。俄国革命失败以后，革命的"同路人"陷入悲观和动荡，趋于瓦解和腐化，甚至有人背叛革命。布尔什维克党内部也出现混乱，一些先进分子在思想上产生了不该有的沮丧，甚至还出现了一批没有基本立场的伪马克思主义者。当时，唯心主义以多种潜藏的形式表现出来，并表现为一种文化特征，甚至披上流行的外衣来批判作为主流革命思想的马克思主义。

（二）理论背景

新旧世纪更替之际，物理学领域的发展突飞猛进，电子等物质的新发现为人类认识大自然提供了必要的基础。科技的发展在一定程度上颠覆了过去陈旧的世界观，特别是给机械唯物主义自然观带来极大的挑战，撼动了曾长期统治认识论领域的形而上学思想，为新的自然观，即辩证唯物主义自然观的诞生提供了理论发展的孕育环境。但是，唯心主义哲学家却歪曲这些新发现的哲学意义，他们用这些物理上的认识突破来攻击世界可知论，攻击新的世界观，进而推崇自己的"不可知论"。某些科学家也从这些新发现中得出了唯心主义的认识论结论，他们否定客观世界的客观实在性，否定自然世界的客观规律性，进而去批判可知论，批判认识论上的客观实在。在当时那种严峻的现实面前，坚定的马克思主义者不得不站出来拨乱反正，解决学界思想深处的问题根源，不得不勇敢地站出来捍卫马克思主义，保卫这个科学的先进的思想。

与此相联系，恩格斯逝世后，第二国际一些主要理论家把马克思主义哲学实证主义化的恶果迅速蔓延开来，伯恩施坦等人公开提出用康德的伦理学"修正"马克思主义哲学，用"伦理社会主义"取代科学社会主义。而以麦克斯·阿德勒为代表的"奥地利马克思主义者"以马克思主义缺乏哲学基础，特别是认识论基础为借口，企图将康德的"认识批判论"和马赫、阿芬那留斯的"经验批判论"同唯物史观结合起来。甚至连专门著书批判康德伦理的考茨基也认为马克思的历史观同马赫、阿芬那留斯有联系，在他主办的《新时代》杂志上，刊登了大量经验批判主义哲学的文章。

马赫和阿芬那留斯共同创立了经验批判主义，这是一种逆唯物主义的思想，并带有极大的主观性，一时盛行于当时的欧洲。经验批判主义源于实证主义，假借对经验主义的批判来掩饰在认识上的唯心主义，并以超越的名义宣扬其是"唯一科学"，既"超越"唯物主义也"超越"唯心主义。实际上，作为实证主义的第二代，马赫等的思想仍然是伪装起来的唯心主义哲学。它要求抛弃物质、意识等，集中研究经验、感觉等问题，认为物理和心理的东西都是由颜色、声音、压力、空间、时间等要素组成的复合体，用这种中立性的要素描绘世界，就能消除自我和世界、感觉和物体的对立，"超越"唯物主义和唯心主义。这一思潮当时影响较大，一些代表学者奉其为"现代认识论"，鼓吹用马赫主义去补充和完善马克思主义。国际国内、党内党外利用马赫主义的招牌大搞修正主义的现象使列宁认识到，如果说"在革命以前，特别突出的是马克思的经济学说在我国实际中的运用；在革命时期，是马克思主义的政治"①，那"在革命以后，是马克思主义的哲学"②，而马克思主义者同马赫主义者的斗争已经居于首位。他们既反对辩证唯物主义，又反对历史唯物主义。这种反对与批评和普通的批评不同之处在于，这种反对和批评不是公开诚实的，而是以拥护马克思主义的名义，用欺骗的手段进行暗自批判。他们认为他们基本上是马克思主义者，不过是进行了一些思想上的"纠偏"，然而他们企图改变的正是马克思主义的核心，也正是要极力摧毁这一重要基础理论。这种虚伪的批判极其危险，它会迷惑马克思主义政党内不擅长理论思维和理论批判的革命工作者。因此，对这些反对和背叛马克思主义基础理论的"修正主义者"给予坚决驳斥就成为摆在真正马克思主义者面前的一项迫切任务，就是要揭开"反马克思主义"或者修正马克思主义的伪装，识破其真正嘴脸，保卫真理，明辨真伪，进行思想上的拨乱反正，团结起革命同志。此时就到了真正的马克思主义者必须要对经验批判主义和马赫主义进行彻底的批判的时刻了。

普列汉诺夫先于列宁对经验批判主义进行批判，并且取得了值得肯定的成绩，但未能彻底完成战胜当时国内经验批判主义的任务。为进一步完成这个彻底批判的重任，以试图彻底粉碎其他派别对马克思的这个新哲学的攻击和诋毁，保证无产阶级政党指导思想上的正确性和坚定性，列宁亲自担负起了批判的重任。1906 年，列宁就曾打算出版《一个普通马克思

---

① 《列宁全集》第 20 卷，人民出版社，2017，第 129 页。
② 《列宁全集》第 20 卷，人民出版社，2017，第 129 页。

主义者的哲学札记》的长信对经验批判主义加以批判，但未能实现。两年后，《关于马克思主义哲学的论丛》被另一个派别公开出版。基于不得不作出的批判，不得不坚决地与当时社会出现的错误思潮作坚决的斗争，正确的解读和理解自然科学的新成就，批判修正主义，列宁在搜集整理大量现实资料后写出了这本哲学经典《唯物主义和经验批判主义》，来捍卫马克思主义的真理性，捍卫其在思想领域的指导地位，并回击马赫主义、经验批判主义对马克思主义的进攻，在这一过程中捍卫和发展了马克思主义哲学。

二　内容简介

《唯物主义和经验批判主义》由两个序言、一个代绪论、六章正文以及一个简短的结论组成。作为一部论战性著作，列宁主要是在批判的基础上展开自己对于马克思主义认识论基本观点的理论阐述的。在该书的第二章"经验批判主义的认识论和辩证唯物主义的认识论（二）"中，列宁重点批判了马赫主义的荒谬，从认识论的基本问题层面探讨了其与马克思思想的矛盾，包括：认识对象和认识过程、对待真理问题、对待实践在认识中的作用问题，强调辩证法的重要性。列宁在继续阐明认识论上存在两条根本对立的哲学路线的基础上，从辩证唯物主义认识论的层面，集中批判马赫不可知论的哲学本质，强调辩证法和实践在认识中的重要作用，与马赫主义的认识论形成鲜明的对比。列宁在这里把辩证法运用于认识论，提出了三个认识论的重要结论。第一，"物是不依赖于我们的意识，不依赖于我们的感觉而在我们之外存在着的"[1]。第二，"在现象和自在之物之间决没有而且也不可能有任何原则的差别。差别仅仅存在于已经认识的东西和尚未认识的东西之间"[2]。第三，"在认识论上和在科学的其他一切领域中一样，我们应该辩证地思考，也就是说，不要以为我们的认识是一成不变的，而要去分析怎样从不知到知，怎样从不完全的不确切的知到比较完

---

[1]《列宁全集》第18卷，人民出版社，2017，第100页。
[2]《列宁全集》第18卷，人民出版社，2017，第100页。

全比较确切的知"①。列宁从这些基本原则出发，发展了马克思主义的真理论，论述了真理的客观性，阐明了相对真理与绝对真理的辩证关系，并指出马克思主义是经过实践检验的科学理论。

（一）对"自在之物"的正确理解

维·切尔诺夫先生引完这段议论，就完全控制不住自己了，他要彻底消灭可怜的恩格斯。请听："可以'用便宜得多、简单得多的方法'从煤焦油里提炼出茜素，这当然是任何新康德主义者都不会觉得奇怪的。但是，在提炼茜素的同时可以用同样便宜的方法从同样的煤焦油里提炼出对'自在之物'的驳斥，这真是个了不起的闻所未闻的发现，当然，这样看的不仅是新康德主义者。"

"显然，恩格斯知道了康德认为'自在之物'是不可认识的，于是他就把这个定理改成逆定理，断言一切未被认识的东西都是自在之物……"（第33页）

马赫主义者先生，请你听着，胡扯也要有个限度！你是在大庭广众面前歪曲上面引证的恩格斯的那段话，甚至你不懂得这儿说的是什么，就想去"捣毁"它！

第一，说恩格斯"提炼出对自在之物的驳斥"，这是不对的。恩格斯曾经直截了当地明确地说过：他驳斥**康德的不可捉摸的**（或不可认识的）自在之物。切尔诺夫先生把恩格斯关于物不依赖于我们的意识而存在的唯物主义观点搞乱了。第二，如果康德的定理说自在之物是不可认识的，那么**"逆"**定理应当说**不可认识的东西**是自在之物。切尔诺夫先生却用**未被认识的代替了**不可认识的，他不理解由于这样一代替，他又把恩格斯的唯物主义观点搞乱和歪曲了！

维·切尔诺夫先生被他自己所奉为指导者的那些御用哲学的反动分子弄得糊里糊涂，他**根本不了解**自己所引用的例子便大叫大嚷地反对恩格

---

① 《列宁全集》第18卷，人民出版社，2017，第101页。

斯。我们不妨向这位马赫主义的代表说清楚,问题究竟在什么地方。

恩格斯直截了当地明确地说,他既反对休谟,又反对康德。但是休谟根本不谈什么"不可认识的自在之物"。那么这两个哲学家有什么共同之点呢?共同之点就是:他们**都把"现象"和显现者、感觉和被感觉者、为我之物和"自在之物"根本分开**。但是,休谟根本不愿意承认"自在之物",他认为关于"自在之物"的思想本身在哲学上就是不可容许的,是"形而上学"(像休谟主义者和康德主义者所说的那样)。而康德则承认"自在之物"的存在,不过宣称它是"不可认识的",它和现象有原则区别,它属于另一个根本不同的领域,即属于知识不能达到而信仰却能发现的"彼岸"(Jenseits)领域。

恩格斯的反驳的实质是什么呢?昨天我们不知道煤焦油里有茜素,今天我们知道了。试问,昨天煤焦油里有没有茜素呢?

当然有。对这点表示任何怀疑,就是嘲弄现代自然科学。

既然这样,那么由此就可以得出三个重要的认识论的结论:

(1)物是不依赖于我们的意识,不依赖于我们的感觉而在我们之外存在着的。因为,茜素昨天就存在于煤焦油中,这是无可怀疑的;同样,我们昨天关于这个存在还一无所知,我们还没有从这茜素方面得到任何感觉,这也是无可怀疑的。

(2)在现象和自在之物之间决没有而且也不可能有任何原则的差别。差别仅仅存在于已经认识的东西和尚未认识的东西之间。所谓二者之间有着特殊界限,所谓自在之物在现象的"彼岸"(康德),或者说可以而且应该用一种哲学屏障把我们同关于某一部分尚未认识但存在于我们之外的世界的问题隔离开来(休谟),——所有这些哲学的臆说都是废话、怪论(Schrulle)、狡辩、捏造。

(3)在认识论上和在科学的其他一切领域中一样,我们应该辩证地思考,也就是说,不要以为我们的认识是一成不变的,而要去分析怎样从**不知到知**,怎样从不完全的不确切的知到比较完全比较确切的知。

只要你们抱着人的认识是由不知发展起来的这一观点,你们就会看到:千百万个类似在煤焦油中发现茜素那样简单的例子,千百万次从科学技术史中以及从所有人和每个人的日常生活中得来的观察,都在向人表明

"自在之物"转化为"为我之物";都在表明,当我们的感官受到来自外部的某些对象的刺激时,"现象"就产生,当某种障碍物使得我们所明明知道是存在着的对象不可能对我们的感官发生作用时,"现象"就消失。由此可以得出唯一的和不可避免的结论:对象、物、物体是在我们之外、不依赖于我们而存在着的,我们的感觉是外部世界的映象。这个结论是由一切人在生动的人类实践中作出来的,唯物主义自觉地把这个结论作为自己认识论的基础。与此相反的马赫的理论(物体是感觉的复合)是可鄙的唯心主义胡说。而切尔诺夫先生在他对恩格斯的"分析"中再一次暴露出他的伏罗希洛夫式的品质:恩格斯举的简单例子在他看来竟是"奇怪而又幼稚的"!他认为只有学究的臆说才是哲学,他不能区别教授的折中主义和彻底的唯物主义认识论。[1]

列宁在第二章一开头就指出:"关于'自在之物',我们的马赫主义者写了好多东西,如果把它们收集在一起,真是堆积如山。'自在之物'对于波格丹诺夫和瓦连廷诺夫,巴扎罗夫和切尔诺夫,别尔曼和尤什凯维奇来说,真是个怪物。他们对'自在之物'用尽了'恶言秽语',使尽了冷嘲热讽。"[2]列宁将批判的矛头直指马赫主义者。其实,在不同的哲学体系里,"自在之物"有不同的内涵规定。俄国马赫主义者离开马克思主义的哲学立场使用"自在之物"这个概念,攻击普列汉诺夫维护康德意义上的"自在之物",还直接攻击恩格斯的哲学认识论思想。维克多·切尔诺夫说恩格斯反对康德的不可认识的"自在之物"和休谟的怀疑论,就是"素朴的独断的唯物主义",是"最粗陋的唯物的独断主义",并且把马克思与恩格斯对立起来,说恩格斯离开了,甚至背叛了马克思的思想。为此,列宁就如何理解"自在之物"进行了理论澄清。

哲学基本问题对理解"自在之物"的意义。关于这一基本问题首要的就是正确认识和理解"自在之物"这一核心概念。简要陈述了恩格斯关于哲学基本问题的阐释和解答。恩格斯在《路德维希·费尔巴哈和德国古典哲学的终结》中指出:"全部哲学,特别是近代哲学的重大的基本问题,

---

[1] 《列宁全集》第18卷,人民出版社,2017,第99—101页。
[2] 《列宁全集》第18卷,人民出版社,2017,第95页。

是思维和存在的关系问题"①，据此提出了哲学界划分的重要标准。唯物主义者把客观世界作为首要存在，主观思维放在次之；而唯心主义者刚好将这二者倒置，主张思维与精神第一，自然界与存在第二。在唯物主义者看来，自然界与存在第一，就是说自然界与物质世界作为"存在"是不以人的思维、精神为条件的。视物质第一性的群体把与人类没有关联的客观世界称为"自在之物"。这就是恩格斯所总结的哲学基本问题的第一个方面，即"思维与存在何者为第一性的问题"的本体论意义。人们可以把人类出现以前就存在的自然界，把不以人的意志为转移而存在的客观存在，称为"自在之物"。哲学基本问题第二个方面对于界定"自在之物"性质的意义。划分哲学学派的又一个重大层面就是："我们关于我们周围世界的思想对这个世界本身的关系是怎样的？我们的思维能不能认识现实世界？我们能不能在我们关于现实世界的表象和概念中正确地反映现实？"②这个问题就是世界、存在、"自在之物"可不可以认识的问题。对于这个问题，所有唯物主义者都认为这个"自在之物"是可以认识的，彻底的唯心主义者也认为其是可以认识的，但是认识的前提、过程和特点与唯物主义者不同。比如，绝对唯心主义者黑格尔认为，现实物质世界是第二性的，关于现实世界的"绝对观念"是第一位的，先有"绝对观念"，后有现实世界，现实世界是绝对观念的外化和体现。人们如果认识了关于现实世界的"绝对观念"，也就认识了现实世界。因此，在彻底的唯心主义者那里，是没有什么"自在之物"的，现实世界的事物不是"自在"的，它们是依赖于思维和精神而存在的，先有观念世界，现实世界是由观念世界外化和派生出来的，认识了观念世界，也就认识了现实世界。对于世界可否认识的问题，除了唯物主义者的回答和彻底的唯心主义者的回答以外，还有不可知论者和怀疑论者的回答。不可知论者的代表性哲学家就是德国的康德。他承认"自在之物"是存在的，但认为这个"自在之物"是不可认识的，他认为认识只是依靠感官感觉到的客观存在的表象，并不是"自在之物"的真实存在。康德认为，感觉和感官是架在"物自体"

---

① 《马克思恩格斯选集》第4卷，人民出版社，2012，第229页。
② 《马克思恩格斯选集》第4卷，人民出版社，2012，第231页。

("自在之物")与人的思想之间的屏障。人的认识只能停留在由感官获得的感觉现象的范围之内。所以，康德对于"自在之物"的态度是：它是存在的，但人们不可能认识它。这就是康德的不可知论。还有就是以休谟等为代表的认为客观世界根本不可能被认识的派别，他们的观点完全异于前者，他们认为"自在之物"不可能存在，因为在他们的意识里思维之外没有任何存在，客观世界里除了可以用我们的眼、手、耳、舌等感觉器官感知的事物之外，就不存在任何事物了，因为没有任何事物被人来感知，所以在休谟这一派别的哲学家的意识里对于"自在之物"是充满疑惑或者说是完全不认可的。

唯物主义哲学家关于"自在之物"的哲学解释。为了进一步说明唯物主义者对"自在之物"的哲学规定，列宁列举了哲学家费尔巴哈和约·狄慈根这两位唯物主义哲学家关于"自在之物"的论述。费尔巴哈关于"自在之物"的哲学界定。首先，费尔巴哈在批评唯心主义时表达了唯物主义的"自在之物"的思想，那就是"自在世界"，即不依赖于人的客观自然。列宁强调，费尔巴哈唯物主义哲学的根基就是认为，"自在世界"是离开我们而存在的世界，他承认存在于我们意识之外的"自在客体"。其次，费尔巴哈强调，对象与对象本身存在差异，"自在之物"和"为我之物"也大不相同，两者存在包含与被包含的关系。最后，他认为感觉是异于人自身的现实存在，是通过我们感官反馈出来的，是客观世界及世界之身的主观映象。狄慈根对"自在之物"的哲学界定。列宁认为狄慈根是一个辩证唯物主义者，"狄慈根在他的著作《人脑活动的实质》（1903年德文版第65页）中说道：我们如果把世界看做是'自在之物'，那就容易了解：'自在世界'和显现在我们面前的世界即世界的现象之间的相互差别，不过是整体和部分之间的差别而已"[①]。"狄慈根在《一个社会主义者在认识论领域中的漫游》（《短篇哲学著作集》1903年德文版第199页）中说道：'我们知道，任何经验都是那种超出任何经验界限的东西（用康德的话来讲）的一部分。'"[②] 例如，"对于意识到自己本质的意识来说，任何微粒，

[①] 《列宁全集》第18卷，人民出版社，2017，第119—120页。
[②] 《列宁全集》第18卷，人民出版社，2017，第120页。

不论是灰尘、石头或木头的微粒，都是一种认识不完的东西（Unauskenntliches），这就是说，每一个微粒都是人的认识能力所不可穷尽的材料，因而是一种超出经验界限的东西"①。当狄慈根说，认识的对象是超出经验界限的东西时，它是指认识的对象是存在于认识、感觉、经验之外的东西，它不依赖于人们的认识、感觉、经验而存在，它是认识、感觉、经验的来源，它是"自在之物"。

在"自在之物"问题上，唯物主义与怀疑论、不可知论之间存在原则上的区别。马赫主义者利用恩格斯曾经以唯物主义的方式论述"自在之物"的说法，歪曲恩格斯的思想，抹杀恩格斯的唯物主义与休谟的怀疑论、与康德的不可知论之间的原则区别。为此，列宁重申了恩格斯的唯物主义与休谟的怀疑论、康德的不可知论之间的原则区别。列宁说："恩格斯直截了当地明确地说，他既反对休谟，又反对康德。"② 批判休谟是因为他坚守客观世界没有什么"自在之物"以及他认为世界完全不可知，他回避是否有"自在之物"这个问题，因为这是个无法证明的问题。休谟的思想里彻底反对"自在之物"的存在，并且他认为这是太保守和太固化的东西，是需要被摒弃和克服掉的。康德哲学的特点是承认有"自在之物"存在，但这个"自在之物"是不可认识的，与事物表现出的表象截然不同，分别归属两个不同的范畴，也就是常说的知识可以帮助人到达思维的"彼岸"。但这两个人也有相互认可的地方，即"他们都把'现象'和显现者、感觉和被感觉者、为我之物和'自在之物'根本分开"③。休谟认为，感觉是认识的唯一材料，人们的认识结果都是从感觉出发的，感觉之外是什么，人们无法知道。休谟把人的认识局限在感觉范围之内，他不承认存在"自在之物"。康德虽承认感觉之外有"自在之物"存在，但这个"自在之物"不是知识和认识的对象，它是信仰的对象，因为"自在之物"不可能被认识。因此，休谟和康德在根本观点上是一致的。恩格斯坚定地站在可知论立场上批判休谟哲学，并肯定"自在之物"的存在，并且他也继续批判康德哲学中的"不可知"，再次明确人的感知领域外一定存在"自在之

---

① 《列宁全集》第18卷，人民出版社，2017，第120页。
② 《列宁全集》第18卷，人民出版社，2017，第100页。
③ 《列宁全集》第18卷，人民出版社，2017，第100页。

物",并且是可以被人们通过一定的方式、手段认识到的"物",认识即是将这些物从"自在"改造为"为我"。

(二) 阐释"自在之物"向"为我之物"的转化过程

这一次,由于维克多·切尔诺夫先生公开地仇视马克思主义,因而他同在党派上是我们的同志而在哲学上是我们的反对派的那些人比较起来,是**较**有原则的论敌,承认这一点令人羞愧,可是隐瞒它却是罪过。因为只有**不干净的心地**(也许再加上对唯物主义的无知?)才会使那些想当马克思主义者的马赫主义者圆滑地撇开恩格斯,根本不理费尔巴哈,而专门围着普列汉诺夫兜圈子。这正是纠缠,正是无聊而又琐碎的吵闹,正是对恩格斯的学生吹毛求疵,而对老师的见解却胆怯地避免作直接分析。由于我们这个简略评述的任务是要指出马赫主义的反动性以及马克思和恩格斯的唯物主义的正确性,因此我们不谈那些想当马克思主义者的马赫主义者同普列汉诺夫的吵闹,而直接谈论经验批判主义者维·切尔诺夫先生所驳斥的恩格斯。在切尔诺夫的《哲学和社会学论文集》(1907 年莫斯科版,这本论文集中的文章除少数几篇之外,都是在 1900 年以前写的)里,有一篇题为《马克思主义和先验哲学》的文章,它一开始就企图把马克思和恩格斯对立起来,谴责恩格斯的学说是"素朴的独断的唯物主义",是"最粗陋的唯物的独断主义"(第 29、32 页)。维·切尔诺夫先生说,恩格斯反对康德的自在之物和休谟的哲学路线的议论就是"充分的"例证。我们就从这个议论谈起吧。

恩格斯在他的《路德维希·费尔巴哈》中宣布唯物主义和唯心主义是哲学上的基本派别。唯物主义认为自然界是第一性的,精神是第二性的,它把存在放在第一位,把思维放在第二位。唯心主义却相反。恩格斯把唯心主义和唯物主义的"各种学派"的哲学家所分成的"两大阵营"之间的这一根本区别提到首要地位,并且直截了当地谴责在别的意义上使用唯心主义和唯物主义这两个名词的那些人的"混乱"。

恩格斯说:"全部哲学的最高问题","全部哲学,特别是近代哲学的重大的基本问题"是"思维对存在、精神对自然界的关系问题"。恩格斯根据这个基本问题把哲学家划分为"两大阵营",接着他又指出,哲学的基本问题"还有另一个方面",这就是:"我们关于我们周围世界的思想对这个世界本身的关系是怎样的?我们的思维能不能认识现实世界?我们能不能在我们关于现实世界的表象和概念中正确地反映现实?"①

恩格斯说:"绝大多数哲学家对这个问题都作了肯定的回答",他在这里所指的不仅是所有的唯物主义者,而且也包括最彻底的唯心主义者,例如,绝对唯心主义者黑格尔。黑格尔认为现实世界是某种永恒的"绝对观念"的体现,而且人类精神在正确地认识现实世界的时候,就在现实世界中并通过现实世界认识"绝对观念"。

"但是,此外〈即除了唯物主义者和彻底的唯心主义者之外〉,还有其他一些哲学家否认认识世界的可能性,或者至少是否认彻底认识世界的可能性。在近代哲学家中,休谟和康德就属于这一类,而他们在哲学的发展上是起过很重要的作用的……"②

维·切尔诺夫先生在引了恩格斯的这些话之后,就拼命加以攻击。他给"康德"这个名词作了以下的注释:

"在1888年,把康德、特别是休谟这样的哲学家叫做'近代'哲学家,是相当奇怪的。在那个时候,听到柯亨、朗格、黎尔、拉斯、李普曼、戈林等人的名字更自然一些。看来,恩格斯在'近代'哲学方面不怎么行。"(第33页注释2)

维·切尔诺夫先生是始终如一的。不论在经济问题上还是在哲学问题上,他都跟屠格涅夫小说里的伏罗希洛夫一样,简单地抬出一些"学者的"名字,一会儿用来消灭不学无术的考茨基③,一会儿用来消灭无知的恩格斯!但不幸的是,所有这些被切尔诺夫先生提到的权威,就是恩格斯在《路·费尔巴哈》的同一页上讲到的那些**新康德主义者**,恩格斯把他们

---

① 弗·恩格斯《路·费尔巴哈》德文第4版第15页(见《马克思恩格斯文集》第4卷第277—278页。——编者注)。1905年日内瓦俄译本第12—13页。维·切尔诺夫先生把Spiegelbild译做"镜中的反映",责怪普列汉诺夫"以十分无力的方式"表达恩格斯的理论,因为在他的俄译本里只说"反映",而不说"镜中的反映"。这是吹毛求疵。Spiegelbild这个词在德文里也只是当做Abbild(反映、模写、映象。——编者注)来使用的。
② 见《马克思恩格斯文集》第4卷第278—279页。——编者注
③ 弗·伊林《土地问题》1908年圣彼得堡版第1册第195页(见本版全集第5卷第130页。——编者注)。

看做是企图使早已被驳倒的康德和休谟学说的僵尸重新复活的理论上的**反动分子**。好样儿的切尔诺夫先生不懂得,恩格斯在自己的议论中所要驳斥的正是这些(在马赫主义看来是)权威的糊涂教授们!

恩格斯指出,黑格尔已经提出了反对休谟和康德的"决定性的"论据,费尔巴哈在这些论据上补充了一些与其说深刻不如说机智的见解,接着恩格斯继续说道:

> 对这些以及其他一切哲学上的怪论〈或谬论,Schrullen〉的最令人信服的驳斥是实践,即实验和工业。既然我们自己能够制造出某一自然过程,按照它的条件把它生产出来,并使它为我们的目的服务,从而证明我们对这一过程的理解是正确的,那么康德的不可捉摸的〈或不可理解的,unfaβbaren——这个重要的词在普列汉诺夫的译文里和维·切尔诺夫先生的译文里都漏掉了〉"自在之物"就完结了。动植物体内所产生的化学物质,在有机化学开始把它们一一制造出来以前,一直是这种"自在之物";一旦把它们制造出来,"自在之物"就变成"为我之物"了,例如茜草的色素——茜素,我们已经不再从地里的茜草根中取得,而是用便宜得多、简单得多的方法从煤焦油里提炼出来了。(上引书第 16 页)①②

列宁在批判马赫主义的不可知论的哲学本质时,阐述了辩证唯物主义的可知论思想,科学地揭示了认识是"自在之物"向"为我之物"的转化过程。实践是"自在之物"向"为我之物"转化过程的客观机制。恩格斯对康德的不可知论和休谟的怀疑论的哲学观点进行过批判。恩格斯用实践的观点批判了不可知论,同时用实践的观点揭示了"自在之物"向"为我之物"的转化过程的特点。为此,列宁在阐释这一部分的时候找出了恩格斯的原话,即"对这些以及其他一切哲学上的怪论〈或谬论,Schrullen〉的最令人信服的驳斥是实践,即实验和工业。既然我们自己能

---

① 见《马克思恩格斯文集》第 4 卷第 279 页。——编者注
② 《列宁全集》第 18 卷,人民出版社,2017,第 95—99 页。

够制造出某一自然过程，按照它的条件把它生产出来，并使它为我们的目的服务，从而证明我们对这一过程的理解是正确的，那么康德的不可捉摸的〈或不可理解的，unfaβbaren——这个重要的词在普列汉诺夫的译文里和维·切尔诺夫先生的译文里都漏掉了〉'自在之物'就完结了。动植物体内所产生的化学物质，在有机化学开始把它们——制造出来以前，一直是这种'自在之物'；一旦把它们制造出来，'自在之物'就变成'为我之物'了，例如茜草的色素——茜素，我们已经不再从地里的茜草根中取得，而是用便宜得多、简单得多的方法从煤焦油里提炼出来了"[1]。

列宁在这里引用恩格斯的原话，意在阐释存在感知之外的被称为"自在"的客观存在向"为我"变迁的意义，指出这种"自在"的东西确实是自然存在，不管人们有没有关注到都不能否定它的存在，只是没有拿到人的实践活动中进行检验或者改造而已，但凡这种"自在"的东西被纳入人的实践活动，经历实践的打磨和洗礼，就可以发现或者总结出其发展规律或者认识到其内在本质，而后在人的进一步实践中，人们根据自己的需要进行实践改造，又造出另一个"自在之物"为我所用，这样一个历程就将"自在"的东西变为"为我"的东西了。

列宁在阐发了恩格斯的基于实践对不可知论的批判，揭示了实践的观点对批判怀疑论与不可知论的重要意义，阐述了实践对"自在之物"向"为我之物"转化过程中的基础作用之后，又进一步从恩格斯关于自然科学实践证明自然科学发现的论断出发，得出了人类认识的如下观点：

第一，物是客观存在的物。这是在揭示认识对象的客观性问题。用煤焦油和茜素的例子来说，就是这样：煤焦油中存在茜素，这是毋庸置疑的。我们今天从煤焦油中提炼出来茜素，我们知道茜素就存在于煤焦油中；昨天我们不知道煤焦油中有茜素，对于茜素我们还没有任何感觉，我们对茜素是否存在于煤焦油中还一无所知。但是，我们不知道煤焦油中存在茜素这件事，不能等同于茜素在煤焦油中不存在。"茜素存在于煤焦油中"是一个客观的事实，它不以人们是否感知为转移。

第二，"现象"与"自在之物"本身没有任何本质差别，仅仅是是否

---

[1] 《列宁全集》第18卷，人民出版社，2017，第98—99页。

被人们认识而已。这就是人们认识世界的可能性问题。需要注意的是，这里说的"现象"不是我们通常所了解的、事物的"本印象"这一类主观映象。这里所指的"现象"和"自在之物"之间的关系，就是主观和客观之间的关系。从这个关系上理解两者之间的差别，就有原则上的差别和形态上的差别两种含义。所谓原则上的差别，就是根本不同的东西，没有任何共同性的东西。从这个含义上说，主观和客观、认识作为事物的映象和事物本身、"现象"和"自在之物"之间，是没有原则上的差别的。它们之间不是僵死的、不可逾越的差别，不是那种只存在于"现象"的"彼岸"的不可认识之物；而是可以相互转化的，"自在之物"可以变成现象，变成"为我之物"。如果一定说有差别，那么两者只是形态上的差别，即现象是已经被认识了的"自在之物"，"自在之物"只是还没有进入人们认识的视野，两者之间的差别仅仅是已被认识和未被认识的差别、可认识和不可认识的差别。

第三，在对客观世界的认识中，要运用辩证法的思想。列宁说："在认识论上和在科学的其他一切领域中一样，我们应该辩证地思考。"① 人们对客观事物的认识不是一下子完成的，而是要经过一个由不认识到认识，由认识得不全面、不深刻、不确切到认识得比较全面、比较深刻、比较确切的过程。煤焦油里有茜素，多少年来人们一直不知道，后来经过化学分析知道了，由不知到知道；后来又进一步能够把它从煤焦油中提炼出来，这就意味着对它的认识达到了一个新的阶段，达到更深刻、更全面、更确切的程度。对一个事物的认识要经历这样一个过程，对整个世界的认识更要经历这样一个过程，这就是认识过程的辩证法。

以上在认识论上的这些观点构成了互为条件的理论整体。列宁充分地论证了这个整体性特点。列宁说道："只要你们抱着人的认识是由不知发展起来的这一观点，你们就会看到：千百万个类似在煤焦油中发现茜素那样简单的例子，千百万次从科学技术史中以及从所有人和每个人的日常生活中得来的观察，都在向人表明'自在之物'转化为'为我之物'；都在表明，当我们的感官受到来自外部的某些对象的刺激时，'现象'就产生，

---

① 《列宁全集》第 18 卷，人民出版社，2017，第 101 页。

当某种障碍物使得我们所明明知道是存在着的对象不可能对我们的感官发生作用时,'现象'就消失。由此可以得出唯一的和不可避免的结论:对象、物、物体是在我们之外、不依赖于我们而存在着的,我们的感觉是外部世界的映象。这个结论是由一切人在生动的人类实践中作出来的,唯物主义自觉地把这个结论作为自己认识论的基础。"[①] 列宁的意思是说,你只要承认认识是一个由不知到知的辩证过程,你就会承认"自在之物"向"为我之物"的转化,进一步就会承认"自在之物"的存在。反过来,如果你在唯物主义的意义上承认"自在之物"的存在,那么你就会承认"自在之物"向"为我之物"的转化,这就承认了认识的过程性。在辩证唯物主义看来,承认外部世界的客观独立性和承认它的可知性与承认这种可知性的过程性是互为条件而辩证统一的。

(三) 对于"有没有客观真理?"而批判主观真理,坚持客观真理论

波格丹诺夫对客观真理的否定,就是不可知论和主观主义。这种否定的荒谬,即使从前面所举的一个自然科学真理的例子来看,也是显而易见的。自然科学关于地球存在于人类之前的论断是真理,对于这一点,自然科学是不容许怀疑的。这一点和唯物主义的认识论是完全符合的:被反映者不依赖于反映者而存在(外部世界不依赖于意识而存在)是唯物主义的基本前提。自然科学关于地球存在于人类之前的论断,是客观真理。自然科学的这个原理同马赫主义者的哲学以及他们的真理学说,是不可调和的:如果真理是人类经验的组织形式,那么地球存在于任何人类经验*之外*的论断就不可能是真理了。

但是不仅如此。如果真理只是人类经验的组织形式,那么天主教的教义也可以说是真理了。因为,天主教毫无疑问地是"人类经验的组织形式"。波格丹诺夫本人也感觉到了他的理论的这种惊人的谬误,我们来看看他怎样企图从他所陷入的泥坑中爬出来,倒是非常有趣的。

我们在《经验一元论》第1卷里读到:"客观性的基础应该是在集体

[①] 《列宁全集》第18卷,人民出版社,2017,第101页。

经验的范围内。我们称之为客观的，是这样一些经验材料，它们对于我们和别人都具有同样的切身意义，不仅我们可以根据它们来毫无矛盾地组织自己的活动，而且我们深信，别人为了不陷于矛盾也应该以它们为根据。物理世界的客观性就在于：它不是对我一个人，而是对所有的人说来都是存在的〈不对！它是**不依赖于**"所有的人"而存在的〉，并且我深信，它对于所有的人，就像对于我一样，具有同样确定的意义。物理系列的客观性就是它的**普遍意义**。"（第25页，黑体是波格丹诺夫用的）"我们在自己的经验中所遇见的那些物理物体的客观性，归根到底是确立在不同人的意见的相互验证和一致的基础上的。总之，物理世界是社会地一致起来的、社会地协调起来的经验，一句话，**是社会地组织起来的经验**。"（第36页，黑体是波格丹诺夫用的）

这是根本错误的唯心主义的定义；物理世界是不依赖于人类和人类经验而存在的；在不可能有人类经验的任何"社会性"和任何"组织"的时候，物理世界就已经存在了，等等。关于这些我们不再重复了。现在我们从另一方面来揭穿马赫主义哲学：它给客观性下这样的定义，就会使宗教教义也适合这个定义了，因为宗教教义无疑地也具有"普遍意义"等等。再听一听波格丹诺夫往下说吧！"我们再一次提醒读者：'客观'经验决不是'社会'经验……社会经验远非都是社会地组织起来的，它总包含着各种各样的矛盾，因而它的某些部分和其他一些部分是不一致的。鬼神可以存在于某个民族或民族中某个集团（例如农民）的社会经验范围之内，但还不能因此就把它们包括在社会地组织起来的或客观的经验之内，因为它们和其余的集体经验不协调，并且不能列入这种经验的组织形式中，例如，因果性的链条中。"（第45页）

波格丹诺夫自己"不把"关于鬼神等等的社会经验"包括"在客观经验之内，我们当然是很高兴的。但是，以否定信仰主义的精神来作出的这种善意修正，丝毫没有改正波格丹诺夫的整个立场的根本错误。波格丹诺夫给客观性和物理世界所下的定义无疑是站不住脚的，因为宗教教义比科学学说具有更大的"普遍意义"，人类的大部分至今还信奉宗教教义。天主教由于许多世纪的发展已经是"社会地组织起来、协调起来和一致起来的"；它无可争辩地可以"**列入**""因果性的链条"中，因为宗教的产生不是无缘无故的,在现代条件下宗教得到人民群众的信奉,决不是偶然的,而哲学教授们迎合宗教的意旨,也是完全"合乎规律的"。如果说这种无疑具有普遍意义的和无疑高度组织起来的社会宗教的经验与科学的"经验""不协调",那么就是说,二者之间存在着原则的根本的差别,而波格丹诺夫在否认客观真理时却把这种差别抹杀了。无论波格丹诺夫怎样"修正",说信仰主义或僧侣主义是和科学不协调的,然而有一个事实毕竟是无可怀疑的,即波格丹诺夫对客观真理的否定是和信仰主义完全"协调"的。现代信仰主义决不否认科学;它只否认科学的"过分的奢望",即对客观真理的奢望。如果客观真理存在着(如唯物主义者所认为的那样),如果只有那在人类"经验"中反映外部世界的自然科学才能给我们提供客观真理,那么一切信仰主义就无条件地被否定了。如果没有客观真理,真理(也包括科学真理)只是人类经验的组织形式,那么,这就是承认僧侣主义的基本前提,替僧侣主义大开方便之门,为宗教经验的"组织形式"开拓地盘。①

唯物主义者理解的"自在之物",科学地界定了认识的客观前提,也提供了真理的客观内容,为客观真理说奠定了科学基础。但俄国的马赫主义者之流,以马赫的"物是感觉的复合"学说为基础,奉行一种唯心主义的、主观主义的真理观。列宁通过批判俄国马赫主义者波格丹诺夫的主观真理论,阐明了辩证唯物主义的客观真理论及真理运动的辩证法。

首先,列宁揭露和批判了自称马克思主义者的波格丹诺夫,波格丹诺夫对恩格斯关于真理的思想进行了歪曲理解和错误驳斥。波格丹诺夫在读了恩格斯的《反杜林论》中关于真理问题的论述之后,对恩格斯进行了错误的驳斥。"波格丹诺夫宣称:'在我看来,马克思主义包括对任何真理的绝对客观性的否定。'"② 波格丹诺夫把"绝对真理"和"永恒真理"混为一谈,说永恒真理就是有绝对意义的客观真理,他以否定和批判永恒真理的名义,否定绝对真理。波格丹诺夫只同意相对真理,也就是只同意"仅仅在某一时代范围内的客观真理"③。列宁认为,波格丹诺夫显然是混

---

① 《列宁全集》第 18 卷,人民出版社,2017,第 123—125 页。
② 《列宁全集》第 18 卷,人民出版社,2017,第 122 页。
③ 《列宁全集》第 18 卷,人民出版社,2017,第 122 页。

淆了其中的联系。第一个问题是客观真理是否存在的问题，简而言之，就是探寻与人无关的自然之物。第二个问题是假如客观真理存在，那么在人的认识过程中，其外在的表象能否真实地再现客观或者完全地刻画本质的问题。如果说，前者是有没有客观真理的问题，那么后者则是关于绝对真理和相对真理的关系问题。列宁围绕这两个问题批判了波格丹诺夫对恩格斯真理思想的歪曲性理解和错误的驳斥。

正是在这里，列宁批判了波格丹诺夫的"主观真理论"，阐释了客观真理论。主观真理论认为真理是人类通过经验组织起来的思想形式。什么是真理？波格丹诺夫说："真理是思想形式——人类经验的组织形式……"[1] 所谓真理是"思想形式"，就是说它是整理思想内容的逻辑范畴，作为一种逻辑范畴，它与客观事物的思想内容无关，而思想内容就是感觉经验；所谓真理是"人类经验的组织形式"，是指整理经验内容的逻辑形式，它与经验内容无关。用这种与经验内容无关的逻辑形式去组织经验内容所获得的结果就是真理。因此，真理是经验内容与组织它的逻辑形式的统一。所以，真理仅与经验内容和组织它的逻辑形式相关，因此，真理就只是局限于经验范围之内的东西了，真理也不能超出经验的边界。据此，列宁认为，从波格丹诺夫的这句话能够明确地得到他是彻头彻尾地反对客观真理。因为，"如果真理只是思想形式，那就是说，不会有不依赖于主体、不依赖于人类的真理了，因为除了人类的思想以外，我们和波格丹诺夫都不知道别的什么思想。从波格丹诺夫的后半句话来看，他的否定的回答就更加明显了：如果真理是人类经验的形式，那就是说，不会有不依赖于人类的真理，不会有客观真理了"[2]。

列宁的分析指出了问题的关键。列宁强调，客观真理是不容否定的。如果否定了客观真理，就是不可知论或者是主观主义。波格丹诺夫对客观真理的这一反对论断，彻底暴露了他的哲学思想的本质。但这种主观主义和不可知论是荒谬的，因为它经不起检验。众所周知，在人类诞生之前地球就已经存在了，这是毋庸置疑的，也完全符合唯物认识论的思想。唯物

---

[1] 《列宁全集》第18卷，人民出版社，2017，第122—123页。
[2] 《列宁全集》第18卷，人民出版社，2017，第123页。

认识论观点是被反馈对象不依赖于反馈对象而存在的,正如客观存在与意识的关系一样,充分体现了物质第一性原理。自然科学上讲的人类与地球的先后存在关系是不容置疑的客观真理,这就与马赫的思想形成鲜明的界限,也形成鲜明的反差。如果按照主观真理论的观点,那么地球与人类的关系就被颠倒了。列宁进一步强调:"不仅如此。如果真理只是人类经验的组织形式,那么天主教的教义也可以说是真理了。因为,天主教毫无疑问地是'人类经验的组织形式'。"① 主观真理论的第二个说法:真理是社会地组织起来的经验。波格丹诺夫也觉得把真理定义为人类经验的组织形式,会引出宗教教义也是真理的谬误。为了从这个泥坑中爬出来,他又进一步提出:真理是社会地组织起来的经验。波格丹诺夫是用"物理世界"来表达"真理"含义的。在这里,波格丹诺夫用"社会性"来说明"客观性",通过论证"物理世界的客观性"去论证"客观真理"的意义,从而掩盖他在真理问题上的唯心主义本质。波格丹诺夫首先对"客观性"作出规定,"我们在《经验一元论》第1卷里读到:'客观性的基础应该是在集体经验的范围内。我们称之为客观的,是这样一些经验材料,它们对于我们和别人都具有同样的切身意义……'"② 这就是说他用"集体经验"解释客观性。他又进一步解释道,"物理世界的客观性就在于:它不是对我一个人,而是对所有的人说来都是存在的"③,并且他深信,"它对于所有的人,就像对于我一样,具有同样确定的意义"④。波格丹诺夫用"集体经验"解释客观性,把"集体经验"理解为具有"普遍意义"的东西,用"普遍意义"解释客观性。通过这种理解,他就把客观性建立在"经验"的基础上了。他的结论是:"我们在自己的经验中所遇见的那些物理物体的客观性,归根到底是确立在不同人的意见的相互验证和一致的基础上的。总之,物理世界是社会地一致起来的、社会地协调起来的经验,一句话,是社会地组织起来的经验。"⑤ 所以,人们十分清楚地看到,

---

① 《列宁全集》第18卷,人民出版社,2017,第123页。
② 《列宁全集》第18卷,人民出版社,2017,第124页。
③ 《列宁全集》第18卷,人民出版社,2017,第124页。
④ 《列宁全集》第18卷,人民出版社,2017,第124页。
⑤ 《列宁全集》第18卷,人民出版社,2017,第124页。

波格丹诺夫使用多数人、社会上不同的人相互一致的"经验"去说明客观性，这不是在揭示客观性的根据，而是用主观性替代了客观性。

列宁指出，用社会地组织起来的经验解释真理的客观性，是完全不切实际的。因为，真正物理意义上的客观存在本身就是不依赖于人而存在的现实客观，在没有人的活动或者人的生产实践的时候，这个客观意义上物理层面的自然就已经先于人类而出现了。波格丹诺夫为了回避通过"经验"说明"客观性"导致陷入宗教唯心主义泥坑的危险，他对经验的社会性作了进一步的规定。他说，社会经验远远不是那种都是社会地组织起来的经验，因为在所有的社会经验中，存在相互矛盾和相互不一致的经验，如关于"牛鬼蛇神"的经验也可以存在于某些社会群体的社会经验范围之内，但是它和其他社会群体的社会经验不协调，有矛盾且相互冲突，所以不能列入这种经验的组织形式中。从这里可以看出，波格丹诺夫在这里收窄了社会经验的外延，他"没有"把关于鬼神等的社会经验"包括"在客观经验之内，企图与宗教主义划清界限。对此，列宁进一步指出："以否定信仰主义的精神来作出的这种善意修正，丝毫没有改正波格丹诺夫的整个立场的根本错误。"[1] 因为根据波格丹诺夫对作为客观性基础的"经验"的解释，它是社会地一致起来的、社会地协调起来的经验，这种"经验"是具有"普遍意义"的经验，他还是跳不出宗教教义的泥坑。列宁据此进行了深刻的批判，指出如果从波格丹诺夫所强调的"经验的普遍意义"上说，在某些情况下，教义相对于科学更有普适性，因为在我们现实生活中依然有很多人对一些宗教教义深信不疑；如果从波格丹诺夫所强调的社会经验内部不能相互冲突，而必须协调一致的话，天主教由于好几个世纪的发展，已经体现出社会的组织性和协调一致性。列宁进一步指出："如果说这种无疑具有普遍意义的和无疑高度组织起来的社会宗教的经验与科学的'经验''不协调'，那么就是说，二者之间存在着原则的根本差别，而波格丹诺夫在否认客观真理时却把这种差别抹杀了。"[2] 波格丹诺夫抹杀这种差别说明，他自己对客观真理的批判正好是与他的信

---

[1] 《列宁全集》第18卷，人民出版社，2017，第125页。
[2] 《列宁全集》第18卷，人民出版社，2017，第125页。

仰主义彻底一致的，他并不是完全不认可科学，而是不认可科学可以是真理或者可以上升为真理这样的事实。波格丹诺夫把真理建立在"经验"的基础上，把认识局限在"现象领域"就给信仰主义留下了足够的地盘。所以，用经验说明真理的本性，是与信仰主义相一致的。

列宁强调，如果要与信仰主义划清界限，就必须承认客观真理。如果像唯物主义者那样承认客观真理的存在，并且认为基于大量试验等得出的经验主义才可以称为客观真理的话，那就彻底推翻了所有的信仰主义。反过来，"如果没有客观真理，真理（也包括科学真理）只是人类经验的组织形式，那么，这就是承认僧侣主义的基本前提，替僧侣主义大开方便之门，为宗教经验的'组织形式'开拓地盘"①。

至于在批判相对主义，阐释绝对真理与相对真理的辩证关系方面，列宁反驳了波格丹诺夫对恩格斯的歪曲解读。列宁首先澄清了波格丹诺夫对恩格斯的误解和指责。波格丹诺夫认为，恩格斯提出的"真理的相对性"观点和他的思考十分相似，真理都是绝对的真，任何的不认可就是不认可真理的绝对客观。不过波格丹诺夫指责恩格斯不够坚决果断，对于一些平常事件还认为是"永恒真理"。波格丹诺夫在这里犯了两个错误：第一个错误是把恩格斯所说的真理的绝对客观性理解为永恒真理；第二个错误是根据恩格斯所提到的人们一般认为是"永恒真理"的那些日常事件，就断定他承认真理永恒。

第一，否认永恒真理不等于否认真理的绝对客观性，真理的绝对性不等于永恒真理。马克思主义反复强调，所谓真理的绝对性，是指真理性认识的内容具有客观性，它是对客观事物本身具有的客观规律的正确反映。所谓永恒真理是存在适用于一切时代、一切条件、一切事物的终极的、不变的、永恒的真理。列宁正是在真理的客观性意义上理解和定义它的绝对性的，他指出："当一个唯物主义者，就要承认感官给我们揭示的客观真理。承认客观的即不依赖于人和人类的真理，也就是这样或那样地承认绝对真理。"② 所以，承认真理的绝对性不等于承认永恒真理。波格丹诺夫

---

① 《列宁全集》第 18 卷，人民出版社，2017，第 125 页。
② 《列宁全集》第 18 卷，人民出版社，2017，第 133 页。

把真理的客观性与永恒真理混为一谈，根据恩格斯在《反杜林论》中否定"永恒真理"的论断，就给恩格斯戴上了一顶否定绝对真理的帽子。

第二，从恩格斯所提到的人们在常识范围内认为是"永恒真理的"事例，推不出恩格斯在哲学问题上承认"永恒真理"。在《反杜林论》中，恩格斯在否定了永恒真理的命题以后，针对那些反对者可能提出的理由说："然而，不正是存在着如此确凿的、以致在我们看来表示任何怀疑都等于发疯的那种真理吗？二乘二等于四，三角形三内角的和等于两个直角，巴黎在法国，人不吃饭就会饿死，等等，这些不都是这种真理吗？这不就是说，还是存在着永恒真理，最后的终极的真理吗？"① 仔细体会恩格斯用的反问式语句。站在反对者立场上提出的问题，其实包含着否定这个问题，进而展开反驳的逻辑。列宁在重温恩格斯的思想时说："恩格斯所举的这个例子是非常浅显的，关于这类永恒的、绝对的、只有疯子才会怀疑的真理（正像恩格斯在举'巴黎在法国'这个例子时所说的），任何人都能轻而易举地想出几十个例子……在一般科学、特别是历史科学的最复杂的问题上，杜林到处滥用最后真理、终极真理、永恒真理这些字眼。"② 事实上，恩格斯从三个认识领域进行了反驳。首先是从非生物界以及数理、力学等领域进行反驳，在这个领域里，随着科学的发展，永远不变或者说绝对真理的东西随着人类实践的深入逐渐变少。其次是从研究活的有机体的科学领域进行反驳，在这个领域里，科学的进步不断推进着最后的真理被大面积的假设所覆盖，来否定从前所谓的假说。最后是从社会历史领域进行反驳，恩格斯强调，在社会历史上，"自从我们脱离人类的原始状态即所谓石器时代以来，情况的重复是例外而不是通例；即使在某个地方发生这样的重复，也决不是在完全同样的状况下发生的"③。所以，恩格斯整个批判的逻辑是，科学的进步和发展不断缩小着存在于社会历史领域的假说，以及人们常识所认为的那些所谓不变的"永恒真理"的地盘。所以，目前还存在的一些所谓的常识以及"永恒真理"的"陈词滥调"，迟早要被科学的进步所修正。事实是，如果要不断地重复这些所

---

① 《马克思恩格斯选集》第 3 卷，人民出版社，2012，第 464 页。
② 《列宁全集》第 18 卷，人民出版社，2017，第 133 页。
③ 《马克思恩格斯选集》第 3 卷，人民出版社，2012，第 465 页。

谓的常识和"平常的事件"，以后的科学进步将不断地证实恩格斯的论断。爱因斯坦关于时间和空间的相对性，就证明没有绝对不变的时间和空间，数学计算公式在不同的计算体制中其表达方式也是不同的。恩格斯还进一步揭露了这种论说的真正目的是那些"宣布二乘二等于四，鸟有喙，或诸如此类的东西为永恒真理的，只是这样的人，他企图从永恒真理的存在得出结论：在人类历史的领域内也存在着永恒真理、永恒道德、永恒正义等等"①。这就是说，那些人从日常生活领域存在永恒真理的事例出发，目的就是要进一步说明永恒真理是存在的，进而通过永恒真理的存在证明人类历史领域存在永恒真理、永恒正义和永恒道德。历史唯物主义的问世，揭示了人类历史领域不存在所谓的永恒真理。相对主义的实质是否认客观真理。波格丹诺夫曲解恩格斯，认为恩格斯否定永恒真理就是否定真理的绝对性，就变得和他一样是只承认真理的相对性了。这种理解是波格丹诺夫站在相对主义立场上，对恩格斯关于相对真理思想的肆意篡改和歪曲。

恩格斯在他的论著里用了大量的篇幅讨论真理的相对性与绝对性的关系问题。辩证唯物主义认为，人的认识有相对性，也存在相对真理。但是，承认相对真理并不等于是相对主义。列宁指出："在波格丹诺夫（以及一切马赫主义者）看来，承认我们知识的相对性，就是根本不承认绝对真理。"②所以，只承认相对真理，不承认绝对真理，就是相对主义。马赫主义者是十足的相对主义者，因为他们否认感觉知识的外部来源，否认引起感觉的客观实在的事物存在，所以马赫主义的知识论是没有客观基础的。因此，马赫主义哲学也就是相对主义哲学。对于这一点马赫主义者也供认不讳，明确宣告自己是相对主义者。恩格斯承认知识的相对性，承认相对真理是和相对主义有原则区别的。这个区别的界限就是是否正确认识这两者之间的关系，不认可绝对只认可相对，就是犯下了相对主义错误，在认可绝对的同时也认可相对，认可两者的融合就不是相对主义。

列宁所阐述的辩证法和相对主义的关系。列宁说："辩证法，正如黑格尔早已说明的那样，包含着相对主义、否定、怀疑论的因素，可是它并

---

① 《马克思恩格斯选集》第3卷，人民出版社，2012，第466页。
② 《列宁全集》第18卷，人民出版社，2017，第135页。

不归结为相对主义。马克思和恩格斯的唯物主义辩证法无疑地包含着相对主义,可是它并不归结为相对主义,这就是说,它不是在否定客观真理的意义上,而是在我们的知识向客观真理接近的界限受历史条件制约的意义上,承认我们一切知识的相对性。"[1] 所谓辩证法包含着相对主义,指的是在对相对性的认识上这两者是相通的,都反对绝对化。但是,辩证法与相对主义又有原则区别。辩证法承认相对性是在绝对性与相对性的辩证统一中承认相对性,不仅承认相对性,而且承认相对性中有绝对性的因素,是在承认绝对性的前提下承认相对性,不是在否认绝对性的前提下承认相对性。相对主义与辩证法在这一点上恰恰相反,其不承认事物的绝对性,只承认事物的相对性,所以就是相对主义,就不是辩证法。

所谓辩证法和相对主义都承认否定,是指两者都包含有否定的思想。相对主义的否定是否定事物的质的确定性、稳定性与可靠性,认为一切都是相对的;在相对主义的否定中没有肯定的因素,是绝对的相对主义。辩证法所承认的否定,是把否定看作发展的一个环节,没有否定就没有发展。辩证法所理解的否定中包含着肯定的因素,否定是事物发展的一个环节,是事物联系的一个环节。作为发展环节的否定和作为联系环节的否定,它自身包含着肯定的因素;作为发展和联系的环节的否定,是事物内部所包含的肯定方面与否定方面矛盾运动的结果。

所谓辩证法和相对主义都包含着怀疑论的因素,是指两者都具有怀疑性反思的逻辑特征。怀疑性反思的逻辑特征就是从确定的东西中指出其不确定的因素,从肯定的方面找出其否定的方面,也就是说辩证法认为在对事物的认识中,在对其进行肯定的理解时包含着否定的理解,找出它的内部矛盾,通过解决内部矛盾达到肯定和否定在新的基础上的重新统一。这种怀疑性反思也是辩证法的一个重要特征。相对主义的怀疑性反思,是怀疑一切,它对事物的理解不包括既肯定又否定的层面,而是对事物及其认识抱有根本性怀疑:由于事物有变化,就怀疑其变化的主体是否存在;由于认识在于首先形成感觉和知觉,就怀疑感觉之外的客体是否真的存在。所以,我们一方面要看到辩证法和相对主义都包含着怀疑论的因素,另一

---

[1] 《列宁全集》第18卷,人民出版社,2017,第138页。

方面更要看到两者对怀疑论因素的理论立场、认识论作用的范围和边界以及起作用的方式的理解是根本不同的。

(四) 绝对真理与相对真理的辩证关系

这个论断,对于一切马赫主义者所强调的**相对主义**问题,即我们知识的相对性原则的问题,是极端重要的。马赫主义者**都**坚决认为他们是相对主义者,但是,俄国马赫主义者在重复德国人的话的时候,却害怕或不能直截了当地明白地提出相对主义和辩证法的关系问题。在波格丹诺夫(以及一切马赫主义者)看来,承认我们知识的相对性,就是根本**不**承认绝对真理。在恩格斯看来,绝对真理是由相对真理构成的。波格丹诺夫是相对主义者。恩格斯是辩证论者。下面是恩格斯在《反杜林论》同一章中讲的另一段同样重要的话:

"真理和谬误,正如一切在两极对立中运动的逻辑范畴一样,只是在非常有限的领域内才具有绝对的意义;这一点我们刚才已经看到了,即使是杜林先生,只要他稍微知道一点正是说明一切两极对立的不充分性的辩证法的初步知识〈辩证法的基本前提〉,他也会知道的。只要我们在上面指出的狭窄的领域之外应用真理和谬误的对立,这种对立就变成相对的,因而对精确的科学的表达方式来说就是无用的;但是,如果我们企图在这一领域之外把这种对立当做绝对有效的东西来应用,那我们就会完全遭到失败;对立的两极都向自己的对立面转化,真理变成谬误,谬误变成真理。"(第86页)① 接着恩格斯举了波义耳定律(气体的体积同它所受的压力成反比)作为例子。这个定律所包含的"一粒真理"只有在一定界限内才是绝对真理。这个定律"只是近似的"真理。

因此,人类思维按其本性是能够给我们提供并且正在提供由相对真理的总和所构成的绝对真理的。科学发展的每一阶段,都在给绝对真理这一总和增添新的一粒,可是每一科学原理的真理的界限都是相对的,它随着知识的增加时而扩张、时而缩小。约·狄慈根在《漫游》② 中说:"我们

---
① 见《马克思恩格斯文集》第 9 卷第 96 页。——编者注
② 即《一个社会主义者在认识论领域中的漫游》。——编者注

可以看到、听到、嗅到、触到绝对真理,无疑地也可以**认识**绝对真理,但它并不全部进入(geht nicht auf)认识中。"(第 195 页)"不言而喻,图像不能穷尽对象,画家落后于他的模特儿……图像怎么能够和它的模特儿'一致'呢?只是近似地一致。"(第 197 页)"我们只能相对地认识自然界和它的各个部分;因为每一个部分,虽然只是自然界的一个相对的部分,然而却具有绝对物的本性,具有认识所不可穷尽的自在的自然整体(des Naturganzen an sich)的本性……我们究竟怎样知道在自然现象背后,在相对真理背后,存在着不完全显露在人面前的普遍的、无限的、绝对的自然呢?……这种知识是从哪儿来的呢?它是天赋的,是同意识一起为我们所秉赋的。"(第 198 页)最后这句话是狄慈根的不确切的说法之一,这些不确切的说法使得马克思在给库格曼的一封信中指出:狄慈根的观点中存在着混乱。① 只有抓住这类不正确的地方,才能谈论不同于辩证唯物主义的狄慈根的特殊哲学。但是狄慈根自己在**同一页**上就改正了,他说:"虽然我说,关于无限的、绝对的真理的知识是天赋的,它是独一无二的唯一的先于经验的知识,但是这种天赋知识还是由经验证实。"(第 198 页)

从恩格斯和狄慈根的所有这些言论中可以清楚地看出:在辩证唯物主义看来,相对真理和绝对真理之间没有不可逾越的鸿沟。波格丹诺夫完全不懂得这点,他竟然说出了这样的话:"它〈旧唯物主义的世界观〉希望成为对于**事物本质的**绝对**客观的认识**〈黑体是波格丹诺夫用的〉,因而同任何意识形态的历史条件的制约性不能相容。"(《经验一元论》第 3 卷第 IV 页)从现代唯物主义即马克思主义的观点来看,我们的知识向客观的、绝对的真理接近的**界限**是受历史条件制约的,但是这个真理的存在**是无条件的**,我们向这个真理的接近也是无条件的。图像的轮廓是受历史条件制约的,而这幅图像描绘客观地存在着的模特儿,这是无条件的。在我们认识事物本质的过程中,我们什么时候和在什么条件下进到发现煤焦油中的茜素或发现原子中的电子,这是受历史条件制约的;然而,每一个这样的发现都意味着"绝对客观的认识"前进一步,这是无条件的。一句话,任何意识形态都是受历史条件制约的,可是,任何科学的意识形态(例如不

---

① 参看《马克思恩格斯全集》第 1 版第 32 卷第 567 页。——编者注

同于宗教的意识形态）都和客观真理、绝对自然相符合，这是无条件的。你们会说：相对真理和绝对真理的这种区分是不确定的。我告诉你们：这种区分正是这样"不确定"，以便阻止科学变为恶劣的教条，变为某种僵死的凝固不变的东西；但同时它又是这样"确定"，以便最坚决果断地同信仰主义和不可知论划清界限，同哲学唯心主义以及休谟和康德的信徒们的诡辩划清界限。这里是有你们所没有看到的界限，而且由于你们没有看到这个界限，你们滚入了反动哲学的泥坑。这就是辩证唯物主义和相对主义的界限。"①

为了论述这样一对认识关系，列宁首先引证了恩格斯关于人的思维能力的至上性和非至上性的论述，即思维能力的有限性与无限性之间的矛盾及其运动特点。列宁引述道："思维的至上性是在一系列非常不至上地思维着的人中实现的；拥有无条件的真理权的认识是在一系列相对的谬误中实现的；二者〈绝对真理的认识和至上的思维〉都只有通过人类生活的无限延续才能完全实现。在这里，我们又遇到了在上面已经遇到过的矛盾：一方面，人的思维的性质必然被看做是绝对的，另一方面，人的思维又是在完全有限地思维着的个人中实现的。这个矛盾只有在至少对我们来说实际上是无止境的人类世代更迭中才能得到解决。从这个意义来说，人的思维是至上的，同样又是不至上的，它的认识能力是无限的，同样又是有限的。按它的本性〈或构造，Anlage〉、使命、可能和历史的终极目的来说，是至上的和无限的；按它的个别实现情况和每次的现实来说，又是不至上的和有限的。"② 列宁在引述了恩格斯关于人的思维能力的有限性和无限性的矛盾及其运动特点的论述后，又重申了恩格斯关于绝对真理与相对真理的辩证关系的重要思想：

第一，相对真理是绝对真理的重要构成要素。所谓绝对真理，是指真理的绝对性，一方面，是能构成真理性认识的现象或者组成一定客观存在的事物，它是与人的意志完全无关的客观事物的本质特点和客观规律的反映；另一方面，无数具体的相对真理的不断累积、扩充和转化，能够接近

---

① 《列宁全集》第 18 卷，人民出版社，2017，第 134—137 页。
② 《列宁全集》第 18 卷，人民出版社，2017，第 134 页。

和逼近对事物本质与世界总体的认识。这就是说，很多的相对真理最终能发展成为或者形成一个绝对真理，两者是相互依存的。相对真理是绝对真理的一个发展环节，如果没有从相对到绝对的逐渐转化，绝对真理就会停止在某一个节点上而不再前进；如果离开相对真理的相互转化，绝对真理的发展也无法实现。列宁说："因此，人类思维按其本性是能够给我们提供并且正在提供由相对真理的总和所构成的绝对真理的。科学发展的每一阶段，都在给绝对真理这一总和增添新的一粟，可是每一科学原理的真理的界限都是相对的，它随着知识的增加时而扩张、时而缩小。"①

第二，"相对真理和绝对真理之间没有不可逾越的鸿沟"②。这两种真理之间是你中有我、我中有你的关系。相对真理中包含着绝对真理，它是关于绝对真理的相对真理；绝对真理中也包含着相对真理，某一种绝对真理是在特定条件下，对特定对象的特定内容的认识，这种绝对真理本身就是相对真理。在波格丹诺夫看来，承认"绝对真理"和承认"相对真理"是"不能相容"的。列宁说："从现代唯物主义即马克思主义的观点来看，我们的知识向客观的、绝对的真理接近的界限是受历史条件制约的，但是这个真理的存在是无条件的，我们向这个真理的接近也是无条件的。……这是无条件的。在我们认识事物本质的过程中，我们什么时候和在什么条件下进到发现煤焦油中的茜素或发现原子中的电子，这是受历史条件制约的；然而，每一个这样的发现都意味着'绝对客观的认识'前进一步，这是无条件的。"③列宁的这些论述，非常生动准确地阐述了这两种真理在统一的认识过程中的辩证关系，明确指出：任何认识都既是有条件的又是无条件的，任何真理都犹如硬币一样有相对和绝对这两面。这两种真理之间没有不可逾越的鸿沟，也没有只具备一面的所谓"真理"。

第三，这两种真理的区分既是确定的又是不确定的。列宁针对这两种真理之间的差别的关系认识，进一步揭示了两者之间的辩证关系。一方面，就这两者之间区分的不确定性来说，是指绝对真理本身就不完全是绝对的，而是包含相对的内容。绝对只是指真理的绝对性，是指真理内容的

---

① 《列宁全集》第 18 卷，人民出版社，2017，第 135 页。
② 《列宁全集》第 18 卷，人民出版社，2017，第 136 页。
③ 《列宁全集》第 18 卷，人民出版社，2017，第 137 页。

客观性，任何一个反映客观事物客观规律的客观真理都是绝对真理，是在一定条件下对一定事物的特定方面的相对性与客观规律的正确认识，因而又是相对真理。所以，他认为绝对存在于相对之中。另一方面，就它们之间区分的确定性来说，又不能将两者混同。这两种真理的含义和特征是不一样的。绝对的既是客观自然，又是客观事物及其规律在人们头脑中的正确反映；相对的是指作为正确反映的客观事物的本质和规律所具有的条件性。所以，这两种真理其实也就是同一个真理的两个方面的不同规定性，这是不能含糊的。

列宁进一步分析了把握和理解绝对真理与相对真理之间的确定性与不确定性关系的意义。列宁说："这种区分正是这样'不确定'，以便阻止科学变为恶劣的教条，变为某种僵死的凝固不变的东西；但同时它又是这样'确定'，以便最坚决果断地同信仰主义和不可知论划清界限，同哲学唯心主义以及休谟和康德的信徒们的诡辩划清界限。"① 因此，假使不能看到这两种真理间的区别，就很容易得出真理都是绝对的的结论，只认可绝对性，这就很容易犯下教条主义的错误。同时，如果没有看到二者的区别也具有确定性，也极易只看到真理相对的一面而看不到绝对的一面，只认可相对性，从而导致相对主义，也极易走向不可知论，甚至进一步走向信仰主义的错误深渊。

（五）阐释辩证唯物主义实践观的认识论意义

马赫的最新实证论并不比舒尔采和费希特高明多少！作为一个笑柄，我们要指出：在这个问题上，巴扎罗夫还是以为除普列汉诺夫以外世界上再没有别人了，再没有比猫更凶的野兽了。巴扎罗夫嘲笑"普列汉诺夫的获生的跳跃的哲学"（《论丛》第69页），的确，普列汉诺夫曾经写过这样拙劣的词句，说什么"信仰"外部世界的存在就是"哲学的不可避免的获生的跳跃（salto vitale）"（《〈路·费尔巴哈〉注释》第111页）。"信仰"这个字眼，是重复休谟的，虽然加上了引号，但暴露了普列汉诺夫用语的混乱，这是毫无疑问的。可是为什么要找普列汉诺夫呢？？为什么巴

---

① 《列宁全集》第18卷，人民出版社，2017，第137页。

扎罗夫不举其他的唯物主义者，哪怕是费尔巴哈呢？仅仅是因为他不知道费尔巴哈吗？但无知并不是论据。费尔巴哈和马克思、恩格斯一样，在认识论的基本问题上也向实践作了在舒尔采、费希特和马赫看来是不能容许的"跳跃"。在批判唯心主义的时候，费尔巴哈引证了费希特的一段典型的话来说明唯心主义的实质，这段话绝妙地击中了整个马赫主义的要害。费希特写道："你所以认为物是现实的，是存在于你之外的，只是因为你看到它们、听到它们、触到它们。但是视、触、听都只是感觉……你感觉的不是对象，而只是你自己的感觉。"（《费尔巴哈全集》第 10 卷第 185 页）费尔巴哈反驳说：人不是抽象的**自我**，他不是男人，就是女人，可以把世界是否是感觉的问题同别人是我的感觉还是像我们在实践中的关系所证明的那样不是我的感觉这一问题同等看待。"唯心主义的根本错误就在于：它只是从理论的角度提出并解决世界的客观性或主观性、现实性或非现实性的问题。"（同上，第 189 页）费尔巴哈把人类实践的总和当做认识论的基础。他说：当然唯心主义者在实践中也承认我们的**自我**和他人的**你**的实在性。不过在唯心主义者看来，"这是一种只适合于生活而不适合于思辨的观点。但是，这种和生活矛盾的思辨，把死的观点、脱离了肉体的灵魂的观点当做真理的观点的思辨，是僵死的、虚伪的思辨"（第 192 页）。我们要**感觉**，首先就得呼吸；没有空气，没有食物和饮料，我们就不能生存。

"愤怒的唯心主义者大叫大嚷地说：这样说来，在研究世界的观念性或实在性的问题时要讨论饮食问题吗？多么卑下！在哲学和神学的讲坛上竭力谩骂科学的唯物主义，而在公共餐桌上却醉心于最粗俗的唯物主义，这多么有失体统啊！"（第 195 页）费尔巴哈大声说：把主观感觉和客观世界同等看待，"就等于把遗精和生孩子同等看待"（第 198 页）。

这种评语虽然不十分文雅，却击中了宣称感性表象也就是存在于我们之外的现实的那些哲学家的要害。

生活、实践的观点，应该是认识论的首要的和基本的观点。这种观点必然会导致唯物主义，而把教授的经院哲学的无数臆说一脚踢开。当然，在这里不要忘记：实践标准实质上决不能**完全地**证实或驳倒人类的任何表象。这个标准也是这样的"不确定"，以便不让人的知识变成"绝对"，同时它又是这样的确定,以便同唯心主义和不可知论的一切变种进行无情的斗争。如果我们的实践所证实的是唯一的、最终的、客观的真理,那么,因此就得承认:坚持唯物主义观点的科学的道路是走向这种真理的唯一的道路。例如,波格丹诺夫同意承认马克思的货币流通理论只是在"我们的时代"才具有客观真理性,而把那种认为这个理论具有"超历史的客观的"真理性的见解叫做"独断主义"(《经验一元论》第 3 卷第 Ⅶ 页)。这又是一个糊涂观点。这个理论和实践的符合,是不能被将来任何情况所改变的,原因很简单,正如拿破仑死于 1821 年 5 月 5 日这个真理**是永恒的**一样。但是,实践标准即**一切**资本主义国家近几十年来的发展进程所证明为客观真理的,是马克思的**整个**社会经济理论,而不是其中的某一部分、某一表述等等,因此很明显,在这里说什么马克思主义者的"独断主义",就是向资产阶级经济学作不可宽恕的让步。从马克思的理论是客观真理这一为马克思主义者所同意的见解出发,所能得出的唯一结论就是:**沿着**马克思的理论的**道路**前进,我们将愈来愈接近客观真理(但决不会穷尽它);而**沿着任何其他的道路**前进,除了混乱和谬误之外,我们什么也得不到。①

马克思恩格斯创立的新唯物主义认为实践是检验认识真理性的标准。列宁指出:"马克思在 1845 年,恩格斯在 1888 年和 1892 年,都把实践标准作为唯物主义认识论的基础。马克思在关于费尔巴哈的提纲第 2 条里说:离开实践提出'人的思维是否具有对象的〈即客观的〉真理性'的问题,是经院哲学。恩格斯重复说:对康德和休谟的不可知论以及其他哲学怪论(Schrullen)的最有力的驳斥就是实践。他反驳不可知论者说:'我们行动的结果证明我们的知觉符合(Übereinstimmung)所感知的事物的对象〈客观〉本性。'"②

但是,对于马克思恩格斯多次阐述和强调的马克思主义哲学认识论的实践观,马赫主义者却给予否认、歪曲和反驳。马赫关于实践的理解不是马克思主义的实践内涵。马赫不是把实践理解为主体改造客体的能动社会

---

① 《列宁全集》第 18 卷,人民出版社,2017,第 142—145 页。
② 《列宁全集》第 18 卷,人民出版社,2017,第 139 页。

活动，而是在感官观察的意义上理解实践概念。马赫的实践是以感官观察活动为基本内涵的，根本不同于马克思主义实践概念的内涵规定。所以，马赫主义者对实践在认识论哲学中的重大意义是不承认的，并且给予了歪曲性的理解。马赫说："在日常的思维和谈话中，通常把假象、错觉同现实对立起来。把一支铅笔举在我们面前的空气中，我们看见它是直的；把它斜放在水里，我们看见它是弯的。在后一种情况下，人们说：'铅笔好像是弯的，但实际上是直的。'可是我们有什么理由把一个事实说成是现实，而把另一个事实贬斥为错觉呢？……当我们犯着在非常情况下仍然期待通常现象的到来这种自然错误时，那么我们的期待当然是会落空的。但事实在这点上是没有过失的。在这种情况下谈错觉，从实践的观点看来是有意义的，从科学的观点看来却是毫无意义的。世界是否真的存在着或者它只是我们的像梦一样的错觉，这个常常引起争论的问题，从科学的观点看来同样是毫无意义的。但是，就连最荒唐的梦也是一个事实，它同任何其他事实比较起来并不逊色。"①

首先，马赫的"实践"是指日常生活中的观察活动，不是马克思恩格斯所定义的具有革命性的实践活动。在马赫的用语中，也提到"实践"的话语。例如，他也有"从实践的观点看来"这样的表述。但是，马赫所谓的实践，其实是指日常观察活动。从马赫所举的例子看，是在日常生活中的两种不同的观察方式。一种方式是"把一支铅笔举在我们面前的空气中"进行观察，另一种方式是"把铅笔斜放在水中"进行观察。这里，"空气中"和"水中"只是观察铅笔状态的不同环境。在人们日常生活的观察活动中，人们经常改变一件事物的环境条件，但这并不涉及事物本身结构状态的改变。因此，我们可以说，当不涉及事物本身的结构和性质、状态的改变，而只改变它的环境条件时，这就是人们的日常生活活动。这种日常生活活动，由于它不涉及事物自身的变化和由于自身的变化而作用于对象与环境，并引起对象与环境的变化，所以它不是"革命的"实践活动。所以，在这样的日常生活活动基础上的观察活动是不可能作为检验观察结果的真实性的标准的。

---

① 《列宁全集》第 18 卷，人民出版社，2017，第 139—140 页。

其次，马赫所说的"事实"是直观地观察活动的结果，不是经过实践变革事物的实践结果。由于铅笔只是在不同的环境中被观察，所以"直的铅笔"和"弯的铅笔"，只是在"空气中"和"水中"的两种观察结果。所以，马赫的所谓"事实"只是一种"观察事实"，而不是客观事实。"客观事实"是将"观察事实"经过实践检验以后才能确定的事实。只有经过不同的光学实验比较以后，我们才能确定两种观察事实中哪一种是客观事实。在真空环境下，把不同介质所造成的折射率因素去除以后，人们会观察到铅笔是直的，这样的事实才是客观事实。只是因为空气中的折射率接近真空中的折射率，所以空气中的观察结果最接近真实，是客观事实。因此，马赫的"实践"不是马克思恩格斯所说的革命性实践，马赫所说的"事实"仅指"观察事实"，而不是"客观事实"。由于马赫的这个前提性预设的错误，进而也就产生了三个谬论。

第一个谬论是从他的所谓两个观察事实的性质的相同的前提出发，得出了实践与科学对立的错误结论。根据马赫的说法，观察在空气中的铅笔得到的观察结果是一种事实，观察在水中的铅笔得到的观察结果也是一种事实，这两种事实都是观察事实，两者在性质上是没有差别的。为什么要把前一种说成是"现实"，而把后一种贬斥为"错觉"呢？他进一步强调，从"事实"的结果上看，如果把"水中的铅笔"的观察结果称为错觉，"从实践的观点看来是有意义的，从科学的观点看来却是毫无意义的"[1]。需要注意的是，在这里马赫主义者用偷换概念的手法推论出实践与科学的对立。马赫所谓的实践并不是真正科学意义上的实践，而是他所界定的日常生活的观察。但是，在他得出结论时，却是一个一般意义的实践。也就是说，他用了"两个观察活动"作为例子，又进一步将这两个观察活动作为实践的一般意义，得出了一般的结论，宣称从实践的观点看是有意义的、从科学的观点看是没有意义的这样一个实践与科学对立的结论。

第二个谬论是把科学活动与梦幻现象混同起来。由于马赫主义的认识论是"感觉第一"的认识论，只承认"感觉事实"，否认引起感觉的客观

---

[1] 《列宁全集》第18卷，人民出版社，2017，第139页。

事实，就进一步地认为科学活动与梦幻现象没有区别。这是因为，在马赫看来，科学活动的认识结果是以"观察事实"为基础的，是感觉的产物，梦幻现象也是感觉活动的产物，因而马赫就进一步认为就连最荒唐的梦也是一个事实，它同任何其他事实比较起来并不逊色，所以，"世界是否真的存在着或者它只是我们的像梦一样的错觉，这个常常引起争论的问题，从科学的观点看来同样是毫无意义的"①。马赫用"事实"这个概念，抹杀了科学活动与梦幻现象的区别。科学研究是一个事实，做梦也是一个事实，对梦的心理学研究也是一个事实；人们的正确认识是一个事实，人们的错误认识也是一个事实。马赫主义者以这些所谓的事实为出发点，并不讨论这些"事实"中的真与假的问题。所以，列宁批判道："马赫是一个登峰造极的诡辩论者，他把对人们的谬误、人类的种种'荒唐的梦'（如相信鬼神之类）的科学史的和心理学的研究，同真理和'荒唐'在认识论上的区分混淆起来了。"②列宁在说到这个问题时就明确指出："不仅荒唐的梦是事实，而且荒唐的哲学也是事实"③，即是说马赫主义的哲学是最荒唐的哲学。

第三个谬论是宣称科学在唯心主义和唯物主义的对立中是中立的，宣扬科学的"无党性"原则。由于马赫坚称"物是感觉的复合"，坚持感觉第一的原则，否认感觉之外的客观实在，所以，马赫所认可的"事实"就是"观察到的事实"，而且只承认"事实"，否认"真理"。在马赫看来，科学只管是不是"事实"，不管是不是真理；科学只问是不是事实，而不追问这个事实是不是真理。所以，科学在唯物主义同唯心主义及其宗教的斗争中是中立的；在真理与谬误的斗争中是不偏不倚的。列宁在此举例说："这正好像一位经济学家说：西尼耳所谓资本家的全部利润是由工人的'最后一小时'的劳动所创造的理论和马克思的理论同样都是事实，至于哪一种理论反映客观真理以及哪一种理论表现资产阶级的偏见和资产阶级教授们的卖身求荣的问题，从科学的观点看来是没有意义的。"④ 由此

---

① 《列宁全集》第18卷，人民出版社，2017，第139页。
② 《列宁全集》第18卷，人民出版社，2017，第140页。
③ 《列宁全集》第18卷，人民出版社，2017，第140页。
④ 《列宁全集》第18卷，人民出版社，2017，第140页。

马赫主义者认为:"科学在唯物主义反对唯心主义和宗教的斗争中是无党性的。"① 实际上,科学在唯物主义同唯心主义的斗争中是有党性的,它自发地站在唯物主义一边。许多自然科学家都自发地站在唯物主义立场上来处理他们的研究对象。科学在本质上是与唯物主义一致的,它坚信客观世界的规律性是世界上各种事物本身的规律,它坚信感性知识的外部来源。客观事物自身的本质和规律就是科学的对象。从认识论上讲,科学是追求真理驳斥谬误的。因此,科学不仅要问是不是事实,而且还要追问这个事实是不是真理。

把实践引入认识论是辩证唯物主义最突出的特点之一。马克思主义的最伟大和最成功之处就是提出了认识的实践性这一观点,强调一切脱离实践的认识都是不科学的和以往"经院哲学"的范畴。为了坚持和阐述这个极其重要的观点,列宁重点批判了马赫主义者在讨论认识论问题时离开实践观点的错误。

列宁的批判之一是指出,抛弃实践去谈认识,都是唯心主义的变种。列宁指出:"马克思和恩格斯都说过,人类的实践证明唯物主义认识论的正确性,并且把那些想离开实践来解决认识论的基本问题的尝试称为'经院哲学'和'哲学怪论'。但马赫认为,实践是一回事,而认识论完全是另外一回事;人们可以把它们并列在一起,不用前者来制约后者。"② 列宁将马克思恩格斯关于实践的思想和马赫关于实践的思想进行对比,就十分清楚地揭示了马赫哲学的非马克思主义的性质。在马克思主义者看来,实践是认识的基础、认识源泉、认识发展的动力,是检验认识真理性的标准。离开实践的认识是不可能的。但是,马赫却认为实践与认识是不相干的两回事,最多也就是种并列关系,并且实践对认识并没有制约作用。这就把实践排除在科学与认识活动之外,并且与马克思主义的辩证唯物主义认识论思想是截然对立的。可是,当时的马克思主义"逐梦"者,不仅没有好好的学习掌握马克思主义,而且还去信奉马赫主义的这些无脑的论述。

---

① 《列宁全集》第 18 卷,人民出版社,2017,第 140 页。
② 《列宁全集》第 18 卷,人民出版社,2017,第 140 页。

列宁的批判之二是指出，"成功"不是区别认识和谬误的标准。马赫把实践排除在认识论之外，那么他用什么去鉴别认识和谬误呢？马赫提出了"结果"的标准。列宁指出，马赫说"'认识是生物学上有用的(förderndes)心理体验'，'只有结果才能把认识和谬误区别开来'"①。在这里，马赫不是把"实践"作为鉴别认识与谬误的标准，而是把"结果"作为鉴别认识与谬误的标准。人类的社会实践具有复杂的情形，正确的思想前提能够使人们在社会实践中获得结果，但是某些错误的思想前提在某种特殊的条件下也可以获得暂时的结果。特别是在某些情形下，思想前提是正确的，但是实践却没有获得结果。这是因为实践过程有复杂的结构。一个正确的思想前提要经过一个实践方式才能产生实践结果。实践结果是否达到预想的目的并体现正确的思想前提，必须要经过实践方式这个中介环节。所以，要通过实践鉴别认识之正确与谬误，必须把实践的思想前提、实践方式和实践结果贯通起来才能实现。如果把这个前后关联的必然性关系抛开，仅仅说"是否有结果"是不对的。因为在社会实践中，某些不符合客观规律的实践也会暂时取得结果，我们不能因为其有结果了就承认其思想前提是正确的。所以，列宁在此指出："认识只有在它反映不以人为转移的客观真理时，才能成为生物学上有用的认识，成为对人的实践、生命的保存、种的保存有用的认识。在唯物主义者看来，人类实践的'结果'证明着我们的表象同我们所感知的事物的客观本性相符合。在唯我论者看来，'结果'是我在实践中所需要的一切。"②列宁在这里提出了对于"结果"的两种理论标准。第一，唯物主义认为，"结果"表明我们对事物的认识和事物的客观本性的符合与一致。因此，这种结果是有科学前提的。这种前提就是对事物本性与客观规律的正确认识。在这种正确认识指导下，形成实践方式，得到预想的实践结果。所以，这种"结果"是与对事物本性和客观规律的认识紧密地联系在一起的。只有这种与事物本性相关的思想前提相关联的"结果"，才能区别认识过程中的正确与谬误。没有与相关事物的本质认识关联的实践的"结果"不能证明认识的正确与

---

① 《列宁全集》第18卷，人民出版社，2017，第140—141页。
② 《列宁全集》第18卷，人民出版社，2017，第141页。

谬误。第二,"结果"就是一切,只要结果就行,这种所谓的以"结果"决定认识是正确还是谬误的标准是唯我论的标准。一切以自己的欲望、欲求、利益为转移,缺少客观事物的客观要求的约束,就是否认了客观真理,从而取消了要证明的前提。在社会历史实践中,我们总是可以看到那些以个人意志为绝对指向的社会实践,他们可能获得暂时的结果,但这不足以证明他们掌握了真理,他们最终是要受到真理的惩罚的。

列宁的批判之三是指出,把生活世界与哲学思维割裂开来是错误的。马赫认为,实践概念只适用于生活世界,在哲学领域和哲学思维中不应当有实践概念。也就是说,在哲学中不需要有实践概念。"马赫在《感觉的分析》中写道:'在实践方面,我们在从事某种活动时不能缺少自我这个观念,正如我们在伸手拿一个东西时不能缺少物体这个观念一样。在生理学方面,我们经常是一个利己主义者和唯物主义者,正如我们经常看到日出一样。但是在理论方面,我们决不应该坚持这种看法。'"① 马赫的意思是说,在生活世界中人们可以使用实践概念,但是在哲学思维中不应当坚持和使用实践概念。这就是说,把实践作为一种在哲学认识论上不值得研究的东西加以排斥,实践不应当作为一个哲学认识论的基本范畴。马赫的这种对实践的看法就彻底地把生活世界与哲学思维割裂开来了。为什么要把实践概念排斥在哲学思维的领域之外呢?因为,在马赫主义者看来,物质生活世界与哲学思维世界是两个领域,哲学思维所回答的问题与生活世界所关心的问题是不同的,并且哲学思维的逻辑与生活世界的逻辑是无法接轨的。

马克思主义认为实践是连接思维和存在的桥梁,实践将思维世界和物质生活世界紧密地连接起来,而且思维所反映的内容是不是客观存在的东西,要通过实践来证明。可是,在马赫主义者看来,人们只知道自己的感觉,除此之外一切都是不知道的,这是个信仰领域的问题,而不是知识领域的问题。所以,在知识和信仰之间没有可以连接的逻辑通道。如果要从哲学上承认思维和感觉之外的客观世界的存在,那就是哲学上的"跃进"。所谓哲学上的"跃进",就是哲学思维的逻辑链条的断裂和非逻辑的跨越。

---

① 《列宁全集》第 18 卷,人民出版社,2017,第 141 页。

所以，马赫主义者不承认引起感觉的外部世界的存在，也就不承认外部世界与思维世界的实践关联，就从哲学领域把实践概念排除了，也就是说哲学领域不需要实践概念，实践概念只是生活世界的概念。

对于马赫主义者在哲学领域排除实践概念的做法，其实是主观唯心主义的一贯做法。列宁列举了怀疑论者舒尔采和主观唯心主义者费希特的观点加以说明。当人们用生活世界的事例驳斥怀疑论者时，舒尔采反驳说："这类论据只是对于小民百姓（Pöbel）才是有用的……我的怀疑论并不涉及到日常生活的事情，而只是停留在哲学的范围之内。"① 列宁还援引费尔巴哈对费希特的批判，进一步说明主观唯心主义者把生活世界与哲学思维割裂开来的错误。费希特说："你所以认为物是现实的，是存在于你之外的，只是因为你看到它们、听到它们、触到它们。但是视、触、听都只是感觉……你感觉的不是对象，而只是你自己的感觉。"② 费尔巴哈在批判费希特的这段议论时说："人不是抽象的自我，他不是男人，就是女人，可以把世界是否是感觉的问题同别人是我的感觉还是像我们在实践中的关系所证明的那样不是我的感觉这一问题同等看待。"③ 费尔巴哈说唯心主义这种脱离生活的思辨是一种僵死的、虚伪的思辨，并且尖锐地指出："唯心主义的根本错误就在于：它只是从理论的角度提出并解决世界的客观性或主观性、现实性或非现实性的问题。"④

列宁在这里肯定的是费尔巴哈反对把生活世界与哲学思维割裂开来，把理论和现实割裂开来的思想。列宁在费尔巴哈这一论述的基础上，站在辩证唯物主义的高度，发展了马克思和恩格斯的思想，明确指出："生活、实践的观点，应该是认识论的首要的和基本的观点。"⑤ 实践的观点之所以是首先的和基本的，就是因为坚持实践观点必然导致辩证唯物主义。实践标准是确定性和不确定性的辩证统一。列宁在论述辩证唯物主义实践观时还着重论述了实践标准的确定与否也是辩证的。列宁说："当然，在这

---

① 《列宁全集》第 18 卷，人民出版社，2017，第 142 页。
② 《列宁全集》第 18 卷，人民出版社，2017，第 143 页。
③ 《列宁全集》第 18 卷，人民出版社，2017，第 143 页。
④ 《列宁全集》第 18 卷，人民出版社，2017，第 143 页。
⑤ 《列宁全集》第 18 卷，人民出版社，2017，第 144 页。

里不要忘记：实践标准实质上决不能完全地证实或驳倒人类的任何表象。这个标准也是这样的'不确定'，以便不让人的知识变成'绝对'，同时它又是这样的确定，以便同唯心主义和不可知论的一切变种进行无情的斗争。"① 列宁的这个论断揭示了在实践与认识的标准层面看，唯物论和辩证法是完全统一的。以实践为基础的唯物论，必然的要用实践去检验真理，并且这作为重要标准是不可商量的。用理论去检验理论不仅缺乏信服力，而且这种自证的方式也不能作为检验标准，同时客观存在也不能作为这一检验标准，可以担此大任的只有实践，舍此之外没有其他标准。

三　延伸阅读

《唯物主义与经验批判主义》是一部光辉的马克思主义哲学著作，对于捍卫和发展马克思主义哲学发挥了重要作用。该书在全世界传播很广，被译成多种文字，中文首译本译者是高唯钧，1929 年在上海发行，书名为《哲学的唯物论》。1930 年以《唯物论与经验批判论》为书名发行了全译本。1934 年傅子东再译了新版本发行，而后在 1947 年和 1948 年，又分别出版发行了两个不同版本，并且沿用了 1930 年的书名。经中央编译局校对的《唯物主义和经验批判主义》收录于 1957 年出版的《列宁全集》中文第 1 版第 14 卷和 1988 年出版的《列宁全集》中文第 2 版第 18 卷。

在我国学术界，关于该书的评价，以 20 世纪 80 年代为界可以划分为两个阶段：20 世纪 80 年代以前，对它持充分肯定的态度，认为它毫不动摇地坚持哲学的党性原则，坚持对一切反对马克思主义哲学的错误观点进行彻底地揭露和批判，它是善于从哲学高度总结反思自然科学的最新成果，丰富和发展认识论特别是能动的反映论，对世界社会主义革命事业发挥了巨大的理论指导作用；20 世纪 80 年代以后，随着马克思主义哲学史和现代认识论研究的不断深入，有些学者从世纪之交物理学革命的意义和 20 世纪认识史发展的宏观背景出发，指出了该书在一些具体问题、具体细节上的不足。特别是，由于该书把主要的注意力集中于保护和恢复下半

---

① 《列宁全集》第 18 卷，人民出版社，2017，第 144 页。

截的唯物主义，特别强调马克思主义认识论的唯物主义基础问题，因此对主体能动性的论述没有充分展开。

从马克思主义哲学发展史来看，关于辩证唯物主义认识论相关科学完整的论述及其思想可以追溯到1845年《关于费尔巴哈的提纲》，文中马克思在对以费尔巴哈为代表的旧唯物主义批判的基础上指出："从前的一切唯物主义（包括费尔巴哈的唯物主义）的主要缺点是：对对象、现实、感性，只是从客体的或者直观的形式去理解，而不是把它们当做感性的人的活动，当做实践去理解，不是从主体方面去理解。因此，和唯物主义相反，唯心主义却把能动的方面抽象地发展了，当然，唯心主义是不知道现实的、感性的活动本身的。"① 马克思在《关于费尔巴哈的提纲》中对包括费尔巴哈在内的"从前的一切唯物主义"和唯心主义的批判标志着他已经跃迁到了新唯物主义，开始彻底从物质实践出发探究并认识问题，科学地解决了认识的来源及本质的问题。对此马克思提出："人的思维是否具有客观的［gegenständliche］真理性，这不是一个理论的问题，而是一个实践的问题。人应该在实践中证明自己思维的真理性，即自己思维的现实性和力量，自己思维的此岸性。关于思维——离开实践的思维——的现实性或非现实性的争论，是一个纯粹经院哲学的问题。"② 之后，恩格斯在《路德维希·费尔巴哈和德国古典哲学的终结》中指出："全部哲学，特别是近代哲学的重大的基本问题，是思维和存在的关系问题。"③ 恩格斯对认识论作出了进一步阐述，由此具体揭示了在认识论中，对"什么是本原的，是精神，还是自然界？"④ 这一问题的回答一直存在两条根本对立的思想路线，即"从物到感觉和思想"的唯物主义路线与"从思想和感觉到物"的唯心主义路线。唯物主义认识论认为，物质世界是离开人的意识独立存在的，认识是外部世界的事物或现象在人的头脑中的反映。唯心主义认识论认为，物质世界是精神的产物，认识是先验的观念或理性，或者是人的头脑固有的，或者是绝对精神自我认识的过程。而关于思维和存

---

① 《马克思恩格斯选集》第1卷，人民出版社，2012，第133页。
② 《马克思恩格斯选集》第1卷，人民出版社，2012，第134页。
③ 《马克思恩格斯选集》第4卷，人民出版社，2012，第229页。
④ 《马克思恩格斯选集》第4卷，人民出版社，2012，第231页。

在的关系问题还有另一方面，即"这个问题叫做思维和存在的同一性问题，绝大多数哲学家对这个问题都作了肯定的回答"①，即坚持可知论，认为只有人是可以认识对象世界的，提出认识是自在之物作用于人的感觉的感官表象，这就提出了认识与对象、主观与客观的统一性的问题。"但是，此外，还有其他一些哲学家否认认识世界的可能性，或者至少是否认彻底认识世界的可能性。在近代哲学家中，休谟和康德就属于这一类，而他们在哲学的发展上是起过很重要的作用的。"② 至于旧唯物主义，他们的反映论是一种直观的反映论，即把认识看成是主体消极地、被动地接受外界刺激的过程，把反映理解为一种静态的、类似于照镜子那样的消极活动。因此，旧唯物主义不能科学解释认识成果、理性的普遍性问题。离开实践、离开人的自觉能动性，不理解认识对社会实践的依赖性，就无法理解认识的辩证性质，不能把认识看成是一个不断发展的过程。

首先，列宁在《唯物主义和经验批判主义》阐发的辩证唯物主义认识论认为，认识是主体在实践基础上对客体的能动的反映。反映具有摹写性，即认识是以客观事物为原型的，认识的内容是客观的。但是，认识过程决不是主体对客体的简单摹写，而是主体根据自身需要对对象的主动选择和观念再造；反映、摹写也不同于照镜子式的映现，而是通过一定中介接近客体对象，因而与人所特有的能动性和创造性是分不开的。认识的工具语言、文字等符号体系是社会实践活动的直接产物，源于人们实际生产和生活的交往需要。文字可以跨越时空传递信息。有了语言和文字，人的认识就获得了普遍性和超越性。借助于概念、范畴等，人们不仅能够认识事物的个别属性和表象，而且能透过个别、表象，认识事物的本质和内在规律。

其次，辩证唯物主义认识论认为，认识的来源和发展动力是实践。生活、实践的观点是认识论的首要的和基本的观点。实践活动是主观见之于客观的活动，正是在实践中人的感官同事物、现象相接触，客体对象的属性、关系、规律等才得以充分显露，并反映到人的头脑中来，被人感知，形成直接经验。同时，实践的需要是认识发展的动力，人类的认识活动归

---

① 《马克思恩格斯选集》第4卷，人民出版社，2012，第231页。
② 《马克思恩格斯选集》第4卷，人民出版社，2012，第232页。

根结底是为各个时代的社会实践的特定需要服务的,认识只有满足主体改造客体的实践需要时,才具有价值。实践提出问题,也为解决问题提供了物质保证,包括经验材料、实验手段等。

再次,辩证唯物主义认识论认为,人的认识不是一下子完成的,而是随着实践活动的发展而不断深化的能动的辩证发展过程,从生动的直观到抽象的思维,并从抽象的思维到实践,这就是认识真理、认识客观实在的辩证途径。"实践、认识、再实践、再认识,这种形式,循环往复以至无穷,而实践和认识之每一循环的内容,都比较地进到了高一级的程度。这就是辩证唯物论的全部认识论。"[1] 这样,认识的辩证过程就可以概括为:一是从感性认识到理论认识,再从理论认识到实践的具体认识,即两次飞跃过程;二是实践、认识、再实践、再认识的循环往复以至无穷的过程。正是在这个辩证过程中,人的认识不断积累、不断完善。

最后,辩证唯物主义认识论强调,实践是检验真理的唯一标准。要判明主观认识是否与客观实际相符合及符合的程度,只在主观范围内是无法解决的,只有主观与客观联系起来的实践,才能成为检验认识的真理性的标准。凡是能够经得起实践的检验、得到实践的证实、主观与客观相符合的认识,就是真理。这样在科学实践观的基础上,辩证唯物主义认识论摆脱了旧哲学的束缚,使物质的客观实在性与人的主观性的内在关系得到科学的解释和说明,从而解决了思想史上长期无法解决的问题,走出了传统哲学的宿命,彻底驳倒了形形色色的唯心主义的认识论和不可知论。

可见,尽管列宁也注意到了人的实践活动改变了人生活于其中的对象世界,指出在俄国,诸如"在这一行业的中心波多利斯克县克列诺沃村,明显地表现出手工业者(主要是雇佣工人)同农业的分离,以及居民需求水平的提高:他们的生活'干净多了',穿印花布,甚至穿呢绒,置备茶炊,抛弃旧习俗等等"[2];而"在喀山省,城市马车生产中出现按商品的分工:一些村只制造雪橇,另一些村只制造四轮车等等。完全在乡村装配起来的城市马车(但是没有铁皮、车轮和车辕),送交喀山订货商,再从

---

[1] 《毛泽东选集》第1卷,人民出版社,1991,第296—297页。
[2] 《列宁全集》第3卷,人民出版社,1984,第355页。

他们那里交给打铁手工业者去包铁皮。然后这些制品又回到城市店铺和作坊,在那里进行最后加工,即镶钉和上漆……"①;其他如制箱业,"它的组织是这样的:若干有使用雇佣工人的作坊的大业主采购材料,自己部分地制造产品,但主要是把材料分给小的局部作坊,而在自己的作坊里组装箱子的各个部件,最后加一道工,就把货物运到市场上去。分工……在生产中有了广泛的运用:制造一只完整的箱子要分10—12道工序,每道工序都由局部手工业者分别去做"②。但如前所述,列宁在《唯物主义和经验批判主义》中更多地只是在认识论上强调实践的重要性,从列宁强调指出"马克思一再把自己的世界观叫做辩证唯物主义,恩格斯的《反杜林论》(马克思读过全部手稿)阐述的也正是这个世界观"③,而巴扎罗夫、波格丹诺夫等"所有这些人都不会不知道,马克思和恩格斯几十次地把自己的哲学观点叫作辩证唯物主义"④ 来看,列宁如恩格斯一样,作为理解马克思思想的理解者,他是从唯物主义和辩证法二者相统一的维度来理解马克思的新唯物主义的。

列宁之所以像恩格斯一样"辩证唯物主义"地理解马克思新唯物主义主要有两方面的原因。第一,列宁理解马克思新唯物主义主要是在恩格斯的影响下完成的。与恩格斯写了《反杜林论》《自然辩证法》等著作有关,列宁在《唯物主义和经验批判主义》中集中论述马克思新唯物主义时多次提到了恩格斯,而且多次直接引用恩格斯的著作原文来批判马赫主义者或者阐述他自己的观点。这也就证明列宁对马克思新唯物主义的理解主要是受到了恩格斯的影响。正是在这种影响下,他没有超越由恩格斯开辟的"辩证唯物主义"的解读模式。第二,列宁对新唯物主义的"辩证唯物主义"理解也与列宁当时的理论活动背景相关。列宁那时阐发马克思主义哲学面对的对象主要是诸如马赫主义等唯心主义或庸俗进化论和诡辩论等,因此,《唯物主义和经验批判主义》适应了当时哲学斗争的需要,较多地关注到了马克思主义哲学的唯物的方面和辩证的方面,坚持并系统地

---

① 《列宁全集》第3卷,人民出版社,1984,第360页。
② 《列宁全集》第3卷,人民出版社,1984,第359页。
③ 《列宁全集》第18卷,人民出版社,2017,第258页。
④ 《列宁选集》第2卷,人民出版社,1995,第12页。

论述了辩证唯物主义认识论的基本原理、基本观点和基本内容，在无产阶级政党内部澄清了哲学上的大是大非问题。[①]

需要指出的是，《唯物主义和经验批判主义》虽然"辩证唯物主义"地理解马克思主义哲学，没有充分凸显人的创造性活动也即实践在马克思主义哲学中的核心地位，但是由于马克思主义哲学本身也是辩证唯物主义哲学，更为突出的是面对以波格丹诺夫等为代表的唯心主义和诡辩论的攻击，《唯物主义和经验批判主义》对捍卫马克思主义在国际工人运动中的指导地位发挥了无比重要的作用，既奠定了布尔什维克党的政治路线和列宁主义的哲学基础，也为世界各国无产阶级政党的思想政治建设提供了重要的哲学方法论指导。因此，对于国际及至我国共产主义运动的思想理论建设而言，《唯物主义和经验批判主义》始终是一本极为重要的哲学经典。今天学习《唯物主义与经验批判主义》，对于深刻把握马克思主义哲学的党性原则，更加自觉地坚持和贯彻党的思想路线，更加深刻地理解这种先进的认识论的重要性，从辩证唯物主义的立场去观察、分析和解决问题，具有重要的现实意义。

在新时代，为了学习和落实好《唯物主义和经验批判主义》的基本精神，我们必须自觉地坚持实事求是、一切从实际出发的唯物主义立场，反对主观主义特别是教条主义，大力倡导调查研究的风气，清醒地认识和准确地把握新时代的新任务、新矛盾、新问题，创造性地解决发展起来以后所面临的各种错综复杂的社会矛盾；要始终特别重视尊重群众，勇于实践，善于创新，不断探索"五位一体"总体布局建设的途径和方法；坚持真理，修正错误，勇于和善于开展斗争，坚决反对各种反马克思主义哲学、非马克思主义哲学的错误思潮，创造性地发展 21 世纪马克思主义、当代中国马克思主义，以不断创新的理论和实践推动我们的工作发展。

四　问题拓展

在马克思主义哲学发展史上，"辩证唯物主义"理解是一种影响深远、

[①] 参见余满晖《马克思新唯物主义自然观及其生态批判》，人民出版社，2020，第 88—91 页。

传播广泛的理解。这种理解方式肇始于恩格斯，此后在列宁的推动下，开始在传统的马克思主义哲学中成为起主导作用的理解方式。为了进一步澄清学理，更好地凸显马克思主义哲学的本真特质与革命精神，有必要对该问题进行研究。

作为马克思主义哲学的理解者，一方面，列宁坚持唯物主义的物质观。在《唯物主义和经验批判主义》一文中，列宁非常认同"世界的真正的统一性在于它的物质性"①。这种物质不同于一切旧唯物主义视域中的金、水、火、土、气、木、原子等具体物质形态，而是"标志客观实在的哲学范畴"②。并且，这种真正把现实世界统一起来的根本之"有"也即"物质的存在不依赖于感觉。物质是第一性的。感觉、思想、意识是按特殊方式组成的物质的高级产物。这就是一般唯物主义的观点，特别是马克思和恩格斯的观点"③。至于杜林，因为"他没有能够把那种确实可以使唯心主义和有神论的荒诞事情失去任何立足之地的哲学观点贯彻到底"④，所以他不能充分理解诸如"一切存在的基本形式是空间和时间，时间以外的存在像空间以外的存在一样，是非常荒诞的事情"⑤等唯物主义论断。

另一方面，在列宁的视域中，"世界上除了运动着的物质，什么也没有"⑥，也即以物质为基本存在形式的整个世界是辩证运动的。其中对于自然界而言，"自然科学肯定地认为：在地球上没有也不可能有人和任何生物的状况下，地球就已经存在了；有机物质是后来的现象，是长期发展的结果。这就是说，当时没有具有感觉的物质，没有任何'感觉的复合'，没有任何像阿芬那留斯的学说所讲的那种与环境'不可分割地'联系着的自我物质"⑦。这既阐明了在人之先存在的先在自然的客观性，也指出了那个以物质形式存在了万古千年的"无人的荒野"不是一成不变的，相

---

① 《列宁全集》第18卷，人民出版社，2017，第116页。
② 《列宁全集》第18卷，人民出版社，2017，第130页。
③ 《列宁全集》第18卷，人民出版社，2017，第49页。
④ 《列宁全集》第18卷，人民出版社，2017，第181页。
⑤ 《列宁全集》第18卷，人民出版社，2017，第181页。
⑥ 《列宁全集》第18卷，人民出版社，2017，第180页。
⑦ 《列宁全集》第18卷，人民出版社，2017，第70页。

反，它一步步地由无机物起步向前由低级到高级、从简单到复杂不断飞跃。自然界这种长期发展的结果，就是有机物质的出现，并在这个基础上从水生到陆生、从低等动物到高等动物不断递进上升。如此发展下去，"如果要问：究竟什么是思维和意识，它们是从哪里来的，那么就会发现，它们都是人脑的产物，而人本身是自然界的产物，是在他们的环境中并且和这个环境一起发展起来的；不言而喻，人脑的产物，归根到底亦即自然界的产物，并不同自然界的其他联系相矛盾，而是相适应的"①。

根据列宁提到"马克思纠正了古典经济学家的上述错误，将整个社会生产分为两大部类，即（Ⅰ）生产资料的生产和（Ⅱ）消费品的生产"②，我们可以看到列宁注意到了随着自然界的发展产生了人，人就开始了生产，他们在自己的生产劳动中以自然物质为材料生产出了数量众多的生产资料和消费品。一则这些物质性的生产资料和消费品属于被人的劳动印上了人类特有印记的第二自然；二则它们也是由于人的劳动的作用，使运动着的物质改变了运动形式的结果。总而言之，无论先在自然还是第二自然，都是"运动着的物质"的不同表现。

在这个过程中，人的劳动不仅会使先在自然打上人特有的印记而改变运动形式，转化为第二自然，而且"生动的人类实践"也会使运动着的物质进入人们的思维，从而"为我们的感觉所复写、摄影、反映"③。因此，物质虽然不依赖于我们的感觉而存在，但是它也不是什么处在彼岸世界的神秘莫测的"自在之物"，它能被人们认识和把握。换言之，人的思维与存在具有同一性。

当然，虽然自然界有秩序、有目的、有规律，但是，存在和思维却绝不是同一的。"我（指列宁——引者注）在这一节中说过：'自然界只有通过自然界本身才能被理解；自然界的必然性不是人类的或逻辑的必然性，也不是形而上学的或数学的必然性；自然界是唯一的这样一种存在物，对于它是不应当，也不能够运用任何人类尺度的，尽管为了使自然界能够为我们理解，我们也拿自然现象同类似的人类现象相比，甚至把人类

---

① 《列宁选集》第2卷，人民出版社，1995，第419页。
② 《列宁选集》第2卷，人民出版社，1995，第434页。
③ 《列宁全集》第18卷，人民出版社，2017，第130页。

的用语和概念（如秩序、目的、规律等）用于自然界，而且按照我们语言的性质也必须把它们用于自然界。'这是什么意思呢？是不是我想说，自然界中没有任何秩序，比方说，秋去可以夏来，春去可以冬来，冬去可以秋来呢？是不是我想说，自然界中没有目的，比方说，肺和空气之间，光和眼睛之间，声音和耳朵之间没有任何适应呢？是不是我想说，自然界中没有规律，比方说，地球时而按椭圆形运转，时而按圆形运转，时而一年环绕太阳一周，时而一刻钟环绕太阳一周呢？这是多么荒谬啊！我在这段话里究竟想说什么呢？无非是把属于自然界的东西同属于人的东西区别开来；在这段话里没有说自然界中任何真实的东西都跟秩序、目的、规律这些词和观念不相符合，这段话只是否认思想和存在是同一的，否认秩序等等之存在于自然界就像存在于人的头脑或感觉中一样。秩序、目的、规律不外是一些词，人用这些词把自然界的事物翻译成自己的语言，以便了解这些事物；这些词不是没有意义的，不是没有客观内容的（nicht sinn-d. h. gegen-standlose Worte）；但是，我还是应当把原文和译文区别开来。人理解秩序、目的、规律这些词是有些随意的"①。

由此可见，列宁是从运动着的物质出发去解释世界，阐发思维和存在的关系的。另外，从列宁认为"生活、实践的观点，应该是认识论的首要的和基本的观点"②来看，他主要还是在认识论方面强调实践的意义或重要性，并没有完全理解实践在新唯物主义中的核心地位。与此相一致，在列宁的自我意识中，马克思主义哲学超越其他一切世界观的地方在于，它既是唯物的又是辩证的，是辩证唯物主义。

---

① 《列宁全集》第 18 卷，人民出版社，2017，第 156—157 页。
② 《列宁全集》第 18 卷，人民出版社，2017，第 144 页。

参考文献

《马克思恩格斯选集》第1—4卷，人民出版社，2012。

《马克思恩格斯文集》第1—10卷，人民出版社，2009。

《列宁选集》第1—4卷，人民出版社，2012。

《列宁全集》第18卷，人民出版社，2017。

习近平：《高举中国特色社会主义伟大旗帜 为全面建设社会主义现代化国家而团结奋斗——在中国共产党第二十次全国代表大会上的报告》，人民出版社，2022。

艾思奇：《大众哲学》，人民出版社，2004。

肖前、李秀林、汪永祥编《辩证唯物主义原理》，人民出版社，1981。

孙伯鍨、侯惠勤主编《马克思主义哲学的历史和现状》（上、下卷），南京大学出版社，2004。

高清海：《哲学与主体自我意识——论马克思实践观点的思维方式》，北京师范大学出版社，2017。

高清海：《面向未来的马克思》，中央编译出版社，2018。

黄楠森、施德福、宋一秀主编《马克思主义哲学史》（上、中、下册），北京大学出版社，1987。

顾海良主编《马克思主义发展史》，北京师范大学出版社，2020。

王金福、辛望旦：《实践的唯物主义——对马克思"新唯物主义"哲学的一种理解》，苏州大学出版社，1996。

王金福：《马克思的哲学在理解中的命运》，苏州大学出版社，2003。

张一兵：《回到马克思——经济学语境中的哲学话语》，江苏人民出版社，1999。

张一兵：《文本的深度耕犁——西方马克思主义经典文本解读》，中国人民大学出版社，2004。

聂锦芳：《滥觞与勃兴——马克思思想起源探究》，中国人民大学出版社，2017。

任平：《当代视野中的马克思》，江苏人民出版社，2003。

余满晖：《马克思新唯物主义自然观及其生态批判》，人民出版社，2020。

苗力田译编《黑格尔通信百封》，上海人民出版社，1981。

〔德〕费希特：《论学者的使命　人的使命》，梁志学、沈真译，商务印书馆，1984。

〔德〕谢林：《先验唯心论体系》，梁志学、石泉译，商务印书馆，1976。

〔德〕黑格尔：《哲学史讲演录》第4卷，贺麟、王太庆译，商务印书馆，1978。

〔德〕黑格尔：《精神现象学》上卷，贺麟、王玖兴译，商务印书馆，1979。

〔德〕黑格尔：《美学》第1卷，朱光潜译，商务印书馆，1979。

〔德〕黑格尔：《自然哲学》，梁志学、薛华、钱广华、沈真译，商务印书馆，1980。

〔德〕黑格尔：《小逻辑》，贺麟译，商务印书馆，1980。

〔德〕路德维希·费尔巴哈：《费尔巴哈哲学著作选集》上卷，荣震华、李金山等译，商务印书馆，1984。

〔德〕路德维希·费尔巴哈：《费尔巴哈哲学著作选集》下卷，荣震华、王太庆、刘磊译，商务印书馆，1984。

〔匈〕卢卡奇：《历史与阶级意识——关于马克思主义辩证法的研究》，杜章智、任立、燕宏远译，商务印书馆，1992。

〔德〕卡尔·柯尔施：《马克思主义和哲学》，王南湜、荣新海译，张峰校，重庆出版社，1989。

〔意〕葛兰西：《实践哲学》，徐崇温译，重庆出版社，1990。

〔法〕路易·阿尔都塞：《保卫马克思》，顾良译，杜章智校，商务印书馆，1984。

〔德〕马克斯·霍克海默：《批判理论》，李小兵等译，重庆出版社，1989。

〔德〕马克斯·霍克海默、特奥多·阿多尔诺：《启蒙辩证法》，洪佩郁、蔺月峰译，重庆出版社，1990。

〔联邦德国〕A. 施密特:《马克思的自然概念》,欧力同、吴仲昉译,赵鑫珊校,商务印书馆,1988。

〔法〕萨特:《辩证理性批判》(上、下),林骧华、徐和瑾、陈伟丰译,安徽文艺出版社,1998。

后　记

　　本书是合作成果。其中,《德谟克利特的自然哲学和伊壁鸠鲁的自然哲学的差别》的导读由谢敏、余满晖、王金福撰写,《1844年经济学哲学手稿》的导读由余满晖、王金福撰写,《德意志意识形态》的导读、《路德维希·费尔巴哈和德国古典哲学的终结》的导读由王金福、余满晖撰写,《唯物主义和经验批判主义》的导读由李佳润、余满晖撰写。全书由余满晖统一修改定稿。另外,贵州师范大学马克思主义学院的彭法、路世传等同人为本书的撰写提供了大力支持,社会科学文献出版社的曹义恒等同志在本书出版过程中也提出了诸多有价值的建议。在此,谨向所有提供了帮助的人表示衷心的感谢!

余满晖
2023年6月20日

图书在版编目(CIP)数据

马克思恩格斯列宁哲学著作选读 / 余满晖等著. --
北京：社会科学文献出版社，2023.9（2024.12 重印）
ISBN 978 - 7 - 5228 - 2225 - 9

Ⅰ.①马… Ⅱ.①余… Ⅲ.①马克思主义哲学－马列
著作研究 Ⅳ.①A811.63

中国国家版本馆 CIP 数据核字（2023）第 143188 号

马克思恩格斯列宁哲学著作选读

著　　者 / 余满晖 等
出 版 人 / 冀祥德
责任编辑 / 曹义恒
文稿编辑 / 胡金鑫
责任印制 / 王京美

出　　版 / 社会科学文献出版社·马克思主义分社（010）59367126
　　　　　 地址：北京市北三环中路甲29号院华龙大厦　邮编：100029
　　　　　 网址：www.ssap.com.cn
发　　行 / 社会科学文献出版社（010）59367028
印　　装 / 唐山玺诚印务有限公司

规　　格 / 开　本：787mm × 1092mm　1/16
　　　　　 印　张：19.25　字　数：305 千字
版　　次 / 2023 年 9 月第 1 版　2024 年 12 月第 2 次印刷
书　　号 / ISBN 978 - 7 - 5228 - 2225 - 9
定　　价 / 128.00 元

读者服务电话：4008918866

版权所有 翻印必究